法　　理

法哲学、法学方法论与人工智能

（第5卷第2辑）

舒国滢　主编

图书在版编目(CIP)数据

法理. 第5卷. 第2辑/舒国滢主编. —北京：商务印书馆，2020.4(2020.12重印)
ISBN 978-7-100-18278-2

Ⅰ.①法… Ⅱ.①舒… Ⅲ.①法理学—研究 Ⅳ.①D90

中国版本图书馆CIP数据核字(2020)第053709号

法　理

法哲学、法学方法论与人工智能

(2019·第5卷第2辑)

舒国滢　主编

商 务 印 书 馆 出 版
(北京王府井大街36号　邮政编码100710)
商 务 印 书 馆 发 行
北京虎彩文化传播有限公司印刷
ISBN 978-7-100-18278-2

2020年4月第1版　　开本787×1092　1/16
2020年12月北京第2次印刷　　印张19¾

定价：88.00元

目录

特稿

专题研讨 1 · 法教义学

专题研讨 2 · 凯尔森及其多元理论

论文

案评

特　　稿

为什么学习法哲学?

——关于法哲学教学法的几点思考[*]

比亚内·梅尔克维克[**] 著

景欣[***] 译

张羽霄[****] 校

假设我们自己就是那个在面对多门专业选修课时犹豫不决的法学专业学生，那么我们的脑海中很可能会出现“我为什么要选择法哲学这门课”这个问题。事实上，如果学生们不是由于某种迫不得已的原因而必须选择某一门课，那么在他理性地做出选择法哲学这门课为选修课的决定前，他就会很自然地思考以下几个问题：“法哲学研究对法学的发展到底有什么价值？如何能将法哲学与法律实践相联系起来？为什么我应该对法哲学这个学科感兴趣？学习法哲学到底有什么必要性？”

* 1998 年 10 月 23 日 «Enseigner la philosophie» 研讨会发言稿，由魁北克省哲学会组织，地点位于蒙特利尔市的波伊斯德莱布洛涅学院。

** 比亚内·梅尔克维克（Bjarne Melkevik），巴黎第二大学法学博士，加拿大拉瓦尔大学法学院教授。邮箱：bjarne. melkevik@fd. ulaval. ca；个人主页：https://www. fd. ulaval. ca/faculte/professeurs/bjarne-melkevik。

*** 景欣，法国佩皮尼昂大学法学博士。

**** 张羽霄，中国政法大学比较法学研究院 2019 级硕士研究生。

对于以上问题，我们能够给出的答案正是源于我们自身在法哲学教学中所积累的经验，以及我们对法律在现代社会中的作用的独特理解。[①]而且，我们认为以上两个方面正如一座山的两个斜坡。从这个角度来看，法学研究者对法哲学的概念和它的价值的思考及其在法学研究领域中的地位的界定，必须反映在法哲学教学之中。由此我们可以得出结论：我们对法哲学教学经验的描述和说明，与我们自身对法哲学的概念以及对法律、社会和现代性的理解有着密不可分的联系。

法哲学怀疑论

在具体地回答以上几个问题之前，我们有必要正面面对法学界一些学者对法哲学学习和研究的必要性所表现出的反对或怀疑态度。而这些反对或是怀疑法哲学具有重要地位的观点，也同样由这些法律专业人士传输给了那些正在学习法学的学生们。

尽管今天，法哲学的重要性得到了法学界的普遍肯定，以上的观点似乎也渐渐淡出了当代法学家们争论的视野，但是我们不能否认，几十年来对法哲学的性质和作用的误解或是偏见仍然存在于学术界和法学界中。我们可以从以下两个不同角度来分析以上对法哲学持否定态度的观点。第一种观点把法哲学看作是有害的“理性-调度者”，因此否定它的重要性。第二种观点认为法哲学完全没有用处，并坚持今天对现代法学中那些所谓“符合科学规律的”资源的研究似乎与当代法律的制定和实践所需的技能、标准具有更加紧密的联系。

对于法学界中一些把法哲学的作用预先假定为有害的“理性-调度者”而加以否定的观点，在我们看来，已经被法哲学家米歇尔·维莱全盘否定了。正如他曾经用一种坦率、显而易见的语调描述的那样：

> 我坚信，我们这些法学家已经受到了现代哲学家很多的伤害。我所指的哲学家包括霍布斯、洛克、休谟，以及莱布尼茨、康德、费希特、黑格尔和几乎所有从14世纪到20世纪的哲学家。每当这些哲学家无意中谈到有关“法”的话题的时候，他们所说的言论其实都是在完全不知道法学家的特定职责和他们如何工作的情况下进行的。他们知道什么呢？数学或多或少地受到进化论、逻辑，有时候还受到一点道德伦理影响的社会学。同样的，他们还把那些根据

① B. Melkevik, *Horizons de la philosophie du droit*, Sainte-Foy, Les Presses de l'Université Laval, et Paris, L'Harmattan, 1998, p. 13–36.

外来经验而建立起来的科学系统移植到我们的学科体系中。他们带来的影响已经扰乱了我们对于法学现象所独有的表现方式，另外还在其中灌输了具有严守法规和社会学特点的实证主义①。

诚然，虽然在这里我们看到维莱建立了一个旨在连接当代法哲学和在法学实证主义下出现的“准因果”理论的论证策略，但是他的观点还是更多局限在对所谓的“现代”哲学家的嘲讽中。尽管如此，我们上面提到的关于他对哲学家的无知的指控还是非常切中要害的。因为如果这些现代法哲学家很好地了解了他们那个时代的公共事务和与立法相关的内容，并且曾经阅读了一些关于理性“自然法”的经典书籍，那么他们就会真正了解法学家在实践工作中所需的特殊知识和技能了。换句话说，在面对一些法学家在履行职责时所必须处理的有关社会、政治或者经济问题时，他们只是一味地选择了沉默。因此，在这里，职责的有效性直接指向了他们。通过研究维莱的观点，我们得出了这样的结论：我们根本没有必要研究现代法哲学。因为在他看来，没有人可以在错误中得到教训，而且任何任凭自己被无知或者愚昧所吸引的人是不可能在其中获得任何知识的。②

另外一些人认为，在法学领域里，法哲学仅仅是毫无用处的，不出成果的，甚至是适得其反的一门学科。然而至今还没有人公开声明反对法的哲学性的思考，这种思考使得这类哲学（即法哲学）的引入变得十分有必要。确切地说，他们的论据就是法哲学研究的内容已经体现在法科学中。而那些不在法科学研究范围内的，又或者是法科学没法解释的，只能被看成是煽动者昙花一现的思辨或抽象的信仰。有趣的是，尽管还没有人持有敌对的态度，然而根据他们的说法，我们必须承认这一事实：法科学占据由于法哲学的（被迫的）撤出而留下空白的地方的行为是正当的。也即是说，仍然是根据他们的看法，法哲学应该被看做是一种娱乐消遣，或者是每个人可以根据自己的喜好进行培养、根据自己的阅读速度以及与同伴间私底下的交谈使其得到发展的一项准精神活动。因此，它就像是一项我们保留到休息日甚至是退休后的消遣活动。简单地说，没有人可以反对法哲学，因为它仅仅是一种追

---

① Michel Villey, *Préface*, à Chaim Perelman, *Le raisonnable et le déraisonnable en droit. Au-delà du positivisme juridique*, Paris, L. G. D. J., vol. XXIX, 1984, p. 8, coll. Bibliothèque de philosophie du droit. 我们可以在 *La formation de la pensée juridique moderne* 这本书上读到同样的观点，*La formation de la pensée juridique moderne*, Paris, Monchrestien, 1968（此书曾经多次重印）。也可以参阅 *La contre critique «philosophique»*, d'Alain Renaut et Lukas K. Sosoe, *Philosophie du droit*, Paris, PUF, 1991。

② Alain Renaut 在 *Kant aujourd'hui* 这本书里（*Kant aujourd'hui* , Paris, Aubier, 1997, p. 322），详尽地批判了 «dédain envers les philosophes» de Michel Villey 。

求，一项被归类于生活的非活跃部分的，必须在“黄金时代”被废置的活动，而法科学的发展才是我们这个时代所特有的，并且可以满足我们实践的需要和追求的目的。

实际上，我们并不想过多评价这两种对法哲学的反对或是怀疑的观点，我们只是简单地陈述这些事实。然而，我们还是不禁想到这些所谓反对的呼声其实都是一个混乱时代的遗产，在那个时代，法哲学把自己置于科学之母的位置，从而可以忽视与那些已经在法学实践中积累了一定经验的法学家们的对话，以及法学领域不同科学言论之间不断升级的较量。但是在我们今天这个时代，这一切显然不再可能了，除非把法哲学的作用减少到只是对以往著作的评论，或是一个在语义学和系统性之间打转的训练。无论怎样，相对于法哲学，通过对这两种反对或怀疑的观点的分析，我们可以看到他们中的任何一种理论都以他们自己的方式概述着法哲学教学的处境。当然，总是有一些“上瘾的人”、狂热者。对于他们来说，尤其在法学院内部，法哲学是重要的，没有形成良好的法律思维，任何法律实践都不可能充分进行。从他们的角度来看，法哲学应该理智地发展成同等学科中的领导者，因为在其他法律学科由于自身的方法论、理论偏见以及自身局限性从而只能用沉默来回避一些基本问题时，法哲学有可以给出自己的论述或者实践的方法的能力。因此，我们得出的结论是，必须打破那些所谓的法学家们所提出的研究法哲学是无意义和浪费时间的言论所带来的对法哲学的不信任的意识形态框架，并且证明法哲学的研究可以给法学的发展带来新的和有意义的价值。

法哲学作为陪伴者的角色

现在回顾我们最开始提出的问题。我们接下来将从赋予法哲学作为现代法律构想的陪伴者的这个角色所需要的论据和理由来进行研究。[①] 因此，在法哲学的教学中应着重于对这一角色的理解及其实践意义。

首先，在教学中，在理解法哲学是现代法学构想的陪伴者的这个角色之后，我们将会放弃法哲学是哲学、是法律方面的调度者的整个想法。事实上，如果我们可以说那些职业哲学家采用的法哲学的含义具有“理性-调度者”及相应的“思想-法律”模式的特点，那么由法学家建立起来的法哲学就可以被看做是建立在“经验-调度者”的概念上的，因此与其相应的模式是“真实-法律”。事实上，我们

① B. Melkevik, *Horizons de la philosophie du droit*, p. 14 s.

并不想将后一种学说命名为法哲学。从此之后，我们称它为“司法上的哲学”。不过，尽管我们可以赞赏这两种学说之间的冲突，因为这个冲突也可以转化为一个富有成果的竞争来源，但所有的法哲学学科都希望自己成为唯一的“调度者”角色，这一事实使他们放弃了与以现有法律、民主维度为特征的现代法律构想之间进行审慎对话的可能性。我们必须承认，法哲学已经不能再企图解释法，因为法律已经通过其自身的力量得到了足够的阐释。同样的，我们也必须接受法哲学不拥有在“根本上”组成任何法律项目的“智慧”和“知识”。因此，如果法哲学放弃它的“调度者”的身份，它就只剩下了从理论上和实践中参与现代法律构想并成为其陪同者这个角色的可能性了；而且，更详细地说，就是在思考、论据和理性中以陪同者的身份帮助现代法律项目。

根据这种观点，我们对现代司法复杂性课题研究应该给予的思考是：法哲学既不存在答案，也不提供方法。它在既不独占也不承认任何东西，既不涉及既定的哲学理论也不涉及法律教义（或者法学理论）的情况下，参与、介入到与当代法律复杂性的思考相关的活动中。

事实上，我们今天可以赋予法哲学，特别是在教学领域内的作用，是促进现代法律构想中的论点和理由发展的角色。从这方面来讲，法哲学必须帮助我们展示和普及我们的信念、我们的价值观和我们预先设定的概念。法哲学必须帮助我们发展坚实、健全的论据和有效的理由。我们需要详细说明的是，法哲学必须以反射性和开放性的方式提供、辨认出并确定规定法学领域内的各种文化或是哲学参数。事实上，法哲学应该可以使我们熟悉法律和“道德”之间、社会和个体之间，或者同一类别的其他主体之间不同的概念的关系。通过这种方式，法哲学把法学形式上的关于职能的研究工作心甘情愿地交给了法科学，而它在那些对现代法律构想发展前景的思考中起到陪伴的作用。

正是通过论据和理性，法哲学的思考使我们接受现代生活和当代社会的现实。然而，很可惜，这些肯定不能直接发生，因为法哲学并不拥有任何通往现实的直接通道，因此只能在与科学，尤其是与法科学的不断对话中实现。后者的角色就是给法哲学持续地提供只叙事实而不加评论的、给现代法律项目的思考提供养料的信息。由汉斯·凯尔森为代表的法律康德主义，对现代法律项目中的哲学性的思考是错误的。他或许有反对康德本人的意图，把现代法律构想局限在一个纯粹主义的科学家的版本里，拒绝与个体之间的有关政治、社会、道德和信仰的所有对话。①

① H. Kelsen, *Théorie pure du droit*, Paris, Dalloz, 1962, coll. Philosophie du droit n° 7, ou idem, *Théorie pure du droit*, Neuchâtel, Éditions de la Baconnière, 1973 (1re éd.), 1988 (2e éd.), coll. Etre et Penser, n° 37.

然而，自从我们放弃了法哲学的所谓的组织者的整个角色，它与法科学的对话就不再是一种“衰落”的形式，而是作为一种合理的推理，像其持续展示的共享认识论的可能性和相互之间的可替代性。

同样，我们可以使用法哲学来摆脱法学实证主义。事实上，法哲学可以帮助我们更好地理解法学实证主义及其在法律教条主义和法学理论发展中的重要作用。这些都是当代法律学生培养过程中的重要组成部分，同样的，他们也组成了每个正规法学院的法学课程的重要组成部分。在这个意义上，关于法律教义的产生的思考有助于我们清楚阐述法哲学的任务。我们甚至可以说，在我们的教学中最关键的是展示出，虽然法哲学对于所谓的实体法没用，但是对现代法学构想却很有帮助。事实上，简化主义是法学实证主义的鲜明特征，它使我们忘记了实际上法律问题与权利问题息息相关，后者是我们这些不同主体之间应当相互给予的。法律肯定是起规范作用的，在这个意义上，权利问题被写成了一种“义务”的形式，一种我们主体之间相互给予的、使我们自己成为给予的主体并成为接受者的模式。

在这方面，我们可以看到，现在在加拿大、美国和其他国家的最高法院越来越多地引入法哲学的观点或者引用法哲学的著作，因此判例法是教授法律哲学的一个很好的起点。[①] 如果我们可以向他们展示法哲学领域的思考方式是如何影响上述法院的决策过程，以及这些反思如何影响有关法律问题的司法结果，那么我们就可以激发学生的批判性思维方式。然而，我们应该澄清的是，在关于堕胎、协助自杀、原住民的固有权利或者是一些其他相关的问题中法官所表明的立场，并不因此为我们提供了一个“最终代表（的立场）”[②]。如果法哲学必须给今天的司法现实把把脉，尤其是在司法判例领域，我们一定不能将当今的司法现实理解为法哲学地位的“基础”。我们绝对不能像很多当代哲学家（如德沃金）[③] 那样，不言明地、盲目地把法官看做我们的当代法哲学家，而是应当将法官视为一个恰当的、感兴趣的交谈者，和我们这些既是权利的创造者又是权利的接受者进行面对面的对话。

---

① B. Melkevik, «La philosophie du droit: Développements récents», dans Raymond Klibansky et Josiane Boulad-Ayoub (dir.), *La pensée philosophique d'expression française au Canada. Le rayonnement du Québec*, Québec, Les Presses de l'Université Laval, 1998, p. 465–483.

② Voir Josiane Boulad-Ayoub (dir.), *Carrefour: Philosophie et droit*, Monréal, L'ACFAS, 1 § 995, p. 231–315, «Langage des droits et conflits des représentations ultimes» avec les contributions de L. Bégin, F. Blais, G. Legault et L. Tremblay.

③ R. Dworkin, *L'empire du droit*, Paris, PUF, 1994, coll. Recherche politique ; *idem., Prendre les droits au sérieux*, Paris, PUF, 1995, coll. Léviathan.

法哲学和公共话语

如果在我们构思或者教授法哲学过程中，仅仅是把它的角色看做是现代法律构想中经过思考的、具有充足的论据或者理由的陪同者的角色，那么法哲学就放弃了它为了公共争议的利益而享有的“仲裁者”的身份。事实上，法哲学必须放弃所有从“哲学意识”（康德、费希特和黑格尔）中借鉴的内容，因为某一个人对法律构想所给的评论是不重要的。从论证的角度来看，法哲学必须被看做是围绕着现代法哲学构想而展开的众多话语中的主要参与者。同样，它的论据和理由也必须被看成是已经经受住了公共领域的考验的。在这个公共范围内，每个论据和每个理由的“重要性”和“价值”都必须被讨论并让全世界人知道。

只有认真思考公共范围问题，我们才能思考理性问题和现代法律构想中的法律问题的差异。我们的立场可以简单地表达为一种“交流性的”理性优先的想法。① 实际上，通过把论据和理由的产生视为现代法律构想中的主要问题，法哲学将在实践中陪伴着这个构想，并示范性地展示与法律有关的实践理性是如何体现在公共话语中的。话语作为法律主体之间的实践，应该产生论据和理由，并以评估和检验为目的，将这些呈现给读者。

通过强调公共领域在法哲学教学中的重要性和民主作用的这个事实，表明了我们希望学生们可以习惯性地认为法律的指向对象是公共领域这个愿望。学生们必须明白公共范围在发展和维护现代法律构想的意愿和观点的形成过程中起到了至关重要的作用。

一个法学的民主概念

把法哲学定位为交流式的阐述、可靠的论据和清晰的理性的起点，这本身就是一种哲学的立场。其实从一开始我们就意识到了这一点，因为从其本质来说，法哲学教学来源于法的概念并与其紧密连接。然而，我们现在除了可以添加这个法哲学概念之外，最后应该更直接地分析那个隐藏在我们思考中的问题：“法哲学教学的目的是什么？”这篇文章的最后一部分将着重强调我们讲授法学的民主概念的信心。

① B. Melkevik, *Horizons de la philosophie du droit, op. cit.*, p. 91–150.

为了理解这种民主的法学概念，首先，我们有必要强调一下这个概念与北美法学院教授的“自由主义道德”概念是不同的。“自由主义的道德观”这个概念，从理论上来说，是一组以原则和规则组成的前政治的存在为信仰、法律必须认为是以一定的“道德权利”为前提并可以同时确保消极自由和谴责集体活动的信仰的法哲学。北美法学家经常传授这种信仰。这是一种植根在自由主义“制度”里的职业信仰。很明显，我们把像罗纳德·德沃金这样的哲学家所阐述的内容，尤其是他在他的最后一本书《自由法》中所阐述的内容，作为我们这个概念的典型代表。① 结果却是，法哲学的教学变成了鼓励人们相信“我们的”机构的过程。除此之外，他培养了一些相信民主只不过是一种宣传“自由主义道德观”的一种手段或是工具的法学专业的学生、法律专业人士等，由此产生了一个更多的“自由主义道德”。很明显，我们认为这是一种积极的现象，我们不再需要走出劣势的行列，就可以批评康德了。②

正如我们上面解释的那样，激励着我们教学工作的法学的民主概念，在既定的目的下，选择了另一条途径。这是因为民主首先对我们来说其本身就是一种价值，而不仅仅是其他东西的手段或者工具。事实上，如果正如康德所说的那样，法哲学代表人类为了自主权（比如个体所看到的合理的论证）的利益而离开他律（权力机关的论证）的规制，那么正是这个自主权应当承担起对抗哲学（政治、宗教、种族、文化等）的拉拢的职责。如果在我们看来，法的现代化可以表现为要求所有法律主体彼此之间被视为既是权利的、准则的和机构的主体，又是他们的接受者时，得出的结论就是法哲学的教学不能被局限在他律的规范中，尽管它曾经是“自由主义道德”之一，但它现在必须使自己具有现代性。法哲学不能代替而必须伴随法律的创造者。法哲学必须使自己反映在现代法律构想的民主目标中。

结论：法哲学作为民主的实践

最后我们想说的是，在用这种方式把法哲学教学置于现代法律构想关注的重点内的过程中，我们希望把法的实践方面和哲学的前瞻方面结合起来。因此，我们希望，在某种程度上，可以把法律构想与一种被视为民主实践的哲学的想法协调起来。

---

① R. Dworkin, *Freedom's Law*, Cambridge, Harvard University Press, 1996.

② I. Kant, dans «Vers la paix perpétuelle, que signifie s'orienter dans la pensée ?», *Qu'est-ce que les Lumières et autres textes*, Paris, GF-Flam-marion n° 573, 1991.

专题研讨 1 · 法教义学

司法救济宪法保障条款的教义学解读

谢立斌[*]

摘　要　宪法在多大程度上、通过哪些途径保障公民寻求司法救济，是一个重大的理论与实践问题。根据宪法上的依法治国原则，国家有义务向公民提供司法救济；公民主张实体基本权利被侵犯的，可以直接依据这些权利寻求司法救济；根据现行《中华人民共和国宪法》第 41 条第 1 款享有控告权，公民得以将公权力的侵权行为诉诸法院；宪法对审判制度的规定，则为公民寻求司法救济提供了组织和程序保障。总体而言，中德两国宪法对司法救济所提供的保障具有一定相似性。

关键词　司法救济的宪法保障　法治国家　基本权利　控告权

一、问题的提出

我国现行宪法通过何种方式、在多大限度保障公民寻求司法救济，是一个具有重大理论和实践意义的课题，学界对此进行了深入探讨。一些学者深刻认识到了司法救济权利的重要性，从人权、宪政等宏观理论方面进行了研究。[①] 一些学者认为

---

*　谢立斌，中国政法大学中德法学院院长，教授、博士生导师。

① 代表性论文参见莫纪宏、张毓华：《诉权是现代法治社会的第一制度性权利》，载《法学杂志》2002 年第 4 期；莫纪宏：《论人权的司法救济》，载《法商研究》2000 年第 5 期；江国华：《无诉讼即无宪政》，载《法律科学》2002 年第 1 期。

应当完善对公民的司法保护，提出了相应的修宪建议[①]，不过也有学者认为为此进行修宪的条件还不成熟。[②]已有研究澄清了很多基本理论问题。本文秉持宪法教义学的立场，并不从基础理论的角度进行研究，也不讨论是否应当对我国现行宪法进行修改，而是认真对待宪法文本，对相关条款进行解释，考察我国现行宪法是否保障公民寻求司法救济以及在何种程度上提供这一保障。

粗略阅读我国宪法文本可知，宪法的各个部分都可能对公民寻求司法救济提供了一定的保障。在我国宪法的规定中，只有第四章的规定明显与司法救济无关。第一章中的依法治国条款，第二章中的实体基本权利和宪法第 41 条规定的控告权以及宪法第 123 条至 128 条关于人民法院的规定，都可能保障权利被侵犯的公民得以寻求司法救济，本文将逐一进行分析。在方法上，本文运用经典宪法解释方法，围绕本文主题，对有关条款进行解释，并与德国宪法的有关情况进行比较。

二、法治国家条款

在宪法第一章中，与司法救济最相关的条款，是宪法第 5 条第 1 款作出的这一规定："中华人民共和国实行依法治国，建设社会主义法治国家。"那么，能否从依法治国原则推导出国家对公民提供司法救济的义务，存在一定疑问。依法治国原则在我国并没有悠久的传统，1999 年才写入我国宪法。依法治国原则似乎也并不重视对公民权利的救济问题。在我国官方文件中，1997 年党的十五大报告首次对依法治国进行了如下权威阐述：

> 依法治国，就是广大人民群众在党的领导下，依照宪法和法律规定，通过各种途径和形式管理国家事务，管理经济文化事业，管理社会事务，保证国家各项工作都依法进行，逐步实现社会主义民主的制度化、法律化，使这种制度和法律不因领导人的改变而改变，不因领导人看法和注意力的改变而改变。依法治国，是党领导人民治理国家的基本方略，是发展社会主义市场经济的客观需要，是社会文明进步的重要标志，是国家长治久安的重要保障。党领导人民

---

① 杨剑：《论诉讼权的宪法保障》，载《学术界》2007 年第 5 期，第 182–183 页；苗连营：《公民司法救济权的入宪问题之研究》，载《中国法学》2004 年第 5 期，第 34–36 页。

② 刘练军：《何谓诉讼权——兼论诉讼权入宪应当缓行》，载《浙江社会科学》2013 年第 3 期。

制定宪法和法律，并在宪法和法律范围内活动。[①]

十五大报告引用邓小平同志的言论，指出“制度更带有根本性，全局性，稳定性和长期性”[②]，“使这种制度和法律不因领导人的改变而改变，不因领导人的看法和注意力的改变而改变”[③]。

从这一表述来看，依法治国是治国方略，其目的是保障国家各项工作依法进行，促进制度化、法律化。由此看来，依法治国原则的主要目的，实际上是将之前的“依政策治国”改为“依法治国”。尽管依法治国也强调党和人民都要在宪法和法律范围内活动，但宪法和法律的至高地位并非依法治国原则的主旨所在。由此看来，依法治国原则并不重视公民认为自己的权利被侵犯之后的司法救济问题。

不过，十五大报告提出依法治国，其背景是20世纪80年代以来在关于人治和法治的大讨论中，人们对法治优于人治达成了共识。对权利的司法保护，是法治观念的内在组成部分。即便法治观念的这一要素没有得到执政党和修宪者的充分重视。历史解释只是我们理解依法治国原则的一个方面，而不是所有方面。“文本一旦产生，作者就死了”[④]，“法律往往比立法者更聪明”[⑤]，因此，修宪者的理解，并不能够拘束当下对宪法的解释，否则宪法解释将无法与时俱进。除了考察1999年修宪的历史背景，还要从其他角度考察依法治国条款的含义。首先，我们不仅要关注修宪的历史背景，也要注意到，执政党对于依法治国的理解和认识也在发生变化。在当下对宪法进行解释，必须要考虑到中国共产党对这一问题的最新认识。2014年，中国共产党十八届四中全会专门就依法治国问题进行讨论，作出了《中共中央关于全面推进依法治国若干重大问题的决定》(下称《决定》)。《决定》高度重视保障公民寻求司法救济的权利。在“完善以宪法为核心的中国特色社会主义法律体系，加强宪法实施”部分，《决定》要求在几个重点领域要加强立法，其中排在第一项的就是保障公民权利的立法。《决定》要求“依法保障公民权利，加快完善体现权利公平、机会公平、规则公平的法律制度，保障公民人身权、财产权、基本政治权利等各项权利不受侵犯，保障公民经济、文化、社会等各方面权利得到落

---

① “中国共产党第十五次全国代表大会报告”，央视网：http://www.cctv.com/special/777/1/51883.html，最后访问时间：2019年11月18日。

② 邓小平：《邓小平文选》(第2卷)，人民出版社2002年版，第333页。

③ 同上书，第146页。

④ 梁治平编：《法律解释问题》，法律出版社1998年版，第43页。

⑤ “International Commission of Jurists”, *The Rule of Law in a Free Society* (1959), p. v.

实，实现公民权利保障法治化。增强全社会尊重和保障人权意识，健全公民权利救济渠道和方式”。在“保证公正司法，提高司法公信力”部分，针对公民在实践中寻求司法救济时面临的立案难的问题，《决定》规定“改革法院案件受理制度，变立案审查制为立案登记制，对人民法院依法应该受理的案件，做到有案必立、有诉必理，保障当事人诉权”。从《决定》的这些表述来看，中共中央对于依法治国的最新理解，强调对公民权利的切实保护，既要求立法者规定公民的各项权利，又要求法院降低门槛、向寻求司法救济的公民打开大门、切实保障公民的诉权。由此可见，相对于中共中央在十五大期间对于依法治国原则的认识，中共中央当前更加重视对公民权利的保障和司法救济。因此，对于宪法上依法治国原则的解释，应当与执政党的认识与时俱进。

其次，对于依法治国原则的理解，也要注意到宪法第 5 条第 1 款全文。如果说前半句中的“依法治国”可以解释为依照法律来治理国家，那么，后半句所规定的“建设社会主义法治国家”，明确指出我国也致力于社会主义法治国家的建设。我国宪法所要求的社会主义法治，要坚持党的领导，这是与资本主义法治之间的根本分歧。另外一方面，我们也应当正面对待社会主义法治和资本主义法治的共同点。法治是人类文明的结晶和共同财富，为了准确理解我国宪法意义上的法治，我们应当有辨别地借鉴国际上对于法治的理解。在世界上不同的法律传统和制度背景之下，法治是一个人们熟悉而又很难予以准确定义的概念。在国际上比较有代表性的对法治的看法，是国际法学家委员会（International Commission of Jurists）分别于 1955 年和 1959 年在希腊雅典和印度新德里召开国际会议之后发表的宣言。雅典宣言要求“政府应尊重个人在法治下的权利并为其实现提供有效的手段”。结合该宣言对法官、律师职责的表述可知，司法途径无疑为个人实现权利的有效手段，政府应当予以保障。新德里宣言在重申雅典宣言的内容之外，还特别强调独立的司法和法律职业对维护法治的重要性。由此可见，这两份宣言都强调了提供司法救济的重要性，认为保障公民寻求司法救济的权利，是法治的应有之义。在《世界人权宣言》序言中，明确说明“有必要使人权受到法治的保护”。这说明，在《世界人权宣言》对于法治的理解中，法治的一个重要功能是保护人权。基于这一思想，《世界人权宣言》第 8 条规定：“任何人当宪法或法律所赋予他的基本权利遭受侵害时，有权由合格的国家法庭对这种侵害行为作有效的补救。”由此可见，在国际层面，对权利被侵犯者提供司法救济，是一个通行的看法。世界主要国家也普遍接受这一观点。

在德国，传统上司法救济被视为法治国家原则的应有之义。早在 19 世纪初，在人们对法治国家的追求中，权利的保障就是一个核心要求。[①] 有学者在 1864 年提出，为了保障法治国家成为现实，仅仅制定法律是不够的，还应当由司法机关在个案中确认什么是法，并在其被违反的时候予以纠正。[②] 在 19 世纪 60 年代，法治国家等同于个人权利的司法救济。[③]《德意志联邦共和国基本法》(以下简称《基本法》) 继承了这一传统，从法治国家原则可以直接推导出国家应当保障个人的权利被侵犯时能够获得司法救济的权利。[④] 需要注意的是，无论个人权利被公权力还是被私人侵犯，法治国家原则都对国家设定了提供司法救济的义务。普通法意义上的法治，核心要义就是个人能够在权利被侵犯的时候寻求法律救济。

由此可见，对个人权利提供司法保护，是法治的核心要义之一。应当视为我国宪法第 5 条第 1 款的规范内涵之一。鉴于依法治国原则是一个宪法原则，规定在我国宪法第一章“总纲”而不是第二章“公民的基本权利和义务”中，依法治国原则只对国家设定了义务，但是并不对公民赋予权利。换言之，国家承担了相应的义务，但是公民并不享有要求国家履行这一义务的权利。

三、实体基本权利条款

我国宪法第二章规定了一系列实体基本权利，包括平等权、选举权利、自由权利和社会保障权利。那么，从这些实体权利条款，是否可以推导出公民有权寻求司法救济呢?

这方面，似乎存在两个顾虑。第一，实体基本权利条文本身并没有明确规定公民是否可以通过司法途径来维护这些权利。宪法第 41 条关于公民对于国家机关和国家工作人员的违法失职行为可以提出控告的规定，似乎意味着只有在特定情况下、针对特定行为，公民才可以向法院提起诉讼主张自己的权利。从反面来看，这就意味着提起司法救济的权利是很有限的。第二，根据在我国宪法学界很有市场的一种认识，宪法所规定的基本权利非常抽象，具有纲领性，有待立法者通过制定法律来予以具体化。因此，基本权利顶多可以被视为是公民要求立法者

---

① H. Schrimpf, Der Staa Bd. 18 (1979), S. 59ff.

② O. Bähr, Der Rechtsstaat, 1864 (Neudruck 1961), S. 192.

③ G. -Chr. von Unruh, Subjektiver Rechtsschutz und politische Freiheit in der vorkonstitutionellen staatslehre Deutschlands, 1969; K. Stern, Bd. I, § 20, S. 839.

④ BVerfGE 30, 1, 25; 83, 182, 194.

来进行相应立法的权利，而并不授权公民直接依据基本权利条款向法院寻求司法救济。

这两个理由是否成立？就第一个理由而言，宪法规定实体基本权利的条文，的确没有直接明确“公民有某种权利，并有权要求法律提供相应司法救济”的措辞。既然宪法没有作出明确规定，那么，也不能够轻易得出否定的答案，即直接认为公民在有关权利可能被侵犯的情况下无权要求法律提供司法救济，而是有待于作出进一步分析和论证。至于宪法第 41 条的规定，情况也是类似的。该条第 1 款规定公民对于任何国家机关和国家工作人员的违法失职行为，有提出控告的权利。这一规定只是明确公民可以对有关行为提出控告而寻求司法救济，但是并没有明确禁止公民对于来自私人的侵权行为寻求司法救济。因此，第一个顾虑表面上有一些说服力，但无非只是主张宪法没有明确肯定或者否定公民是否有相关权利，这一问题只能通过进一步探讨予以明确。

第二个反对理由具有一定的合理因素。的确，立法者在保障公民基本权利方面，应当通过具体化立法，为公民切实享有基本权利提供必要条件。然而，如果进一步认为，基本权利条款只是意味着对于立法者的这一要求，也失之偏颇。具体而言，对一些基本权利，具体化立法是必要的，对另外一些基本权利，具体化立法则并不是必要的。从这个角度来看，就不能将基本权利仅仅理解为有待立法者予以贯彻落实的纲领。

那么，实体基本权利是否支撑公民通过司法途径来维护这些基本权利，应当予以进一步考察。如前所述，基本权利条文措辞本身并没有明确这一点，历史解释也不能提供答案，我们尝试通过体系解释和目的解释来作出回答。从体系解释的角度来看，宪法序言最后一段规定，“一切国家机关……都必须以宪法为根本的活动准则，并且负有维护宪法尊严、保证宪法实施的职责”。国家机关包括法院，宪法则包括其中的基本权利条款，因此，根据这一规定，法院负有保证基本权利实施的职责。法院保证宪法实施的唯一方式，就是通过审判。从这个角度来看，公民依据基本权利条款寻求司法救济，与法院所承担的保证宪法实施的职责是一致的。

目的解释也能够得出这样的结论。宪法在第二章规定公民享有一系列基本权利，并不仅仅是为了进行这一宣示，而是追求公民切实享有相应权利的目的。

宪法构成了人民之间签订的社会契约，根据社会契约成立了国家，所有人都放弃了私力救济的权利，服从国家权力。国家的目的，就是保障个人的权利。国家正当性的来源也就来自于对公民权利的保护。个人服从国家的前提，是其权利得到保护。国家所应当保护的权利，都作为基本权利规定在宪法中。从这个角度来看，如果个人的基本权利得不到保护，实际上意味着社会契约已经失效，个人也不再受其约束，不必服从国家权力，国家秩序也就岌岌可危了。因此，只要国家秩序没有解构，国家都应当保障公民的基本权利。

这就意味着，在公民受宪法保障的权利被侵犯的时候，国家必须要提供一个救济机制，恢复公民能够享有基本权利的状态。从公民角度来看，国家内部究竟通过哪个部门保障其权利并不重要，其关心的是个人的权利能否得到切实保障，无论是立法权、行政权还是司法权履行了这一职责。那么，在这三个权力部门中，究竟应当由哪一权力向权利被侵犯的公民提供救济呢？显而易见，在公民权利被侵犯的情况下，立法者无法通过制定法律的方式，在具体个案中对公民提供救济。行政机关则本身有可能侵犯公民权利，其作为当事人当然无法向公民提供救济。在公民之间发生侵权争议的情况下，行政权本身的性质，也使得行政机关不适合作出裁决，这也使得行政机关无法向权利被侵犯的公民提供救济。相比之下，司法机关与立法机关和行政机关不同，其能够承担对权利受到侵犯的公民提供救济的功能。首先，与立法机关相比，法院处理个案，从而使得其能够对具体争议提供救济；其次，法院是消极被动的，本身并不会像行政机关那样侵犯公民权利。从这些方面来看，向权利被侵犯的公民提供救济，只能是法院的职责。

这一结论，也能够在比较法上得到印证。英国法律格言“没有救济的权利不是权利”（A right without remedy is not right）深刻地说明，救济是权利的本质组成部分。没有救济的权利，是一项名义上的而非实质上的权利。因此，任何权利，在其被侵犯的情况下，都蕴含了赋予公民寻求司法救济的权能。在德国宪法中，通说也认为，实体基本权利本身保障个人在有关权利被侵犯的情况下寻求司法救济的权利①，这一点与我们得出的结论是一致的。

从立法、行政和司法机关的性质来看，立法机关的主要任务是制定法律，其固然能够、也应当对权利救济作出一定规定，但是无法在大量个案中提供救济。与立法机关不同，行政机关一定程度上能够在个案中对公民提供权利救济，但是一方面，在公民权利受到第三人侵犯的情况下，行政机关往往只能进行调解，通常无权对公民之间的纠纷作出有拘束力的裁判；另一方面，行政机关自己可能侵犯公民的权利，因此行政机关对公民提供的权利救济必然是有限的。相比之下，对权利受到侵犯的公民提供救济，是司法权的独特功能。现代国家中，法院被赋予了解决权利

① C. Brüning, in: Stern/Becker, GG. Art. 19 Rn. 16; P. M. Huber, in: v. Mangoldt/Klein/Starck, GG I, Art. 19 Abs. 4 Rn. 364: W. Krebs, in: v. Münch/Kunig, GG I, Art. 19 Rn. 48; K. Stern, Staatsrecht Bd. IV/2, § 123, Rn. 1885; BVerfGE 60, 253, 297 f; 101, 106, 122.

争议的职能，鉴于司法权的消极性，虽然并不能够完全排除司法权侵犯公民权利的可能性，但是与行政权相比，司法权通常不会侵犯公民权利。总之，基本权利对国家设定了义务，要求国家对基本权利被侵犯的公民提供救济；而在立法、行政和司法机关中，只有司法机关能够有效提供救济，因此，基本权利规范也就赋予了公民在其基本权利被侵犯时向司法机关寻求救济的权利。

四、控告权

宪法第 41 条第 1 款规定："中华人民共和国公民对于任何国家机关和国家工作人员，有提出批评和建议的权利；对于任何国家机关和国家工作人员的违法失职行为，有向有关国家机关提出申诉、控告或者检举的权利，但是不得捏造或者歪曲事实进行诬告陷害。"该款规定了批评、建议、申诉、控告和检举权。其中，批评、建议、检举，通常都是在公民本人的权利未受侵犯的情况下进行的，公民为了公共利益而进行批评、建议和检举。相比之下，申诉和控告则是公民在自身权利被侵犯的情况下，分别向行政机关和司法机关寻求救济的手段。[①] 这一权利，通常被称为控告权。如何理解这一权利是本文所要探讨的中心问题。这项权利，可以从权利的主体、权利的相对人以及权利的客体三个要素[②] 来把握。本文关心的是，公民所享有的控告权应当如何把握。下面我们从控告对象、受到保护的权利范围等角度，尝试对控告权进行分析。

（一）对象：国家机关和国家工作人员的违法失职行为

宪法第 41 条规定的控告权针对的是国家机关与国家工作人员的违法失职行为。对此，我们需要厘清国家机关和国家工作人员的概念。其中，国家工作人员是在国家机关工作的人员，因此这一概念的界定也取决于国家机关的概念。从我国宪法体制来看，国家机关包括立法机关、行政机关和司法机关。那么，宪法第 41 条第 1 款的义务主体，是否包括所有这些国家机关以及相应的国家工作人员？

没有争议的是，行政机关受到宪法第 41 条的约束。相对于立法机关和司法机关，行政机关最经常与公民发生关系。个人在生活的各个方面，都要和行政机关打

---

① 王锴：《论宪法上的程序权》，载《比较法研究》2009 年第 3 期，第 62–77 页。

② R. Alexy, Theorie der Grundrechte, S. 171 f.

交道，其权利可能被行政机关的积极作为或者消极不作为所侵犯。行政机关针对特定个人作出的行政行为，受到控告权的约束。存在争议的是，行政立法即抽象行政行为是否受到约束。从宪法第 41 条第 1 款条文来看，行政机关作为国家机关，其任何涉嫌侵犯公民权利的违法失职的行为，都应当允许公民寻求司法救济。但是，就抽象行政行为而言，抽象行政行为必须经过具体的执行行为，才可能构成对行政相对人权利的侵犯。因此，如果允许公民对执行行政立法的行为，而不是直接对有关行政立法提起诉讼，而法院可以对行政立法的合法性进行附带审查的话，则也符合宪法第 41 条的要求。

行政机关在根据公法履行相关职能以外，也会进行一些私法上的行为，例如进行政府采购，或者通过私法方式来完成有关的公共任务，例如在公用事业领域通过公私合作来提供公共产品。在这些情况下，行政机关并非单方面发布命令，公民只能被动服从，行政机关与相关公民之间的关系是平等的，以双方达成合意为前提。那么，在行政机关采取私法方面的行为时，公民可否主张控告权？宪法第 41 条赋予公民控告权，是考虑到公民通常在公权力面前处于弱势地位，其权利容易受到侵犯，需要特别的保护。然而，在公权力并非单方面采取行动而是与公民具有平等地位时，公权力依据其优越地位侵害公民权利的可能性就大大降低。事实上，如果公民认为公权力的私法行为对其不利，公民可以拒绝与其进行合作、避免损害。因此，在这种情况下，就没有必要对公民提供特别的保护。

在宪法解释上有一定困难的问题是，行政机关以外的行政主体如法律、法规授权的组织和其他社会公权力组织[①]也行使一定行政职能，那么，这些行政主体及其工作人员是否是宪法第 41 条第 1 款意义上的国家机关和国家工作人员？以法律、法规授权的组织为例，这类组织的特点在于其并非行政机关，但是根据授权行使一定的行政职能。严格按照宪法第 41 条的措辞来看，它们当然不是行政机关，但从公民角度来看，这些组织和行政机关并没有本质区别，相对于公民也处于优势地位，行使公权力，其违法失职行为也可能侵犯公民权利。对基本权利条款的解释，应当尽可能作出有利于权利保障的解释，基于这一考虑，我们认为，包括法律、法规授权的组织在内的行使行政职能的其他行政主体也是宪法第 41 条意义上的国家机关。

那么，立法机关是否属于宪法第 41 条第 1 款所规定的国家机关呢？或者说，对于立法机关及其工作人员的违法失职行为，宪法是否赋予公民提起控告的权利？

---

① 姜明安：《行政法与行政诉讼法》，北京大学出版社、高等教育出版社 2007 年版，第 137 页。

在德国，《基本法》第 19 条第 4 款第 1 句规定“任何人的权利受到公权力侵犯的，有权提起诉讼”。《基本法》第 1 条第 3 款规定基本权利直接约束立法权、行政权和司法权。从此，似乎能够得出立法权也受到《基本法》第 19 条第 4 款约束的结论。但是，在传统上，提起诉讼的权利是指向宪法法院以外的普通法院提起诉讼的权利，而对于立法，普通法院并没有进行审查并宣布违宪的权力。因此，《基本法》第 19 条第 4 款的规定，只赋予个人向普通法院起诉以寻求救济的权利，鉴于普通法院不能针对可能侵犯基本权利的法律进行审查，这就意味着立法者不受《基本法》第 19 条第 4 款规定的约束。[①] 联邦宪法法院也持有这一观点，它从《基本法》第 20 条第 3 款关于司法权遵守法律，第 97 条第 1 款关于法官独立、只遵守法律的规定推导出一个结论，即法律是法官进行审理的依据，而不是审理的对象。[②] 在我国，一些学者已经意识到了立法者可能通过两种方式侵犯公民基本权利：一是所制定的法律侵犯公民的基本权利，二是不为公民行使基本权利提供基本的保障，从而使公民无法享有基本权利。[③] 从字面上来看，立法机关毫无疑问属于国家机关，由此我们似乎可以得出宪法第 41 条第 1 款约束立法机关的结论。这一初步结论还有待通过运用其他解释方法予以证实或证伪。从宪法体系上来看，有学者主张，根据宪法第 67 条，全国人大常委会解释宪法，这就排除了法官适用宪法的空间。[④] 这种说法并不能成立，因为宪法第 67 条也授权全国人大常委会解释法律，这明显并不能由此得出法院不得适用宪法的结论。由此可见，宪法第 67 条授予全国人大常委会解释宪法的权利，本身并不排除法院解释并适用宪法。[⑤] 然而，法律在民事、刑事和行政案件中适用宪法，并不等于可以对法律进行审查。对于法院是否可以审查法律的合宪性，我国宪法对此没有作出明确规定：宪法既没有明确授权法院对法律的合宪性进行审查，也没有明确将法律的合宪性审查排除在法院的审查范围之外。不过，宪法第 128 条第 1 句似乎提供了一点线索：“最高人民法院对全国人民代表大会和全国人民代表大会常务委员会负责。”很难想象，最高人民法院对立法

---

① Klaus Stern, S. 1911.

② BVerfGE 24, 33, 50.

③ 刘志刚:《立法不作为的制度救济——论宪法诉讼的权利救济功能》，载《法学评论》2003 年第 2 期；谢立斌:《论基本权利的立法保障水平》，载《比较法研究》2014 年第 4 期。

④ 类似观点参见童之伟:《宪法适用应依循宪法本身规定的路径》，载《中国法学》2008 年第 6 期；刘松山:《人民法院的审判依据为什么不能是宪法——兼论我国宪法适用的特点和前景》，载《法学》2009 年第 2 期；张翔:《两种宪法案件——从合宪性解释看宪法对司法的可能影响》，载《中国法学》2008 年第 4 期。

⑤ 黄卉:《合宪性解释及其理论检讨》，载《中国法学》2014 年第 1 期。

机关负责，却同时可以对法律的合宪性进行审查。宪法第 126 条关于“人民法院依照法律规定独立行使审判权”的规定，可以理解法院应当适用法律进行审判，因此，法律是审判的依据，而不是审判的客体和对象。此外，宪法第 41 条第 1 款内的体系，也给我们提供了一些启示。对于可能侵犯公民权利的法律，公民可以通过向立法机关提起申诉即请愿的方式寻求救济，这也就否定了通过司法途径予以救济的必要性。总之，系统解释并不支持法院根据宪法第 41 条第 1 款对法律是否违宪进行审查。对现行宪法制定过程的考察表明，多名学者认识到无法由普通法院监督宪法实施，建议设立宪法委员会、宪法法院等宪法监督机构[①]，但宪法最终没有确立对法律的违宪审查制度，因此，肯定法院可以对法律进行审查，也得不到历史解释的支撑。从目的解释来看，我们很难认为允许公民在法院对法律的合宪性提出挑战，是宪法第 41 条第 1 款的一个客观目的。总而言之，公民不得根据宪法第 41 条就立法者对其权利的可能侵犯而寻求司法救济。

那么，法院是否受到宪法第 41 条第 1 款的约束？换言之，该款规定是否授权公民以法院的行为侵犯其权利为由，向法院提起诉讼？在德国，主流观点认为《基本法》第 19 条第 4 款保障个人向法官寻求保护的权利，而不是保护个人不受法官侵犯的权利[②]，这一观点得到了联邦宪法法院的采纳。[③]在我国，司法权侵犯公民权利的可能性是客观存在的。2009 年与 2015 年，分别有两名最高人民法院副院长因贪腐下马，他们涉嫌违法犯罪的行为包括干预裁判或者执行、损害了当事人的权益，这充分说明司法权在一些害群之马的把持之下，完全有可能侵犯公民权利。从这一点来看，应当肯定对权利被侵犯的公民提供相应的司法救济。但是，另外一方面，也有如下一些因素需要考虑。首先，如果允许当事人以法官侵犯其权利为由，在有关诉讼程序之外又提起新的诉讼，那么这将大大增加法院所受理案件的数量，加重法院的负担，使得法院不堪重负，从而又导致了法院无法有效地向公民提供司法救济。其次，对于法院的生效判决和裁定，公民可以向法院提出申诉，这一权利已经由立法者通过制定诉讼程序法律加以保障，因此对于法院和法官的违法失职行为提供司法救济，是申诉权的内容，不属于控告权的规范内容。基于这些考虑，我们认为宪法第 41 条第 1 款并不授予公民针对法院的裁判请求司法救济的权利。

---

① 许崇德：《中华人民共和国宪法史》（下卷），福建人民出版社 2005 年第 2 版，第 370–374 页。

② G. Dürig, in: Maunz/Dürig, GG, Art. 19. Abs. 4 (Erstbearbeitung) Rn. 17.

③ BVerfGE 11, 263, 265; 15, 275, 280; 25, 352, 365; 49, 329, 340; 58, 208, 231; 65, 76, 90; 76, 93, 98.

（二）受到保护的权利范围

宪法第 41 条第 1 款所保障的控告权，针对公权力侵犯公民权利的行为提供救济。那么，公民享有宪法所规定的基本权利，也享有法定权利；享有实体权利，也享有程序权利。值得讨论的是，公民在任何权利被侵犯的情况下，是否都可以主张控告权。

在德国，通说认为，个人基本权利和法定权利被侵犯的，个人都可以援引《基本法》第 19 条第 4 款寻求救济，不过也有学者通过字面、体系和历史解释，颇有说服力地主张只有在《基本法》第 1 条至第 17 条规定的基本权利被侵犯的时候，个人才有权根据该款寻求救济。①

对于我国宪法第 41 条规定的控告权保护什么权利，理论上有三种可能性：一是只保护宪法第 41 条之前规定的基本权利，二是保护宪法第 41 条之前和之后的所有基本权利，三是保护所有基本权利和法定权利。对于第一种观点，存在两方面的支持理由。首先，从体系上来看，宪法第二章在第 41 条之前的条款规定了平等权、选举权利以及多项自由权，在规定这些基本权利之后，宪法第 41 条规定了申诉、控告的权利，使得公民在之前规定的权利被侵犯的情况下，可以向法院和其他国家机关寻求救济。其次，宪法第 41 条之后规定的权利都是社会权，社会权从性质上来看，高度依赖立法者的具体化，法院无法直接适用。相比之下，第二种观点得到了宪法第 41 条第 1 款文义的支持。该款关于控告权的规定，并没有明确规定公民只能就之前的基本权利被侵犯而提起控告。在宪法社会权被侵犯的情况下，也应当保障公民能够寻求司法救济。这一理由，实际上也支持第三种观点，即从字面上，看不出来宪法第 41 条第 1 款规定的控告权不对法定权利受侵犯的公民提供保护。最后，宪法第 33 条第 4 款明确规定“任何公民享有宪法和法律规定的权利”，说明宪法保障法定权利。基于以上理由，无论是宪法权利还是法定权利被侵犯，公民都可以行使控告权寻求救济。

立法者无法增减宪法权利，但可以决定法定权利范围的大小。如果立法者在规定公民权利的时候非常“吝啬”，则公民享有的控告权也将大打折扣。那么，宪法第 41 条是否对立法者应当大方还是小气地规定公民权利作出了规定呢？就此我们需要考虑到，在我国宪法上，人是作为公民的形象出现的。从历史角度来看，公民与臣民相对，臣民在人格上不独立，依附于国家，不享有针对国家的权利，国家

---

① C. Pestalozza, Art. 19 IV GG – nur eine Garantie des Fachgerichtsweges gegen die Verletzung von Bundesgrundrechten i. S. der Art. 1–17 GG, NVwZ 1999, S. 140 ff.

对其的任何给付都是一种恩赐；相反，公民具有不同于国家的独立人格，是权利主体，具有针对国家的一系列权利，国家应当尽最大能力尊重其自由，赋予其权利。因此，立法者在制定实体法的时候尽量赋予公民权利，是宪法控告权的内在要求。[①]

如前所述，权利也分为实体权利和程序权利。实体权利如人身权、财产权被公权力侵犯，公民无疑可以提出控告，那么，这是否适用于程序权利呢？在德国，依据《行政法院法》第44条a款[②]，原则上不得在行政诉讼中单独主张程序权利被侵犯，而只能在针对实体决定提起诉讼的时候一并主张程序权利。对实体决定没有影响的程序违法通常不产生法律后果，不得以此为由请求法院撤销行政行为。[③] 在这种情况下，虽然有关行政行为在程序上是违法，但是该程序违法行为并不侵犯个人的权利，不得对其提起撤销诉讼。[④] 不允许个人对不影响实体决定的程序违法行为提起撤销诉讼，也不违反《基本法》第19条第4款，其原因也在于此类程序违法行为并不侵犯个人的权利。[⑤] 在我国，根据《行政诉讼法》第70条，行政行为违反法定程序的，法院判决撤销或者部分撤销。仅仅从这个条文来看，似乎对程序权利也提供救济。然而，对于主张程序权利被侵犯的公民而言，其首先面临的是行政诉讼受案范围上的问题。根据《行政诉讼法》第2条，只要行政相对人认为“行政行为”侵犯其“合法权益”，就有权提起诉讼。即便暂且认为此处的合法权益包括程序权利，行政机关的程序行为是否构成行政行为，存在很大疑问。更重要的是，第12条所作的列举，并没有包括程序行为。因此我们可以初步得出结论，即对于侵犯程序权利的行政行为，行政相对人无权起诉。那么，实定法的这一规定，是否符合宪法控告权的要求？控告权的目的，是使得公民能够在权利被侵犯时向法院寻求救济。控告权本身作为一种程序权利，是维护公民实体权利的一种手段，从属并

① 在德国，从《基本法》第19条第4款第1句可以推导出来，立法者在决定是否赋予权利的时候，并非不受任何约束，不得随意拒绝赋予权利。参见 K. Stern, Staatsrecht Bd. IV/2, § 123, S. 1889。

② “Rechtsbehelfe gegen behördliche Verfahrenshandlungen können nur gleichzeitig mit den gegen die Sachentscheidung zulässigen Rechtsbehelfen geltend gemacht werden. Dies gilt nicht, wenn behördliche Verfahrenshandlungen vollstreckt werden können oder gegen einen Nichtbeteiligten ergehen. ”

③ 《联邦行政程序法》第46条规定：Die Aufhebung eines Verwaltungsaktes, der nicht nach § 44 nichtig ist, kann nicht allein deshalb beansprucht werden, weil er unter Verletzung von Vorschriften über das Verfahren, die Form oder die örtliche Zuständigkeit zustande gekommen ist, wenn offensichtlich ist, dass die Verletzung die Entscheidung in der Sache nicht beeinflusst hat。

④ Walter Krebs, Kompensatoin von Verwaltungsverfahrensfehlern durch gerichtlichen Rechtsschutz?, in: DVBl 1984, S. 109 (114); Schmidt-Aßmann, in: Maunz/Dürig, Art. 19 Abs. 4 Rn. 158; H. -J. Papier, HStR, 3. Aufl., Bd. VIII; § 177, S. 532.

⑤ H. -J. Papier, HStR, 3. Aufl., Bd. VIII; § 177, S. 532.

服务于实体权利的实现。由此出发，只有在公民的实体权利被侵犯时，才可以主张控告权。鉴于程序权利具有服务功能，那么，在行政诉讼中，如果公民认为自己的实体权利和程序权利同时被侵犯，那么通过主张实体权利的救济就可以得到救济。如果公民认为自己的程序权利被侵犯，那么就需要进行区分。如果其程序权利被侵犯，并不影响其实体权利，则没有必要对其提供保护。相反，如果对程序权利的侵犯有可能导致或者不能排除对实体权利的侵犯，则应当允许其寻求司法救济。事实上，最高院已经意识到了这一点。在 2010 年 1 月 4 日起实施的《最高人民法院关于审理行政许可案件若干问题的规定》第 3 条规定“公民、法人或者其他组织仅就行政许可过程中的告知补正申请材料、听证等通知行为提起行政诉讼的，人民法院不予受理，但导致许可程序对上述主体事实上终止的除外”。这一规定实际上以程序行为是否导致对行政相对人实体权利的侵犯为标准进行区分，认可可能侵犯公民、法人和其他组织实体权利的程序行为具有可诉性。这一思路在 2015 年 5 月 1 日起施行的《最高人民法院关于适用〈中华人民共和国行政诉讼法〉若干问题的解释》第 3 条中也有体现，根据该条规定，行政行为对其合法权益明显不产生实际影响的，已经立案的，应当裁定驳回起诉。如果将程序行为也视为行政行为，那么，从这个规定来看，程序行为对行政相对人的合法权益可能产生实际影响的，应当受理，则符合宪法控告权的要求。[①]

（三）与《基本法》第 19 条第 4 款法律途径保障的比较

针对公权力对个人的侵犯，《基本法》第 19 条第 4 款第 1 句规定：“任何人的权利受到公权力侵犯的，法律途径向其开放。”该款规定的权利，被称为“法律途径保障”（Rechtsweggarantie）。所谓“法律途径”，是指向法院起诉而寻求救济的权利。从历史上来看，“法律途径”是与“行政途径”相对的。直到 19 世纪，个人对行政机关的行为不服的，只能通过行政途径，即向行政机关寻求救济。相对于通过行政途径寻求救济，通过法律途径，即向中立、独立的法院要求对行政行为进行审查，权利救济更为充分。通说认为，《基本法》的这一规定对法治国家原则所设定的保护义务进行了具体化，将其规定为一项基本权利[②]，并为了避免不同法院体系[③]之间的管辖权争议对管辖问题做了一个兜底规定，即如果法律没有规定有关争

① 就此而言，这是一个较为典型的合宪解释的例子，即在多种可能的解释方案中，采取有利于基本权利实现的解释。这也表明了宪法对于法规范的解释的指导意义。

② BVerfGE 30, 1, 41.

③ 德国有五套法院体系：普通法院即民刑事法院、劳动法院、社会法院、行政法院、财税法院。

议由哪一法院体系管辖，就由普通法院管辖。需要注意的是，《基本法》第 19 条第 4 款对法治国家原则的司法救济内涵只进行了部分的具体化，即只规定了公权力对个人权利的侵犯，个人可以寻求司法救济。对于来自私人的侵犯行为，《基本法》并没有作出类似于第 19 条第 4 款的规定，法治国家原则仍然要求国家保障个人在权利被私人侵犯的时候，通过司法进行救济。[①]

五、宪法第三章第七节的相关规定

我国宪法第三章第七节中第 123 条至第 128 条对人民法院进行了规范。它们是否对公民的司法救济提供了一定的保障？我们首先看这部分的宪法规范是否赋予了公民一定的权利。从字面上来看，宪法第 125 条第 2 句规定，被告人有权获得辩护，似乎对公民赋予了一定的权利。那么，这一规定是否直接或者间接保障了公民寻求司法救济的权利？所谓辩护，是指刑事诉讼中被告人及其辩护人在刑事诉讼中，为保护自身的合法权益，针对控诉一方的指控而进行的证明其无罪、罪轻、减轻或免除罪责的反驳和辩解。这对于无辜公民不受刑事处罚、使得罪轻公民不受到过重的处罚，具有重要意义。但是，对于认为自己的权利受到侵犯而寻求司法救济的公民而言，只能通过民事诉讼或者行政诉讼来寻求权利救济，因此宪法所规定的辩护权并不能够帮助公民寻求司法救济。

那么，这部分的其他宪法规范是否有助于公民寻求司法救济呢？

宪法第 128 条第 1 款规定，“中华人民共和国人民法院是国家的审判机关”。我国的国家机关包括国家权力机关、国家行政机关、审判机关和检察机关。由此可见，不同的国家机关之间各有分工，只有人民法院才是审判机关、才能够进行审判。这就意味着，除了人民法院以外，任何个人、组织和国家机关都不得进行审判。在这种意义上，宪法第 128 条第 1 款具有和德国《基本法》规定的禁止设立特别法院的规定一样，能够保护个人不受到人民法院以外的其他主体的审判。

宪法第 125 条规定了公开审判原则，这就将法院的审判工作置于公众监督之下。阳光是最好的防腐剂，通过保障审判公开，从而促进审判公正。宪法第 126 条则规定了法院独立行使审判权，防止法院因为受到干涉而作出不公正的裁判。宪法第 127 条则分别规定了最高人民法院对地方各级人民法院和专门人民法院的监督，

① H. Hoffmann, in: Schmidt-Bleibtreu/Hoffmann/Hopfauf, GG, Art. 19 Rn. 90; K. Stern, Staatsrecht Bd. IV/2, § 123, S. 1994.

上级人民法院对下级人民法院审判工作的监督。宪法第 128 条规定了国家权力机关对审判机关的监督。这四个宪法条文，从不同角度保障了审判的公正性。对权利被侵犯而寻求司法救济的公民而言，首先要能够进入诉讼程序，一旦进入诉讼程序之后，审判的公正性也具有重大意义。不公正的审判程序，往往也不能提供有效的司法救济，这也就使得进入法院的大门不再具有实质意义。鉴于此，宪法第 125 条到 128 条对于保障公民寻求司法救济的权利具有重大意义。

德国《基本法》第九章还保障一些司法基本权利。《基本法》第 101 条禁止设立特别法院，保障个人有接受法定法官审判的权利。该条规定的特别法院，是指在正常的法院组织体系之外，仅仅为了个别案件的裁判而设立的法院。[①] 接受法定法官审判的权利，是指按照法院内部的分工接受有关法官审判的权利。这一权利，使得无法通过影响法官的选择，从而对裁判进行干预。[②]《基本法》第 103 条第 1 款保障个人在诉讼中有陈述权，这一权利避免个人在诉讼中仅仅成为司法程序的客体，而是作为主体能够对司法程序过程和结果施加影响。[③] 从法治国家原则结合《基本法》第 2 条第 1 款，以及从人的尊严、平等权条款，可以推导出个人有权得到公正的审判。[④]《基本法》第 103 条第 2 款确立了法无明文不为罪的原则，保障个人自由。《基本法》第 103 条第 3 款规定了一事不再罚原则。《基本法》第 102 条废除死刑。从性质上来看，这些权利与《基本法》第一章所规定的基本权利没有本质区别。这些权利从不同方面对个人提供保障，尽管这些权利本身并不保障个人有在权利被侵犯之后寻求司法救济的权利。其中一些权利，例如获得公正审判的权利、陈述权，对司法程序本身提出了要求。

如果对中德两国宪法的上述规定进行比较，我们可以得出如下结论：总体上，德国《基本法》的规定更为详尽，接受法定法官审判的权利、个人在诉讼中的陈述权、法无明文不为罪、一事不再罚等规定，都是德国宪法所特有的。相比之下，我国宪法的相关规定较为简略。两国宪法都作出了一些类似规定，例如禁止法院以外的机构行使审判权，规定了审判公正原则。不同的是，德国《基本法》规定了一系列司法领域的基本权利，而中国宪法除了规定被告人有获得辩护的权利以外，没有规定更多的权利，而是把有关内容作为有关制度予以规定，虽然对国家机关有约束力，但并不赋予公民相应的权利。

---

① BVerfGE 3, 213, 223; 10, 200, 212.

② BVerfGE 82, 286, 296; 95, 322, 327.

③ BVerfGE 84, 188, 190.

④ BVerfGE 57, 250, 274 ff.

结论

综上所述，与德国《基本法》类似，我国宪法通过依法治国原则、实体基本权利、控告权、宪法第 123 条到第 128 条关于人民法院的规定，以不同方式保障被侵权的公民寻求司法救济。（详见表 1）

表 1　被侵权公民寻求司法救济的不同保障方式

	是否对国家设定义务	是否赋予公民司法救济请求权	保护哪些权利	防御哪些主体的侵害
依法治国原则	是	否	基本权利 + 法定权利	公权力 + 第三人
实体基本权利	是	是	基本权利	公权力 + 第三人
控告权	是	是	基本权利 + 法定权利	公权力
宪法第 123-128 条	是	否	基本权利 + 法定权利	公权力 + 第三人

首先，无论公民的基本权利还是法定权利被公权力或者第三人侵犯，依法治国原则都要求国家保障公民能够寻求司法救济。由于依法治国原则规定在宪法第一章，本身不构成一项基本权利，并不直接赋予公民相应的请求权。在这一点上，德国的情况与我国类似，德国法治国家原则也要求国家对个人提供司法保护，并不直接赋予相应的请求权。其次，所谓无救济即无权利，权利的救济是权利规范内涵不可分割的一部分，因此寻求司法救济是实体基本权利的固有内涵，实体基本权利则赋予公民在这些权利被侵犯时可以寻求司法救济，无论侵犯行为是来自公权力还是私人。在这一点上，中德两国宪法没有差异，德国《基本法》上的实体基本权利也构成了个人直接请求司法救济的宪法基础。再次，宪法第 41 条第 1 款规定的控告权是公民享有的一项程序权利，根据这一权利，公民得以防御来自公权力对实体基本权利和法定权利的侵犯。对于来自私人的侵犯，公民不得主张控告权。德国《基本法》第 19 条第 4 款规定的法律途径保障，特别授权个人针对公权力的侵犯通过司法途径来寻求救济，与我国控告权条款具有较高相似性。最后，宪法第三章第七节关于人民法院的规定，虽然没有对司法救济请求权本身作出规定，但对法院的组织、权限、司法程序作出的规定为公民寻求司法救济提供了组织和程序上的保障。相比之下，德国《基本法》第九章关于司法的规定更为详尽，不仅规定了法院的组织和权限，还规定了一系列司法领域的基本权利。

法教义学是什么？

爱默生·H. 蒂勒[*] 弗兰克·B. 克罗斯[**] 著

王夏昊[***] 译

法教义是法律之中的通货。在许多方面，教义或先例就是法律，至少当它们来自于法庭而言。判决理由创立了包含法教义的规则或标准。然而，令人惋惜的是，法教义的性质与效果一直充当着替身。法学院与政治学系的研究者们一直对法律进行广泛的研究，但是，他们在很大程度上忽略了他们的相互努力。[①] 不幸的是，他们都没有有效地把握法教义的描述意义。在这篇论文中，我将提出下列问题以供讨论：关于法教义如何重要的各种理论，以及这些理论如何被检验。

法教义设定了一个领域中未来案件的解决的术语。教义可能有许多形式，要么它可能是事实依赖的，因此是有限制的，要么它是贯穿整个领域的。法律共同讨论的一个教义分类是"规则"与"标准"之间的区分。[②] 规则是严格要求，即一旦谓项事实（predicate fact）被确立，该要求就决定了争议的答案。规则就像"对另一

---

* 爱默生·H. 蒂勒（Emerson H. Tiller），西北大学法学院法学教授。

** 弗兰克·B. 克罗斯（Frank B. Cross），德克萨斯大学商学院商法教授，德克萨斯大学法学院法学教授，德克萨斯大学奥斯丁分校政府学教授。

*** 王夏昊，中国政法大学法理学研究所教授，博士生导师。

① 参见克罗斯：《政治科学与新法现实主义：一个不幸的学科间忽略的情形》，载《西北大学法律评论》（1997）第 92 卷，第 251 页。

② 参见萨利文（Kathleen M. Sullivan）：《规则与标准的正义》，载《哈佛法律评论》（1991）第 106 卷，第 22 页。

个人的商标的随后的无授权的使用构成了商标侵犯”的某种东西。相反，标准是争议解决的更具有不确定性的指导，常常列出一系列被考量和衡量的因素。一个标准就成为一条法律，即指示“当高级标志与低级标志之间存在着混淆的可能性时，商标侵犯就发生了，通过对下列因素的衡量而被决定”的一条法律。两种教义方法（approaches）在法律中都被发现，但是如下问题很少被分析：为什么一个人偏好一个规则或偏好一个标准，这两种类型教义随后的效果可能是什么。① 常常被假定的是：标准给更意识形态的判断留下了空间。但是，这个主张从来没被例证。

法律研究者已全面地处理了作为规范问题的教义，但是他们几乎没有注意教义实际上发挥功能的方式。社会科学家对法庭实际上如何发挥功能做了重要的描述工作，但是，他们在很大程度上忽视了法教义的意义。因此，我们对法律在社会中的功能的最核心问题的理解非常贫乏。幸运的是，对这个问题的精确研究自今年已经开始。当法律研究者不断地进行数量经验研究并开始与社会科学家合作，我们可以期待：这个研究会开花结果并且极大地增进对法教义的理解。这篇论文勾勒了这个研究如何进行的理论轮廓。

一、法教义的传统视角

法律的传统研究是完全关于教义的。法律学者认为判决理由的语言表述法律。法律学术的标准形式是教义分析，一位研究者运用这个分析研究一个法律理由的内容，以至于评价它是否被有效地推理，或者探究它对未来的案件的意义。② 教义分析植根于一个描述前提之中，从教义前提所推理的论据实际上说明了司法判决。这个研究常常是评价性的和批判性的。然而，它只意味着法庭犯错，以至于一个具有说服力的教义分析可以揭示法官在这个方面的错误而且导致法律推理的一个新的进程。

毫不令人奇怪，法律学者聚焦于以“对推理论据的理性反应”③ 为基础作司法决定的传统法律模式。通过这个过程，人们获得“能够产生独立于法官的政治与经

① 参见雅可比（Tonja Jacobi）和蒂勒：《法教义与政治控制》，西北大学公法研究论文，2005 年，第 5–11 页，http://papers.ssrn.com/so13/papers.cfm?abstract_id=752284（提出关于规则与标准之间的司法选择的理论是建立在司法等级系统的政治面向的基础之上）。

② 对于学者的这个形式的评论与辩护，请参见瑞蒂希（Martin H. Redish）：《联邦法院、司法限制与法教义分析的重要性》，载《哥伦比亚法律评论》1985 年第 85 卷，第 1358 页。

③ 夏皮罗（David L. Shapiro）：《司法公正的辩护》，载《哈佛法律评论》1987 年第 100 卷，第 731、737 页。

济观念的关于争议的结果”[①] 的法律推理。这个模式的核心是决定建立在某些中立的法律原则基础之上，免于任何政治的或个人的污染。如果是法律统治，法官的身份不应该决定司法结果。在这个作司法决定的法律模式之中，一位法官确认案件事实、确认最适用于这些事实的法律规则，然后法官决定的简单逻辑将这些法律规则适用于该事实。

在 20 世纪上半叶，法现实主义者攻击这个传统智慧。他们断言法律的传统实质诸如教义并不决定司法判决。[②] 对现实主义者们来说，法律语言具有太大的不确定性而不能为司法争议提供答案，而且法官依据法律而非个人偏好作决定也是不符合其自身利益。现实主义者坚持认为，法官会根据个人的意识形态偏好首先确定他们想要的案件解决方案。然后操纵现有的法律材料来支撑这个结论。[③] 根据这个看法，法教义纯粹是装饰门面。

虽然后来的法律研究者从来没有完全地掌握并驳倒法现实主义者的这些描述主张，但是，这个理论的影响在面对“法程序”学派时变得苍白无力。根据这个视角，“法律的研究成为程序的研究，根据这个程序，法官在对一个决定的推理或论证（reasoning）过程中运用教义，而不是以机械方式简单地适用教义”[④]。该理论有时与“中立原则”的运用相联系，它除了对实质规则予以注意之外，也给予法律程序相当的注意。

即使并非毫无疑问，从根本上来看法律程序学派也确实通过强调程序的重要性而挑战了法现实主义的前提。具有意识形态的法官为什么创立如此精巧的程序规则并在裁判之中运用它们而不是操纵实体法以得到他们所偏好的裁判，不存在具体的理由。程序规则要求上诉法院对初审法院的事实发现予以遵从。当低级法院的裁判可能与意识形态相一致或不一致时，这个规则与意识形态直接相交。然而，遵从规则不仅实存而且被广泛坚守。这个法律规则经得起法律检测的检验，因为人们能够在数量上对撤销或维持予以编码。当这样的研究被实施时，下列原理被发现：与司法意识形态相比，这个程序的遵从对于巡回法庭判决是更有意义的决定。[⑤] 更进一步，当教义命令在更高或更低层面遵从下级法院的裁定（ruling）时，巡回法

---

① 约翰逊（Philip E. Johnson）：《你真诚地想激进吗？》，载《斯坦福法律评论》1984 年第 100 卷，第 731、737 页。

② 关于法现实主义运动的评论，请参见达克斯伯利（Neil Duxbury）：《美国法理学模式》，1995 年，第 65–159 页。

③ 最近的法律批判研究运动是对法律和教义意义的怀疑主义后裔，参见：同上，第 421–509 页。

④ 同上，第 210 页。

⑤ 参见克罗斯：《美国上诉巡回法院作决定》，载《加利福尼亚法律评论》2003 年第 91 卷，第 1457、1509 页。

庭撤销的盖然性与它所给的遵从的层面相对应。[①]虽然法律程序理论家们并没有进行这样的经验分析，他们有关这个教义的理论是可证伪的，而且当它们被经验检测所证实时，就逐渐削弱了法现实主义的更极端的主张。

然而，法律程序分析仅狭义地依照法律，并没有考虑到教义的社会含义。举例来说，法官要么在实体基础上要么在程序基础上得到了相同的结果，而且因此设定了一个实质的或程序的先例。开放问题是：法官为什么选择这条道路而不选择其他道路？那个选择对未来的案件有什么含意？一位朴素的法制主义者原以为，这个选择被法律或只被法律所命令，但是，这个看法是未被证实的而且与下述部分所讨论的重要证明相矛盾。

许多法律研究者现在认识到司法意识形态影响司法裁决。有些人已通过进行经验研究揭示了这个结果。[②]当该政策在法律批准的争论之中被国会成员所引证时，这个研究已断定了某项公共政策的意义。[③]意识形态的经验分析，包括了社会科学家所进行的那些经验分析（正如下文所讨论的），已不断地进入到法律研究之中。然而，法律研究者们对意识形态的承认并不标志着教义在作法律决定之中的角色的消解。不幸的是，虽然它导致了法教义意义被忽略。

法律研究者们并没有完全忽视教义在更大范围内的功能，而且一些具体的教义已被认真分析。也许最好的例子是起诉权的法律以及与其相关的教义。里卡德·皮尔斯已论辩并提出证据：起诉权教义是完全意识形态的，以至于“自由法官给予环保主义者、雇员或羁押犯起诉权，而不给银行起诉权；相反，保守法官给予银行起诉权而不给予环保主义者、雇员或羁押犯起诉权”[④]。更新的研究结论是：“如果清楚的判例和有效的司法监督实存，法官就正式做出有法律约束力的、可预测的判决；如果这些可变项缺乏，起诉权的裁决更可能建立在法官个人的意识形态的基础

---

① 参见克罗斯：《美国上诉巡回法院作决定》，第 1501 页（普通审判判决被推翻的比率比简易审判判决要小，后者被推翻的比率比 j. n. o. v. appeals 要小），同时参见第 1503 页（行政机关决定被推翻的比率与这些机关的决定所依据的流行教义的不同的程度相对应）。

② 法律评论中的几个重要研究包括了克罗斯：《美国上诉巡回法院作决定》；克罗斯和蒂勒：《司法党派与法教义的遵守——联邦上诉法院的揭秘》，载《耶鲁法律杂志》1998 年第 107 卷，第 2155 页；西斯克等（Gregory C. Sisk et al）：《对司法心灵影响的图示：司法推理的经验研究》，载《纽约大学法律评论》1998 年第 73 卷，第 1377 页；桑斯坦等（Cass R. Sunstein et al）：《关于联邦上诉法院的意识形态判断：一个初步研究》，载《弗吉尼亚法律评论》2004 年第 90 卷，第 301 页。

③ 联邦任命的批准听证：Hearing Before the S. Comm on the Judiciary, 107th Cong. 765，2002(statement of Sen. Schumer)(addressing the sunstein research)。

④ 小皮尔斯（Richard J. Pierce, Jr）：《起诉权法还是政治？》，载《北卡罗纳来法律评论》1999 年第 77 卷，第 1741 和第 1742 页。

之上。”[①] 关于起诉权规则的最可能的解释是一个试图影响更低级法庭未来裁决的教义。通过增加一个原告必须克服的障碍，这个教义使得起诉政府更加困难，而使得具有意识形态的法官拒绝此类诉讼案件更加容易。如果一个人假定：向法院起诉通常会促进法的目的，那么，人们就会预期司法保守者强调一个严格的起诉权教义，正如他们事实上所具有的那样。[②]

法律研究已开始迈向对裁决结构在作司法决定之中的功能进行更广泛分析的第一步。[③] 举例来说，斯皮勒（Pablo Spiller）和斯皮策（Matthew Spitzer）已将下列法官工作理论化：法官为了将一个案件的裁决与国会推翻相隔绝而运用宪法裁判，而不是运用制定法裁判来解决该案件。[④] 这个理论要求更复杂的教义分析，但是它由于关于法律的幼稚（看法）而遭受损害，因为法官们并不在宪法理论与制定法理论之间作出选择，绝大部分制定法解释案件并不呈现宪法问题。

蒂勒和斯皮勒的理论是：当低级法院的法官希望他们的裁决免于撤销的可能而将他们的裁决隔绝于更高级法院的审查，他们便会运用“工具”选择——在制定法解释与作为撤销专业行政部门政策的裁决模式之间的选择。[⑤] 蒂勒和史密斯（Joseph Smith）研究了巡回法庭的行政法案件和法官对行政案件中的法律工具（程序或制定法）的选择的关键联结。[⑥] 他们得出的结论是法官们为了将他们的案件结果与在意识形态上相反的高级法院的推翻相隔绝，而可能运用他们在裁判工具之中的选择。随后的关于判刑指南的司法适用研究得到了关于法官的教义选择的相似发现。[⑦]

克罗斯和蒂勒研究了关于巡回法庭三位法官合议庭的教义功能而且得到结论，

---

① 斯塔德（Nancy C. Staudt）:《起诉权的形塑》，载《纽约大学法律评论》2004 年第 79 卷，第 612 页。

② 参见拉森（Gregory J. Rathjen）和斯佩思（Harold J. Spaeth）:《接受的拒绝与意识形态偏好——伯格法院法官们的投票行为分析（1969—1976）》，载斯佩思和布伦纳（Saul Brenner）编:《美国最高法院行为研究》，1990 年，第 24、37 页（保守大法官一般赞成法院受理的门槛要求，包括起诉权）。

③ 关于决定结构的更多论述，请参见下述第三部分第一节。

④ 参见蒂勒和斯皮勒（Pablo T. Spiller）:《策略工具——行政法之中的法律结构与政治游戏》，载《经济与组织学报》1999 年第 15 卷，第 349 页；斯皮勒和斯皮策:《法教义的司法选择》，载《经济与组织学报》1992 年第 8 卷，第 8 页。

⑤ 蒂勒和斯皮勒:《策略工具——行政法之中的法律结构与政治游戏》，第 363—365 页。

⑥ 史密斯（Joseph H. Smith）和蒂勒:《判断的策略——行政法的证明》，载《法律研究》2002 年第 31 卷，第 61 页。

⑦ 尚岑巴赫（Max M. Schanzenbach）和蒂勒:《美国判决指针下的策略判断——实证政治理论与证明》，载《西北大学法学院法律与经济研究论文集（工作论文）》2005 年，第 5—6 篇，http://ssrn.com/abstact=700183。

即教义在下列情况之中发挥了关键作用：（1）合议庭是由民主党和共和党的任命人组成的（在政治意识形态上不统一）；（2）政治上的少数派法官使教义支持他的立场。[①] 在这样的情形中，合议庭的多数派遵循教义而不是多数派所断定的政治政策偏好。相反，当合议庭在政治上是统一的，如果教义与多数派所欲的政策结果相冲突，那么教义就被体系性地忽略。

克罗斯也已开始从事法教义实际效果的经验分析。他与林奎斯特（Lindquist）一起试图衡量教义是否以及何时支配了法院的裁决[②]。这个研究最初审查了没有教义指导的第一印象的案件，而且发现法官在如此的案件之中比在由判例所调整的案件之中事实上更意识形态（化）。然而，当先例随着实践而发展时，它对法官的限制并没有不断地增长。确实，先例的膨胀表现出对自由法官的作用是更意识形态的，它表现出，教义可能要么是限制要么是不限制。下一步必须研究的是教义的具体内容。

法律学者关于教义的观点已然有所演变。对许多人来说，教义代表了法官忠实适用的法律规则。然而，法律学者越来越认识到：法律并不是完全中立地被适用，而且它的适用被诸如司法意识形态的外在关注所影响。鲁宾（Rubin）和菲利（Feeley）探究了新教义的创立，他们认为，新教义是司法意识形态和法官必须依赖的已存在的法律原则的产品。[③] 虽然法律观点愈发意识到法律不是一切，但依然坚持认为法律是非常重要的。

二、教义的社会科学视角

与法律研究形成明显对比的是，许多社会科学家完全不顾教义的意义。[④] 这种无视来自于下列假设：法律学者所理解的法律在现实上对法官并不重要。社会科学

---

① 克罗斯和蒂勒：《司法党派与法教义的遵守——联邦上诉法院的揭密》，载《耶鲁法律杂志》1998年第107卷，第2155页；

② 林奎斯特和克罗斯：《德沃金连环小说理论的经验检测》，载《纽约大学法律评论》2005年第80卷，第1156页。

③ 参见鲁宾（Edward Rubin）和菲利（Malcolm Feeley）：《创造法教义》，载《南卡罗莱纳法律评论》1996年第69卷，第1989页。

④ 这个句子中的“许多”是一个重要的限制。某些政治科学家尊重教义的意义，参见吉尔曼（Howard Gilman）：《法律被用来做什么？——司法行为者对做法律决定的“法律模式”的检测》，载《法律与社会研究》（2001）第26卷，第465页。然而，对法律进行定量研究的研究者常常忽略判决理由的教义内容。

的定量研究一直是由下列政治科学家所实施的：这些科学家们一般信奉先天假设（position），即法官在作决定过程之中在根本上是意识形态的。另外，社会科学家坚持理论是可证伪的，这就导致了法律研究的历史道路的重要性降低。对于可证伪理论的最好检测是统计学的经验分析，司法行为的社会科学研究共同运用了这个方法。

定量分析为法律研究提供了科学的精确性，它要求将法律简化为某种号数。最容易简化为数字的就包括案件的结果。因为案件结果很容易按照二进制（例如保守的或自由的，维持或推翻）进行编码，对作司法决定的社会学科定量研究来说，结果分析成为一种默认的工具。更进一步，随着结果分析的进行，社会科学家获得了忽略判决理由的内容合理基础。

对司法结果进行研究的政治科学家们发现司法结果与作决定的法官们的意识形态有统计学意义上的关联（有时被称为“态度模式”）。在 1993 年，塞加尔（Jeffrey Segal）和斯佩思在那本著名的《最高法院与态度模式》①——该书有最新版②——中开始了这个方法（approach）。该书确认了最高法院法官们的意识形态假定，而且证明了那些意识形态常常与法官们的投票相关。大量其他研究也证实了这种关联。对数据的可利用的比较研究所进行的元分析表明：意识形态是每一级法院裁决的统计学意义上的决定因素，尽管意识形态的效果与力量因案件类型而异，也因法院类型而异（例如，这个效果对联邦最高法院的影响比对低级的联邦法院的影响力要大得多）。③

尽管这些研究一致地揭示司法意识形态的某种功能，但这些研究只衡量了裁决结果，比如在特定案件中哪一方当事人获胜，法院采取的是保守立场还是自由立场。案件结果对于该诉讼的直接当事人具有明显的重要性，而对于其他人不具有具体意义。判决理由的语言至少表明确立了调整未来案件的规则，但是政治科学研究者们一般忽视了这种语言的意义。斯佩思很早就意料到了这种情形，他说：“我从法官做了什么中找出司法行为的关键，而门德尔松（Mendelson）教授则从他们说了什么中找出（司法行为的关键）。我聚焦于他们的投票，他聚焦于他们的判决理由。”④

---

① 塞加尔和斯佩思：《最高法院与态度模式》，1993 年。

② 塞加尔和斯佩思：《最高法院与态度模式》（修订版），2002 年（更聚焦于某些宪法问题而且考量了法律模式）。

③ 参见皮内洛（Daniel R. Pinello）：《美国法院之中党派与司法意识形态的联结——元分析》，载《司法系统学报》1999 年第 20 卷，第 219 页。

④ 斯佩思：《法律统计学与门德尔松教授——一个麻烦的关系》，载《政治学学报》1965 年第 27 卷，第 875、879 页。

一个人不可能对结果的实践意义产生争议，忽视判决理由的决定就是没有理解法律。考量最高法院在东南宾夕法尼亚州计划生育诉凯西（Casey）案件[①]中关于堕胎权的判决，在该判决中，法院拒绝推翻它在罗（Roe）诉韦德（Wade）一案中的裁决，但是，它限定了它关于支持州对堕胎限制的合宪性分析的“不正当负担”的三元分析。法院关于凯西案件的判决在实质上植根于坚守先例的重要性之中。凯西案的判决实质上修改了罗案所规定的规则，并从总体上减少了堕胎的宪法权利。由于凯西案维持了宾夕法尼亚州对堕胎的某些限制，所以在政治科学家对该决定进行定量分析时，会将其编码为保守结果。鉴于该决策代表了罗案向保守方向的转变，因此该编码是准确的。然而，虽然一项推翻罗案的判决具有更重大的意义，但还是会获得相同的编码。凯西案的结果固然重要，但它为未来适用所创造的教义具有更大的意义。正如首席大法官文森（Vinson）所说：“法院感兴趣是争议决定的实际实践效果——它对其他诉讼当事人以及其他情形产生的后果。”[②]纯然的编码就错过了大部分司法决定的重要性。

一旦他们得出案件结果确实被司法意识形态所决定的结论，那么，政治科学家就很容易得出下列结论：法律判决理由的内容在事实上不重要。具有不同意识形态的法官会作出不同的决定，即使他们从相同的法教义出发进行操作。根据这个发现，政治科学家将教义消解为遮蔽司法判决真正基础的掩护之物（beard）。他们认为教义实质上是无意义的，因为它不能决定任何未来的判决。他们的研究也就成为传统法现实主义主张的严谨（disciplined）情形。

然而，关于意识形态与作司法决定的定量证明非常弱，所以并不能支持这个结论。虽然这个研究常常例证司法意识形态与司法决定之间的统计学意义上的相关性，但是，意识形态并不能预测绝大多数判决。事实上，意识形态对最高法院以下的司法层级的作用不是太大。[③]不仅意识形态的作用是有限的，而且该类研究很少包括法律对意识形态的独立作用的控制的教义变量。最后，政治科学研究压倒性地

---

① 505U. S. 833，1992.

② 文森（Fred M. Vinson）:《美国最高法院的工作》，载《德克萨斯律师学报》1949 年第 12 卷，第 551、552 页。

③ 参见西斯克（Gregory C. Sisk）和海瑟（Michael Heise）:《法官与意识形态——关于统计措施的公众与学术争论》，载《西北大学法律评论》2005 年第 99 卷，第 743 页以及 770—774 页。他们注意到，在皮内洛的元分析之中（《美国法院之中党派与司法意识形态的联结——元分析》），意识形态只说明了联邦法院中的整个投票的 7%（虽然意识形态说明了这些研究的亚系列的几乎一半变量），同上第 771 页。他们审查了其他研究并得到下列结论：意识形态的影响是更节制的，同上第 772 页。同时参见索恩格（Donald R. Songer）、席汉（Reginald S. Sheehan）和海尔（Susan B. Haire）:《联邦上诉法院的持续性与变化》（2000），第 115 页（民主党与共和党任命的法官关于公民权利 / 自由问题的投票有 6.4% 的不同）。

聚焦于最高法院的判决并不具有代表性，只涉及有实效法律的极小部分；政治科学研究常常聚焦于最高法院的案件中那些涉及公民自由的有争议问题的案件，这些案件是最高法院案件之中很小的亚类。[①]

随着关于法律的社会科学研究的不断进步，人们已开始认识到判决理由的内容也即法教义是值得研究的。最早的重要研究来自于态度主义者，这些研究努力地揭示教义在事实上并不影响未来的司法判决。塞加尔和斯佩思承担了关于最高法院先例运用的研究。他们从许多包括了异议的判决理由的最高法院的标志性案件开始，并确认了这些案件的“后代”（progeny）。[②] 然后他们还研究了在起始的裁决中持异议的最高法院的法官们的行为，发现这些法官一直坚持他们关于法律问题的最初的异议身份，而不顾起始判决理由所确立的先例。[③] 该研究对于教义的经验探究是重要的，但是这个发现一直存在争议[④]，它只表明了最高法院对它自己的先例在最具有争议的案件中的适用。[⑤] 最高法院的教义真正力量在于它对更低司法层级所决定的绝大多数案件的影响能力。

与塞加尔和斯佩思的发现不同，理查兹（Mark Richards）和克里策（Herbert Kritzer）发现：某些最高法院的判决确立了新的“法学体制”（jurisprudentia regimes），它规定了随后判决的结构。[⑥] 这些判决“通过确立哪些案件因素与作决定是相关的而具有影响，而且（或者）法官通过设定审查或衡量的层面而正义在评价案件因素之中运用”[⑦]。这个方法与教义的真正研究紧密相关，而且发现甚至影响了最高法院。该研究不处理下列问题：最高法院法官为什么精心制作了具体语言，或者不同的语言怎么相关，但是，它确立了非常重要的一点——教义在未来的判决之中确实重要。

---

① 例如，参见格哈特（Michael J. Gerhardt）：《关于态度的态度》，载《密歇根法律评论》2003 年第 101 卷，第 1733、1740 页（批判了对最高法院判决的这个依赖）。

② 斯佩思和塞加尔：《多数决规则与少数派的意志——对联邦最高法院的判例的遵循》，1999 年。

③ 参见同上第 287 页（遵循先例的最高法院法官只有那个时代的 11.9%）。

④ 某些人重新研究了塞加尔和斯佩思的数据而且认为：它支持相反的结论，即先例确实影响最高法院法官的投票。参见布伦纳和斯蒂尔（Marc Stier）：《重新检测塞加尔和斯佩思的遵循先例模式》，载《美国政治科学期刊》1996 年第 40 卷，第 1036 页。索恩格和林奎斯特：《并不是整个故事——最高法院法官的价值对最高法院作决定的影响》，载《美国政治科学期刊》1996 年第 40 卷，第 1049 页。

⑤ 根据判决书目录，最高法院在简单案件中不会发出调取案卷复审的令状。因此，后来的案件的结果被以前的决定直接地所迫使，这是不可能的。

⑥ 理查兹和克里策：《最高法院作决定过程中的法学体制》，载《美国政治科学评论》2002 年第 96 卷，第 305 页。

⑦ 同上。

正如上述，教义的首要力量在于它影响低级法院判断的能力。许多政治科学家已研究了这个具体问题，而且发现：最高法院的教义确实呈现出控制后来低级法院的判决理由这一现象。低级法院明显忠实地遵循最高法院关于诸如诽谤和第一修正案①、淫秽②以及搜查与扣押法③等问题的判决。这些发现在对最高法院的先例确实在事实上影响低级法院的说明之中是明显的，但是它们很少对具体教义为什么被采纳以及教义的不同阐释为何有不同结果这些令人迷惑的细节做出说明。

爱泼斯坦（Lee Epstein）和奈特（Jack Knight）所著的一本书承认教义确实对最高法院法官重要，而且讨论了他们怎么策略地使用先例。④像其他政治科学家一样，他们认为最高法院的法官们的目标完全是意识形态的。但是，他们认为坚守教义对于合法化司法权威是必要的，因此最高法院法官确实关注教义。这样，最高法院法官“策略地限定他们的身份”以考虑先例而且在法律要求的限制范围之内努力地得到尽可能与他们偏好的意识形态紧密相关的判决。⑤他们书中关于作司法决定的理论是有限的，但是它确实暗示了教义的内容对法律道路的重要性以及判决并不完全是意识形态的。

汉斯福德（Thomas Hansford）和斯普里格斯（James Spriggs）的书采取更宽的路径来研究最高法官的教义。⑥他们的研究努力地确认下列问题：教义什么时候被确定以及它什么时候被限制，判决被最高法院法官的意识形态或诠释的先例的力量所影响的程度。这个研究在关于教义的定量分析之中是一个重要突破，但是，它遭受了过去政治科学研究所共有的某些限制：以最高法院为中心，聚焦于意识形态，忽略判决理由的实际内容。然而，它提出了一些有意义的发现：具有意识形态的最高法院法官追求最有力的、最被接受的，但是在意识形态上相反的先例，努力地限制它们在后来案件中的适用。⑦这本著作只是关于教义及其意义的经验研究的开始。

---

① 参见格鲁尔（John Gruhl）:《最高法院对诽谤法的影响——低级联邦法院的遵从》，载《西方政治季刊》1980年第33卷，第502页。

② 参见索恩格和海尔:《司法投票各种研究途径的整合——联邦上诉法院的淫秽案件》，载《美国政治科学期刊》1992年第36卷，第963页。

③ 索恩格等:《正义的等级——检测最高法院-巡回法院互动的主要动力模式》，载《美国政治科学期刊》1994年第38卷，第673和688页。

④ 爱泼斯坦和奈特:《最高法院法官所做的选择》，1998年。

⑤ 同上书，第45页。

⑥ 汉斯福德和斯普里格斯:《关于联邦最高法院的先例的政治学》（2006年3月即出）。

⑦ 同上。

社会科学家们间接地将他们关于司法层级分析相关联的教义理论化。他们研究了更高级法院如何利用推翻预期以控制较低级法院遵守更高级法院的偏好。麦克诺加斯特（McNollgast）提出了关于下列问题的令人感兴趣的理论：最高法院怎样通过适用“教义的空隙”与允许有节制地偏离法院的偏好的随机抽样而增强低级法院的服从。[①] 但是，该作者并没有试图在经验上检测这些理论，克罗斯已论辩：推翻的预期不可能支持关于作司法决定的一般理论。[②]

社会科学研究似乎正在越来越承认法教义的独立意义的方向取得进展。[③] 政治科学家们仍然聚焦于作为司法结果背后的驱动力的意识形态，但是他们越来越承认判决理由不是不相关的。他们的研究正在取得重要的进展，使得法教义在数量上有记录，而且更加严格地检测它的意义。随着该研究的发展，它呈现出一种趋势：法学教授和社会科学家在他们关于法律操作的理解方面慢慢地走到一起。

正如上述部分及第一部分的证明，关于法教义的科学研究的价值越来越被承认。更进一步，有大量的关于下列一般主张的经验支持：教义选择事实上在作司法决定之中是紧要的。然而到目前为止，这个新兴研究是以一种相当随意的方式进行着，没有太多的协调理论框架。该研究的大部分处于理论化水平之下，关于选择的分析的主导理论指导也一直是避免推翻。虽然这种方法在理论上是合理的，但是推翻预期在下列方面相当不充分：该理论只能解释法院所作的教义选择的一小部分。本文的下述部分将提出指导未来研究的理论考虑。

三、分析法教义功能的理论与经验考虑

简单的法律与政治方法都没有捕捉到教义的概念及其在法律工作中的重要性。法律研究既是法（学）的也是政治（学）的，这是很清楚的。政治研究者们常常聚焦于结果而忽略教义。法律研究者一直将教义作为纯粹法律推理进行研究，而不承认它的政治因素。是法律与政治的交集催生了进一步的研究。本文剩余部分将展现

① 麦克诺加斯特：《政治与法院——司法教义与法治的实证理论》，载《加利福尼亚法律评论》1995 年第 68 卷，第 1631 页。

② 参见克罗斯：《上诉法院对先例的坚守》，载《经验法律研究期刊》2005 年第 2 卷，第 369 页。

③ 近来一篇令人感兴趣的文章试图将政策定向与法律定向整合而且强调教义作为交流偏好的方式。参见梅斯基塔（Ethan Bueno de Mesquita）和史蒂芬逊（Matthew Stephenson）：《提供资料的先例与司法内部的交流》，载《美国政治科学评论》2002 年第 96 卷，第 755 页。

对于这个研究具有重要意义的因素。

（一）决定结构：工具与教义

对法教义功能的理解首先要求确认作司法决定过程所涉及的以及判决理由中所呈现的基本决定结构。这些结构包括：实质的决定工具（诸如制定法解释、宪法审查或推理过程审查），程序决定工具（诸如起诉权、完备性或限制审查的制定法），作为对如何在特定案件中适用工具的指导而附加在这些决定工具上的法教义（具体的教义语言）。通常，多个决定工具存在于特定案件之中。举例来说，在法院审查行政机关案件时，通常要同时考虑制定法解释与程序或过程工具。[①] 对于特定工具，可能会有多个而且有时相互竞争的教义存在着（诸如平义规则和制定法解释的雪佛龙［Chevron］教义[②]）。这样，法院就有一系列工具-教义的匹配物，在作一个决定的过程之中从这些匹配物中进行选择。将这些工具-教义选择作为一个案件的更宽泛的作决定结构的部分，对于理解法官的工作以及他们所面临的策略机会和限制是至关重要的。

举一个例子，设想一位希望击败原告诉讼的制定法理由的以政策为定向的法官。法院既可能通过发现一个有利于被告的程序问题（例如原告对这个诉讼缺乏起诉权），也可能通过发现有利于被告的法律依据（例如原告对制定法的解释是错误的），而有效地终止诉讼理由。为了终止该案件，法官只需要在这些决定工具之中发现一个有利于被告的工具。关于那个决定被运用或者也许两个都被运用的选择，将被附加在每一个工具上的可利用的教义所调整。假定，在那个司法管辖区制定法解释的主导教义是平义教义，而且假定，平义实际上有利于原告的解释而不利于被告的解释，另外假定，存在着可利用的关于起诉权问题的相互竞争的教义（一个有利于原告，另一个有利于被告），以至于法院可能适用任何教义而且呈现出参与了原则的决定。世故的法院将适用关于起诉权问题的支持被告的教义，而不会公然违反关于制定法解释问题的教义指导，也不会冒着被更高级法院推翻或公开合法性失去的风险。

有时候，教义会迫使法院得到一个不是它可欲的结果。其他时候，主导的法教义可能迫使法院选择一个特定工具以期得到一个它可欲的结果，因为其他的工具会产生相反的结果。然而在其他场合，法院可能通过不只一个教义工具作一个选择而

---

① 蒂勒和斯皮勒：《策略工具——行政法之中的法律结构与政治游戏》。

② Chevron U. S. A , Inc. v. Natural Res. Def. Council, Inc., 467U. S. 837，1984.

得到它可欲的结果。这样，当教义能约束将来的法院时，它也能够使得法院自由地得到可欲的后果。这个问题因下列事实而更复杂：法院决定自身可能创立某种教义，法院有动力选择对未来法院最有影响力的工具与语言。它的决定的影响助长了司法教义选择的算法。

可以肯定，存在着亚类工具和亚类教义，当一个人解构了每一个工具在特定案件之中的性质与功能时，工具之间的边界很容易消失。甚至，教义能够创立某些工具。[①] 确实，教义工具的创立是一个主要研究主题。当法院创立新的教义工具，通过为具有意识形态偏好的结果提供附加的工具选择而在某种程度上赋予未来法院更大的自由裁量。当法院系统在意识形态上对准创立教义工具的法院时，法院被预期将采取如此的行动。然而，一个更高的策略是以一种具有体系趋势支持偏好一方的方式形塑教义工具。[②] 设计这样的工具是不容易的，但是对于试图突出其意识形态的法院来说将是最佳的。[③]

更进一步，必须存在着使各种决定工具对法官是可利用的事实模式，原告在提出问题之中的论据的功能，这两者对于考量和挑战关于教义使用的分析和测量是重要要素。然而，孤立结构，理解它们的独立性并从经验上衡量它们对作决定的影响，这些努力对于理解法教义及其在作司法决定过程之中的功能是至关重要的。

（二）司法心灵模式

另一个理解法教义功能的关键是采纳一个比到目前为止所提供的司法心灵模式更好的模式。法官在他们的精神操作之中怎样内在化或利用法教义，这是关于作司法决定的最鲜为人知的方面之一，但是，它可能是理解法的偏好与政策态度之间关系的关键。法与态度模式的支持者到目前为止提供了黑箱，仅仅告诉我们法官们具

① 参见：Motor Vehicles Mfg. Ass'n v. State Farm, 463U. S. 29，1983（确立一个“锐利目光”审查教义，该教义要求机构对他们的决定提出详细的说明以至于使他们制定规则的司法审查发挥作用）。

② 参见克雷耶（Eric R. Claeys）：《游戏——起诉权及其他可诉性教义的游戏理论的说明》，载《加利福尼亚法律评论》1994 年第 67 卷，第 1321 页（程序能够给与一种利益比给与另一种利益更大的支持，实质政治争论中的一方能够重复地使用程序挫败另一方影响它的政治偏好的政策的企图，因此程序具有政治后果）。

③ 对教义的如此“偏见”是难以处理的。举例来说，起诉权的教义是由新政时期的最高法院首次发展，它作为保证自由立法不被保守的低级法院的法官所取消的教义工具。参见史蒂恩斯（Maxwell L. Stearns）：《宪制过程——对最高法院做决定的社会选择分析》218，2000（“布兰戴斯（Louis Brandeis）大法官与之后的弗兰克佛特（Felix Frankfurter）教授发展了起诉权以保护新政时期到达高潮的进步规章项目免受联邦法院的攻击……”）。然而后来起诉权成为一个保守的教义，组织自由利益群体执行诸如保护环境的法律。

有的偏好（要么偏好遵守先例要么偏好支持某些政策）。一个考虑心理学、社会学和经济学方面的更微观的司法心灵分析模式是必要的。举例来说，法律模式偏好的内在化可能来自于法官通过下列方式的社会化：法学院的培养，实习，法律实践，与其他法官的友谊。根据这个模式操作，确保被同等地位法官的共同体在社会-职业方面上承认，或在这个共同体之中被信赖。人们也可能问去社会化是否在某一点上发生，也许当法官达到司法等级之中的更高层面而且将自己视为政策制定者而不是具体案件的裁判者。

从心理学的经济学视角看，法官对法律模式分析的偏好可能被来自于法教义所呈现的决定探索法（heuristics）决定的成本收益所诱使。在如此情形之中，教义在精神上是经济学的，容许案件被更快解决，因为法官不必重新思考特定事实情形的公平与平等的逻辑基础。或者，法教义可能反映了深层次的心理学方面，例如已灌输于法官心灵的宗教或其他价值体系，这样，就容许法官在决定语境将这些心理学偏好实际化，决定语境对于心理学偏好来说好似是特制的。

司法心灵的一个更微观分析模式在法教义的分析过程可能引起更大的发现。举例来说，如果对于法官来说作为决定机制的法教义的采纳与决定的成本收益相关，那么一个人可假定高级法院在为低级法院遵守设定教义的过程之中，可能设计下列教义：这些教义作为诱使低级法院遵守的方式提高决定的成本收益。这可能意味着在某些例子之中规则与标准之间有清晰的界线。如果法院希望阻止低级法院的激进主义，那么一个教义可能被创立，虽然呈现出外在的合法性与原则性，但是在适用中是复杂而耗时的，因此阻止低级法院对该问题的主动性。当法官面对高和低成本工具的选择时，他们可能由于时间压力而选择低成本工具，即使它会产生一个意识形态上相反的结果。[①] 这甚至可能激发出该体系的一个自然动力，即该体系在更大程度上依赖于简单规则。如果法官选择“平义”规则而不探索立法历史，那么法官不但节省了他或她的实践，而且其所导致的决定创立了教义，该教义与未来争议的正确教义相关。

（三）司法等级系统与政治语言

法教义在一个作决定的等级系统之内实存，在该系统之中低级法院的结果受制

---

① 这有助于说明最高法院的“难以置信的收缩”判决摘要，这已使分析者不知所措。参见奥布莱恩（David M. O’Brien）:《加入 -3 投票、四的规则、必然的合作和最高法院收缩的完全判决摘要》，载《法律与政治期刊》1997 年第 13 卷，第 779 页。通过限缩它的判决摘要，最高法院能够避免被这次压力所限制，而且能够策略地在意识形态上创立它最支持的教义。

于高级法院的审查。对低级法院来说，法教义被用来解决该法院所面对的具体案件。低级法院的制度功能是从高级法院的先例和教义语句之中寻找指导。高级法院在审查上诉案件中的功能是在更大范围内考量它的决定与教义看法的效果，这些决定和看法对低级法院具有直接和间接的意义；其功能还在于为高级法院未来行为提出一个承诺。即使教义的选择对高级法院来说在一个具体案件之中产生不可欲的结果，它可能对低级法院的更广泛的一系列案件提供更大的政策功效。总之，教义对低级法院和高级法院发挥的功能不同，而且应该被如此形塑。[①] 如果高级法院更关注各种问题领域众多结果的意义，那么衡量高级法院的具体结果（也即对具体案件谁赢谁输进行编码）不可能捕获法院的工作。法的结果——即对具体教义的选择或支持——在事实上可能更关键，因为教义工具对未来案件的效果将产生持续的政策影响。

对等级系统功能的承认也是重要的，因为它要求对司法等级系统的每一个层级的法院的政治-意识形态组成部分进行探究，在低级层级与高级层级之间是否存在政治-意识形态联盟，法教义如何反映这些联盟与非联盟。法教义的构思（书面判决理由的语词、句法与结构）对于高级法院控制低级法院的行为能力具有重要意义。[②] 如果低级法院与高级法院之间不存在联盟，教义语句可能更具有决定性（看起来像规则而不像标准），留给低级法院的自由裁量非常小。如果他们之间存在着联盟，那么来自于高层级教义语句所具有的决定性很小，看起来更像标准或衡量检测，赋予了低级法院更大的自由裁量权。一个联盟的法院系统也应该意味着：向低级法院的法官提供一系列他们自由裁量中所运用的教义工具。

（四）政治特征

教义功能也可能随着问题领域的政治显著性而变化。缺乏政治特征的常规问题更可能通过法官对法教义的严格遵守而被解决。法院面对的大部分案件更可能切合这种情形。某些案件中的问题在更大程度上是关于立法者和总统的政治事项议程，因此是关于法院的政治事项议程（例如战争权、堕胎、公民权和联邦问题），政治-意识形态偏好在这些案件中发挥的功能与在前述案件中发挥的功能是不同的。如果政治显著性较低，法官对法律适用的惯性的心理学兴趣将会超越于他们对案件

---

① 如此形塑的一个好例子是麦隆（Hugo M. Mialon）、鲁宾（Paul H. Rubin）和施拉格（Joel L. Schrag）的《司法等级系统和个体规则的平衡》（埃默里大学法律和经济研究论文 2004 年第 05-5），http://papers.ssrn.com/so13/papers.cfm?abstract_id=637564。

② 雅可比和蒂勒:《法教义与政治控制》，第 5-11 页。

结果的意识形态兴趣；如果政治显著性较高，作为对作决定的一个指导的法教义的力量可能是弱化的，高级法院的推翻的威胁作为一个纪律装置可能增大。不承认特征关注的司法行为的政治模式作为一般理论是太宽泛的，要求对该模式真正力量的检测的失败予以经验研究。

（五）结论

这篇论文要求对下列问题予以更多的注意：法律分析的核心要素，这些要素与司法行为的更复杂模式是怎样相关的。简而言之，我们问“法教义是什么？”——根据它既作为作司法决定者的法律工具也作为作司法决定者的政治工具的力量。此类研究要求下列两类学者合作努力：理解教义的法律意义和内涵的法律学者；社会科学家。他们将个体的和制度的司法行为模式形式化，而且限制和测量在此模式语境之中的法教义的特征。在这里所呈现的研究维度，为下一步往哪里走提供了某种指导。毫无疑问，随着研究的进步，有许多影响司法行为的法教义的其他方面需要处理。比如，法教义对潜在的提起诉讼的诉讼者的意愿发挥功能是什么？诉讼者在何种程度上能够通过他们对向法院提出诉讼的案件的选择而操纵教义的发展？立法机关在何种程度上能够运用制定法的公布控制法教义？法官在多大程度上能够运用法教义影响立法机关或行政机关关于像制定法解释的问题的决定？法律学者在限制一定法教义的运用或在引入或支持法院将要适用的法教义方面发挥作用吗？我们如何捕获教义的多维面向——那些教义跨越了不只一个问题域或者跨越了作决定的多个工具？对这些问题及其相关问题的处理的努力将产生争议，但是也有许多学者运用这些工具解释并评估了我们称作法律的复杂的社会现象。关于该事业以及从此类研究中可能得到的规范意义，我们是乐观的。①

---

① 规范建议的例子是建立在法教义和司法行为的实证分析的基础之上。参见考勒奎（Colloquy）:《改善美国正义的一个有节制的建议》，载《哥伦比亚法律评论》1999 年第 99 卷，第 215 页（对联邦巡回法院法官的理由陈述提出新程序，建立在政治开明理论与法教义的经验检测的基础之上）。法官对如此方法的批评回应，参见瓦尔德（Patricia M. Wald）:《对蒂勒和克罗斯的一个回应》，载《哥伦比亚法律评论》1999 年第 99 卷，第 235 页（挑战了蒂勒和克罗斯的下列结论：法官根据意识形态投票，批评了巡回法院改革建议）。参见爱德华兹（Harry T. Edwards）:《同僚关系与特区巡回法院做决定》，载《弗吉尼亚法律评论》1998 年第 84 卷，第 1335 页（否认了意识形态对判断的影响，反驳了蒂勒和克罗斯关于法教义与巡回法庭行为的文章的经验发现）。

从布莱克斯通到伍尔明顿

——一则法律教义的发展史

亚历克斯·斯坦[*] 著

邓经超[**] 译

吕梦醒[***] 校

一、问题之所在

托马斯·库恩（Thomas Kuhn）曾建议他的学生：

> 当你阅读一个重要思想家的作品时，首先要去寻找文本中明显荒谬之处，然后问自己：一位明智的人怎么会写出这样的文字？当你找到一个所谓的答案时，我会接着说，尽管那些文字言之有理，但之后你会发现那些你曾经认为自己理解的重要语句的内涵已经发生了改变。①

---

* 亚历克斯·斯坦（Alex Stein），以色列法学家，现任以色列最高法院法官。本文原载于《法律史》（*Legal History*）1993 年第 14 卷第 1 期，第 14–27 页。

** 邓经超，中国政法大学法学院 2019 级法学理论专业博士研究生。

*** 吕梦醒，中国政法大学民商经济法学院环境资源法研究所讲师，法学博士。

① T. Kuhn, *The Essential Tension: Selected Studies in Scientific Tradition and Change*, Chicago, 1977, p. xii.

上述建议将贯穿本文对布莱克斯通（Blackstone）刑事审判中的证明责任分配规则的分析的再次考察之中。[①]“证明责任”（burden of proof）这个概念同时包含“举证责任”（burden of adducing evidence）和“说服责任”（burden of persuasion）两层含义[②]，这与下文将讨论的布莱克斯通分析中的责任类型密切相关。证明责任的功能在于，在事实不确定的情况下，将错误风险在争议当事人之间进行分配。基于此，证明责任可以且应当被视为内嵌于法律体系中的风险关涉偏好，即视为一种特殊的道德问题。

布莱克斯通从以下角度对刑事审判中的错误风险进行具体的分析。[③]他明确提出，若要认定嫌疑人的行为构成犯罪，那么所有关于事实问题的合理怀疑都应当被排除。在布莱克斯通看来，宁愿错放十个有罪者，不可错判一个无辜者。[④]然而，布莱克斯通也指出："所有符合正当化事由（justification）、宽恕事由（excuse）或减轻事由（alleviation）的情形，应该由被告人向法庭与陪审团提出令人信服的证据。"[⑤]

上述及其他相关论述不仅仅是为了描述，也是以一种体系化的方式对那个时代的普通法进行证成。因此，这些论述遭到了同时期一篇重要文章的猛烈批判。[⑥]作为一位重要的法律解释者，布莱克斯通因将私法理念引入刑事责任证明领域而遭到指责，例如“一切主张在未经证明之前应推定不成立”（omnia praesumuntur pro negante），“举证责任应由主张事实的人而不应由否认事实的人承担”（ei incumbit probatio qui dicit ; non qui negat）以及“被告因提出抗辩而成为原告”（reus excipiendo fit actor）。然而备受争议的是，这些私法上观念的引入增强了以下观点，即在普通法系的刑事审判中，说服责任的分配仅仅是基于“犯罪构成”与“辩护事由”的字面区分。当有关犯罪构成要件的事实存在争议时，应当遵循“疑罪从无”（in dubio pro reo）原则。与此相反，当对辩护事由作出判定时，错误风险便由被告人承担，一旦被告的辩护事由存在疑问，那么他将被判定有罪。然而上述区分显得非

---

① 相关讨论请参见 R. Bernstein, *Beyond Objectivism and Relativism*, Oxford, 1983, pp. 31, 132。

② 这种区别首先在塞耶的作品中进行了分析性地阐述，参见 J. B. Thayer, "The Burdens of Proof", (1890–91)4 *Harvard Law Review* 45。

③ 参见 W. Blackstone, *Commentaries on the Laws of England*, Beacon Press, Boston, 1962, book IV, ch. 14。

④ Blackstone, 352. 有关此要求的历史，请参见 T. Waldman, Origins of the Legal Doctrine of Reasonable Doubt, (1959) 20 *Journal of the History of Ideas* 299; B. Shapiro, "'To a Moral Certainty': Theories of Knowledge and Anglo-American Juries 1600–1850", (1986) 38 *Hasting Law Journal* 153。

⑤ Blackstone, 201.

⑥ G. Fletcher, "Two Kinds of Legal Rules: A Comparative Study of Burden-of-Persuasion Practices in Criminal Cases", (1968) 77 *Yale Law Journal* 880, 899–907.

常随意，因为任何罪行的成立条件都可以被这些罪行一开始（ab initio）的定义所替代。相似地，任何罪行的定义都可以被重新阐释，以便这些定义能囊括所有可能的辩护事由。

众所周知，直到 1935 年，英国上议院在伍尔明顿杀人案[1]中作出的具有重要影响力的判决推动了当地法律的改变。这起著名案件的事实已广为人知，被告人雷金纳德 · 伍尔明顿（Reginald Woolmington）被指控谋杀早已离开他的妻子。伍尔明顿并未否认开枪射杀自己妻子的事实，但他向法庭申辩这仅仅是个意外。他解释道，当时他试图通过威胁的方式说服妻子回心转意。为此，他还从腰部取下枪并向妻子展示，但手枪意外走火并射死了妻子。在这场审判的最后，J. 斯威夫特（Swift，J.）向陪审团总结了案件：

> 控方（The Crown）已经说服你们相信该女子是死于被告之手。他们肯定说服你们该事实已排除所有合理怀疑。如果你们已确信本案不存在合理怀疑，那么被告就必须证明本案是过失杀人，存在减轻处罚的情节，或证明本案纯粹是个意外事件以免除刑罚。

被告最终被指控有罪，但他上诉至上议院，上议院基于陪审团被误导的理由而接受了他的上诉。上议院大法官洛德 · 桑基爵士（Viscount Sankey，L. C.）认为：

> 显而易见，英国刑法体系中存在一条黄金线（golden thread），那就是控方有义务去证明被告有罪，除非存在精神失常的辩护主张（defence of insanity）或任何法定免责事由。如果基于控方或被告人举示的证据中产生了一个合理怀疑，那就被告是否故意杀害死者这个问题而言，控方已无法再进行控诉，且被告也应当被无罪释放。无论什么样的指控，无论审判发生在何地，控方必须证明被告的罪行这条原则都是英国普通法的一部分，并且不得对其进行任何削弱。[2]

这个案件的判决将一项新的基本原则引入刑事证据法领域。[3]根据这条新的原

① [1935] AC 462.

② [1935] AC at pp. 481-482.

③ Fletcher, supra n. 7, at p. 903; J. C. Smith, "The Presumption of Innocence", (1987) 38 *Northern Ireland Legal Quarterly* 223.

则，被告人既不应承担犯罪构成要件说明责任的不利风险（少数情形例外）[①]，也不应承担其提出的辩护事由说明责任的不利风险。正如乔治·弗莱彻（George Fletcher）所言：

> 通过否认布莱克斯通证明责任分析的极端应用，上议院在伍尔明顿案中作出的裁决标志着其向一个有利于刑事被告保护的新政策迈出了第一步，如果在“申明无罪”的问题上存在怀疑，那么就应当保护刑事被告。[②]

伍尔明顿案的判决被广泛认可，然而，桑基爵士关于“显而易见的黄金线”的论述则并不让人信服。同时，桑基爵士不愿承认法官造法（judicial legislation）的“罪行”与他坚持自己所作判决与旧法之间的延续性，同样令他备受争议。[③]

二、观点之阐明

在上文论述的基础之上，本文主要有两个目标：

1. 表明布莱克斯通对证明责任的分析可以且应当有不同的解读视角；

2. 探寻伍尔明顿案判决的当代解读，即其是否创制了一部新的法律。

有人提出伍尔明顿案的判决并未背离布莱克斯通对刑事证明责任分析的法律教义。布莱克斯通对该教义的分析，反映出他所处时代被广泛接受的刑事归责（criminal culpability）理念，而伍尔明顿案中的对于同一教义的应用却是建立在现代刑事归责的理念之上。

伍尔明顿案的判决推动了之后刑事审判中错误风险分配的转变。首先，为了确保定罪（conviction）与刑罚（punishment）的正当性，决定被告是否可被定罪（或其程度）的事实问题应当由控方在排除所有合理怀疑的基础之上进行证明。相应

① 首先，如果被告基于精神失常行为而辩护，那么他必须证明这一点。其次，在许多情况下，说服责任是由成文法强加给被告的。最后，被告必须证明任何“例外，豁免，附带条件，免除处罚或资格”皆为法定罪行。参见 R. Cross and C. Tapper, *On Evidence*, 7th edn, London, 1990, pp. 133–143。

② Fletcher, at p. 903.

③ 正如祖克曼（Zukerman）对桑基的阐述所评论的：如果桑基爵士克制住了诗意的冲动、收回了他那妥当的言辞而没有发表历史性的阐述，那么他的结论的实质就不会那么脆弱，也就不会有那么多麻烦。A. Zuckerman, “No Third Exception to the Woolmington Rule1”, (1987) 103 *Law Quarterly Review* 170, 170–171.

地，控方对支持（定罪）正当化的事实，即免除或减轻被告刑事责任的事由，必须在同一证明层次上予以反驳。此类辩护事由应与宽恕事由（excuses）相区分。宽恕事由是基于个案作出的被告免于或减轻刑事责任的决定，是出于人性弱点的考虑，并没有撤销对被告行为的道德谴责。一项宽恕事由的必要证明事实通常是建立在被告行为的可能性上，而不是不存在该行为。①

布莱克斯通的分析应当被视为对证据原则框架的阐释。他的分析与现代法律的区别并不在于二者采用的司法证明方式，而在于二者所持的不同道德态度将刑事辩护事由区分为“正当化事由”和“宽恕事由”。此问题将在后文进一步展开。

三、反思布莱克斯通

布莱克斯通区分了三种适用于杀人指控的刑事辩护事由：“正当化理由”“宽恕事由”以及“减轻事由”。他认为，一项具有正当化事由的杀人行为是指根本没有构成犯罪的行为。② 该行为或许是“值得称赞的”，因为该项行为是被“法律绝对命令”所要求和支持的，或是法律准许对致死暴力进行反抗的行为。③ 一项可被宽恕的（excusable）杀人行为可能是由一些意外事故引发的，即在偶然情况下，“一个人在从事合法行为时，无任何故意杀人的动机，却不幸地造成了他人的死亡”。法律将这种情形归因于被告的“错误或过失”，因此可被判定为被告进行自我保护（se defendendo）的行为，即自我防卫。例如“由某些未知的不正当行为（wrong）或挑衅引发的言语上或行为上的争吵或攻击”。④ 此类自卫行为应当与旨在抑制犯罪的正当化行为相区分。布莱克斯通写道：

在具有正当化理由杀人行为中，你会发现杀人者甚至在最细微的程度上都

---

① 要维持法律应当是法律的规范性论证，这已经超出本文讨论的范围。参见 A. Stein, “Criminal Defences and the Burden of Proof”, (1991) 28 *Coexistence* 133。认为伍尔明顿案的判决是赞同所述原则的进步的观点，不应被视为这些原则没有任何偏离的空间。对这些偏离的举例和批评，请参见 Stein, id, at pp. 140ff 以及 A. Stein, “After Hunt The Burden of Proof, Risk of Non Persuasion and Judicial Pragmatism”, (1991) 54 *Modem Law Review* 570。

② Blackstone, 177.

③ Ibid., 178-181.

④ Ibid., 182, 186.

没有任何过错。因此他是完全无罪且免于指控的，不仅不会遭到谴责，反而会受到赞扬。但这与可宽恕的杀人行为却并不完全相同，因为“宽恕”这个概念本身就包含某些过错、错误或疏忽的意思。尽管严格来说，这些行为至少应受到一定程度较轻的处罚，但最终法律免除其刑事责任。[①]

在某些案件中，依据布莱克斯通的观点，某人被指控谋杀（murder）或许有获得“减轻处罚”的资格，最终以一般杀人罪（manslaughter）定罪量刑。谋杀罪与一般杀人罪的区别在于，一般杀人是“因突然的激情所致”，而谋杀是源于“内心之恶”。[②]因此，对于那些以激情方式和在激怒状态下犯罪而受到指控的杀人者，则会减轻他们的刑事责任，反映了“法律对人性脆弱的退让，而不是将一个草率的和蓄意的行为定罪量刑”。[③]还应当补充的一点是，一人在意外且身不由己的情况下，因意外事故造成他人死亡，如果他的行为是非法行为，则不会得到法律的宽恕。但他不会以谋杀罪而是以一般杀人罪定罪，因为在此类案件中，杀人行为并不是有预谋的，更类似于激情犯罪。[④]

现在可以对渗透在布莱克斯通的分析之中的可归责性概念进行重新论述。根据这个概念，任何没有正当化事由的杀人行为都应当被视为可归责的行为。但该行为仍有可能获得宽恕或在合适情形下被减轻刑罚，但这些对人性弱点的退让（concession）不能阻却该杀人行为的可归责性。这也解释了为什么“疑罪从无”的原则在“宽恕事由”或“减轻事由”的情形下无法适用。该原则也是一个社会成熟度的标志——“宁愿错放十个有罪者，不可错判一个无辜者”。[⑤]然而，对于已经被证明的可归责行为，基于“宽恕事由”或“减轻事由”作出的不公正释放或从宽误判是不能被容忍的。在这种情形下，适用“疑罪从无”原则并且使罪犯免除刑罚具有社会破坏性。此外必须记住，无论是“宽恕事由”还是“减轻事由”，都不是为了产生行为示范效应，因此应当尽可能地将错误“被宽恕”或“被减免”的罪犯数量保持在最低限度。然而，在存在正当化事由的案件中，为什么还会存在对“疑罪从无”原则的背离呢？

布莱克斯通的辩护方案令人联想起现代刑法理论中“宽恕事由”与“正当化事

---

① Blackstone, 182.

② Ibid., 190.

③ Ibid., 191.

④ Ibid., 191–193.

⑤ Ibid., 352.

由”的区分。[①] 然而，他对于该方案对刑事审判中非说服风险分配的影响分析似乎显得并不融贯。正如他本人所言，如果某人的行为存在正当化的事由，并且无论从道德的观点还是另一位无辜的人来看都没有不同，那么为什么应有这个人应当承担合理怀疑的错误风险？为什么不能一视同仁地以布莱克斯通所强调的保护无辜者的基本原则来对待他呢？进一步来说，在布莱克斯通证明责任的分析理论中，“正当化事由”“宽恕事由”以及“减轻事由”应如何区分？这种区分发挥了何种作用？

在尝试回答这些问题之前，需要指出的是布莱克斯通的分析仅就杀人行为进行展开。然而，仅仅这个事实无法为其理论内在的不连贯性提供彻底的解决方案。沿着米歇尔・福斯特（Michael Foster）的脚步，布莱克斯通坚定地认为“所有杀人行为都应被推定为恶意犯罪”。[②] 他强调人的生命具有神圣性，因此剥夺他人生命的行为应推定为恶意犯罪。[③] 但这种法律推定（praesumptio juris tantum），并不因其仅适用于杀人案件而得到合理解释。生命的神圣性本质上（per se）并不能回答为何“正当化事由”“宽恕事由”和“减轻事由”可在类似案件中得以运用。因此，为了理解布莱克斯通的证据原则的正当化情形，就需要进一步探讨他对“正当化的杀人行为”的概念界定。

正如上文所提到的，布莱克斯通时代的法律需根据明确的命令才可以对某人处以极刑。在下面情形中，杀人被视为是值得赞扬的，因此是合法的：当存在命令时，人们应当根据命令的规定来行为（quando aliquid mandatur，mandatur et omne per quod pervenitur ad illud）。然而，这种行为必须依职权（ex officio）履行，并且经有授权的法庭正式宣判处罚。[④] 更进一步说，判处罪犯死刑的条款应当被严格遵循。对此，布莱克斯通写道：

> 如果一个行刑官砍了一个被判绞刑的罪犯的脑袋，作为执行者，只有在法律授权以及强制的情况下，他的行为才具有正当性，否则这个行为会被视为谋杀。[⑤]

---

① 对这种区分的主要来源的列举，请参见 Stein, 28 *Coexistence* 133, 144–45, nn. 19–21。

② Blackstone, 201.

③ 法律对一个人的生命设定了很高的价值，除非有法律的命令或明确表示允许，否则剥夺他人生命总是不当的。Blackstone, 186.

④ Blackstone, 178–179.

⑤ Ibid.

进而，“如果一位法官作出的死刑判决没有得到合法授权，并且死刑已经被执行，那么这位法官就犯了谋杀罪”。[①] 对形式的严格遵守是“正当化杀害”的构成要件。在那个时代，对形式的坚持，特别是在死刑案件中，表现为对所有程序细节的关注，从而限制刑罚的极端严重性。[②] 因此，“正当化杀害”的合法执行并不会带来任何证明问题。为了支持这个正当化主张，法庭必须作出一个正式的裁判。如果在杀人行为发生时，法庭无法作出一个确定的裁判，那么这种杀人行为便不会被实体法视为具有正当性。

但是，上述仅仅部分地解释了布莱克斯通的观点，因为在一些情况下，杀人行为可以通过法律准许而不是法令被“正当化”。布莱克斯通写道，英国法认为发生在上述情况的杀人行为都不应当被追责。[③] 因此，布莱克斯通对这类案件中非说服风险的分配引发了诸多争议。与其他刑事案件对被告相比，一个具备“正当化事由”的行为人为何要承担错误定罪的高风险？

要想回答这个疑问，“合法准许”（legally permissible）和正当化杀人的概念需要被再次阐述。在布莱克斯通看来，只有当一个杀人行为是基于反抗严重暴力的紧急避险，该杀人行为才能被视为“法律准许”的行为。如果行为人出于自我防卫并为反抗严重暴力造成他人死亡，那么他的杀人行只能被“宽恕”，而不能被视为具有“正当性”。能够使被告致死行为得以“正当化”的一个事由是被告所反抗暴力的邪恶本质，例如强奸或谋杀。[④]“正当化杀人”两个构成要件——自我防卫以及反抗致死犯罪——或许可以解释被告为何必须承担辩护事由的举证责任。正如前文已经提及的，在布莱克斯通所处的时代，自我防卫仅仅被视为一种“宽恕事由”，但该行为的可归责性是不可否认的。因此，被告就必须提供具有信服力的证据证明“宽恕事由”的存在。此外，依据布莱克斯通的分析，被告还需向法庭证明其行为是为了抵抗致死暴力而被迫作出的。这项要求有三个依据：生命权，正当化辩护事由对杀人赔偿的影响，以及当时对“可归责性”的解读。

生命权是法律所积极保护的一项基本权利。[⑤] 因此，在正当化事由存疑的情况下，不能轻易宣判剥夺生命的行为是具有正当性的。在这种情况下，被告在杀人前

---

① Blackstone, 178–179.

② See L. Radzinowicz, *A History of English Criminal Law and its Administration from 1750*, London, 1948, vol. 1, pp. 98–103.

③ Blackstone, 178.

④ Ibid., 180–182.

⑤ Ibid., 186. 关于布莱克斯通对活着的权利的探讨，请参见 book I, 125–130。

的思虑被视为多少是有犯意的。因此，尽管被告的行为能够被免责，但他的行为不能被视为具有合法性而被完全撤销指控。正如布莱克斯通所阐明的：

法律或许还可以有一个更进一步的视角使杀人罪行更邪恶，并且警示人们，他们的杀人行为将会得到何种审判。根据规定，某人没有被法律明确准许而杀害他人，便不应当被完全赦免。[①]

布莱克斯通的理论应当与渗透在刑事程序中的赔偿原则结合起来理解。根据该原则，除了具有“正当化事由”的杀人行为，杀人犯罪的受害者都应获得赔偿。因此，被控轻微犯罪的被告可以将辩护策略由“正当化事由”转向“宽恕事由”。如果“正当化事由”存疑，那么由杀人罪行所产生的赔偿权便不会消失。然而，正如罗素（Russell）所说，初级侵权规则与刑法规则的混合体并不会“消除可归责性作为侵权责任一个构成要件的问题”。[②] 在众多因素中，被告行为的可归责性会决定其是否应当承担赔偿责任。另外，布莱克斯通的分析必须结合他提出的人类行为的道德层级框架来理解。该框架建立在两个理念之上：人的自由意志（free will）及拒绝承认对他人造成不利影响的行为具有道德中立性。布莱克斯通写道：

只有当意志同时面临去做活避免争议事实的选择时，人的行为才可能是可称赞的或是可追责的。[③]

因此，在布莱克斯通看来，只有非自主行为才能够被视为具有道德中立性，既不具有可归责性，也不具有可称赞性。一个自主且并非仅利己的行为[④]，或是可追责的，或是应进行赔付的。因此，一个自主杀人行为或是可被追责的或是被赞扬的。但是如果无法提供具有说服力的证据证明该行为受到胁迫，那该行为也不会得到法律的赞许。

如果以现代视角进行解读，这三个理由或许不全都具备说服力。特别是就“宽恕事由”下杀人行为的错误风险分配，上述三个理由不能很好地消除布莱克斯通理

---

① Blackstone, 187.

② J. W. C. Turner, *Russell On Crime*, 12th edn, London, 1964, vol. 1, pp. 20 et seq. ; 436.

③ Ibid., at pp. 20–21.

④ 在这方面必须提到的是，布莱克斯通并不认为自杀仅仅是利己主义的。参见 Blackstone, 189–190。

论的内在不一致性。然而，它们很明确地表明，特定风险的分配原则已被布莱克斯通视为特殊的（sui generis）。因此，布莱克斯通理论下由刑事案件的被告人承担错误风险显然是不合理的（unwarranted）。

综上所述，布莱克斯通理论体系中一个显著的缺陷可以通过杀人案件刑事可追责性的传统观念来解决。这种观念会对非说服风险的分配产生影响。从现代视角来看，这种观念似乎是有缺陷和前后不一致的，但如果无视其当代道德本质，可能会出现以下情况：

1. 控方必须在排除所有合理怀疑的前提下才能证明被告应承担刑事责任的事实。

2. 被告必须以令人信服的方式证明诸如“宽恕事由”或“减轻事由”等辩护事由存在。尽管这些辩护事由与被告的可归责性无关，但作为对人性弱点的让步，而由被告承担证明责任。

3. 保护无辜者的原则仅适用于第一类问题。也就是说，它只保护那些声称自己是完全无辜的人，而并不是那些被证明排除所有合理怀疑后，请求“宽恕”或“减轻处罚”判决的人。

4. 尽管被“法律准许的杀人行为”不属于“宽恕事由”一类，但被告需要就该行为是否是被“法律准许”的承担举证责任。

并不是每个人都认可这种证据原则体系，但是显然不能因此认为该体系就是明显不道德、任意或前后不一致的。①

四、伍尔明顿案：变革还是演化？

参考布莱克斯通分析所折射的对旧法的理解，可以回应“伍尔明顿案中的法官创造了一部新法律吗？”这个问题的答案是取决于人们对法律和法律推理的理解。在布莱克斯通所处的时代，J. 斯威夫特（Swift，J.）向陪审团发出的指示应被认为是恰当的，但伍尔明顿案中的陪审团是在不同的历史阶段作出的判决。的确在这两个时间点之间，证据教义（doctrine）并没有发生任何实质性的改变，但 1935 年的

① 作为建立在布莱克斯通的正当性、免于处罚和减轻处罚之区分基础上的证据原则方案，当然没有以数学的正确性来反映法律，并且没有人认为对这一方案的偏差从未发生过。Cf. M. Hale, *The History of the Pleas of the Crown*, 1st American Edition, Philadelphia, 1847, vol. 1, pp. 478–492.

刑事实体法与布莱克斯通时代的刑法已发生改变。自 1935 年以来，刑事实体法已经进行了多次改革，这些改革体现了其对侵权责任规则的深层道德取向。从刑事实体法终“正当性”这个概念与私人行为的社会宽容度（而不是赞扬）更加紧密地联系这个层面上看，它变得更加自由。宽容的自由观标志着独特的私人道德领域，国家不再轻易允许这一领域被侵入。因此，被视为国家最强大的强制手段的刑法在其范围上受到更多限制。最终，归类为“外在的”不可归责问题范围已经实质性地缩小。许多辩护（尤其对是那些缺乏犯罪意图 [mens rea]，事实错误或自我保护的辩护）已被公认为被告行为不具有可归责性。此外，刑法还展现了一个相当复杂的道德等级框架，该框架根据社会的不可容忍程度来对不同种类的犯罪行为进行区分。①

刑法的道德和政治核心上的深刻变化，也许可以最好地解释洛德 · 桑基爵士的陈述：

> 如果出于被告故意和无端的自主行为而致人死亡，则该行为可能含有恶意。英格兰法律并不像案例总结所述的那样：“如果法院要想说服你这名妇女死于被告之手，那么被告必须证明存在某些减轻犯罪处罚或免除杀人处罚的情形。”②

该论述虽然不如有关“黄金线”（golden thread）的阐述那么受人称赞，但却具有重要的意义。它指出了现在被视为犯罪的内在可归责性问题，并且必须由控方举证排除任何合理怀疑。③ 上述论说与布莱克斯通分析中的证据原则的可识别方案有着重要相关性。在伍尔明顿案中，这种风险分配方案并没有被针对现有和未来情况重新设计的另一种方案所取代。相反，它的应用方式至少隐含地解释了不可归责性的当代意义。

从这个角度看，伍尔明顿案可以作为一个评论法律解释学的有力例证，即一项涉及积极辩证法（active dialectic）与确定其当代意义的法律教义对峙的决定。在法律过去与法律现在之间的这种调解（可以比喻地描述为“视域融合”）是当旨在

---

① 关于这种观念形态的转变，请参见 38. L. Radzinowicz, *Ideology and Crime*, London, 1966, ch. 1。也可参见 Fletcher。

② [1935] AC at p. 482.

③ 伍尔明顿作出的司法判决似乎证实了这一点。参见 e. g., Mancini v. DPP [1942] AC 1（在谋杀案中对挑衅的辩护必须得到控方排除任何合理怀疑的否认）以及 Chan Kau v. The Queen [1955] AC 206（同一原则适用于自我申辩）。

将旧的法律教义应用于现在情况时的整理。[1] 因此，在被考量的教义中并没有规定，不论这些年来在可归责性的观念上发生了什么变化，都应适用该教义。相反，正如布莱克斯通的分析所反映的那样，该教义在过去的司法应用都完全依赖于这个观念的通常流行含义，该含义在历史上一直存在并且在这种意义上是偶然的。由于布莱克斯通（作为普通法既往裁判的可靠权威）和伍尔明顿的上议院法官都处在完全不同的历史时间点上，因此他们赋予相同的法律教义不同的含义是毫不奇怪的。同时，伍尔明顿案的权威学者们和法院都在该教义内而不是在教义之外运作。他们都采用了“在历史过程中形成的那些标准和实践”，并认可了“法律真实”（legal truth）的概念，这一概念可以通过“解释者们展开传统上‘对我们说’的应用时”进行有效验证。[2]

接受这种法律演化的观点将排除“优越立法意图”（superior legislative intent）的观念，后者始终决定着法律规则和教义的所有未来应用。即使可以凭经验确定这种意图，但也不能保证它是“永恒的”，也就是说，无论社会政治条件和前景出现任何变化，都将适用。与此同时，也不应完全忽视过去制定的法律规则和教义。只要它们继续有效，它们的当代意义就仍然具有权威力量。这样一来，它们将约束法官和其他法律决定者。它们的任务将是确定法律规则和教义的当代意义。特别是（inter alia），这将包括寻求在过去奠定法律规则和教义基础的一般道德原则，并将当代道德意义归因于这些原则所表达的观念。诚然，这项任务是相当复杂的，并且公正的人可能并不总是在各种情况下对应当如何执行它意见一致。但是，这种解释性分歧的可能性并不意味着承担这项任务等于着手一个乌托邦式的项目。[3]

因此，客观主义的“朴素事实”（plain fact）法律观是难以置信的，这并非是在法律推理中得出完全主观主义结论的良好前提。得出这样的结论将忽略超出客观主义和主观主义之外的那种法律推理。这种推理基于以下信念：原则上说，过去的

---

① 参见 Bernstein at pp. 149–50。现行法律教义的实践应用是对涉及审慎和选择的法律传统的批判性交锋，是法律推理的解释路径的核心信条之一。根据这种路径，传统和应用都整合至一个法律理解的过程：面对传统文本的解释者试图将传统文本适用于自己本身，然而这个文本对他来说并不意味着是普遍的，若他以这种方式理解则之后只能在特殊的应用情形中使用。相反，解释者追求的不仅仅是理解……这一传统所说的是什么，是什么构成了文本的意义和重要性。要想理解这些，他绝不能忽略自己以及他独特的解释情况，如果他想完全理解，他必须将文本与这种情况联系起来。H. G. Gadamer, *Truth and Method*, London, 1975, p. 289. 对此的一般性讨论请参见 B. Sherman, “Hermeneutics in Law”, (1988) 51 *M. L. R.* 386; W. N. Eskridge Jr, “Gadamer / Smtutory Interpretation”, (1990) 90 *Columbia Law Review* 609。

② Bernstein at p. 154.

③ Cf. R. Dworkin, *Law's Empire*, London, 1986, ch. 2.

权威性决定和当前条件之间的调解是可能的，并且可以通过以下解释过程来实现：

> 法官不只是“适用”固定的、确定的法律来应对特殊情况。相反，法官必须针对每种新的特殊情况来解释和适用先例和法律。正是凭借这种经过深思熟虑的判断，才能确定法律的含义和特定案件的含义。[①]

从这个角度来说，伍尔明顿案的上议院法官实际上必须作出如此决定，否则，就等于无视了自己时代所接受的刑事责任的道德信条（tenet）。

① Bernstein, at pp. 147–148.

新制度主义、法教义学与法社会学*

M. A. B. 温苏埃塔** 著

郭栋*** 译

一、引言

在法教义学与法社会学之间建立理论联系并对其进行整体式的评价，是一项宏大的学术作业，而本文则是这种学术作业的一部分。

这种进路并不新颖，但与埃利希（Ehrlich，1967）或韦伯（Weber，1969）的立场相比，最近的工作已经找到了新的方向。尽管历史上的各种进路趋向于分离（例如前面提到的埃利希和韦伯），但新的理论发展却趋向于建立联系，我们可以从下述作者的说法中略见端倪：德国的莱塞尔（Raiser，1989）和罗特洛伊特纳（Rottleuthner①，1983）、意大利的费拉乔里（Ferrajoli，1983）和巴拉塔（Baratta，1989）、英国的科特威尔（Cotterrell，1984）和麦考密克（MacCormick，1986）、

* 译自 Maria Angeles Barrere Unzueta, "Neo-Institutionalism, Legal Dogmatics and the Sociology of Law", *Ratio Juris*, 7, 1994, pp. 353-365。

** M. A. B. 温苏埃塔（M. A. B. Unzueta），西班牙巴斯克大学法学院教授。

*** 郭栋，浙江大学光华法学院博士生。

① 罗特洛伊特纳（Rottleuthner）并未在法社会学和法教义学之间建立联系，而是在法社会学和法学理论之间建立联系。坦白说，这是一种常见的变通处理的方式，这种方式在处理法学内部各学科之间的关系时可能会变得至关重要。但众所周知的是，与罗特洛伊特纳相反，凯尔森（Kelsen）倾向于分离论（1934，1960）。

奥地利的魏因伯格（Weinberger，1986），以及从更广泛的学科角度来看，包括比利时的奥斯特（Ost，1986）和冯德克肖夫（van de Kerchove，1978，1982，1984）。鉴于其影响程度和激进主义色彩，最杰出的代表可能便是卢曼（Luhmann，1984），尽管其分离命题并未被诸如费布拉乔（Febbrajo，1989）和欧普力克（Opakek，1984）为代表的卢曼式学者所接受。

本文没有对以上提到的所有研究进路进行详细分析。提到这些研究仅仅是为了反映"法教义学与法社会学的关系"这一主题的生命力，同时也为本文所持的进路，即通过理论来连接法教义学与法社会学，提供了一种论述框架。

总之，我们并不会直接捍卫这一进路，而是拟对麦考密克（Neil MacCormick）和魏因伯格（Ota Weinberger）提出的"制度主义的法律理论"进行述评，并在此基础上，经由一种间接的路径展开分析。麦考密克和魏因伯格的理论将法教义学和法社会学的互补作为其主要目标，他们写道：

> 我们的制度主义法律理论的第一要旨在于为两个同样有效且相互补充的学科，即法教义学和法社会学，提供坚实的本体论和认识论基础。（麦考密克、魏因伯格 1986，27）

二、麦考密克和魏因伯格的制度主义法律理论

（一）理论简介与分析界定

麦考密克（出生于苏格兰）和魏因伯格（出生于捷克斯洛伐克）为其合作完成的著作取名为"一种制度主义的法律理论"（下文简称"制度法论"或者"该理论"），副标题为"法律实证主义的新进路"。该书由这两位作者在三个五年期间，即 1970 年至 1985 年，各自独立出版的十篇论文汇编而成。尽管书中有十篇论文，但只有前言和导论由两位作者共同完成，因此前言和导论将被视为制度法论的理论纲领，也是本文研究的文本对象。

在这本英文版出版的前一年，该书的德文版出版。与英文版有很大的不同，德文版的导论由麦考密克撰写，简短的后记由魏因伯格完成。[①]

① 该书的意大利语版（1990）已经出版，由拉特里（Massimo La Torre）直接从德文版（魏因伯格的作品）和英文版（麦考密克的作品）翻译而来，其中还包含了英文版的引言。

（二）一种独特的理论

前言尽管简短，却提供了关于制度法论形成的有趣事实。开篇提出两个理由说明了为什么要出版这本书：麦考密克和魏因伯格二人学术观点的高度一致性以及批评和发展制度法论的可能性。

在其合著部分，两位作者说，他们对之前发表的作品的高度一致性而感到惊讶。尽管他们将这种一致性归因于诸如知识社会学之类的学科，但还是提出了一些事实来解释这种一致性，即都承认对法学采取了分析的结构化进路或理论的结构化进路，并且对法学理论研究中采用社会学的、政治学的、逻辑学的和方法论的视角比较感兴趣。此外，二人也都不满于纯粹规范理论、法律现实主义和法社会学理论对于法的本质、性质和存在的解释。

前言还讨论了二人的区别。二人有着不同的法学和哲学领域的知识背景，在研究领域和主题方面也有分殊。麦考密克致力于分析法学、法律推理的逻辑结构和日常语言哲学的法律相关问题的研究，魏因伯格则对规范逻辑的语义和哲学基础、法律的理论结构问题以及法律变迁的过程比较感兴趣。

因此，除了作为本书的简介之外，前言还提供了有关其作者思想的“真实”信息。这既不是唯一的，也不是主要的可圈可点之处。随后，文中还对某些重要词语的特定用法做了一系列评论。

总而言之，虽然前言很重要，但是导论才是分析制度法论的关键文本。这种分析指的是，不仅将其作为一种独特的法律理论来分析，而且将其作为一种独一无二的理论来分析。的确，作者提醒我们，本书的目的确切来说是强调“共同观点”（麦考密克、魏因伯格 1986，27）。

（三）“人类法”与社会

导论以“学派之争”的标题开端，这些学派之间的争论依赖如下前提：

> 人类法是人类社会的特征（至少在某些形式的社会中是如此），而且必须这样来理解。（麦考密克、魏因伯格 1986，1）

任何熟悉法学语言使用的人都会注意到，他们用了直截了当的表达方式来阐明目的。例如，有人可能会认为“人类法”可以用来指称起源于人类的法（其意义通常包含在传统上有歧义的“实定法”中），与起源于上帝的法不同（其意义通常包含在传统上有歧义的“自然法”中)。[①]

除了再次明确的作用之外，有人还可能会认为，在使用“人类法”这一概念时，我们可以避免因将“实定法”与“实证主义”(Bobbio，1965)二者的含义联系在一起而产生的常见错误(包括哲学和法学上的错误)。但是，“人类法”这一表达方式似乎不仅仅避免了这一个问题。为了说明这一点，在诸多不同的理由中，撷取一例：在使用“实定法”和“实证主义”的表述时，并不能揭示“人类的”一词所包含的对于“人类社会”的假设澄清作用，此时歧义就产生了。而且，我们可以发现在本书接下来的章节中这种歧义持续存在着。

换句话说：制度法论的内容是否能让我们想到一个“非人类社会”？也可能是一个“神的”社会？这一表述可以被理解为是制度法论的哲学基础讨论中的第一步。由于“人类法是人类社会的特征”这一界定，可能会导致一种分离论，甚至是一种二元论，即社会法律和自然事实的二元论，前者是人类的，后者是非人类的。

此外，对于刚才引用的文本，我们可以得出类似的观点，作者提到：

> 即使在一个像法学一样充满争议的学科里，这似乎也是一个不容争议的主张。如果提出相反的主张，即要理解社会就必须先理解法律，这可能引起更大的争议。但是，我们认为这种说法是正确的。(麦考密克、魏因伯格 1986，1)

确实，诸如“人类法是人类社会的特征”这类表述在法学中无可争议。但是，这并不意味着从澄清的视角来看，它们毫无争议。如果想指出人类社会中的法律的概念边界和界限，那么参考“特征”这一术语则是完全不清楚的。最重要的是，认为法律是社会的一个方面，实际上意味着断言“理解法律对于理解社会是必不可少的”。作者认为该命题是“撰写本书的部分理由，首先是撰写本书的各个部分，然后按照时间序列将其汇编在一起”(同上，2)。这意味着需要对以下三种操作进行理论上的辩护：第一，赋予法律先于社会的地位；第二，假设需要采用相同的哲学方法，即“理解”的方法，来认识法律与社会；第三，将“理解”置于法律、社会概念之前。

(四)一种“规范主义的发展”

在首段之后，制度法论的作者的首要任务就是根据前述“学派之争”来描述

① 在西方的法学传统中，法学家们认为宇宙间存在四种法律，分别是：永恒之法(Eternal Law)、自然之法(Natural Law)、神授之法(Divine Law)和人类之法(Human Law)。——译者注

他们的理论。由此，制度法论被认为是“一种对于规范主义社会的现实的发展”（a socially realistic development of normativism）（麦考密克、魏因伯格 1986，6）。这意味着对于麦考密克和魏因伯格而言，制度论是对规范主义的发展的结果，或者至少是规范主义发展的结果之一。

作者在仅仅三页中就指出规范主义具有至少六种不同的意义，此时就产生了规范主义的识别问题。其实，在这三页中规范主义包含了超过十二种不同的意义，在这些意义上，规范主义被谈论。然而，对于规范主义的识别能直接进行，识别制度法论中的规范主义因素需要一个繁琐的过程才能实现。在制度法论中提到“规范主义”的时候，会涉及如下内容：

1. 一种为法教义学提供了知识理论的凯尔森式的法学进路：

> 在所谓的“规范主义”的法学研究进路中，最引人注目的是汉斯·凯尔森（Hans Kelsen）的纯粹法理论，为法教义学提供了知识理论……（同上，2）

2. 一种受到法律现实主义者批评的规范性知识理论：

> ……还存在一些思想家与各种规范主义相对立，这些思想家激烈批评了任何形式的规范主义的知识理论。据称，这里没有任何可被认知的事实。法律当为领域是完全的谜之存在……必须有某种现实主义（通常用来表示唯物主义）的说明，既说明发生了什么事情，也说明如下的事实：人们迷惑地和幻想地用规范性词语谈论“法律”和其他这类偶像或象征。（同上，2-3）

3. 一种关于法律实践或法律教学的现实主义或唯物主义（据说是少数的）立场：

> 如果这种批评是有充分根据的（指的是上文提到的现实主义者的批评），那么将会给那些从事法律实践或法律教学的专业人士带来一场智力和道德危机。当我们看到皇帝没有穿着法律的外衣——因为可能没有这样的东西可以给这样的人穿上——我们现在该怎么办？但是这样的人又是什么人？是否存在不具备宪法和权力规范的皇帝或法官？对于那些支持现实主义或唯物主义的反规范主义者（尽管并不是每个现实主义者或唯物主义立场的拥护者事实上都是反规范主义者）而言，最后一个问题是至关重要的。（同上，3）

4. 一种对国家法进行价值中立或价值无涉的评价的实证主义观点：

……实证主义者认为……对给国家法进行价值中性或价值无涉的评价［是可能的］。（同上）

5. 一种将所有属于法律以及关于法律的问题还原为社会学问题的进路，至少现实主义者或唯物主义者是这样理解的：

诚然，反规范主义的研究进路，无论我们称其为现实主义的还是唯物主义的，其结果都是把所有属于和关于法律的问题还原为社会学问题——关于社会关系和经济关系的问题以及关于社会心理学的问题。但是，必须注意的是，这里所讨论的社会学不可避免地是一种还原论的社会学，因此是一种有争议的社会学。（同上，5）

6. 一种反对"法社会学必须避免在其说明性命题中提及任何规范或规范性法律概念"的进路（或者说，是一种支持韦伯的社会学进路的理论立场）。

由于对法教义学和规范主义法学的批评是建立在对不存在的实体进行具体化的指责之上的，因此，上述所谓的"法律"的社会学必然会避免在其说明性命题中涉及任何关于规范或规范性法律概念。

随之而来的是，关于还原论是否被接受的社会学问题……在我们看来，这种还原论的方案是不可能实现的……像马克斯 · 韦伯（Max Weber）采取的社会学方法，是拒不接受这种还原论的。这种社会学理论认为，在使用概念时对其意义的理解（Verstehen）要与社会成员所能理解到的一样。（同上，5-6）

制度法论与"规范主义"的关系尚未穷尽。在如下两种意义上，制度法论（一书中的相关论述，译者加）是与"规范主义"相背离的：

1. 一种在法学中降低社会学因素或径直将之从法学中驱逐出去的凯尔森式的理论模式：

凯尔森式的规范主义将法学中的社会学探究的空间限缩至如下程度：探究某种逻辑上可陈述和可描述的法律秩序是否现实可行，或者在其所声称有效和

有约束力的领域是否具有大体上的实际有效性。(同上，2)

2. 一种将法律描述为“法律似乎仅仅是一种经验数据”的进路：

……已经有了一些支持规范主义和支持从白纸黑字的法律到法教义学的人，这些人无疑应该受到……相对温和的批评：他们把法律说成似乎仅仅是一种经验材料。[①] 这实际上是反对下述实证主义的看法：所有人类法律都依赖于人类的态度和意志。也就是说，法律根源于社会。(同上，4)

简而言之，除了与规范主义的关系碰巧很困难的一些情况外(例如后者)，并且抛开由于否定一种意义而导致的另一种表述的模糊性(例如第五和第六种情况)，制度法论试图发展的“规范主义”类型涉及两个学者的名字(凯尔森和韦伯)和两种学科的研究进路(法学理论和一般社会学或法社会学)。随之要解决的问题是，通过“规范主义”的发展，制度法论在多大程度上可以与这些研究进路联系起来？或者换句话说，凯尔森和韦伯的规范主义在多大程度上或在什么意义上值得发展？

(五)“思想实体”的“存在”：“第三条道路”

导论的以下部分的标题是：“制度法论的目标”，作者说道：

我们意图提出“制度法论”的目的……是为了解释和说明规范和法律制度以及其它类似思想实体(“thought-object”)[②] 的存在。(麦考密克、魏因伯格

① “白纸黑字的法律”，是指“black letter law”，还有学者将其译为“黑体字法”“法条主义法律”，或直接译为“法律条文”。关于“白纸黑字的法律”与“法教义学”的关系，《牛津法律指南》在“法教义学研究”词条中这样写到：与法社会学不同，法教义学的研究进路关注法律规则条文本身，去探究法律到底在说什么以及为什么这么说，这种关注法律规则的具体内容的进路有时被称为“白纸黑字的法律”(“black letter law”)。Walker, David M., *The Oxford Companion to Law*, Oxford University Press, 1980, p. 339. ——译者注

② “thought-object”与“material object”，即物质实体相对应，还有译者例如周叶谦和张文显将其翻译为“思想客体”。参见麦考密克、魏因贝格尔：《制度法论》，周叶谦译，中国政法大学出版社2004年版；张文显：《超越法律实证主义和自然法理论——制度法理学的认识-方法论和本体论》，载《比较法研究》1995年第1期。笔者认为，与“客体”相比，“实体”是更好的译法，理由有二：一是与reality，matter，existence，fact等词的意义更为接近，理解起来更加通畅；二是更能体现其与哲学思想的相承关系。哲学上的“思想实体”亦被译为“思维实体”，笛卡尔、斯宾诺莎和莱布尼茨对其做了细致的研究。笛卡儿认为，思想实体是指离开物质世界，离开物体而独立存在的，专门从事思想的心灵或精神实体。斯宾诺莎认为，实体不但有广延的属性，还有思想的

1986，6）

显然，制度法论要优先处理的对象不是“定义上的”——在“思想实体”的情况下，“定义”意味着设定词语表达的使用规则（Scarpelli 1959，16）——而是“存在上的”。确切地说，制度法论的目标是寻求“第三条道路”，这将一方面避免“现实主义和唯物主义一直反对的唯心主义陷阱”，另一方面避免“现实主义一直倾向的还原主义的陷阱”。在这种“第三条道路”中，“作为理想实体的规范和制度……常常依赖于其与物质实体（“material object”与“thought object”对应，指的是“物质实体”，简称“实物”或“物体”）和程序的相互关系而存在，而且，规范或制度在社会上的存在取决于它们在指导和评价人类在特定社会环境中的活动方面所起的实际作用”。（麦考密克、魏因伯格 1986，6）

因此，“第三条道路”在本体论上的复杂性是显而易见的。作为理想实体，人们可以说思想实体是一种“虚构的存在”，但这种措辞无法被确切表达（有人甚至明确避免了这种措辞）。另一方面，作者们称，思想实体由于其与“物体和程序”的相关性而“真正存在”（really existent）。但是，“真正”存在（real existence）与“物质”存在（material existence）之间是否有区别？如果没有区别，则该构想将是多余的；如果有区别，那么我们要问：有什么区别？复杂性不止于此。作者们还谈到了“社会存在”（social existence），是什么使这种类型的存在与众不同？这种类型的存在与其它类型的存在有何关系？

现在还不是做出解释的时候。就目前而言，只要强调这些问题并且补充一些制度法论中所谓的“本体论”提议就足矣。

1. 制度法论一方面是作为“法社会学（以及更普遍的社会学）”的学科基础，另一方面是“更为适当的法教义学（白纸黑字的法律）的知识理论”的学科基础而被作者主张的；

2. 制度法论是作为“一种法律实证主义的发展”而被作者写进书中的。（同上，7）

（接上页）属性。属性是构成实体的本质的东西。同一实体如果从思想的属性去了解，它就是思想实体；如果从广延的属性去了解，它又是广袤实体。广延（extension），即具有几何学的长、宽、高的属性特征。莱布尼茨认为广延这个概念是不能作为实体的本质的，只能作为实体的外部属性。在莱布尼茨的理论中，还有一个重要概念，即“原初物质”。宇宙中所有存在物都是有形实体，所有的灵魂、精神和元极都不能单独被称为物质，当且仅当它们与各自的原初物质相结合之后才能成为“纯粹且不可分”的真正联合体，这构成了多样化自然或宇宙的基础。——译者注

（六）作为本体论提议的“纯粹事实”与“制度事实”之间的区别

下一部分的标题是：“制度法论的本体论提议”。大体上，该标题似乎是令人惊讶的，因为上一部分已经通过思想实体和理论和所谓的“第三条道路”提出了关于“存在”的问题。然而，当我们继续进行分析时，这种惊讶渐趋向平常，即关于思想实体存在的理论化不仅在先于而且（先本体论地）决定了制度法论的本体论的提议。

本体论提议的逻辑起点是：“我们所认为的法律和其他社会事实是制度性事实”（麦考密克、魏因伯格 1986，9），但是为了知道作者“制度性事实”的含义，有必要转向作为其逻辑起点的“纯粹事实”（brute facts，又被译为“原始事实”“原初事实”“自然事实”）这一概念来展开讨论。

“纯粹事实”有两方面的特征：

1. 它们在物质宇宙中的实物存在（占据了空间上的位置并在时间上持续）；

2. 它们不依赖于人类的意愿、人类的习俗惯例或人类的创造。

从这种特征开始，据说存在“某些其他实体”，它们不是物体，而是：

1. 存在于（在口头上）社交和体育生活领域（在时间上发生）；

2. 取决于人类的意愿，人类的习俗惯例或人类的创造。

作者写道：

> 实际上，有些事实仅与物质世界的实物存在有关，也就是说，与构成物质世界的物质实体有关。我们的感官可以感知这个世界，并且其中的物体具有某种空间上的位置和时间上的持续。正如人们倾向于表述的那样，“纯粹事实”丝毫不依赖于人类的意愿，人类的习俗惯例或人类的创造……尽管有可能还有其它一些实体，虽然不是物质实体，但我们通常也将它们称为存在的东西，例如国内法领域的合同和婚姻，国际法领域的条约和国际机构（例如罗马条约，欧洲经济共同体委员会），社会和体育生活领域的游戏和竞赛（例如现存的世界杯比赛）。在这些情况下，存在必须包括时间上的持续，而且这种持续并不受制于空间上的特定位置或特定的物理特征。（同上，9–10）

尽管再次出现一些困惑，但是现在还没到解释的时候。前述困惑源自“纯粹事实”特征的理解。例如我们可以将诸如桌子、灯、计算机等物体分类为两种事实中的哪一种？如果我们看一下纯粹事实的第一个特征，那么显然它们是合适的，因为它们占据了空间和时间。现在再来看一下纯粹事实的第二个特征，这时问题就产生了。我们可以说它们（指的是前面所说的“诸如桌子、灯、计算机等物体”）不依赖于人类的意志、人类的习俗惯例或人类的创造而存在吗？最后，人类生产的（技术化的）“物质事实”（material reality）将被归为纯粹事实和制度事实中的哪一种？

一方面，令人惊讶的是，对“制度事实”概念的讨论竟然没有明确涉及语言的问题。难道它们不能被描述为语言实体吗？另一方面，同样令人惊讶的是，制度事实的存在所具有灵巧性或圆滑性（the facility or rotundity）与“物质宇宙”是分离的，这与前者密切相关。

诚然，制度事实与（法律）语言的关系是与制度法论一同发展的，而且不仅如此，它实际上还占据了导论的其他部分，但是，明确指出（法律）规范和/或制度是作为思想实体存在的只有一次。[①] 另一方面，鉴于其分析是一项不容置疑的任务，到目前为止所提到的事实至少足以衡量制度法论对法教义学与法社会学之间关系的贡献，确实，正是这个问题推动了这项工作。

三、批判式重构

（一）“理解”“规范主义”与“第三条道路”

麦考密克和魏因伯格开始对制度法论进行阐述，二人一开始就主张“理解法律对于理解社会来说是必不可少的”，以此来证成其理论。我们一旦审视该理论的基本思路，就会发现这一命题难以自圆其说，主要理由有如下两点。

第一，其论点是通过法律与社会之间的区分来展开的，但是并未对此区分进行解释。第二，其论点也是通过对“理解的对象”和“理解”本身的区分来展开阐述的，但是也并未对这种区分做出解释。

接着，作者试图将制度法论描述为“规范主义的发展”来论证该理论的特殊性。但是，一方面，他们试图发展的“规范主义”除了具有多种含义外，还同时与凯尔森和韦伯联系在一起，而在某些方面，例如在社会学研究进路上，凯尔森和韦伯几乎不兼容。从这个意义上讲，我们看到了麦考密克和魏因伯格脱离了凯尔森的法社会学概念（然而，他们将其视为规范主义者）。但是，值得强调的是，对于

① 关于制度法论中规范与制度之间差异的晦涩之处，请参见拉特里（La Torre）（1990，404）。对于其提出的观点，那些什么也没说的“其他类似的思想实体”也缺乏明确性。

凯尔森而言，社会学（就像心理学、民族学和历史学一样）是一门社会科学，即便是一种非正式的科学。[①]从这个意义上说，它与自然科学没有区别。正如凯尔森（1960，118）明确指出的：

> 如果在这方面存在不同……那么它最有可能是程度上的差异而非原则上的不同。

同时，除了社会学，还有一些科学也作为社会科学出现，但是这些科学是规范性的，其中，除伦理学外，还有“法学，法律科学”（同上，119）。

总之，对凯尔森而言，社会学不是一门规范性的科学，而是一门非正式的科学，因此，它离韦伯式的“理解”（这里指的是韦伯的“理解社会学”）相去甚远。

另一方面，在一定程度上由于刚刚提到的理由，麦考密克和魏因伯格提到其理论是对“规范主义”的一种发展，因此在对“规范主义”的理解上，麦考密克和魏因伯格有别于通常法理论和法哲学（法律元科学，legal meta-science），在规范主义的理解上，后者专指凯尔森（Guastini 1991，177）。

另外，制度法论的目标是：按照“第三条道路”来阐述和解释……思想实体的存在。与上一部分已经提到的制度法论的复杂性密切相关，还可以基于其他理由来批评这种第三条道路。

首先，因为它是通过现实主义与唯物主义联系起来反对唯心主义而阐述的，同时，它意味着“第三条道路”介于其同时反对唯心主义和刚刚提到的现实主义之间。然而：

第一，如果唯物主义和现实主义一起反对唯心主义，可以假定这是因为二者有着共同的统一标准。但是，从语词哲学的角度来看，现实主义具有两种含义：本体论（或传统的）和认识论（或现实的）。根据第一种观点，现实主义者支持“思想的本体论现实”，而根据第二种观点，现实主义者支持“现实知识的可能性”（Quintanilla 1985b，420）。关于“唯物主义”，它的语词哲学含义更为复杂，但是如果在这种复杂性中有一个清晰的东西，那就是与现实主义的本体论或传统含义的不兼容性（Alvarez 1985，306）。

简而言之，如果我们要把现实主义和唯物主义相联系，就必须接受现实主义的

① 这里的“科学”是自然科学意义上的“实证科学”，社会科学与自然科学相比，其科学性较低，因而被称为一种非正式的科学。但是，即便社会学是一种非正式的科学，它也是科学，这就与法律科学为代表的规范科学相分殊。——译者注

认识论或其实际含义。这一点更重要，因为，如果以认识论上现实主义的含义来反对唯心主义是适当的，相同的对立就不会成立，如果现实主义被剥夺其本体论意义或传统意义。恰恰相反，后一种含义与“唯心主义”的所有用法的通用含义相吻合：“关于物质的思想独立性的命题”（Quintanilla 1985a，216）。

第二，在将现实主义和唯物主义联系起来反对唯心主义之后，就会诉诸“现实主义理论”来反对他们支持唯心主义，此时就会出现另一种误解。确实，这种使用是不连贯的，特别是当要求现实主义反对唯心主义时。为避免这种情况，应该详细说明，当作者提及“现实主义理论”时，并不能简单地认为这就是现实主义理论，而是指“法律现实主义理论”，其仅仅从一般哲学的现实主义那里获得了认识论的或实际的含义（Hierro 1985，421）。

一旦澄清了这一点，我们就可以提出一个假设，即当制度法论与现实主义和唯物主义一起反对唯心主义时，它将采取赞成现实主义的认识论的立场，而当它谈到避免现实主义的还原论时，它就会采取赞成本体论观点的立场。但是，尽管不是完全不准确，这种假设是不完全的，因为它没有考虑到在法律现实主义的情况下，现实主义的认识论决定了法律的本体论观点。而制度法论则相反，即法律的本体论观点将决定现实主义的认识论观点。

因此，需要补充一个假设，即制度法论在承认事实（包括社会事实）作为法律事实或以此为出发点方面是现实主义的。现实主义的最初本体论版本将决定制度法论的认识论立场。

最后，按照这种解释，人们可以更好地理解制度法论的这种现实主义与唯心主义的关系。因此，如果制度法论的作者认为法律现实是唯心的并且独立于物质，那么制度法论就是唯心主义的（上文所展开论述的含义）。因此，遵循该解释性假设，制度法论中涉及思想实体的观点可以被重新表述为：思想实体（thought-object）是一种既可以作为理想性存在，又可以作为物质性存在的实体（entity）。

（二）纯粹事实与制度事实的二元论

正如上一章指出的那样，麦考密克和魏因伯格将“纯粹事实-制度事实”的二分作为制度法论的本体论命题。按照这种区分，虽然纯粹事实以其在空间中的位置和时间的持续为特征，并且不依赖于人类的意志、人类的习俗惯例和人类的创造，但制度事实却以“不占据”空间为特征，并依赖于人的意志、人的习俗惯例和人的创造。

本文认为，这种区分实际上是二元论的，但与典型的哲学“二元论”

（Labarrihre 1990）所理解的“对立和排斥图式”（opposition and exclusion scheme）明显不符。造成这种情况的主要原因在于，虽然在纯粹事实和制度事实这两个表述中都出现了“事实”一词，但是缺少一个将纯粹事实和制度事实联系起来的“事实”的定义或概念。

我们还可以进行术语层面的批评。在制度法论的文本中，我们已经看到纯粹事实和制度事实都被视为实体。但是，由于制度事实不是“纯粹的”（brutal，又译为“原始的”“原初的”“自然的”），故制度事实是不同于事实（facts）的实体（entities），假设如此，那么仍然可以将它们称为“事实”。然而，如果制度事实由于其作为“事实”而与纯粹事实有所不同，则继续对其进行认定为诸如“事实”之类的存在是不合适的。对于纯粹事实，同理亦然。

四、结论

本文研究的逻辑起点是法教义学与法社会学的关系。需要说明的是，这种进路并非一家之言，而是已经广为各家支持。唯有卢曼（Luhmann）的进路迥然相对，但是其理论尚且不足。卢曼拒绝了直接连接法教义学与法社会学的理论可能性，而是选择了间接的方式，而制度法论却以直接建构法教义学与法社会学之间的理论关联为首要目标。

为了说明二者立场的不同，需要讨论以下几点：

第一，在法教义学与法社会学分离论的拥护者中，卢曼是一个非常突出的典型。卢曼借由“后本体论的”（Martinez Garcia 1990，96）和“科学的”（Ferrajoli 1989a，163）的方式确立了自己的理论立场，同时以这种方式发展了其法社会学理论体系。然而，根据这种方式，本体论改善的可能性（Ollero 1973a，98；1973b，147）和科学性的目标（Baratta 1989，34），都可能被反对和质疑。

第二，反过来，至于大抵可以接受的关于补充说明制度法论理论特征的建议，我们不得不说：

1. 姑且承认制度法论是“一种”[①] 理论，以此为前提。如果通过理论我们可以理解一个严格的概念结构，那么制度法论并不是一种严格意义上的理论（Atias 1988，46）；正如已经强调的那样，由于法律并没有与社会区隔开来，它也不是一

① 相反论证请参见班科夫斯基（Bankowski）（1989，296）。

种专门的法的理论。同时，它也不完全等同于乌鲁布莱夫斯基（Wroblewski 1989，106）所称的“法律科学的现代整合模型”。确实，这位已故的波兰教授给出了不将前两者等同的理由，他将这种制度法论的不确定性特征归结于“对制度事实的本体论进行分析，而非对纯粹事实的分析”的结果（同上，112）。

2. 制度法论指称某种法社会学研究进路，就本文所研究的部分而言，它体现了德国传统中“前本体论”或“唯心主义”诠释学的典型特征（Grondin 1990，1131）。

3. 承认制度法论的“独特”特征，这无需置疑；制度法论的“独特”特征可以在若干方面被承认，这已经在本文的分析中被解释清楚了。然而，抽象地将其表示为一种“独特”的理论并非什么值得赞同或肯定的事。相反，问题是，在法教义学与法社会学之间建立理论关联，制度法论这一独特的提法是否有价值？[①] 对此，我们可以做出以下评论。

4. 从本质上说，人们主要基于两个理由对制度法论提出批评。首先，它建构了“两个学科”的互补属性，然而二者之间的区别并未被提及。其次，该理论将人为技术化的（存在于空间并占据时间的）事实从本体论领域中驱逐，由此成为一种奥卡姆剃刀原理的奇怪变体。根据该原理，不应不必要地增加实体（正如那位英国哲学家的格言中所说的），由此，事实的范围被无端地缩减。[②]

5. 鉴于上述情况，一种试图在法教义学与法社会学之间建立关联的理论提议必须立基于也必须发展出一套严格的理论模型，这不可避免地与意识形态纠葛，但还是应该从分析这两种学科的差异开始。[③] 与此不同的是，制度法论采取了相反的路线。就这一点而言，原因很容易理解，例如在麦考密克和魏因伯格的书中，确实存在一种按照新经验行为主义模型对人文社会学科进行适度构想的理论倾向。“主题的死亡”或“主题的安魂之曲”（Gusdorf 1983，48）就归因于这种理论观念。问题就在于，要确定此种倾向在多大程度上需要诸如制度法论这样的理论。

6. 在此意义上，为了证成一个否定性的答案，我们可以增加如下论点：麦考密克和魏因伯格所遵循的路径是建立在“作为思想实体的规范”这一概念的基础之上的，这种路径并没有区分“对于规范的理解”与“规范”本身。换句话说，在一种倾向于主观主义的哲学进路中，“规范”和“理解”被内在地（存在地）连接起来。

---

① 为了证明制度法论有积极的作用，请参见班戈泰克西（Bengoetxea）（1991）。

② 奥卡姆剃刀原理（Ockham's Razor）由 14 世纪英格兰的逻辑学家奥卡姆的威廉（William of Occam）提出，其核心内容为：“如无必要，勿增实体”，即“简单有效原理”。——译者注

③ 参见费若杰黎（Ferrajoli）（1983，1989b）。

这种进路采取了相反的路径来实现“法律-社会”领域的客观化，同样地，它采取了相反的路径来达到客观性。尽管这种客观性是受限制的并且在不同程度上是可能的，但其在法教义学和法社会学中仍然是可欲的。维科（Vico）有一句众所周知的格言：“一个人必须具有与知识客体相关的实际生活经验，认识才得以可能。”甚至当维科的格言无法证实这种联系的必要性时，这些也都会发生。

教义法学与比较法学*

汉斯·多勒** 著

李艺*** 译

康纳德·茨威格特（Konrad Zweigert）近来多次就教义法学（Rechtsd-ogmatik）和比较法学（Rechtsvergleichung）的关系进行了说明①，这一期的《拉贝尔杂志》（*Rabels Zeitschrift*）正是献给六十岁生日的茨威格特的。在茨威格特的阐述中，教义学是有缺陷的，而比较法学则作为一种希望实现其社会目标的法学的成功方法得到了赞扬。这一说法具有极大的暗示力。这种说法的吸引力不仅来自于它鲜明的、激烈的措辞，还来自于它认为这种方法可以导致一个确定的命题的自信。在这里更加重要的是，更正在这个问题中涉及的关系。② 尽管如此，我们仍然应从一开始就强调，茨威格特对于普遍的教义学的严厉批评是有一定合理性的，在某种程

* 原文为德文，标题是“Rechtsdogmatik Und Rechtsvergleichung”，载于 Rabels Zeitschrift für ausländisches und interntionales Privatrecht，34. Jahrg., H. 3/4, KONRADZWEIGERT zum 60. Geburtstag (1970), S. 403-410。

** 汉斯·多勒（Hans Dölle），1946 年至 1963 年任马克斯普朗克研究所（Max-Planck-Institut）所长，从 1949 年起担任《拉贝尔杂志》（*Rabels Zeitschrift*）编辑，曾在多所大学任教，他主要研究民法，也关注比较法和冲突法。

*** 李艺，中国政法大学法学院宪法学与行政法学 2019 级博士研究生。

① 主要参见 Zweigert, *Rechtsvergleichung, System und Dogmatik*, in: Festschrift Eduard Bötticher (1969) 443-449；以及 Zweigert/Kötz, *Einführung in die Rechtsvergleichung auf dem Gebiete des Privatrechts* II (1969) 2ff。

② 参见 Raiser, DRiZ 1968, 98, gegenüber E. Schneider, ebd. 47。

度上应当得到赞许。但是如果过于鼓吹茨威格特的这种观点，我们就无法正确认识法教义学和比较法学之间的关系。[①]

首先，人们应该弄清楚，什么是“教义学”（Dogmatik）。这一术语并不是那么的明确。这个术语在争论中经常能够通过“概念法学”（Begriffsjurisprudenz）而得以界定。自耶林（Jhering）以来，概念法学遭到了普遍的反对，从某种程度上说，概念法学中也许并不存在该术语可以归属的空间，因此教义学就可以足够有效地扮演幽灵的角色。可以这样来理解，教义学当然不是一场所有概念都已预设好了的游戏，在这场游戏中，最重要的是得到一个逻辑一致的结果。通常而言，教义学是一个与法史学（Rechtsgeschichte）相对比的概念，在对法律材料（Rechtsstoffe）的处理过程中，多样化的解决路径导致了这种对比的产生。这同样也适用于教条历史（Dogmen-Geschichte）。[②] 历史的推进总是意味着事物在追随它的时间演进过程中更加教条化；教义学就是从事物的内容上以及事物的当下去把握事物。那么，到底什么是教义学呢？茨威格特是这样来理解的：“法典中的法律条文包含着立法者所无意识的‘教条’（Dogmen），法学的任务就是，去识别出这些包含了广博内容的教条，去分析这些教条，并且将它们置于有意义的、可能的等级顺序的正确位置中去。”[③]

毫无疑问，完成上述的任务应该被称为教义学。但是，从当前的理解来看，教义学这一概念涵盖了更广的范围。正如所观察到的一样，教义学是被广泛应用着的，无论是面对一部成文法典抑或是一堆法律材料，在教义学被运用到的地方，对于法学知识的追求就不会受到事实、心理、公益、社会的判断的限制，而是通过对特定法律语境的澄清以获取到法律规则作为目标。如此一来，这个被找到的结果就能够在一个尽可能广泛的范围内经受住合理的、形式逻辑的（formal-logisch）检验[④]，这一点其实更为重要。对此，教义学的前提不在于设想一个以教条（Dogma）为基础和支撑的外部权威（就像人们在此之前所多次宣称的那样），教义学同样也不是一个可以适用于所有法典的基础，通过这些法典可以获得教条（Dogmen）（法教义学其实也存在于很多非成文法典的秩序中）。教义学最重要的其实是在法

---

① 罗通迪（Rotondi）的关于教义学和比较法学的文章在处理这个问题时采用了跟本文完全不同的视角。这些文章发表于《比较法律科学杂志》（*ZvglRW*）1933年第47卷，第1–23页；《杜兰法律评论》（*Tul. L. Rew*）1933年第34卷第8期，第83–96页；《律法》（*Ley*）1952年第66卷，第920–927页。

② 参见 Wieacker, *Privatrechtsgeschichte der Neuzeit* (1967)17 N. 14。

③ Festschrift Bötticher 444 f.

④ 关于教义学的概念和功能，参见 Esser, *Herrschende Lehre und ständige Rechtsprechung*, in: Dogma und Kritik in den Wissenschaften (Mainzer Universitätsgespräche Sommersemester 1961) 26 ff。

律逻辑推理的基础上找到一个规则结果（Regel-Ergebnis）。这不仅适用于具体的法学运用领域，而且也适用于其他一般的科学领域。在这种意义上的法教义学，其实并不与上文所提及的同样致力于提供法律知识的方法绝对相反。在大多数情况下都需要将这些方法结合起来使用，其中一种方法可能会增强或者限制另一种方法——这始终都是符合最终的价值评价标准的。所有这一切所想要说明的就是：若把教义法学看作是有害的、应当被抛弃的一种方法，取而代之，将法社会学（Rechtssoziologie）特别是比较法学推崇为唯一有意义的、有望成功的处理法律材料的方法，那么就无法正确认识教义法学的概念，甚至是教义法学的不可或缺性。

现在不可否认的是，教义学的方法尤其是排他地使用这种方法，其实是非常危险的，特别是当这种方法企图将对现实的理解（Realerkenntnisse）替换为概念、将社会目标替换为逻辑一致性的时候。但是，每种方法都容易遭受到滥用。然而，这并不能表明对教义学的误解就是正确的。正如其所表现出来的一样，人们产生了这样一种幻觉，那就是可以将教义学从逐步实现法律目标的阶段中剔除出去。几乎总是这样，就像人们今天爱说的那样，人们无法逃脱出一种进行教条式推理的强迫，即使人们愿意去这样做。当然，最好不要放弃教义学，因为这种放弃将意味着一种损失，准确地说，消除教条式思维的努力本身就是教义学，尽管它带有一种负面的意味。在茨威格特反对教义法学同时为比较法学进行辩护的争论中，他主要运用的是生产责任（Produzentenhaftung）的例子。① 他主张严格责任，认为严格责任得不到认可的原因，在于无法摆脱过错责任的教义学。但是，假设对严格责任的立法呼吁是合理的（在此不做讨论），难道真的是教义学阻碍了严格责任的实现吗？过失作为过错责任的通常前提，这一所谓的教条，显然就是我们法律秩序中一个有效的法律要求。我们的民法从来都没有规定，人们能在法定情形之外接受一个导致严格责任的相应的事实。人们倾向于将其看作是对某一个最终变成教义的基本原则在立法上的巩固。但这并不能改变这一事实，那就是我们今天要处理的是需要我们关注的法律规则。否则，我们就无法理解为什么需要相应的法律修改。② 事实证明，不断增长的对于教义学的指控，其实瞄准了错误的目标。并不是教义学阻碍了法律的进步，而是说现在正是去解构由规则所形成的教条的时候，而这只能通过正规的法律修改的方式才能实现。当然，这一众所周知的方式会朝着立法所希

① 参见 Festschrift Bötticher 445 ff。

② 参见 insbes. Kötz, AcP 170 (1970) 1 ff。

望的方向去创造规则。这种方式会使人们常常陷入滥用教义学的责备之中。当我们致力于在规范的正确含义范围内“操控”规范以获得公正结果时，不应忽略的是，在教义学的方法中，通过对事实的区分（Sachverhalts-Distinktionen）消除的是偏见而不是法律规范。只有运用教义学这个透视镜，才可以尽可能减少疑虑，使我们能够基本平等地对待所有情形，因为教义学关系到对事实的评估。

教义学是获得公正结果的合理的工具，上文论述的一切都无法助益于对教义学的这一正确理解，而且，对教义学进行谴责无论如何也是不合适的。尤为错误的是，将教义学和比较法学置于一个完全相反的司法关系之中。它们之间理性的关系应该是这样的：比较法学通过扩展视野也为教义学提供了更为多样化的解决路径和认知的可能性。茨威格特声称，比较法学在本质上是一种（功能的以及）反教义学的方法。[①] 那当然是不对的。上述说法在这种情况下可以成立，那就是由于其固有的规范力，比较法可以在一国之内提供直接的可以运用的结果。但暂时还达不到这样的程度。这样做是没有规范依据的，对于法律可预见性的需求以及法院的实践都表明这样做是不行的，法院不会想着（在我们的冲突规则之外）运用外国法，尽管域外提供的解决方式非常具有诱惑性。只有在我们国内法“开放”的地方、存在缺陷的地方、可以通过解释进行法律处理的地方、存在合理的余地的地方，比较法学才应该也能够对我们所期望的结果给出有价值的指导。值得一提的是，这个所期望的结果通常都有具有说服力的教义学的支撑。[②] 比较法学的作用在于，它开阔了我们对于那些我们至今都不熟悉的事物之间的相互关系（体系化的、教义学的）以及解决路径的视野，并且将我们置于这样一种情形中，在这里我们可以通过运用某一法律或者通过立法来完善某一法律以获得合理的结果。如果我们能够基于比较法学的功能和可能性来对它作出如此理解，那么它就不会和教义法学产生竞争了，相反，它可以在追求社会公正的道路上与教义法学成为并肩而行的同伴。同样地，再来回顾一下生产责任的例子就会发现，这里的问题要么通过教义学的方式要么通过比较法的方式来解决，除此之外别无他法。事实上，人们在应用比较法的时候，是无法抛弃其教义学基础的。这就如同于 de lege lata 和 de lega ferenda 一样。不得不说，教义学提高了实现正义的机会，只要这个逻辑框架能够在最大程度上保证相同的情形可以获得相同的对待。此外，抛弃了教义学之后，很难想象能够对法律作出正确理解。为了支持那些经典的例子，人们会进行如下的思考：法律权利是否是可

---

① Festschrift Bötticher 448.

② 参见 Dölle, in: Hundert Jahre deutsches Rechtsleben, Festschrift zum hundertjährigen Bestehen des Deutschen Juristentages II (1960) 33ff。

以想象到的，以防人们同意这个观点，已经确定的是法律只保障权利内容中的一部分；义务应该被所有人承认，即使这项义务仅是约束债权人和债务人的；期待权在本质上是一项财产权，因此必须受到相应的保护；权利的转让要求了解破产管理人的法律地位；人们是否应当承认无主体的权利；人们死后是否具有法律效力，至少是那些得到了承认的效力，这样相关人就可以溯及既往地享有特权，第三人的权益也不会受到减损等等。以上这些思考其实是没有意义的。比较法中也存在着教义学的内容，普通法的信托基金就是一个很好的例子。因为，信托基金除了它的经济功能外，还会告知我们多样化的细微差别，正是这些差别促成了信托关系的产生。

如果把教义学理解为不变的公理，那么就是对前文所述内容的误解，这是毫无疑问的。教义学是开放的，也就是说，它有与它自身相符合的保护利益并且致力于实现这个目的，甚至它其实就是从它的这个功能中所发展出来的。首先必须要存在法的价值，其次才是可以将这些价值整理为有意义的、不相互矛盾的系统的教义学。对于某一教条或者某一具体教义学的合理性的争论只可能来源于这一问题，那就是，教义学是否在功能上实现了其所服务的公认的价值，或者它是否会由于价值观念的改变而得出错误结论。但是它却不能因为这一点而受到质疑，那就是它作为处理法律的一种方法、一个要素是非法的或者是应当受到谴责的。上文已经承认，法教义学容易遭到滥用。毫无疑问，任何方法（包括比较法学）都有被滥用的可能性。真正为我们所知的并且令人害怕的滥用应该是“不诚实”和“极端逻辑”。可以看到的是，运用教义学的论证（体系构造）所得到的结果，是无法仅仅运用原本的、“真正的”法律规则达到的。这里的目的并不能证明手段的合理性。在目的正当的情况下，应当尽量予以灵活处理，就像在判例法上，人们通常愿意对不同事实进行区分对待。遗憾的是，教义学因为“滥用”而失去了信誉。必须要警惕与过度的逻辑有关的一切。教义学仅仅具有工具价值，如果把它作为目的本身反而会错失它的功能。法律适用（ars aequi et boni）的技巧表现在掌控逻辑关系的能力上，这样公正的、符合目的的结果就不会沦为所谓的（诱人的）一致性的牺牲品。法学并非没有为逻辑的技艺提供帮助，而是要求通过尽可能理性的、经得起检测的方法来找到公正的答案。[①]

---

① Zweigert, Festschrift Bötticher 447. 茨威格特认为，年轻一代的学者对教义学尤其感兴趣。“我可以证明这一观点，但并不会由此得出负面的结论。相反，根据我的经验，那些对教义学的论证方式不感兴趣的学者反而会陷入到一种无概念（Unbegrifflichkeit）的危险中。”

在国际私法领域也显示出了反教义学的倾向，对此我们应予以反驳。[①] 在这一领域——尤其是在美国——反对者提出了一种现实的观察方法质疑对冲突规则进行系统地、教条地整合的努力，这种方法（如果它能够被称为方法）几乎完全是以个案中所要达到的结果为导向的。但是在个案中的结果——除了一些非常明显因而没有任何疑问的案件外——从一开始就完全不具有确定性，而是要受人们对利益冲突的评估的影响，如此一来这一结果就根本不具有可预见性，尤其是涉及如何在美国对州的利益施予重要性保障的时候。[②] 冲突法由于其功能局限而具有独立性，这样一来，为了使其成为实体法上的一个因素，冲突法就被消除了。这种做法当然是值得考虑的。它以这样的信念为前提，那就是同抽象的体系以及普遍的教条规则相比，这种方法可以更好地实现现实的正义。但总的来说，这种信念是虚幻的，人们忘记了这一点，即某种程度的法律确定性和法律秩序的可知性是社会正义本身的基本要素。这类似于一种法律上的点画法，有利于个案，却并不利于整个法律秩序的形成。在这种观摩方式背后，反映出的是这种观念，即法官是“社会工程师”，而法律秩序则或多或少成为了一种价值的或纯粹事实的人际关系的调节规则。但是以下想法却是不对的，即由于这种方法具有理性并且它还是现代启蒙的产物，因此应当获得普遍的赞赏。法律的完全“具体化”会导致诸多巨大的危险，这些危险现在已经可以被明显地识别出来，不容我们忽视。当然并不是说法教义学的思维方式在任何情况下都是应对这种危险的可靠保障。可以肯定的是，打破体系的、教条的结构要比在空旷的地带不受限制地运动更为困难。出于这一原因，那些关注于法的确定性的实现、公认的法律惯例以及那些不仅仅将法律视为社会固有规则的人，必须应当支持将教义学作为一种合法的、不可或缺的法律知识和法律组织的工具。

---

① 参见 Frank Vischer, *Die Kritik an der herkömmlichen Methode des IPR - Hintergrünnde und Versuch einer Antwort*, in: Festschrift Oscar Adolf Germann (1969) 288ff。

② 我认为，只有对美国各州的能力和野心进行正确评估，才能理解美国的改革运动。

专题研讨 2 · 凯尔森及其多元理论

凯尔森的民主理论

张书友*

摘　要　凯尔森将民主理解为“民治”而非“民享”，“民治”即被统治者参与统治。他否认民主与自由、法治直接存在理论上的必然联系。凯尔森认为，民主是政治上的相对主义，与哲学认识论、价值论上的相对主义是一致的，并具有特定的心理学、性格学基础。凯尔森反对将民主附属于经济制度，认为民主并非资本主义独有的政治制度。凯尔森的民主理论主要是一种概念理论，可称之为一种纯粹的民主理论。

关键词　凯尔森　民主纯粹性　相对主义

1964年，澳大利亚法学家斯通（Julius Stone）在《法律体系与法律家推理》一书中对纯粹法理论作了尖锐批评。[①] 翌年，凯尔森撰文予以强烈回应。[②] 在这场笔墨官司中，斯通对凯尔森的指责之一是后者并未一以贯之地坚持“纯粹”的立场：“时至今日，全世界终于看清楚了——也许对其亲朋故旧而言这早已是公开的秘密——凯尔森的新作《何谓正义？》（1957）表明他是无可争议的自由民主派，则其这方面思想中的‘纯粹’不过是……对自由的许诺亦步亦趋而已。”[③] 凯尔森

---

* 张书友，西北政法大学刑事法学院副教授，法学博士。

① Julius Stone, *Legal System and Lawyer's Reasoning*, Stanford University Press, 1964.

② Hans Kelsen, “Professor Stone and Pure Theory of Law”, in 17 *Stanford Law Reviews*:1128–1157(1965).

③ Julius Stone, *Legal System and Lawyer's Reasoning*, p. 121.

对上述指责的回应可谓是轻描淡写："只要读过我的书就不难明了，我的理论自诞生之日起——遑论《何谓正义？》出版后的'今日'——就与我的政治态度泾渭分明。"[①] 显然，这个回应不过是老生常谈：既然"纯粹"意味着法律科学应"免受一切异质因素之干扰"[②]，那么法理论家在认知法律时就不应对法律作出评价。其实，这种意义上的"纯粹"不过是现代科学普遍恪守的"价值无涉"原则的另一种表述罢了："自由民主派"凯尔森不会因其政治—道德立场而否认不符合该立场的法律之效力。因为法理论家"只能接受而无法拒绝已由立法者……制定之法律，他必须将其描述为法律，无论其是否符合自身的正义观。"[③] 当然，不论纯粹性还是价值无涉原则，都只是对科学研究活动的要求，而不能将其适用范围扩大到研究者的其他生活领域。这意味着，凯尔森在日常生活尤其是政治活动中大可不必那么"纯粹"[④]，成为一名政治上的"自由民主派"丝毫无碍其法理论的纯粹性。[⑤]

然而问题在于，凯尔森不仅是一位民主理念的践行者[⑥]，同时也被看作是一位民主理论家，其漫长的学术生涯产出了不少涉及民主理论的作品。[⑦] 早在 1929 年，凯尔森就出版了《民主的本质与价值》一书[⑧]，该书被当代学者看作是对当时"欧洲的政治形势作出回答"[⑨]，并认为其"相信多数原则的合法性"并有助于"维护自由的理想"。[⑩] 即使是在离欧赴美之后，凯尔森依然保持着对民主的理论兴趣。他

---

① Hans Kelsen, *Professor Stone and Pure Theory of Law*, p. 1135.

② 凯尔森:《纯粹法理论》，张书友译，中国法制出版社 2008 年版，第 38 页。

③ Hans Kelsen, "Since and Politics", in 45 *American Political Science Review*: 641-661(1951), p. 655.

④ 在当代学者看来，凯尔森作为奥地利宪法法院法官（1920—1930）时"所发挥的作用完全不同于其作为学者所发挥的作用。作为宪法法院的法官，他并没有在不纯粹的法理论面前踌躇不前，相反，他对此亦爱之有加"。参见埃瓦尔德·魏德林:《奥地利宪法法院：凯尔森之创造及其模式特性》，载《德意志公法的历史理论与实践》，王银宏译，法律出版社 2019 年版，第 80 页。

⑤ 其实，斯通用"自由民主派"（liberal democrat）概括凯尔森的政治立场并不准确，尽管从未加入任何政党，但凯尔森显然更倾向于社会民主主义，他"对同时主张社会主义和民主主义的政党是抱有好感的，并且从不掩饰这种好感"。参见《汉斯·凯尔森自传》，马提亚斯·耶施泰特编辑整理，载《法治国作为中道：汉斯·凯尔森法哲学与公法学论集》，张龑编译，中国法制出版社 2017 年版，第 34 页。

⑥ "凯尔森明显地将其宪法法院法官看作是一种政治性职位……这也为他实现自己的宪法政治理论提供了可能，居于这种理念之首位的就是民主。"埃瓦尔德·魏德林文，第 81 页。

⑦ 据统计，凯尔森一生的原创性作品共 387 件，其中主题为政治理论的 41 件（含英文作品 8 件）。See "Bibliography of Kelsen's Publications in English", in Hans Kelsen, *General Theory of Norms*, trans. Michael Hartney, Clarendon Press, 1991, p. 440.

⑧ Hans Kelsen, *Vom Wesen und Wert der Demokratie*, 2nd edn., Tübingen: J. C. B. Mohr, 1929.

⑨ 萨尔沃·马斯泰罗内:《欧洲民主史——从孟德斯鸠到凯尔森》，黄华光译，社会科学文献出版社 2001 年版，第 381 页。

⑩ 同上，第 385 页。

于1945年出版的《法与国家的一般理论》一书用不小的篇幅讨论了民主问题，并将民主看作现代政府的一种主要形式。[①]1954年，凯尔森在芝加哥大学讲授了民主公开课，他详细阐述了民主与哲学、宗教及经济的关系，并对沃格林（Eric Voegelin）、马里旦（Jacques Maritain）、哈耶克（Friedrich A. Hayek）等知名学者的民主理论进行了评判，其课程讲义翌年以“民主的基础”为题公开发表。[②]上述作品及其影响凸显了一个值得研究的问题：凯尔森的民主理论与其纯粹法理论有关吗？更加准确的表述是，假如凯尔森的民主理论不是纯粹法理论在政治领域的直接适用，那么二者是否至少分享了某些共同的立场、观点或方法？或者用斯通的话说，理论上的“民主派”凯尔森与标榜“纯粹”的法理论家凯尔森是相互支持（或反对）的吗？

已经有学者注意到，凯尔森的一般法理论、公法理论与政治理论间存在着隐秘的关联，并指出其民主理论也像纯粹法理论一样“是其科学理论上所持的相对主义立场的必然结果”。[③]本文将依次讨论凯尔森的民主概念、民主理论与相对主义哲学的关系以及民主与特定经济制度的关系。讨论这些问题的目的是检视凯尔森的民主理论能否与其纯粹法理论自洽进而构成同一个理论体系，讨论所依据的主要文献是凯尔森的《民主的基础》这篇论文。

一、“民主”一词的所指与能指

“民主”当然首先是一种政治现象（“物”），其次才是描述该现象的概念（“词”）。但有时候词偏偏影响、干扰甚至决定着物的“存在”——那种被作为“民主”的“政治行为归根结底取决于我们关于民主是什么、能是什么以及应该是什么的看法”。[④]因此，对民主问题的研究其实包含两个尽管在实践中彼此关联却在理论上可以分开讨论的问题：第一，“民主”这一概念的含义究竟是什么？第二，某一被称为“民主”的政治现象究竟是怎么回事？凯尔森首先要回答的是第一个问题。

---

① 参见凯尔森：《法与国家的一般理论》，沈宗灵译，商务印书馆2013年版，第405页以下。

② Hans Kelsen, *Foundations of Democracy*, in 66 Ethics: 1-101(1955).

③ 参见格林：《论凯尔森的解释学说、宪法法院机制与民主原则之间的关系》，刘刚译，载《法治国作为中道——汉斯·凯尔森法哲学与公法学论集》，第365页。

④ 乔·萨托利：《民主新论》，冯克利、阎克文译，东方出版社1998年版，第13页。

（一）民主是什么？

1. 民主即“民治”

凯尔森对民主的理解直截了当甚至简单粗暴：民主就是“民治”（by the people）。[①] 这种理解一方面充分尊重了民主的词源：这个古希腊术语的拉丁写法是 demoskratein，demos 即人民，kratein 即统治，因此民主的字面含义即人民的统治，也就是“民治”；另一方面，近代政治家林肯提出的“民有”“民治”“民享”在西方脍炙人口，因此将民主理解为“民治”也便于获得读者的共鸣。但是，凯尔森承认民主是“孕育于18世纪的美、法两大革命”且“盛行于19世纪政治观念”[②]，近代民主以代表制（representation）为基础，而“代表制是‘不在场’的政制”[③]，与古希腊人所理解的“人民的统治”——全体公民的直接民主——已大异其趣。同时，政治家的格言对于定义民主似乎也不足为训：“它之成为民主信条，是由于它出自林肯之口。如果换一个人说出来，它很容易产生林肯不希望或不打算让它产生的含义。”[④] 因此，有学者并不赞同将民主理解为“民治”，因为“这种说法缺乏精确的所指”，“它过于笼统，以致不允许作具体的设想：从什么意义上说人民在统治呢？”[⑤]

为了让作为“民治”的民主概念具有“精确的所指”，凯尔森必须对其含义作进一步的限定。他提出，“这一术语所指的政治现象在本质上意味着被统治者参与统治”。[⑥] 换言之，“民治”的含义不再是人民直接统治，而是人民参与统治。凯尔森曾在另一场合写道：“民主意味着在国家的法律秩序中所代表的那个‘意志’等于国民的意志。”[⑦] 众所周知，凯尔森将国家理解为以国家名义创制的法律秩序的人格化[⑧]，那么人民参与统治无非就是参与法律秩序的创制过程；同样众所周知的是，凯尔森强调法律创制与法律适用的相对性，即任何法律行为皆“既创制法律，也适用法律”。[⑨] 明确了上述两点，下面的话也就不难理解了：“民主的本质特征是参与统治，也就是参与到通过创制与适用社会秩序中的一般规范与个别规范来缔造共同

---

① Hans Kelsen, *Foundations of Democracy*, p. 1.

② Ibid.

③ 赵晓力：《代表制研究》，当代世界出版社 2019 年版，第 1 页。

④ 乔·萨托利：《民主新论》，第 39 页。

⑤ 同上，第 38 页。

⑥ Hans Kelsen, *Foundations of Democracy*, p. 2.

⑦ 凯尔森：《法与国家的一般理论》，第 404 页。

⑧ 参见凯尔森：《纯粹法理论》，第 107 页。

⑨ 同上，第 92 页。

体的那个过程中。”[①] 不难发现，凯尔森实际上将民主理解为一种人民参与统治的形式或程序，不论古代的直接民主还是近代的间接民主，都符合这一定义。[②] 当然，凯尔森承认此种意义上的民主并非对历史上特定统治实践的描述，而是韦伯意义上的理想类型（ideal type）：民主与专制“这两个极端之间，有着许多中间层次”，在现实政治中，“如果一个国家的组织中民主原则占优势，这个国家就称为民主国家”[③]，就可以作为民主这一“能指”的恰当“所指”。

2.“民享”非民主

在林肯的前述格言中，凯尔森对“民治”的拥抱有多热烈，对“民享”（for the people）的拒绝就有多坚决。凯尔森也承认，“不论古代民主政治还是当代民治政府，其之所以值得合理地期待，正是由于这种统治被假定为‘民享’”，也就是说人民参与的统治更能体现人民的利益。[④] 但“民享”与作为“民治”的民主不论在理论上还是实践中显然仅具有偶然的联系，因为“许多政权从不自称民主制度，却宣布自己是民享的政府”[⑤]，这意味着“民享”并不以“民治”为必要条件。同时，人民的利益究竟何在往往人言人殊，即便是人民自身所认定的利益，也远非这个问题唯一可能的答案。即使能够确定人民的利益所在，人民参与统治的民主政制究竟是否更有利于实现这一利益也是颇值得怀疑的，因为这属于休谟所谓的“实际的事情”，目的与手段的关系类似于因果关系，在复杂的政治实践中确定手段之于目的的有效性，这实在是一项太过复杂的工作，甚至试图证明专制相对于民治政府而言反而更合乎民享的要求的学者也不在少数。凯尔森无奈地写道：“平心而论，上述主张也不全是歪理，‘民享’不等于‘民治’更毋庸讳言。因为不论民主还是专制都可能为民所享。”因此，在讨论民主的概念时不必也不应考虑“民享”与否这一因素。

假如坚持认为“民享”构成民主概念的内涵，同时承认“民治”并非总是有利于——甚至常常不利于——“民享”，那么民主就被曲解为其字面含义的反面，假如专制更有利于“民享”的话。在凯尔森看来，他的高足、著名政治哲学家沃格林（Eric Voegelin）正是这样曲解民主的。考虑到现代社会中人民参与统治是通过代表

---

① Hans Kelsen, *Foundations of Democracy*, pp. 4–5.

② 对民主采取这一定义的学者不以凯尔森为限，科恩（Carl Cohen）曾写道：“其所以说民主即民治，就是因为在这种制度下人民，亦即社会成员，参加决定一切有关全社会的政策。”科恩：《论民主》，聂崇信、朱秀贤译，商务印书馆 2005 年版，第 10 页。

③ 凯尔森：《法与国家的一般理论》，第 405 页。

④ Hans Kelsen, *Foundations of Democracy*, p. 2.

⑤ 乔·萨托利：《民主新论》，第 38 页。

制实现的，而代表制的运作又依赖于“普遍、平等、自由且无记名投票”的选举制度[①]，沃格林于是别出心裁地将代表制区分为“初级的”（“宪法意义的”）与“高级的”（“存在意义上的”）。初级的代表制是指“立法机构的成员是依靠民众选举而具有其成员资格”，也就是仅具“宪法意义”的代表。[②] 在沃格林看来，这种代表制只是一种程序或形式，因而是不重要的，因为“仅当与代表之本质相关的某些要件被满足时，代表程序才是有意义的，程序的确立并不会自动提供这种可欲的本质”。[③] 所谓“本质”无非是政府应代表人民的利益，即“民享”。沃格林还警告道：“如果一个政府仅仅是宪法意义上的代表，那么一个存在意义上代表性统治者迟早会把它终结掉；而且十分可能，这个新的存在上的统治者在宪法上并没有多少代表性。”[④] 那么，这个政府也能以某种方式代表人民的利益，“尽管它不是民主意义上的‘代表’，而是法西斯主义意义上代表人民的统治者——能够有效组织群众投入行动并自称能实现民主的‘元首’或‘领袖’”。[⑤] 不难看出，凯尔森之所以将“民享”因素排除在民主的概念之外，是由于“民享”模糊了民主与专制的界限，导致民主这一概念丧失了明确的指示性。假如我们承认“民治”属形式标准而“民享”属实质标准的话，就不难发现凯尔森对待民主的态度与其对待法律的态度可谓如出一辙：“一切内容皆可为法，不得仅因其实质而将任何行为而被摒除于法律规范内容之外，也不得因规范之内容不符某实质性价值（即道德价值）便质疑其效力。”[⑥] 不为民所享的民主依然是民主，正如不道德的法律仍旧是法律。因此，凯尔森的民主理论是一种将实质内容（“民享”）作为异质因素排除在外的“纯粹民主理论”，其立场与纯粹法理论并无二致。

（二）民主不是什么?

在现代社会，民主是人们耳熟能详的“大词”（big words）之一，且在政治意识形态中往往与其他“大词”联袂而行，后者尤以“自由”“法治”为甚。在确定民主的概念时，必须说明其与自由、法治的关系，换言之，民主是实现自由、法治的手段（或者相反）吗？假如民主（或自由、法治）是重要的，这种重要性仅仅源

---

① 参见 Hans Kelsen, *Foundations of Democracy*, p. 13。

② 参见埃里克 · 沃格林：《新政治科学》，段宝良译，商务印书馆 2018 年版，第 37、43 页。

③ 同上，第 40 页。

④ 同上，第 53 页。

⑤ Hans Kelsen, *Foundations of Democracy*, p. 14.

⑥ 凯尔森：《纯粹法理论》，第 82 页。

自作为手段的有效性吗？

1. 民主不是自由

斯通之所以称凯尔森为“自由民主派”，可能是由于在后者的作品中读到了以下的文字：“若民主为公正政体，仅仅因其体现自由”“民主就其本质而言意味着自由”。[①] 其实，凯尔森在其他作品中也有过类似的表述：“若某人称民主为善或最佳政体时，其解释可能是民主乃是唯一能在最大程度上实现个人自由之政体，暗示其将保障个人自由视为政府之目的。”[②] 但必须注意，此时凯尔森并不是在描述民主，而是在评价民主，是在作出“民主为公正政体”这一价值判断。评价显然不是科学研究的任务，因而对民主作出价值判断的并非民主理论家凯尔森，而是政治家凯尔森甚至普通百姓凯尔森。因为他接着写道：民主之所以是“最优政体”，并不是由于“人人皆渴望自由。作为一个事实陈述，答案很成问题；纵然此陈述为真，也是答非所问。前述问题并非问人们实际上在追求什么，而是问应当追求什么，问何为应当追求之正当目的。因此，此问题的正确答案是‘人应当自由’”，而这意味着自由是最高价值。“此价值判断对于判断者而言或许不言而喻，以至于他并未意识到此判断乃是其对于民主进行判断之基础性预设。”[③] 换言之，“人应当自由”构成判断者道德体系中的基础规范。只不过凯尔森本人“碰巧”作出了这一“基础性预设”：“唯有自由才能保证科学的兴旺发达”，而他刚好“以科学为业”，于是民主这种“能够保证对真理的探索繁荣昌盛”的社会秩序便成为他眼中的正义秩序。[④] 对不以科学为业的他人而言，完全可能作出截然相反的基础性预设，因而将民主评价为“最劣政体”；即使是民主政治的鼓吹者，也完全可能是出于与自由风马牛不相及的其他理由，因为民主也被作为实现另一“最高价值”的工具。

因此，作为理论家的凯尔森并不赞成将自由与民主等量齐观，他强调：“自由民主或现代民主不过是民主的特殊类型罢了。民主原则与自由主义原则不是一码事，二者之间甚至存在着对立。”[⑤] 因为民主仅强调人民参与统治，而自由主义则是主张不论采取何种政体，皆需限制政府权力，纵然是民主的权力也应受到限制。在

---

① Hans Kelsen, *What's Justice? Justice, Law and Politics in the Mirror of Science*, California University Press, 1957, p. 23.

② Hans Kelsen, *Science and Politics*, p. 645.

③ Ibid.

④ See Hans Kelsen, *What's Justice?*, pp. 23–24.

⑤ Hans Kelsen, *Foundations of Democracy*, p. 3.

定义民主时，“最重要的仍是程序性因素，作为社会秩序个别内容的自由主义因素则是次要的”。[①] 尽管凯尔森在民主理论上是卢梭的拥趸，但也清晰地意识到以民主的名义压制个人自由以及“多数人暴政”的危险。对于卢梭“对不服从公意者要强迫他服从并以此强迫他自由”的格言，凯尔森也不得不感叹“这个弯子转得太急了”。[②] 凯尔森在讨论民主与自由的关系时还提到了以色列学者塔尔蒙的名著《极权主义民主的起源》[③]，尽管凯尔森不赞成“极权主义民主”这一提法，但他至少承认，“民主确实有两种类型，即政府权力受限制的民主与政府权力不受限制的民主；后者古已有之，是民主古老的、原始的类型，而前者则迟至 18 世纪才产生。”[④] 因此，自由只能被看作“自由民主”这一“民主的特殊类型”的个性，而非民主的共性。甚至民主可以同自由的反面结合，成为压制而非保障自由的手段。

2. 民主不是法治

正如民主往往被当做保障自由的手段，在有些学者看来，法治也因保障了自由而对民主至关重要，凯尔森的同胞兼晚辈哈耶克就是其中之一。据说“最能清楚地将一个自由国家的状态和一个专制政府统治下的国家的状况区分开的，莫过于前者遵循着被称为‘法治’的这一伟大原则”。[⑤] 其理由是，既然法治意味着“国家的行政与司法职权应尽可能地由事先制定的一般法律规范来决定，从而尽可能地减少行政与司法机关的自由裁量权，这样就能够避免恣意统治从而保障自由”。[⑥] 但凯尔森并不赞同这种看法，因为法治原则尽管限制了行政权与司法权，却并未限制立法权，“因而对人的行为多大程度上受上述规范调整并未限制。所以，法治原则并不保障个人自由，只是为人们预见法律适用机关——行政机关与司法机关——的活动提供了一定程度上的可能性，从而使个人的行为能够适应法律适用机关的活动”。[⑦] 这种可预见性与自由风马牛不相及，甚至法治可以通过事无巨细的法律规定将最大限度地限制人们的行为自由作为追求的目标。古代法治实践中的“秦法繁于秋荼，

① Hans Kelsen, *Foundations of Democracy*, p. 3.

② Ibid., p. 23.

③ J. L. Talmon, *The Rise of Totalitarian Democracy*, Beacon Press, 1952.

④ Hans Kelsen, *Foundations of Democracy*, p. 95, note 14. 其实早就有思想家指出，“古代人的自由在于以集体的方式直接行使完整主权的若干部分”“个人在公共事务中永远是主权者，但在所有私人关系中却是奴隶”。因此，在以希腊和罗马共和国为代表的古代地中海社会中，自由与民主的含义更加接近。参见邦雅曼 · 贡斯当：《古代人的自由和现代人的自由》，阎克文、刘满贵译，商务印书馆 1999 年版，第 26 页，第 27 页。

⑤ 哈耶克：《通往奴役之路》，王明毅、冯兴元等译，中国社会科学出版社 1997 年版，第 73 页。

⑥ Hans Kelsen, *Foundations of Democracy*, p. 77.

⑦ Ibid., p. 78.

而网密于凝脂”（《盐铁论·刑德》）导致“囹圄成市，赭衣塞路”（《汉书·刑法志》）的恶果，对于任何中国读者而言都并不陌生。这种反面经验无非表明，法治作为压制自由的手段同样非常有效。现实中的专制政府的确也在一定程度上接受了法治原则，理由很简单：“独裁者无法事必躬亲地发布所有必要的行政与司法决定，因此必须任命代理人以及下级附属机构”[①]，纵然是“躬操文墨，昼断狱，夜理书”（《汉书·刑法志》）的秦始皇也不能例外，于是就必然存在着法律创制者与法律适用者的分离。其实，就连作为现代法治核心原则的法律面前人人平等也与保障自由无关，因为这种平等“乃是对在个案中之法律适用者提出的要求。其含义无非是法律适用机关在判决案件时不得因法律未规定而区别对待，换言之，应根据法律自身之意义适用法律”。[②]

在凯尔森看来，法治之所以与民主在理论上并无必然关系，是由于民主体现了统治者与被统治者之间的关系——被统治者参与统治，而法治原则却不涉及统治者与被统治者的关系，而仅处理法律创制与法律适用的关系，这是统治者内部的关系，其效果是令法律适用机关服从法律创制机关，这也就是德国法学所谓法的安定性（Rechtssicherheit）。[③] 从另一个角度来看，马克思主义经典作家将公共权力的出现作为国家产生的标志之一[④]，自由、法治与民主皆与公共权力有关，只不过三者分别涉及公共权力的不同维度：自由回答的是公共权力有无限度的问题，法治涉及公共权力运行依据的问题，而民主关注的则是公共权力由谁掌握或由哪些人分享的问题。即使现实中的政治统治常常兼具二者甚至三者的特征，也不能得出自由、法治与民主在理论上存在必然联系的结论。后者正是古代思想家常犯的错误：当柏拉图将民主制度理解为因“容许有广泛的自由”而“毫无生活秩序可言”的“无政府的混乱状态”时[⑤]，他混淆了自由与民主；而当亚里士多德因“把治权寄托于任何个人，而个人既难免情感的影响”且“实际上不能独理万机”而主张“不如寄托于法律”时[⑥]，他并未意识到这不是在谈法治的优点，而是在主张多人之治（智）高于一人之治（智）——民主优于专制。关于民主与法治在现实政治中的关系，凯

① Hans Kelsen, *Foundations of Democracy*, p. 80.

② 参见 Hans Kelsen, *What's Justice?*, p. 15。

③ 参见 Hans Kelsen, *Foundations of Democracy*, p. 78。

④ 参见恩格斯：《家庭、私有制和国家的起源》，中共中央马克思恩格斯列宁斯大林著作编译局译，人民出版社 1999 年版，第 177 页。

⑤ 柏拉图：《理想国》，郭斌和、张竹明译，商务印书馆 1986 年版，第 332、333、340 页。

⑥ 亚里士多德：《政治学》，吴寿彭译，商务印书馆 1965 年版，第 145 页。

尔森最终的看法是："假如法治原则能够实现，这对民主当然是锦上添花。"[①]——但也只是锦上添花罢了。

二、民主的认识论与心理学基础

凯尔森曾怀有成为哲学家的理想，并因该理想的落空而"后悔了一辈子"。[②]尽管如此，纯粹法理论与新康德主义哲学的关联是有目共睹的，尤其是凯尔森的基础规范对康德的先天综合判断的借鉴更为人所熟知。[③]那么，凯尔森的民主理论与哲学有关吗？他愿意回答"民主的政治制度是如何可能的"这个问题吗？[④]

（一）民主即政治相对主义

凯尔森认为，政治理论与哲学的关系不仅表现为政治理论与伦理学之间存在显而易见的紧密联系，还体现在任何政治理论的背后皆有其认识论基础，民主理论尤其如此。表面上看，政治理论与哲学认识论似乎处理的是截然不同的两类问题，但二者却存在可类比性："政治理论的主要问题是统治者与被统治者的关系，认识论的主要问题则是认知主体与认知客体的关系。统治过程其实与认知过程差不多：认知主体通过为混乱的感官知觉建立某种秩序而成为认知客体的主人。评价的过程也大同小异：主体通过给客体贴上善恶的标签来对客体作出判断。"[⑤]凯尔森试图证明，哲学中相对主义与绝对主义的对立类似于民主与专制在政治上的对立。更准确地说，民主就是政治上的相对主义，而专制就是政治上的绝对主义。[⑥]

按照凯尔森的理解，哲学上的绝对主义主张有一种超越时空且独立于人的认知的绝对存在（absolute reality），这种存在客观真实且超越时空，而人的认知却受制

① See Hans Kelsen, *Foundations of Democracy*, p. 80.

② 参见《汉斯 · 凯尔森自传》，第 6 页。

③ See Stanley L. Paulson, "The Neo-Kantian Dimension of Kelsen's Pure Theory of Law", 12 *Oxford Journal of Legal Studies*: 311-332(1992).

④ 此问题显然是对康德关于"科学的形而上学如何可能"之问的一种仿词，有学者认为，"凯尔森有关民主问题的出发点，就是在探讨'在什么条件下，民主与议会制才是完全可能的'"，论证路径之一"便是他的'相对主义'"。参见宾德瑞特：《为何是基础规范——凯尔森学说的内涵》，李佳译，知识产权出版社 2016 年版，第 294、295 页。

⑤ Hans Kelsen, *Foundations of Democracy*, p. 15.

⑥ 哲学家罗素也持类似的看法，他发现"政治上的无政府主义和哲学上的主观主义携手并进"，他所说的主观主义正是凯尔森所谓的哲学相对主义，而理论上的无政府主义则是极端化的政治相对主义。参见罗素：《西方哲学史》，何兆武、李约瑟译，商务印书馆 1982 年版，第 20 页。

于时空。并且“绝对存在的假设与绝对真理及绝对价值的可能性相一致”①，进而绝对真理与绝对价值必定与绝对权威一致。因此，哲学绝对主义不可避免的后果就是给绝对存在赋予人格，因而“具有一种不可抗拒地趋向于一神教的趋势”。② 哲学上的相对主义则处处与前者相反，主张作为认知客体的事实总是相对于认知主体而言，不承认经验之外的绝对存在，因而也就不承认绝对的真理与价值，因而“具有坦率的怀疑论倾向”。③ 在凯尔森看来，哲学上的绝对主义与政治上的专制主义之间存在显而易见的对应关系：绝对存在与认知者的关系颇类似于专制政府与被统治者之关系——政府的无限权力外在于被统治者并对其施加影响，后者不能参与统治而只能服从前者；政治上的民主主义与哲学上的相对主义同样彼此对应：被统治者得以参与制定其所服从的社会秩序，正如认知者的认知活动塑造着认知对象一般。④ 凯尔森对政治理论与哲学的对应关系的论证可通过下图呈现：

	认识论	价值论	政治理论
绝对主义	绝对存在→	绝对价值→	专制主义
相对主义	相对存在→	相对价值→	民主主义

为了给上述逻辑证明提供经验支撑，凯尔森不厌其烦地开列了两份思想家名单：第一份名单是哲学上和政治上的相对主义者，包括以普罗泰戈拉（Protagoras）为代表的智者、以德谟克利特（Democritus）和留基波（Leucippus）为代表的原子论者以及斯宾诺莎、洛克、休谟、康德；第二份名单则包括柏拉图、亚里士多德、阿奎那、但丁（Dante Alighieri）、库萨的尼古拉（Nicolaus of Cusa）、拉布尼茨、黑格尔，他们是哲学上的绝对主义者和政治上的专制主义者。⑤ 在结束对这个问题

---

① Hans Kelsen, *Foundations of Democracy*, p. 16.

② Ibid.

③ Ibid., p. 17.

④ 参见 Hans Kelsen, “Absolutism and Relativism in Philosophy and Politics”, 42 *American Political Science Review*: 906–914(1948), p. 909, 911。

⑤ 参见 Hans Kelsen, *Foundations of Democracy*, pp. 34–38。这份名单当然是不完整也不可能完整的，因为凯尔森承认，“不能指望特定的政治观点不论何时何地总与那个与之在逻辑上一致的哲学体系联袂而行”，因为“人类的精神并不完全受理性支配，因而也就并不总是讲逻辑，情感的力量足以令人的思考偏离最初的方向”。毕竟“人类的精神并不完全受理性支配，因而也就并不总是讲逻辑，情感的力量足以令人的思考偏离最初的方向。”至于有些思想家的政治立场与哲学立场的关系有时之所以难以证明，则是由于“哲学家并非专攻研政治理论，而政治家或政治理论家还未达到自觉思考哲学问题的高度。只有在排除上述例外情形之后，才能在政治和哲学之间建立联系。” Ibid., pp. 16–17.

的讨论前，凯尔森再次强调，哲学相对主义的基本原理之一是“价值判断仅具有相对效力，这意味着在逻辑上及道德上皆不能排除相反价值判断存在的可能性”。因此，仅当合乎多数人意愿时才能将社会秩序强加于少数人。他也承认，有时少数人才是正确的，但“恰恰是相对主义哲学承认的朝真暮伪、昨是今非的可能性，因而才愿意给予少数人成为多数派的充分机会；也只有在无法绝对地确定对错时，少数服从多数才是一种可取的决策方式”。[①] 我们不难看出，价值相对主义不仅构成了纯粹法理论的底色，同样支撑着凯尔森的民主理论。

（二）民主的心理学分析

在相对主义哲学之外，凯尔森还试图为民主理论提供某些心理学依据。早在1911 年，凯尔森就参加了弗洛伊德的“星期五聚会”并成为维也纳精神分析协会会员，甚至发表过心理学方面的论文。[②] 当然，凯尔森不是专业的心理学家，他在这方面的观点是零散而不成系统的，但也不乏启发性。如前所述，相对主义与绝对主义不论在哲学上还是政治上都是两种针锋相对、不可调和的立场。二者“原本不过是思想层面上的观点分歧，又不是争权夺利，却能引起那么激烈的冲突”。凯尔森写道，“除非承认政治体系与哲学体系的构成最终是由人类思维的偏好决定的，否则我们就无法解释：何以这些体系间的对立是不可克服的，何以体系间的相互理解如此困难”。[③] 因此，他建议哲学与政治理论的类型化研究应“尽可能地采纳性格学（characterology）的研究成果”[④]，民主和专制的对立假如能够被还原为（reduced to）人内在习性的差别，那么关注认知的科学立场与关注实践的政治立场可以同政治相对主义与政治绝对主义的对立建立起联系。

凯尔森将平等看作相对主义哲学与政治民主主义的共同前提之一：只有在人不把自我（ego）当作独一无二、无可比拟且不可再生之物时，而是至少在原则上承认自我与他人的平等；“只有当个人将本人与他人之间不容否认的那些差异当看得足轻重时，当自我——或自我意识——被与他人的平等感降低到一定程度时，自我才会尊重你也自称为自我的主张”。[⑤] 在这种民主型人格中，权力意志与自我体验（ego-experience）相对减弱，此时人格就具有了利他性，因为他不再敌视同类，而

---

① Hans Kelsen, *Foundations of Democracy*, p. 39.

② 参见凯尔森：《纯粹法理论》，前言，第 7 页。

③ Hans Kelsen, *Foundations of Democracy*, p. 15.

④ Ibid.

⑤ Ibid., pp. 25–26.

是视同类为友。而政治绝对主义在心理学上属于夸大自我意识的类型：有的人由于不能或不愿承认并尊重同类为另一自我，也就是与他本人最初体验到的自我同类的实体，因而也就无法接受平等这一社会理想。他们热衷于侵犯别人，具有强烈的权力意志。在心理学上，这种专制型人格把他自身与他的超我（superego）——也就是理想的自我——看作一体，并以此提升自我意识。如果在构思世界时从自我出发却忽视你，不承认他人也是自我，因而将本人绝对化为独一无二的主权性自我，在其观念和意志中整个宇宙由不能称之为自我的他人所构成，这就可能导致哲学绝对主义。对这类人而言，其理想的自我正是手握无限权力的独裁者。凯尔森充满讥讽地写道："正是这类人喜爱严格的纪律，热衷于盲目地服从，不是在命令而是在服从中找到幸福。其实这种人从心理学的角度来看一点儿都不矛盾：他把自己和权威当成了一回事，这就是服从的秘诀。"①

国际法是法理论与政治理论的交汇之地，凯尔森在国际法领域的建树是有目共睹的，对于国际法与国内法的关系，他所持的立场是"国际法优位的一元论"，即国际法与国内法构成同一个法律秩序，但国际法的效力高于国内法。②有趣的是，凯尔森也试图为这种立场寻找心理学上的依据。在他看来，民主型人格与专制型人格各有其相应的国际法理论。如前所述，专制型人格因其与强大的独裁者合二为一，从而具有过度膨胀的自我意识，他注定会赞成将国家当成完全不同个人总和的实体，一个神秘的有机体，因而是最高权威，是绝对价值的实现形式。专制主义者对国际法的解释也如出一辙：作为解释起点的那个国家必须被认为是唯一的主权国家，而其他国家在法律上存在与否完全取决于该国的意愿。这样一来，国际法就不再呈现为高于国内法的规范性秩序，而是沦为承认其效力的那个国家的国内法秩序的一部分。这就是国内法优位前提下的国际法与国内法一元论。民主主义则反对把国家当作有别于其成员——国民——的神秘实体，同理，国际法秩序不过是以国家为其成员的国家共同体，正如法人是国家的成员、个人是法人的成员一般。③因此，国家这一法律共同体不过是这一系列法律现象的中间环节罢了。由此可以看出，上述心理学分析不仅适用于解释民主与专制的对立，也同样能够服务于凯尔森在法理论上的不少命题，后者包括但不限于国际法与国内法的一元论、法与国家的一元论、公法与私法的一元论、法律创制与法律适用的一元论以及客观法与主观法的一

① Hans Kelsen, *Foundations of Democracy*, p. 26.

② 参见凯尔森：《纯粹法理论》，第 128、132 页。

③ 参见 Hans Kelsen, *Foundations of Democracy*, pp. 33–34; 另参见张书友：《凯尔森：纯粹法理论》，黑龙江大学出版社 2013 年版，第 191 页，注释 1。

元论。[①] 上述五个一元论的共同之处在于否认了法律上各种人格体——个人、政府以及国家——的实体性、神圣性与绝对性，而这正是民主型人格与哲学 / 政治相对主义的基本立场。

三、资本主义、社会主义与民主

凯尔森出生于马克思刚辞世不久的年代，到他去世时，东西方两大阵营的冷战仍胜负未分。因此，社会主义与资本主义的竞争是贯穿凯尔森一生的重大历史事件。出于意识形态斗争的需要，不少资产阶级学者将民主看作资本主义制度的一个“特点”和“优点”，而社会主义则被指责为与民主不相容。对于资本主义、社会主义与民主的关系，凯尔森的看法在当时显得非常独特，他认为：不论资本主义还是社会主义，在本质上都与特定的政治制度无关；不论民主政体还是专制政体，都并不排斥特定的经济内容，也都有建立资本主义或社会主义制度的可能。“不论资本主义还是社会主义，都并不蕴含特定的政治制度，因而二者在原则上都可以与民主或专制相容。”[②] 要证明上述观点成立，凯尔森必须处理民主与私有制、市场经济的关系，因为在那个年代，私有制和市场经济被理解为资本主义制度的核心，并且据说是现代民主制度的经济条件。

（一）私有制与民主

对于任何试图在私有制与民主之间建立理论联系的学者而言，都必须注意到这样一个事实：在相当长的一个历史时期中，私有制都是一个“负面词汇”，不论是柏拉图对理想国中共产共妻共子的设想，还是亚里士多德对贫富阶级分化引起城邦动荡的担忧，抑或是《圣经》中“骆驼穿过针眼比财主进神的国还容易”的警告（《新约 · 马太福音》19：23-24），都出于伦理、政治、宗教等方面的不同理由反对私有制。[③] 因此，古代的民主主义往往难以诉诸私有制的辩护。率先尝试对私有制与民主间存在必然联系进行论证的是自然法学家洛克，在凯尔森看来，洛克

---

① 参见张书友：《凯尔森：纯粹法理论》，第 135 页。

② 当然凯尔森也承认，“至于特定的经济制度是否在某一政体之下运行地更好，这是另一个问题”。Hans Kelsen, *Foundations of Democracy*, p. 68.

③ 参见林立成：《私有财产的束缚与解放——洛克的劳动财产伦理研究》，载《研究生法学》2016 年第 4 期。

“在很大程度上塑造了现代民主的意识形态”。[①] 然而洛克的策略却是假定民主的根本原则是个人自由，进而通过证明财产与自由是不可分割的整体，从而证明民主的资本主义的题中应有之义。这种策略存在两个重大缺陷：1. 民主与自由的关系并非自明，自由民主只是民主的现代版本之一；即使能够证明自由民主与资本主义的必然联系，也不能否认另一种民主与社会主义结合的可能。其理由已见前述，此不赘述。2. 洛克通过劳动财产伦理论证了私有制的正当性，人对其劳动的所有权被理解为一种自由[②]，私有制之所以是正当的，正是由于其是对自由的肯定。然而，当洛克写出下面的文字时，自由与财产的关系却被倒置了：“将军有权处死一个放弃职守或不服从孤注一掷的命令的士兵，却不能凭着他的决定生杀的绝对权力，处置这个士兵的产业的一分一厘，或占取他的财物的毫末。”[③] 在凯尔森看来，“既然人对他自身生命的排他性权力是他的自由，那么财产权就凌驾于自由权之上。这样一来，用自由为财产辩护的努力却造成了摧毁自由这一最高价值的结果”。[④]

同样需要注意的是，捍卫私有制远非近代自然法学家的共识，鼓吹民主的思想家同时也可能是公有制的拥护者。凯尔森在多个场合提到了摩莱里（Morelly）的《自然法典》一书[⑤]，其核心观点是废除私有制，建立共产主义这种唯一符合自然的经济制度。因此，正像凯尔森对自然法学说的评判所揭示的，这种学说可能是倾向革命的或保守的，可能是鼓吹民主或专制的[⑥]，当然也可能是赞同私有制或公有制的，因而这种学说并不足以充当连接资本主义与民主的桥梁。类似的例子也存在于黑格尔的哲学中，“那种在自由与财产之间建立本质联系的倾向在黑格尔的法哲学中表现得登峰造极”，他用自由与理性界定财产，容不得别人对他理解的这种财产有半点怀疑。[⑦] 然而，黑格尔在政治上却是君主专制的吹鼓手。这表明，经济上对私有制的拥护与政治上对民主的赞同是并未必然关联的两种平行主张，认为二者能够互相推论是没有道理的。

与凯尔森同时代的资产阶级学者捍卫资本主义民主的一个重要的论据是：公有制意味着经济生活的集体化，而经济的集体化是否必然导致其他生活领域的集体

---

① Hans Kelsen, *Foundations of Democracy*, p. 86.

② “劳动是劳动者无可争议的所有物”，这意味着人对他自己人身的排他性权利，也就是自由。洛克：《政府论》（下篇），叶启芳、瞿菊农译，商务印书馆 1996 年版，第 18 页。

③ 同上，第 87 页。

④ Hans Kelsen, *Foundations of Democracy*, p. 88.

⑤ 摩莱里：《自然法典》，黄建华、姜亚洲译，商务印书馆 1982 年版。

⑥ 参见凯尔森：《纯粹法理论》，第 47 页。

⑦ Hans Kelsen, *Foundations of Democracy*, p. 90, 91.

化；集体主义一旦控制了人的经济生活，就会不可避免地也控制他的政治生活和精神生活，民主和自由也就难以为继了。[①]凯尔森对此论据的反驳是，任何调整人们的交互行为的规范性秩序都会形成一个集体，并因而具有某种集体主义的色彩。但这些规范秩序因其事项效力范围——即其调整的人类关系的范围——和集中化（centralization）程度而有别。[②]"诚然，社会主义是集体主义，因为社会主义意味着经济生活的集体化。但我们的问题却是，这种集体化是否必然导致人类生活总体上的集体化？"[③]在凯尔森看来，即便上述问题的答案确定无疑地对某一经济制度有利，这个答案也与民主是否只与资本主义相容还是与社会主义也相容这个问题无关。生产资料的国有化就其本质而言并不排斥民主制度，并且这种保障也可能与资本主义民主所提供的保障同样有效。

（二）计划经济与民主

传统的苏联社会主义模式以高度集中的计划经济体制为特征，因而在讨论社会主义能否与民主兼容这个问题时，总会涉及计划经济的问题。反对计划经济的资产阶级学者往往认为：民主的方式无法指导高度复杂的经济活动体系，因为民主意味着由利益相互冲突的政党选出的短期任职的个人形成的多头统治，只有实际上享有无限权力的独裁领导人手下的专家团队才能胜任这一工作。[④]凯尔森提醒持这种观点的学者必须考虑到以下事实：即便是民主性质得到普遍承认的资本主义国家，其政府的立法、行政、司法分支对于民主原则的贯彻程度也是有差别的。"国家的法律创制机关——即立法机关——对民主原则的贯彻程度总是高于法律适用机关——即行政机关尤其是司法机关。认为法律适用机关的民主化程度总是与法律创制机关保持一致，这是一个错误。"[⑤]对法律适用机关的合法性要求导致行政和司法机关组成上的民主原则受到限制，不仅如此，对行政效率的要求也会造成同样的结果。假如低效的行政将危及民主国家的生存，假如较低的民主程度更能确保行政效率，那么为了确保整体上的民主性，国家就会为行政机关选择民主程度较低的组成方式。之所以全部现代民主国家行政首长的产生方式远不如议会的选举方式那么民主，原因就在于此。凯尔森举了这样一个例子支持他的上述观点："法官由行政首

---

① Hans Kelsen, *Foundations of Democracy*, p. 81.

② 责任的集中归属被凯尔森看作国家与原始法律秩序的主要区别，参见凯尔森：《纯粹法理论》，第116-117页。

③ Hans Kelsen, *Foundations of Democracy*, p. 81.

④ 参见哈耶克：《通往奴役之路》，第64页以下。

⑤ Hans Kelsen, *Foundations of Democracy*, p. 76.

长任命，这当然也不如由人民选举来得民主；只有受过专业训练的法律人才能担任法官，尤其是法官不受其任命者或选民的影响且终身任职的规则，更是没有丝毫民主可言。然而，我们却毫不犹豫地承认宪法规定法官一经行政首长任命便独立且终身任职的国家是民主国家，因为我们相信，对于民主国家而言，这种司法制度要好过其他制度。”① 毋庸置疑，即使在资本主义国家中，行政首长在只涉及技术问题的管理领域享有更大程度上的自由裁量权。行政活动的技术性越强，也就是说，实现既定目标的手段越取决于科学经验，其政治性就越弱；这个领域越不受民主程序制约，反而越有益于政治实体在整体上的民主性。因此，尽管政府的科层化（bureaucratization）持续增强是现代国家的一个重要特征，但只要科层化局限于技术管理领域，就不会危及国家的民主性。

在凯尔森看来，如果通过代表制建立并维持社会主义经济制度，那么对这一经济制度的管理在很大程度上就仅具有技术性，这种技术管理组织或多或少会具有的不民主特征就不会削弱社会主义国家整体上的民主性，否则行政首长的自由裁量权、科层制与专家的影响将令西方文明中的资本主义国家也难以民主自居。经济管理活动具有技术性，其目的通过何种手段实现取决于科学经验，因此专家直接或间接参与着行政活动。“个别规范的内容并非由事先制定的一般法律规范确定，但这并不必然意味着行政具有恣意性。”② 前文已经指出，计划经济体制下的经济管理具有更强的技术性。技术问题由专家自由裁量这一事实并不构成指责计划经济“恣意”并威胁民主制度的充分理由。

在凯尔森的那个年代，计划经济还是一种新生事物。他承认，或许计划经济的管理为了达到令人满意的效果，所要求的自由裁量权和因此对立法权形成的限制已大大超过了最高国家机关应具备的民主性所允许的程度。但在他看来，对这个问题的回答依赖于社会经验，我们目前还缺乏这样的经验。可是断言社会主义将不可避免地导致独裁当然也是缺乏经验基础的无根游谈。“俄国的社会主义实验仅限于一个大国和为数不多的几个卫星国，而且不过区区一代人的时间，这证明不了什么。”③ 即使是在苏联模式社会主义的实践以失败告终的20世纪90年代，这种失败也不能被解释为一种必然的结果。西方史家曾不无侥幸地写道：“如果1981年时所

① Hans Kelsen, *Foundations of Democracy*, p. 76.

② 为了说明即使个别规范相对于一般规范的不确定性未必会导致统治的恣意性，凯尔森还举了这样一个例子：“若某政府依据民选议会——譬如瑞士就是如此——所通过法律的授权经营铁路，那么由一般法律规范来规定如何建造车头或如何编组车皮就是愚不可及的做法，合理的方式当然是将这些问题留给行政部门的专家去解决。绝不会有人因此认为政府是在肆意妄为。” Ibid., p. 78.

③ Ibid., p. 77.

有社会主义和第三世界的债务国一起翻脸不认账，并拒绝履行向西方贷款的偿付责任，我们倒很想知道资本主义会变成什么模样。”① 毕竟凯尔森所讨论的内容并非社会主义在与资本主义的竞争中能否获胜，而是社会主义在原则上是否与民主相容。“对于后者，至少到目前为止不能否认存在这种可能性。”② 因此，民主这种政治制度并不必然附属于某一经济制度。

四、结语：纯粹的民主理论

哲学家休谟早就告诉我们：“人类理性或研究的全部对象，可以自然地分为两类，即：观念的关系和实际的事情。”观念的关系均可通过直觉或证明发现其必然性；实际的事情则不能由同样的方式加以确定。③ 根据这种被称作“休谟之叉”的知识分类，民主的概念问题显然属于观念的关系，其“只凭思想的作用就能发现出来，而不以存在于宇宙中某处的任何事情为依据”。④ 因此，民主的概念理论构成民主理论中的元理论（metatheory），其有助于形成“一种有意义的讨论赖以进行的结构”⑤，后者充当着现实政治中民主实践的分析性基础，凯尔森正是“标准化民主概念的典型代表人物”。⑥

凯尔森的民主概念理论试图回答如何正确使用“民主”这一术语才能与对其他既有政治术语的使用产生矛盾。他将民主理解为“民治”，并对后者赋予了被统治者参与统治的明确意义。他所理解的民主是形式化的和程序化的，并不允诺任何实质性的价值（人民的利益、自由或法治），也不依赖于特定的经济制度（资本主义或社会主义）。为了给民主概念建立理论上的根基，他在政治理论与相对主义哲学认识论之间建立了联系，并且尽可能地追求民主理论与纯粹法理论间的自洽，努力将与“不属认知对象”的“异质因素”排除在外，这种努力至少部分成功了。因此，可以将凯尔森的民主理论称作一种纯粹民主理论，这种理论与纯粹法理论同属一个我们尚待深入了解的、更加广大的理论体系，后者构成了一个我们据以认知包括法律现象、政治现象在内的社会现象的框架。

---

① 霍布斯鲍姆：《极端的年代：1914—1991》，郑明萱，江苏人民出版社 1999 年版，第 375 页。

② Ibid., p. 77.

③ 休谟：《人类理智研究》，吕大吉译，商务印书馆 1999 年版，第 19 页。

④ 同上。

⑤ 参见布赖恩 · 比克斯：《法理学：理论与语境》，邱昭继译，法律出版社 2008 年版，第 21 页。

⑥ 参见宾德瑞特：《为何是基础规范——凯尔森学说的内涵》，第 292 页。

从经典科学到新科学

——对纯粹法理论统一性追求的科学反思

董静姝 *

摘　要　纯粹法学旨在研究实在法的一般理论，将法律概念从道德钳制中解脱出来，并恪守“应当”与“是”的二元对立，以此求得法律认知的统一性，同时也为树立法律科学的尊严和对现代法治提供理论支撑而贡献匪浅。但是，由于过分强调“智识兴趣”，并且运用经典科学“排除异己”式的思维方式，纯粹法学政治冷淡和认知片面的理论缺陷也暴露无遗。当审视法律自身的特质，并发掘“新科学”推动的观念变革，将得到有益的启示。

关键词　经典科学　新科学　纯粹法理论　统一性

科学——无论自然科学抑或社会科学——总是热衷于统一性。就现代自然科学而言，在从经典科学（以肇始于伽利略、大成于牛顿的经典物理学为代表）到新科学（以发轫于普朗克、蓬勃于哥本哈根学派的量子物理学为代表）的变迁中，虽然统一性梦想始终鞭策着科学家，但其观念内涵在某种意义上发生了重要革新并“反哺”着相关哲学思考。[①] 而在社会科学领域，学者们也致力于建构统一理论。其

---

* 董静姝，中国政法大学法学院讲师，法学博士。

① 杰出的理论物理学家海森堡曾说：“一切科学工作都是有意识地或潜意识地基于某种哲学态度，基于一种为进一步发展提供坚实基础的特定的思想结构……大多数科学家都愿意接受新的经验数据，承认新的结果，如果它们适合他的哲学框架。但是在科学发展的过程中，可能会遇到这样的情况：

中，作为纯粹法理论创始者的凯尔森——他本人将纯粹法理论视作法律科学的等价物——更是苦心孤诣于对法律的“统一性认知”。这种统一性追求，一方面表现为在法律科学与自然科学之间划定界限，另一方面表现为从自然科学（确切言之，是经典科学）中汲取养分。然而，对“统一性”理解的片面与对法律科学自身应有担当的回避，使得纯粹法理论流于单薄和疲软。对此，新科学开辟的观念革新能够提供有益的启示，同时，严肃勘定法律科学的责任也必须被正视。[①]

一、纯粹法理论的统一性追求与经典科学

当凯尔森热切地坦承其理论旨趣：“法律认知之使命也如自然科学一般，乃是将其对象描述为统一体。”[②] 我们有必要明白，这种法律科学与自然科学共同追求的统一性究竟是什么。

虽然自然科学的研究活动离不开观察各种具体的自然现象，但自然科学显然更热衷于从“殊相”中提取“共相”。比如茶水、纯净水、碳酸饮料，最终都可以被表达为 H_2O 这样一个分子式。与此相类，法律科学“关乎实在法自身而非个别法律秩序……乃法之一般理论，而非对某一国内法或国际法规范之解释。”[③] 同时，对“双重纯粹性”中分离命题——解除道德对法律概念之钳制——的坚持，在道德相

（接上页）只有在人们作出巨大的努力，扩大了这种哲学框架，并改变了思想过程的真正结构之后，新的一批经验数据才能被完全理解。”（参见马克斯 · 玻恩、阿尔伯特 · 爱因斯坦：《玻恩-爱因斯坦书信集（1916—1955）：动荡时代的友谊、政治和物理学》，范岱年译，上海世纪出版集团 2010 年版，海森堡所作序言，第 46 页。）

① 必须首先澄清的是，本文并非像索卡尔曾批判的那样，强行将法律科学攀附于自然科学，或者企图轻率地从自然科学的发现中直接推导出法律科学的结论——这些不谨慎的做法或许甚至在社会科学内部一度流行，但已被自然科学家严厉警告过。本文只是希望从自然科学的思考方式获得启示。（索卡尔，纽约大学理论物理学教授，由于对当时的科学相对主义思潮深感不满，于 1996 年向著名的文化研究杂志《社会文本》提交了一篇名为《超越界限：走向量子引力的超形式的解释学》的诈文，文中充斥着有意捏造的常识性科学错误和有意捏造的当代科学与后现代主义之间的“联系”。然而《社会文本》的主编们竟然都没有识别出来，并一致同意发表该文。事后索卡尔自曝这是一场“物理学家的文化研究实验”，引起知识界的轰动。在上述诈文中，索卡尔就不动声色地嘲讽了某些社会科学家强行攀附自然科学的做派，比如拉康对拓扑学或逻辑学、德勒兹对微分学的攀附。参见 Alan Sokal, *Transgressing the Boundaries: Toward a Transformative Hermeneutics of Quantum Gravity*, in *Social Text*, Spring/Summer 1997, pp. 217-252; 索卡尔、德里达、罗蒂等：《“索卡尔事件”与科学大战——后现代视野中的科学与人文的冲突》，蔡仲、邢冬梅等译，南京大学出版社 2002 年版。）

② 汉斯 · 凯尔森：《纯粹法理论》，张书友译，中国法制出版社 2008 年版，第 126 页。

③ 同上书，第 37 页。

对主义的知识脉络下，也就理所当然：一旦千形万相的实质价值被注入法律概念，统一性就成为不可能。此外，与自然科学热衷于对不同自然现象的共同本质和内在联系进行整合、作出统一描述一样，凯尔森也致力于破除各种二元论。在其法律科学的视野中，政治权利与私权利、法律创制与法律适用的界限不断模糊甚至消失：政治权利主体与私权利主体都参与国家意志的形成[①]；规范被创制意味着其上级规范被适用，规范被适用意味着其下级规范被创制。[②]还有国内法与国际法也被并入一个统一的规范体系中，且后者充当前者的效力理由（当然，最终效力理由仍是位于该统一规范体系顶点的"基础规范"）[③]等。

统一性别有一种内涵，在经典科学与新科学中存在相当大的差异。经典科学将与逻辑上"默契对立"相关的无矛盾性也作为统一性观念中的要素。也即，当主张某对象具有甲属性，那么该表达也就"默契地"等价于该对象不具有非甲属性，甲与非甲构成了对称的逻辑全图，在这两者之外，不可能存在"既是甲也是非甲"或"既不是甲也不是非甲"这种吊诡属性，否则就是破坏了类别划分的匀整性和定义边界的明确性，或者说，就是对统一性的背叛。[④]对此，著名案例便是关于微观物质（最初是光、后来扩展到其它微观物质）本性的波粒之争。在经典科学时代的人们看来，粒子和波具有完全相悖的属性：粒子是离散的、非连续性的，两个粒子相遇将彼此碰撞；波则是弥散的、连续性的，两股波相遇则可彼此穿越。微观物质要么是粒子要么是波，并竭力将对手"去合法化"。[⑤]没有人会异想天开地宣称微观物质既是粒子又是波，或者宣称微观物质既不是粒子又不是波。否则，这意味着敲

---

① 参见汉斯·凯尔森：《纯粹法理论》，第 73 页。

② 参见汉斯·凯尔森：《法与国家的一般理论》，沈宗灵译，中国大百科全书出版社 2003 年版，第 150–152 页。不过，存在例外：基础规范只能被适用而不能被创制，而不创制任何规范的执行行为则只能被创制不能被适用。

③ 值得注意的是，虽然凯尔森将国际法与国内法并入统一体系，但在国际法与国内法的相互关系逻辑上有若干可能：（1）国际法国内法同位，二者共属于一个上位规范秩序；（2）国际法优位；（3）国内法优位。（1）与法律现实不符，故排除。在（2）与（3）中，凯尔森选择了"国际法优位说"，但这是出自凯尔森的政治愿望（世界政府，主权国家平等独立）。如果严格按照凯尔森的法律科学观点，"国际法优位说"不能算是法律科学的必然结晶。

④ "每一种定义都把一个领域劈为两半：彼与此、内与外、我们与他们。每一种定义都最终宣告了一种对立，这种对立的标志就是：在界限这边所存在的某一种特征，恰为界限之另一边所缺乏。"（齐格蒙特·鲍曼：《立法者与阐释者：论现代性、后现代性与知识分子》，洪涛译，上海人民出版社 2000 年版，第 9 页）

⑤ 微观物质的本性究竟是离散的粒子还是弥散的波，这个问题在经典物理时代从胡克、牛顿，到菲涅尔、杨，被论争了数百年之久。即使到 20 世纪初量子物理学创建早期，海森堡的矩阵力学和薛定谔的波动力学被证明在数学上是等价的，也并不意味着其创建者能够握手言欢——数学上的等价不能填平在对物理世界基本解释上的鸿沟：矩阵力学执着于粒子性，波动力学却坚守着波动性。

碎上述“逻辑全图”，使微观物质的本性成为“不可决断者”，这种矛盾性构成对统一性的毒化，作为一种“反常”让人无法容忍。

那么，当我们审视法律科学“双重纯粹性”中的规范命题，以及国家-法律一元论时，就会清晰地看到凯尔森的统一性观念与经典科学如出一辙。作为康德理论理性批判的忠实信徒，凯尔森坚持认知具有构成性，即认知对象并非预先被给定，而是以不同视角 / 方法认知同一对象会得出不同结论；而统一性要求必然反对认知视角 / 方法的分裂，故而，规范命题与国家-法律一元论这种乍看极端甚或“疯狂”的主张在凯尔森的统一性语境下也就不是那样不可理喻。

就规范命题而言[①]，凯尔森主张，法律在本质上是一种规范（集合），与事实在逻辑上截然对立，二者彼此不可通约和推导，相互之间也不存在附庸或衍生关系。详言之：自然法则与法律规范都表达条件和结果之间的逻辑关系，但这种逻辑关系具有根本不同。自然法则被表达为“当某条件达成，某结果事实上必然 / 可能[②]发生”。法律规范则被表达为：（1）当某条件达成，某结果应当发生；或（2）某结果被归属于[③]某条件。可见，自然法则关乎一个事实（过程），联结条件与结果的是因果律，属于“是”之范畴。而法律规范则属于“应当”之范畴，结果并非事实上当然跟随条件发生，其与条件之间的纽带是被人为缔结的，显然不能混同于不以人之意志为转移的因果律。[④]但若一定要说“应当”与“是”的瓜葛，则“应当”提供了一个对“是”进行客观意义解释的框架。鉴于此，法律科学的研究对象被严格限定于规范，从而也就只关心效力之类的规范性问题，而不过问实效之类的事实性

---

① 规范命题与还原命题相对立，前者如正文所述主张“应当”与“是”在逻辑上彼此独立和绝缘，后者则主张“应当”是“是”的衍生范畴，或曰“应当”最终能够被还原为“是”。

② 自然法则中联结条件和结果的因果律虽通常被认为具有必然性，但在历史上，也不断遭到质疑和挑衅：就哲学而言，休谟将因果律理解为一种人类基于过去经验的积累而对未来类似情况之出现作出的习惯性心理预期，因此最多只能被认为具有（高度的）或然性。就自然科学内部而言，量子物理学的诞生也昭示着，起码在微观世界，类似电子运动之类的物理现象或许并不存在什么“必然性”。但无论如何，必然和或然都是在表达事实的发生（尽管其对事实发生的概率 P 取值不同）。

③ 归属亦称归责（imputation），在凯尔森的理论中，包括中心归责和边缘归责。中心归责关乎事实和法律主体的关系，边缘归责关乎条件与结果的关系。文中论述的归责乃边缘归责。参见 Stanley. L. Paulson, *Hans Kelsen's Earliest Legal Theory*, in *Normativity and Norms*, edited by Stanley. L. Paulson & Bonnie Litschewski Paulson, translated by Bonnie Litschewski Paulson & Stanley L. Paulson & Michael Sherberg, Oxford: Clarendon Press, 1998, Part III。

④ 因果与归责尚有其他区别：归责链是有穷尽的，即总有一个最终的条件和最终的结果。这不仅是由于法律调整和保障的事务只被限定在生活世界的某个范围内；也是由于人类理性的局限，使得人类不可能像全知全能的上帝一样，对所有事务制定巨细无遗的“法则”。因果链则是无穷尽的，无论截取哪一个条件或结果，该条件总是另一个条件的结果，该结果也总是另一个结果的条件（当然，如果站在宗教视角，则存在一个世界“终极因”，那就是神明）。

问题[①]；并且对传统分析实证主义法学“主权者命令说”法律概念和社会法学“预测说”法律概念作出激烈的抗拒，因为从完全由强力-意志事实界定的主权者概念和命令概念中无法魔术般地变出规范性[②]，对法官将如何裁判的预测作为一种事实也无法胜任对规范性的解释[③]，这样的法律概念使得法律沦为强权之禁脔，堕入事实领域而失却自身作为一种应然判断尺度之品格，也使得法律科学被自然科学俘获，或者说，其领地被自然科学蚕食殆尽。

就国家-法律一元论而言，凯尔森对主流国家学的“认知分裂”作出严肃批判：如果像主流国家学宣称的那样，国家和法律是两个彼此不同的实体，并且国家既是超越法律的“元法律”（meta-law），又自觉受到法律的规约（self-regulation），同时还能突破法律行“法律神迹”，那么，国家概念就是一个分裂为强力事实半身和法律规范半身的怪胎，造成国家“既在法律之上又在法律之下”的吊诡。[④]而究其缘由，正是在于主流国家学同时从事实-实然维度和规范-应然维度认知国家，这在凯尔森看来是绝不能容忍的。从认知统一性出发，要么以“是”界定国家（方案一），要么以“应当”界定国家（方案二），而国家又与自然存在根本性区别、国家行为不是单纯的事实行为而是具有客观意义的规范性行为，因此便只能接受方案二，从而得出如下与常识相悖的结论：国家就是法律规范秩序的人格化——国家概念被压缩为与法律概念重合。

在上述对规范命题和国家-法律一元论的阐释中，我们看到，凯尔森对与逻辑上“默契对立”相关的无矛盾性这种统一性追求和经典科学具有高度的相似性：虽然“是”与“应当”之别不同于经典科学实然范畴内的甲与非甲之别，但思维模式可谓都是非此即彼的势不两立，而如果说甲与非甲在实然范畴内构成逻辑全图，那么“是”与“应当”则是在更广阔的范畴内构成逻辑全图——凯尔森由此主张，法律和国家都要么从实然维度认知而被界定为事实，要么从应然维度认知而被界定为规范，二者必居其一，不可能容许“骑墙派”。也恰恰

① 在凯尔森看来，效力是法律的特性，实效则是人之实际行为的特性。只不过凯尔森仍然不得不承认，实效是效力的条件。“实在法规范存在——存在即有效——以事实之存在为条件。此事实即创造法律规范之行为……以及法律规范所属之整个法律秩序之实效。”（参见汉斯·凯尔森：“科学与政治”，《纯粹法理论》，第405页。）

② 奥斯丁通过“优势者”和肯定性与否定性的“习惯服从”这些事实来界定主权者，并通过意愿和威胁这些事实来界定命令，同时认为法律就是“主权者的命令”。（参见约翰·奥斯丁：《法理学的范围》，刘星译，北京大学出版社2013年版）

③ 参见汉斯·凯尔森：《法与国家的一般理论》，第12章。

④ 凯尔森将国家-法律二元论与基督教神学中的上帝-世界二元论作了类比。前者存在“国家既在法律之上又在法律之下”的吊诡，后者存在“上帝既在世界之上又在世界之下”的吊诡。

是在对这种意义上的统一性的贯彻中，凯尔森清晰地显露和毫不妥协地坚持法律科学——相对于自然科学——的独立性。然而，纯粹法理论的统一性观念是否存在问题？下文就将围绕新科学提供的启示和对法律科学自身使命的思考展开探讨。

二、新科学-量子物理学的统一性追求及其启示

自从 1900 年普朗克针对黑体辐射问题的解决提出“量子”概念起，一场叛逆的风暴就在物理学乃至整个自然科学领域酝酿发酵。这场风暴是如此惊世骇俗，以至于普朗克这位量子物理学之父对其亲手接生的“儿子”也持抗拒态度。然而正如希腊神话中的赫拉克勒斯，虽然一出世即遭受被遗弃的危险，却最终长成威名赫赫的英雄。量子物理学亦功绩煌煌，这不仅表现在物理学-自然科学内部及相关技术层面，它甚至推动了对世界观与方法论的哲学反思。

以哥本哈根学派卓越的理论物理学者玻尔为代表，提出互补性原理（Complementarity Principle，又称并协原理），重新审视微观物质的属性问题，于是波粒二象性这种乍看极其古怪的解释逐渐走上前台。[①] 即微观物质既非“只是粒子”，也非“只是波”，而是“既是粒子又是波”。这种“既是甲又是非甲”的不可决断性完全颠覆了此前“不是甲就是非甲”的可决断性，将“界限外者”与“界限内者”锁合于一体，也即以兼容对立面的统一性观念颠覆了经典物理学时代“排除异己”的统一性观念。

无论是经典物理学抑或量子物理学，其实都在“认知构成性”框架内，即如前所述，以不同视角 / 方法认知同一对象会得出不同结论。[②] 但差异在于，经典物理学拒绝把通过不同认知方法得出的相互对立的结论整合起来，而量子物理学则主张“互补性整合”。尽管对于特定观察者个体而言，粒子图像和波动图像在同一时刻互相排斥[③]，但单一视角的诠释都是不完备的，不能反映微观物质的整全属性，故

① 关于波粒二象性，德布罗意、海森堡等学者也作出详细的论述，但是，考虑到玻尔不仅具有深厚的物理学专业素养，还具有出色的哲学底蕴，对波粒二象性的哲学思考也更加深邃，故在此择取玻尔的互补性原理。

② 比如当运用光电效应的观察方法，微观物质就被定性为粒子；当运用双缝干涉的观察方法，微观物质就被定性为波。

③ 不过，在 2015 年，瑞士洛桑联邦理工学院科学家成功拍摄出光同时表现波粒二象性的照片，参见《科技日报》2015 年 3 月 5 日。

而应当将粒子和波两种视角予以整合，是所谓 contravia sunt complementa（对立即互补）。[①] 在此，我们看到，经典物理学执着于认知的无矛盾性（微观物质只能要么是波，要么是粒子），却终究无法避免矛盾性并难以获得统一性（微观物质既具有波的属性也具有粒子的属性[②]）；而对量子物理学来说，尽管其认知方法及得出的结论乍看是矛盾的或“不统一的”，但却由于互补性而在更高层次（即获得一副完整的物理图示）上达到“统一”。从而，“既是甲又是非甲”这种逻辑吊诡便在上述意义上获得合法性辩护。[③]

新科学的思维方式能给法律科学什么启示呢？当凯尔森坚持“应当”与“是”之间横亘无法弥合的逻辑鸿沟并把法律严格划入“应当”范畴；当他执守“规范国家观”，将国家概念与法律概念作同一化处理并拒绝承认国家的实然面向。这其实就是一种典型的经典科学思维，即将甲（“应当”）与乙（“是”）理解为构成逻辑全图的对立双方，并禁止对某事物作出“既是甲又是乙”或“既不是甲也不是乙”的吊诡定性；或者说将认知方法 A 和认知方法 B 对立，并禁止同时以认知方法 A 和认知方法 B 研究事物——这种“认知统一性”，更确切说，其实是“认知单一性”。

然而，首先，“是”与“应当”之间是否真的存在不可跨越的天堑，这个问题并非没有继续讨论的余地。事实上，凯尔森之后的新分析实证主义法学大师哈特，已然试图运用“承认规则”（rule of recognition）沟通事实与规范[④]，从而既避免法律沦为强权婢女的命运，又不致让法律走向不染尘世烟火的“纯粹规范”这另一个极

---

① 互补性原理的内容还包括：关于微观物质动量的知识和位置的知识，既相互排斥又相互补充；关于原子事件的时空表示和其决定论性的因果描述，也是既相互排斥又相互补充等等。乃至后来，互补性原理被推广适用于其他科学领域（包括自然科学和人文社会科学），不过，这些推广适用并非都是那么有说服力。

② 这种矛盾表现在：惠更斯的光波动说和牛顿的光微粒说都能合理解释光的部分现象和性质，却都不能完全解释光的所有现象和性质。其后，托马斯·杨完成的双缝实验显示，衍射光波遵守叠加原理，这是光微粒说无法预测的一种波动行为。麦克斯韦推测光波就是电磁波并被证实，提炼麦克斯韦方程组。但后来，普朗克的量子说和爱因斯坦的光子说获得证实，而从麦克斯韦方程组无法推导出普朗克和爱因斯坦的论述，物理学家又再一次承认光同时也具有粒子属性。

③ 玻尔论述道：一些经典概念的应用不可避免地排除另一些经典概念的应用，而这“另一些经典概念”在另一条件下又是描述现象不可或缺的；必须而且只需将所有这些既互斥又互补的概念汇集在一起，才能而且定能形成对现象的详尽无遗的描述。这段对互补性原理的极富智慧的概括，不仅让玻尔在物理领域乃至自然科学的其他领域（生物学、心理学）留下光辉的印记，也作为一种开阔的思维框架，载入哲学史册。

④ 详见 H. L. A. 哈特：《法律的概念》（第二版），许嘉馨、李冠宜译，法律出版社 2011 年版，第 6 章。另外，如果再结合语言哲学家塞尔调整性规则–构成性规则和原生性事实–制度性事实这两组分类，对于沟通事实与规范将作出更进一步的探索。详见 John R. Searle, *Speech Acts: An Essay in the Philosophy of Language*, 外语教学与研究出版社 2001 年版，第 2 章。

端，同时也使法律科学在自然科学面前仍保有自身的尊严。不过鉴于本文主题，对此不展开论述。即便承认“是”与“应当”的对立，但是:（1）法律有其强烈的实践品格。人们创制法律并非仅满足于规范文本自身的完美，更注重的乃是这些规范文本能够在实际中得到遵守和适用。如果一个规范的实效频频遭遇挑衅，“法律科学”却以“这不是法学研究的对象”为由而不闻不问，岂非太没有担当了吗？就像施米特嘲讽的那样：“所有有效的规范，只要它还具有效力，就当然‘合于秩序’；但具体状态的‘无秩序’却又挑不起那些（只关注于规范之）规范论者的兴趣……所有的法都被压缩在这些和具体情势分离的规范之中；其它都只是‘单纯事实’，是在‘证立法律’的、合乎构成要件的事件……犯罪人并未打破和平或秩序；他从未破坏作为规则的一般性规范；‘从法学的角度观察’，他根本什么也不曾破坏。”[①]况且，规范文本的“完美”本就不是自给自足的，规范必须放在现实具体秩序所提供的正常概念框架中才能被理解[②]，也必须立足和观照现实具体秩序才能获得被人们认同和实施的生命力。而规范命题隔绝“是”与“应当”，割断实效与效力并对前者极其轻忽，封闭于形式逻辑的温柔乡，使得本应血肉丰满的规范秩序沦为一种单纯的象征。因此，法律科学的正确操作，理应兼顾“应当”与“是”，贯通规范性研究与经验性研究。（2）如果坚持“是”与“应当”彼此绝不兼容，那么，就像经典物理学坚持波粒二元对立却无法避免对微观物质的矛盾解释一样，规范命题也无法避免矛盾，这一点尤其在法律效力理由的追溯上表现明显：尽管凯尔森一再强调——出于逻辑一致性的遵循——规范效力理由的探索只能到更高级别的规范（而非意志事实或社会现实）中寻找答案，乃至最终诉诸基础规范这样一个被预设于思维中的先验规范，但关于基础规范及处于其逻辑统摄下的法律创制过程，凯尔森论述道：“实在法规范之所以‘有效力’，仅仅是因为它们是在某种方式下或由某个人所创造的……如果推定人们应当遵守某一君主的命令或人们应该根据某一议会决议而行为，那么，这一君主的命令和议会的决议就是法律……实在法规范之所以有效力只基于一个推定：有一个基础规范，它建立了最高的、创造法律的权威。”[③]在此，基础规范作为一个思维规范“建立最高权威”是很难具有说服力的，实际上，

---

① 参见卡尔·施米特:《论法学思维的三种模式》，苏慧婕译，中国法制出版社 2012 年版，第 58-59 页。

② “法律规制以‘正常’的法律概念为前提，但这些概念并非出于法律的规制，反之，如果没有这些正常概念的存在，规范将不可理解，甚至不能被称为‘规范’。”“一项规范只有在受规范之处境并未完全‘失常’，且预设为正常的具体情境类型并未消失的情形下，才可能继续支配某一处境。”（卡尔·施米特:《论法学思维的三种模式》，第 62-63 页）

③ 汉斯·凯尔森:《法与国家的一般理论》，第 430 页。

它只是对最高权威予以宣示，也即，谁表达了意志并且这些意志大体上获得实效，基础规范就“赋予”其规范性——规范命题最终向还原命题投降了。[①]

此外，对于国家的理解，尽管凯尔森主张国家-法律一元论，但是，当他使用“国家”一词时，时常在变换语义——需知，人类政治生活在正常状态与例外状态之间来回震荡。正常状态下，法律大体上具有实效，国家权力得在规范框架中组织、分配和运行，表现为权限；而例外状态则是“法律零度”的空间，此时主权者这一人格权威作为“活的法律”（而这意味着，主权者的行动不能以实在法为尺度被作出合法性判断，相反，主权者的行动本身就具有规范性，并作为实在法效力的基石）展开积极行动。那么，广义的国家概念同时包括被动面向的“国家”与主动面向的“主权者”；狭义的国家概念则仅作为被动面向的国家，与作为主动面向的主权者并置。而凯尔森有时在广义上使用国家概念[②]，但——由于其规范理论瞩目于正常状态——更多的是在狭义上使用国家概念。

当在广义上使用国家概念时，国家-法律一元论显然就站不住脚了，因为主权者作为“活的法律”，具有被阿甘本精妙地概括为“以被排除在外的方式——至高例外（sovereign exception）——而被纳入法律秩序”[③]的悖论式拓扑结构，因此，它的行动不能以实在法为依据作出解释。而对于主权者及其行动时所置身的例外状态，凯尔森所能完成的最好工作就是预设一个基础规范，该基础规范“赋予”主权者权威并使之意志表达行为客观化为一个立法（尤其是立宪）行为，搭建从事实性的例外状态向规范性的正常状态过渡的逻辑桥梁。但是，这恰恰说明了主权者不是实在法规范能够“统御”的存在。因此，广义的国家概念边界不可能与法律概念边界重合。而在对广义的国家概念进行研究时，由于涉及主权者作出政治决断，由于涉及主权者和狭义国家相互之间的面向转换，恰恰必须兼采“是”-“应当”双重视角：实际上，主权者（基于政治存在）表达了某种意志并被大体实现，如上所述，这种意志不可能也没必要接受实在法的“资格验证”，但它却具有规范性；同时，主权者虽在“法律真空”中行动，最终却随着例外状态返归法律规制的正常状

---

① 因此，也难怪黑勒嘲讽道：“这种实证的形式主义却制造出一种辩证的结局，它滋养着一种充斥错误结论的客观性妄念，而实际上，它却是为所有的恣意决定提供了一种‘客观’的法律论证。”（赫尔曼·黑勒：《国家学的危机》，刘刚译，中国法制出版社 2010 年版，第 17 页）

② 凯尔森在“上帝与国家”中，对国家-法律二元论作分析批判时，就将主权者也纳入讨论语境。参见汉斯·凯尔森：“上帝与国家”，林国荣译，《施米特与政治法学》，刘小枫选编，上海三联书店 2002 年版，第 313-314 页。并且，当他说基础规范赋予一个“实在法之外的权威”规范性时，也是在表达同样的意思。

③ 参见吉奥乔·阿甘本：《神圣人：至高权力与赤裸生命》，吴冠军译，中央编译出版社 2016 年版，第 25 页。

态而陷入蛰伏；但人类作为有限的理性存在，不可能创制“一劳永逸”的法律，必然在将来某个时刻遭遇效力与实效（也即规范与事实）之间无法修复的大规模断裂，从而主权者苏醒，再次进入例外状态——其中实然与应然的交缠，无论割舍哪一面，都不能真切理解广义的国家概念。

当在狭义上使用国家概念时，由于正常状态即“法律的统治”，国家-法律一元论似乎不是那么难以接受，但问题又回到了上述关于如何看待“是”与“应当”关系的问题。也即，难道只能从应然维度认识国家吗？为何不能既从法律-规范视角、又从权力-事实视角进行互补性研究呢？为什么要分割国家权力的合法性问题和实际运行问题呢？这种乍看的“认知分裂”恰恰将不同认知视角整合，达到更高层次的统一，绘制更完备的国家图示。而凯尔森从单一视角认知国家则未免流于片面了——正如拉德布鲁赫所批判的那样，“这种同一性学说（即凯尔森的国家-法律一元论）具有定义-分析的意义，但绝没有法哲学-政治的内涵”。[①] 此外，即使坚持必须从应然规范视角界定国家，但为什么“规范”就一定仅指实在法规范呢？作出如下表述可能是更有说服力的（虽然也未必正确）：国家是各种规范秩序的统一体。

综上，受到新科学的启发，肩扛“法律科学”旗帜的纯粹法理论，在对法律和国家（无论是广义还是狭义）概念的理解中，需修正关于统一性的观念，将“应当”与“是”这两种认知维度整合起来，以促进更具圆融性和全局性的研究。

结语：统一性与法律科学的真正“自我”

上文从新科学对经典科学的观念革新，讨论了统一性从“排除异己”到对立互补这一层面的内涵变迁，并以此启示对纯粹法理论中规范命题和国家-法律一元论的省思。不过法律科学作为一门真正有别于自然科学的社会科学，虽然不排斥从自然科学中汲取养分，但更重要的是确立“自我”，真正树立和捍卫自身的尊严。而这一点，在本文开篇所述的另一重意义上的统一性内涵中也得以表现，在此，就涉及对“双重纯粹性”中规范命题之外的另一个命题——分离命题——的审视。

如前所述，凯尔森主张应当剪断法律概念与道德的脐带，这不仅是坚持法律科学的独立性，而且是保证法律科学的可认知性。在凯尔森看来，坚持联结命题的自

① 古斯塔夫·拉德布鲁赫：《法哲学》，王朴译，法律出版社 2005 年版，第 183 页。

然法学，其实是为个体的主观利益和情感偏向披上“自然法”这一客观性外衣，从而仗恃“客观性”这一蛊惑性和欺骗性极强的武器，为自身的利益和情感偏向寻获正当性辩护，并且以“客观的”自然法为判准也将使得对实在法的赞同或攻讦变得更有力量[①]。然而实际上，自然法学内部在同一时空对自然法规范内容表达上的分歧以及不同时空对自然法规范内容表达上的变迁，本身就是对“客观性”的莫大嘲讽。鉴于此，一旦莫衷一是又变动不居的道德被纳入法律概念，“客观的”法律认知就成为不可能，统一的法律认知也就只是一场泡影。

如果是对自然科学来说，那么排除对自然过程和结果的道德考量的确是天经地义的。[②] 因为自然现象的发生只受实然因果法则支配，与应然价值判断全然无涉。自然科学家只要做一名耐心细致的旁观者就够了。[③]

然而，社会科学的研究对象乃是社会现象，在社会现象与自然现象存在应然与实然之区别这一点上，凯尔森是对的。[④] 可是，一方面如上所述，应然与实然彼此并不互相排斥；另一方面，即便从概念上澄清法律与道德的界限在理论上是可能的，但就此宣称法律科学对道德不予问津，却未免是以“智识兴趣”为名逃避了法律科学本应担负的责任。由于法律科学研究对象本身不仅必需形式品格，更旨在把脉和维系共同体的政治存在和公民的道德期待，因此法律科学并没有想象中那么高的“独立性”。[⑤] 当把应然完全抽空实质而“纯粹化”为形式，将法律生根发展于其中的道德——以及政治、经济等——实践土壤以“殊相”为由拒之法律研究门外，那就是一种空洞的抽象，放弃了作为社会科学的法律科学真正重要的内涵。况且，关于道德的客观性问题，固然道德因时因地因人而异，但在这种差异中却恰恰呈现出客观性：从历史唯物主义视角分析，无论法律还是道德，都受到历史——确

① 凯尔森更是对认为自然法-道德存在于彼岸超验世界、而此岸经验世界里的实在法就是对自然法的不完美摹写这类观点大加嘲讽，他指出：“一种被削弱了的自我感觉竟容许人类精神功能堕落成一种仅仅是依赖性的、根本不是创造性的复写；同时它又容许这一在认识过程中只能不充分地复制的精神，用它自己的手段，去构造整个的超验世界。仿佛人类精神蔑视其理性和感官时，以其主观想象来补偿自己。”（汉斯·凯尔森：《法与国家的一般理论》，第 458-459 页）

② 爱因斯坦曾说：“确定目的和判断价值，已超出（自然）科学的范畴。”不过，这种“价值无涉”的意思是，事实上发生了什么过程，事实上造成了什么结果，这是不以道德判断为转移的。而不是说自然科学家完全不考量自然过程和结果将造成什么道德后果（比如污染环境、涂炭生灵）。

③ 不过“旁观”也受到新科学的挑战。比如量子物理学中的不确定性原理（又称测不准原理），就被其提出者海森堡认为是揭示了一种此前对于科学家“旁观”的错觉。

④ 但必须强调（凯尔森也是如此认为的），社会现象并非不受实然因果法则支配，但是和完全受因果法则支配的自然界不同，社会中人类的行动还同时受到规范的规约和引导。

⑤ 凯尔森声称：“法律科学在于认识价值，但它不能制造这些价值。”（汉斯·凯尔森：《法与国家的一般理论》，第 482 页）固然如此，法律科学家虽然不能制造价值，却并不意味着只是对价值进行描述这种意义上的“认识价值”，而是也应当积极加入对社会价值衡量的活动中来。

切说是最终受到其所处的特定历史阶段中的经济条件——的限定。[①] 原始社会不可能孕育资产阶级道德，封建社会也不可能受社会主义道德统御，资本主义社会的本质也必然催生契约、平等、自由等道德观念，而这些观念的内涵却也必然不同于社会主义语境下相同语词的内涵——从这一视角出发，道德恰恰是“客观的”。此外，道德诚然随着历史限定条件的变迁而变迁，因此的确不存在什么绝对或永恒的道德，但这种变迁并非偶然或随机的，而是有客观脉络，正确认识这一脉络也就不致于对道德的变迁回避不论。那么，从上述道德“殊相”中，也就能挖掘统一性的内核，而非像凯尔森那样，直接毫无升华地抛弃“殊相”。

综上，凯尔森对法律科学的统一性追求，在超脱“殊相”研究“共相”以及在逻辑层面“排除异己”方面，可见与自然科学统一性追求的相似之处，并且也因此圈定了法律科学的研究阵地。但是，一方面，逻辑上“排除异己”这种经典科学式的思维方式，理应受到新科学“对立互补”的启发，将“是”与“应当”予以整合，方能绘制完备的法律与国家图示；另一方面，法律科学若要捍卫真正的自我，并非像自然科学那样全然舍弃道德考量，而恰恰应当——以历史唯物主义方法论——认真对待法律（即便不是概念上的也是经验实践中的）道德性。如此，方能对法律、对人类的政治生活作出更加丰满的把握，也是实现法律科学真正有血有肉的统一性追求。

现代帷幕拉开以来，自然科学一直以这样那样的方式塑造着哲学社会科学（后者也对前者发生反作用），从霍布斯、边沁、奥斯丁到凯尔森，再到凯尔森之后，一代代杰出的政治学者和法学者都或明或暗地吸收自然科学的有益成分，苦心孤诣于打造不负“科学”之名的法学理论。这样的努力还将随着社会的演变和自然科学的发展一直持续下去。积极跟进自然科学推动的观念革新并深刻反思法学学科的立身根本，未来的法律科学将更加茁壮成长。

---

① 有趣的是，凯尔森还认为无政府主义者缺乏历史感，不懂得社会条件的有机发展（参见汉斯・凯尔森：“自然法学说与法律实证主义”，《法与国家的一般理论》，第 466 页）。

纯粹的法律规范何以可能?

——兼论凯尔森纯粹法理论的居中特征

黄顺利 *

摘　要　凯尔森历来被视为实证主义者，他通过论证法律规范与绝对价值的彻底分离、法律规范与自然事实的必要联结来展现纯粹法理论的“实证性”。但是，纯粹法理论得以生长的理论空间和哲学基础，使得“基础规范”呈现出“非实证性”特点，体现为“基础规范”的“弱先验性”和“不纯粹性”。“实证性”与“非实证性”的对立使纯粹法理论饱受争议。以康德先验哲学为坐标，则不仅可以理解纯粹法理论在“实证性”与“非实证性”之间的居中特征，而且还可以把握纯粹法理论的方法论意义。

关键词　纯粹法理论　先验哲学　自然法　实证主义

一、问题的提出

如果说近代以来的哲学演进乃是围绕思维与存在之间的关系展开的，那么康德在《纯粹理性批判》中对认识结构的前提性批判，则为思维与存在之间的关系确立

* 黄顺利，中国政法大学法学院 2020 级硕士研究生。在本文写作过程中，南开大学哲学院王时中教授和《法理》评审专家给出了富有启发性的修改意见，在此谨致谢忱。

了一个相对稳定的考察坐标。那么，系统梳理近代以来法律与道德的关系，我们也可以在康德关于道德形而上学与法的形而上学的区分中，获得一个相对稳定的位置。一般认为，近代以来法哲学争议的主要问题是法律和道德之间的关系问题，而从法律和道德的关系出发，可以将法哲学历史上涌现的诸多思想大致区分为实证主义与自然法两种经典流派：前者主张法律与道德的分离，后者则主张法律与道德之间存在着紧密联系。近代以来法哲学的演进史在一定程度上便是实证主义与自然法相互交织、此消彼长的历史，而康德对法律实证主义与自然法的批判性综合，也可以成为我们考察近代法哲学之演进逻辑的坐标。

但是由于康德哲学对对立双方的综合性特征，在他之后的哲学形态，如费希特、谢林与黑格尔等，要不就是彰显了其中的一个维度，要不就是试图抛弃其整体框架而另辟新途，这种哲学的分化固然大大地刺激了哲学的发展，但同时也为把握现代西方哲学的发展趋势带来了很多的障碍。同样的情况表现在法哲学的演进过程中，以奥斯丁、哈特等为代表的实证主义法哲学家拓展了康德的权利科学[①]，自然法的当代复兴大大彰显了道德的价值[②]，且两者互相辩驳，难以找到一个交集。任何试图调和两者冲突的思想家要不就是被双方所共同排斥，要不就是被一方强行拉入到己方阵营之中。纯粹法理论的缔造者凯尔森就是这样陷在实证主义与自然法的拉锯之中，长期以来难以获得清晰的理论定位。

作为法哲学大家，凯尔森创造性地把康德的先验方法应用于法律领域，“确立了 20 世纪法哲学的逻辑起点。”[③] 但是，对纯粹法理论的谱系之争从未停止，具体到法哲学流派来说，实证主义者常常把凯尔森纳入自己的阵营，凯尔森本人也坦诚纯粹法理论属于法律实证主义理论。[④] 然而，若将凯尔森视为实证主义的忠实代表，便面临着“基础规范”无处安放的难题，但“基础规范”正是纯粹法理论的独特性之所在。因此，本文欲从纯粹法理论的哲学基础——康德先验哲学出

---

① 康德为法律实证主义准备了思想基础，康德在《法权学说》中论述了外在立法权威的必要性，区分了法权领域与伦理领域。参见杨陈:《康德法权哲学的实证主义倾向》，载《人大法律评论》2015 年第 2 期。

② 从 19 世纪到 20 世纪初，自然法理论在西方大多数文明国家一直处于低潮，取而代之的是历史法学和法律实证主义。而在 20 世纪，却出现了自然法思想和价值取向法理学的复兴，例如罗斯科 · 庞德、鲁道夫 · 施塔姆勒和古斯塔夫 · 拉德布鲁赫的法律理论。参见 E. 博登海默:《法理学——法律哲学与法律方法》，邓正来译，中国政法大学出版社 2016 年版，第 176–177 页。

③ 贾敬华:《对分析实证主义法学哲学基础的批判及反思》，载《南开学报（哲学社会科学版）》2008 年第 6 期。

④ 凯尔森:《纯粹法理论》，张书友译，中国法制出版社 2008 年版，第 64 页。并且凯尔森认为将纯粹法理论解读为一种自然法理论是误解。参见 Hans Kelsen, “On the Basic Norm”, *California Law Review*, Vol. 47, Issue 1, 1959, pp. 109。

发，考察纯粹法理论在“实证性”与“非实证性”之间展现的居中特征，揭示其理论形态和方法论的独特之处，深入理解纯粹法理论在近现代法哲学演进中的特殊地位。

二、纯粹法理论的“实证性”面向

纯粹法理论的理论目的乃是认识实在法，将法学从心理学、伦理学或神学等异质因素中解脱出来，建立以实在法为对象的法律科学，其最高价值是客观与精确（objectivity and exactitude）。[①] 为此，纯粹法理论首先向自然法[②]展开批判。

（一）法律规范与绝对价值的彻底分离

作为规范的法律是一种精神现象，与同为精神现象的道德规范难以区分[③]，因而纯粹法理论的首要任务便是明确理论对象，确立法律规范相对于以正义为核心的道德规范的自主性。凯尔森进行了两方面的论证，一方面，利用康德对认识结构的分层，批判绝对价值的超验性；另一方面，继承康德的先验概念和传统实证主义的共识，论述法律规范是一种强制规范。

1. 绝对价值是不可知的“幻相”

纯粹法理论以法律规范为理论对象，首先要确定何种现象属于“法”的现象，对于纯粹法理论而言，拟定一个不包括通常称为“法”的所有现象的狭隘的法的概念与理论目的相悖[④]，此种概念从一个特定的正义理想出发，对“法”先在地进行了二元构造，将某种不符合正义理想的“法”的现象剔除出认知范围。但是，在作

---

① See Hans Kelsen, *Introduction to the problems of legal theory*, trans. by Bonnie Litschewski Paulson and Stanley L. Paulson (Oxford: Clarendon Press, 1992), Author's Preface, pp. 1.

② 张书友先生认为，凯尔森对自然法的理解非常宽泛，一切具有形而上学特征的法律学说都被他冠以“自然法”之名，而一切坚持实然法与应然法二元论的研究方法皆被其斥为形而上学。凯尔森：《纯粹法理论》，第 38 页。实际上，凯尔森在很大程度上混用了自然法、正义和意识形态等概念：实在法愈与正义夹缠不清……则保守的古典自然法学说之意识形态之倾向也就愈得到强化……通过证明实在法秩序乃是自然、神圣或理性秩序之造物，即绝对正确（Richtigkeit）之公正秩序之造物来为实在法改头换面。凯尔森：《纯粹法理论》，第 48 页。若论及实在法与另一更高且欲规制实在法之秩序（诸如自然法或正义之绝对价值），则实在法便为“真实”存在之法律，而自然法与正义则属意识形态。凯尔森：《纯粹法理论》，第 63-64 页。

③ 参见凯尔森：《纯粹法理论》，第 46 页。

④ 参见凯尔森：《法与国家的一般理论》，沈宗灵译，商务印书馆 2017 年版，第 31 页。

为相对主义者（relativist）的凯尔森[①]看来，正义是诉诸情感因素的主观价值判断，具有相对性，随判断者的变化而变化。[②]将法等同于正义则无法为人们进行法律认知提供一个确定的对象，而纯粹法理论作为关于实在法的科学理论，必须摆脱正义的不确定性。

尽管就其本意而言，正义乃是主观价值判断，自然法学说却倾向于将一个正义的观念上升为唯一正确的终极价值，例如自然、人类理性或上帝意志等，并且假定此类终极价值是比实在法更高且绝对有效的人类关系的安排（ordering）。[③]正义由此演变为对绝对价值的表征，它要求人们想象一个超越一切经验的绝对价值来评价实在法。

凯尔森认为，正义对实在法的超越如同康德的自在之物（Ding an sich）对现象的超越。[④]人们试图通过宗教和形而上学来满足这种超越的需求，理性则无法企及正义的内容。[⑤]此种类比与康德的观点一致，康德在"两种眼光"下使用自在之物概念：对于人类思辨理性而言，自在之物是不可知的；对于上帝的理智直观而言，自在之物则是可知的，人的有限的认识能力只能在对象被给予的条件下进行活动。[⑥]在处理理性与信仰、现象与自在之物的关系时，康德"不得不悬置知识，以便给信仰腾出位置"。[⑦]人所认识的可能范围局限于经验世界的现象，借助信仰才能实现对理性的超越，从而通达现象背后的自在之物。

这种超越是理性自身造成的，人的理性（最高认识能力）要求追问现象背后的统一根据，力图实现知识的最高统一，不可避免地超出可知的现象去认识不可知的自在之物，超越的结果便是先验幻相（transzendentale Schein）的产生，如上帝、灵魂和世界整体等理念。先验幻相为人的认识提供可望而不可即的目标并且引导理性不顾自身的局限性不断前进。[⑧]人的这种认识倾向被凯尔森用来解释自然法学说的超越性冲动，"对于绝对正当化之渴望"引导理性去回答正义是什么。但是，根植于经验的理性越过本身的局限之后，失去了知性范畴的凭借，无法对该

---

① 参见 Joseph Raz, *The Purity of the Pure Theory*, in Stanley L. Paulson, *Normativity and Norms* (Oxford: Clarendon Press, 1998), pp. 239。

② 凯尔森:《法与国家的一般理论》，第 34-35 页。

③ 同上书，第 36 页。

④ 参见凯尔森:《纯粹法理论》，第 47 页。

⑤ 同上书，第 149 页。

⑥ 王建军:《"两种眼光"下的康德的自在之物》，载《安徽师范大学学报（人文社会科学版）》2012 年第 4 期。

⑦ 康德:《纯粹理性批判》，邓晓芒译，杨祖陶校，人民出版社 2004 年版，第二版序，第 22 页。

⑧ 康德:《纯粹理性批判》，"中译本序"，第 5 页。

问题进行客观有效的回答，最终只能以绝对价值幻相（illusion）自欺欺人，掩盖内容的空洞。[①]

只有通过最锐利的批判才能防止幻相的欺骗作用。凯尔森对绝对价值幻相进行批判的武器有两个，一是康德对人的认识能力结构的界分，以正义为代表的绝对价值进入超验世界之后，人的理性认识无法通达其内容，经验领域的实在法与超验领域的绝对价值不可相提并论。二是休谟对"应然"（ought）与"实然"（is）的界分，纯粹法理论寻求真实的和可能的法，它对实在法进行分析叙述，因而是"经验性的"（empirical）和"表述性的"（descriptive）科学，纯粹法理论拒绝如自然法一般超越实在法并对实在法做出应然的评价[②]，因为将实在法与正义等量齐观违反了休谟法则。

在揭露绝对价值幻相的同时，凯尔森也试图将正义拉回到与实在法相同的"维度"，使之消解于实在法之中。他认为，"正义是与任何实在法律秩序相一致并为它所要求"。[③]简言之，正义即合法，人们认为某项行为合乎正义，其实质是这项行为符合实在法秩序。可以说，凯尔森正是通过对正义概念的"降维打击"，将实在法与绝对价值彻底分离，使得纯粹法理论具有了法律实证主义的一般品格。

2. 法律规范以"应当"为谓词

在与绝对价值彻底分离之后，实在法的基本形式——法律规范就被理解为"表述条件事实与其后果之关系的假言命题（hypothetisches Urteil）"[④]，即"若有甲，应有乙"（if A is，then B ought to be）。法律要件（甲）与法律效果（乙）之间的联结模式被凯尔森命名为"归属律"（imputation），以区别于自然科学中联结原因与结果的"因果律"。"归属律"反映表述意义上的法律规范中法律要件与法律效果的关系，该假言命题的后件以"应当"（ought）为谓词。[⑤]

如果运用康德的做法[⑥]，抽掉该假言命题中的一切经验性内容，即法律要件和

---

① 参见凯尔森:《纯粹法理论》，第 149 页。

② 凯尔森:《法与国家的一般理论》，第 43 页。

③ 同上。

④ 凯尔森:《纯粹法理论》，第 52 页。需要指出的是，凯尔森认为，法律科学在表述的意义上使用法律规范的概念"这一点很重要"，法律创制权威所制定的法律规范（legal norms）是规定性的，法律科学所表述的法律规则（rules of law）是陈述性的。参见凯尔森:《法与国家的一般理论》，第 86 页。

⑤ 凯尔森:《纯粹法理论》，第 53–54 页。

⑥ 康德把亚里士多德的形式逻辑当作"发现一切纯粹知性概念的线索"，抽掉一般判断的一切内容，而只关注其中的知性形式，构建了以形式逻辑为基础的新的判断分类表，但亚里士多德从形式上理解逻辑，脱离了认识对象，康德将形式逻辑的判断做内容的理解，进而构建了范畴表。参见康德:《纯粹理性批判》，第 61–78 页。

法律效果中的一切具体规定，仅关注其中的知性形式，便不难发现，表述意义上的法律规范的特殊之处只剩下谓词“应当”，它并非产生于经验法律素材对人的感官的刺激，而只能从人的认识能力中找寻来源。

根据凯尔森的界定，“应当”“乃是借以理解经验法律素材之相对性先天（a priori）范畴，乃康德认识论意义上之先验性假设，而非形而上学意义上之超验观念。”[①] 它与自然法命题中“法律应当符合道德”的“应当”有着本质的区别，前者只具有一种形式的意义，后者则属于实质意义上的性质判断，其目的在于将道德中的绝对价值附着于法律规范之上。[②]

“先验”揭示了知识与认识能力的关系，原因与结果等范畴在康德认识论中被视为先天的纯粹知性概念，知性从自我意识的先验统一出发，对经验材料加以综合，进而产生自然科学的知识。表述法律规范时使用的“应当”范畴则是在法律认识中不可或缺的纯粹知性概念，经验法律素材在未被整理之前表现为感性杂多，必须与人的认识结构之中的“应当”范畴相结合，从而转化为法律知识。[③] 没有“应当”范畴便不能将法律效果归属于法律要件，也就无法将经验法律素材以假言命题的形式表述为法律规范。

如上所论，凯尔森从人的先天认识能力中为法律认识挖掘出“应当”范畴，给纯粹法理论带来了两方面的积极意义：一方面，因“应当”属于人的认识结构中的先验范畴，纯粹法理论以此将一切可能的经验法律材料作为自己的认识对象，不排除任何具体的法律规范，确立了纯粹法理论的普遍性；另一方面，该“应当”不含有任何经验性的内容，无论法律规范的具体规定如何，皆不影响其将特定法律效果归属于特定行为，即不影响“归属律”的有效性。

然而，同样因为“应当”范畴具有不包含经验内容的形式性特征，它也可以被用来认识道德规范等其他规范。对此，凯尔森认为，“应当”范畴仅为表述意义上的法律规范的归属概念，为了区别其种差关系，纯粹法理论继承了 19 世纪法律实证主义的共识，法律规范中的法律效果不是其他，而是特定的国家强制行为。[④]“强

---

① 凯尔森：《纯粹法理论》，第 54–55 页。

② 参见凯尔森：《纯粹法理论》，第 46 页。

③ 凯尔森曾举例说明经验法律素材：譬如众人济济一堂，数人起立，他人安坐不动；又如一人着袍端坐高台，对肃立于前者评头品足；又如某商贾致书另一商贾而后者复信；再如某人之行为致他人于死地。其法律含义分别是，议会立法获得通过、裁判、缔约和谋杀。说明凯尔森十分注意区分进行法律认识前的经验法律素材和进行法律认识后形成的法律知识。参见凯尔森：《纯粹法理论》，第 38–39 页。

④ 参见凯尔森：《纯粹法理论》，第 56 页。

制”在这里并不是在保证法律规范的实效的意义上使用，而是指法律规范的具体内容。[①] 于是，进行法律认识时，“若有甲，应有乙”这一法律规范中，“乙”特定化为国家强制行为，将国家的强制行为归属于符合“甲”的行为人，并非源于行为性质或行为人的道德性质，而仅仅是因为“乙”“应当”被“归属”于“甲”，“归属律”联结起了“甲”和“乙”。

（二）法律规范与自然事实的必要联结

实在法与绝对价值的分离将法律规范的特殊性集中于“应当”范畴，但凯尔森对自然法的批判不止于此，纯粹法理论还沟通了法律规范与自然事实（natural material fact）的条件关系。根据凯尔森的观点，自然事实是“发生于时空之中而可感知之外在事实，多为人之行为”。[②] 纯粹法理论欲剔除异质因素，则必须严格区分以人的实际行为模式为描述对象的法社会学（sociology of law）和以法律规范为描述对象的纯粹法理论，[③] 前者的知识形态表现为体现法律现象的行为原因与结果的“实然陈述”（is-statements），后者则表现为“应然陈述”（ought-statements），聚焦于“归属律”中联结符合法律要件的行为与法律效果的“应当”。但是，这一区分是困难的，为了将实在法解释为有效规范秩序，而非偶然事件（a causal nexus）[④]，纯粹法理论不得不在最低限度上保持着法律规范与自然事实的必要联结，体现在法律规范的产生方式和法律效力对实效的依存关系中。

1. 法律规范诞生自有权主体的创制行为

诸法律规范在实在法中并非任意组合，而是遵循一定的秩序形成法律规范体系（law qua normative system），如果说发掘“应当”范畴为认识单一法律规范的纯粹化提供可能，那么，纯粹法理论认识实在法所面临的第二个问题便是，为什么诸法律规范具有统一性？纯粹法理论试图构建一个一般的“规范效力链条”予以回答。

所谓规范，它表示个人应当按照规定的方式行为。[⑤] 其特定意义集中于“应

① 凯尔森：《法与国家的一般理论》，第 63 页。

② 凯尔森：《纯粹法理论》，第 38 页。

③ 凯尔森认为法社会学（sociology of law）是通过对实际社会生活的观察，描述体现法律现象的人的实际行为的规则体系的法律理论，这些规则与自然科学用以描述其对象的自然法则是一类的，也称“现实主义法学”（realistic jurisprudence）。参见凯尔森：《法与国家的一般理论》，第 244 页。

④ 凯尔森：《纯粹法理论》，第 84 页。

⑤ 参见凯尔森：《法与国家的一般理论》，第 72 页。

当”，一个规范有效力就是说我们假定该规范存在着并对所调整的对象有拘束力[①]，基于实然与应然不可跨越的鸿沟，一个有效力的规范只能源自另一有效力的规范，而非源自可经经验证实的事实，不能从一个更高的规范中得来自己的效力的规范。这便是凯尔森所谓的“基础规范”（basic norm），所有规范依循“规范效力链条”，以“基础规范”为共同渊源，进而组成一个规范体系。[②]

凯尔森区分了两种规范体系：第一种是静态规范体系，规范的效力依靠其自明的内容而得到保证，低级规范已经包含在高级规范之中，以至于人们只需运用智力进行从一般到特殊的推论即可获得所有规范，这种规范是道德规范；第二种是动态规范体系，低级规范必须经过更高规范授权的主体创制出来，才能成为规范体系的一部分，创制行为即人的意志行为（an act of human will），动态规范体系中的诸规范从更高规范那里获得的仅仅是形式上的效力，而不能获得具体内容，规范的具体内容由被授权主体的意志赋予，法律秩序就是这样的动态规范体系。[③]

如果说“智力推论”可被称作产生道德规范的“静态原则”，那么“创制行为”就是法律规范得以产生的“动态原则”。法律秩序体现为层层递进的创制链条（chain of creation），将法律规范的效力不断回溯（regressus），最终将呈现出“个别规范——一般规范——宪法规范——‘基础规范’”这样的递进层次。“基础规范”并非实在法律规范，而是所有实在法律规范具有法律效力的必要预设（presupposed）。与道德规范不同的是，实在法律规范不能从“基础规范”那里依靠智力直接演绎得来，它必须由有权主体制定或发布，制定或发布——而非自然法所谓道德或其他平行秩序——是法律规范具备法律效力的必要条件，在这个意义上，凯尔森指出，“法律之实证性（positivity）正在于此”。[④]

2. 法律秩序必须在大体上被人实际遵守

在阐明法律规范的效力根据之后，凯尔森探讨了法律效力与另一“孪生概念”——法律实效之间的关系。法律效力（validity）的意思是法律规范是有约束力的，人们应当像法律规范所规定的那样行为，法律实效（efficacy）的含义是人们事实上按照法律规范来行动。[⑤]法律规范在所属法律秩序决定的方式下获得法律效

① 参见凯尔森：《法与国家的一般理论》，第 65 页。

② 同上书，第 175 页。

③ 同上书，第 177 页。

④ 凯尔森：《纯粹法理论》，第 82 页。

⑤ 参见凯尔森：《法与国家的一般理论》，第 78 页。

力，而且法律效力最终溯源于“基础规范”，此即“合法性（legitimacy）原则”。[①]

凯尔森曾形象地说明了效力和实效的关系：他把效力比作“人的生命”，实效比作“出生和食物”，“人要具有生命就必须出生，生命要得到延续还必须满足食物等其他条件，否则将会丧失生命。但生命与出生或食物却是两码事”。[②]然而，正如没有出生或食物便不能保证人的生命的延续，合法性原则也并不必然保证法律规范的有效性，它受制于“大体上被人实际遵守”这个“实效性（effectiveness）原则”。

根据凯尔森的看法，“‘基础规范’只能建立这样一种造法权威，它的规范大体上是被遵守的，因而社会生活，从总的来说，符合于以假设性规范为基础的那一法律秩序”。[③]当人们的实际行为大体上不再符合旧法律秩序而符合新的法律秩序，那么新的法律秩序就被认为是有效的秩序，进而使得新法律秩序的“基础规范”代替旧法律秩序的“基础规范”，原有的法律规范即使遵循了旧法律秩序中的合法性原则，也不再有效，因而整体法律秩序的实效是内部法律规范有效的必要条件。[④]

总之，法律规范的效力以两个必不可少的原则为前提条件：第一，该法律规范被高级规范授权的主体创制出来，即“动态原则”；第二，该法律规范所属的法律秩序大体上被人实际遵守，即“实效性原则”。

由上可见，纯粹法理论对于自然法展开批判的同时，不断表明其与法律实证主义密不可分的亲缘关系，通过论证法律规范与绝对价值的彻底分离和法律规范与自然事实的必要联结来展现纯粹法理论的“实证性”，但如果止步于此，纯粹法理论则难免落入传统法律实证主义的窠臼。实际上，凯尔森并非一个地地道道的实证主义者，他真正要做的是在自然法和法律实证主义的夹击之中，寻求认识法律的第三条道路[⑤]，他同时借鉴两种学派的思想资源，又在不同程度上反对两种学派，纯粹法理论对“基础规范”的规定集中显示了“非实证性”因素。

---

① 参见凯尔森：《法与国家的一般理论》，第 183 页。

② 凯尔森：《纯粹法理论》，第 316 页。

③ 凯尔森：《法与国家的一般理论》，第 598 页。

④ 参见凯尔森：《法与国家的一般理论》，第 185-186 页。

⑤ 从法哲学历史上看，法律并无自主性，其或隶属于事实，或隶属于道德，但就逻辑关系来说，应该存在四种进路：其一，法与道德不可分，与事实可分；其二，法与道德可分，与事实不可分；其三，法与事实可分，与道德可分；其四，法与事实不可分，与道德不可分。第一种进路代表了自然法理论，第二种进路代表了经验实证主义法律理论，第三种进路在凯尔森之前是理论空白，也是纯粹法理论得以生长的空间。参见 Stanley L. Paulson, “The Neo-Kantian Dimension of Kelsen’s Pure Theory of Law”, *Oxford Journal of Legal Studies*, Vol. 12, Issue 3, 1992, pp. 319-322。中译本参见凯尔森：《纯粹法理论》，英译者导言，第 14-16 页。

三、纯粹法理论的"非实证性"面向

"基础规范"对于纯粹法理论具有至关重要的意义，它的主要功能在于授权最初立法者进行创制行为，并且只有在"基础规范"被预设为有效规范的前提下，最初立法者创制的法律规范才是有效的。[①] 这就是说，"基础规范"在将最初造法事实转化为法律规范的过程中，将规范性添加进来，"构成法律秩序之一切事实的规范意义皆根植于此基础规范"。[②]

在纯粹法理论中设置"基础规范"，暗含了先验逻辑的运用。凯尔森曾经明确指出，他"试图将康德的先验方法应用到一种关于实在法的理论中"[③]，纯粹法理论乃是康德主义或新康德主义在法哲学上的体现。[④] 如果说康德对人的知识何以可能进行了回答，凯尔森需要回答的则是关于实在法秩序的认识何以可能的问题。从纯粹法理论的回答方式来看，纯粹法理论构建了"规范效力链条"，下层法律规范经上层法律规范授权创制而生，所有实在法律规范的效力根据是宪法，但是在宪法之上再无任何实在法，于是，必须诉诸法律思维（juristic thinking）上预设的"基础规范"来授权宪法的创制，充当宪法的效力根据。[⑤]

正如康德所说："我思必然伴随着所有表象。"[⑥] "基础规范"类似于康德所谓的"我思"，它为了使关于法律规范统一性的陈述成为可能而出现在纯粹法理论之中，从而使得诸法律规范可以构成一个规范体系，但也由于"基础规范"是一个先验的设置，而不是经验的直观，由此也造成"基础规范"与实在法不得不保持一定的距离，甚至摆脱"实证性"。

由于对"基础规范"与实在法之间的差异设置存在误解，实际上也伴随着对康德先验哲学理论特征的误解，很多学者批评纯粹法理论的"不彻底"。如斯通（Julius Stone）批评基础规范"暧昧不明且摇摆不定，一方面居于每一法律秩序的规范金字塔顶端，另一方面又逸出此金字塔之外而成为完全超法律的（metalegal）

---

① 参见凯尔森：《法与国家的一般理论》，第 182 页。

② 参见凯尔森：《纯粹法理论》，第 84 页。

③ 参见 Hans Kelsen, "The Pure Theory of Law, 'Labandism', and Neo-Kantianism. A Letter to Renato Treves", in Stanley L. Paulson, *Normativity and Norms* (Oxford: Clarendon Press, 1998), pp. 172。

④ 凯尔森：《纯粹法理论》，英译者导言，第 17 页。

⑤ Hans Kelsen, *On the Basic Norm*, pp. 109.

⑥ 康德：《纯粹理性批判》，第 89 页。

规范，就等于每一法律秩序之宪法皆应被遵守之预设”。[①] 凯尔森对此也有自觉，并且坦承：“基础规范理论在这方面与自然法学说有几分相似：依该学说，实在法因符合自然法而有效。”[②] 甚至在某种视角下，“基础规范的理论可被视作信守康德的先验逻辑的一种自然法学说”。[③] 这表明，在凯尔森看来，“基础规范”所昭示的纯粹法理论的“非实证性”也是明显的。下面将从“基础规范”的“弱先验性”与“不纯粹性”来具体展开对其“非实证性”因素的讨论。

（一）“基础规范”的“弱先验性”

“先验”一词的特殊意义为康德所独创，在哲学史上，人们常常把《纯粹理性批判》完成的认识论革命称为“哥白尼式革命”，即从“知识依靠对象”转向“对象依靠知识”。康德通过对知性在逻辑判断上的一般运用的分析，发现了十二个存在于人的思维之中的纯粹知性概念（又称范畴），人的知性借助诸范畴对经验材料加以综合，产生以判断为表现形式的知识，所谓先验便是人的知性利用范畴去综合经验材料的先天认识能力。该概念被运用到纯粹法理论之中，服务于阐释“基础规范”与实在法的关系，但是经历了凯尔森式改造，在保留核心意义的基础上呈现出弱化特征。

1.“基础规范”向实在法回溯

凯尔森曾谦虚地指出，“纯粹法理论无意于通过表述基础规范而在法学方法上另辟蹊径，只是将法学家所习焉不察者或心照不宣者昭示于众而已。”[④] 然而，对于认知主体而言，先验的“基础规范”与经验的实在法之间的关系，也许并不如纯粹法理论所展现的那样明确。

康德对人的认识何以可能进行了回答，“基础规范”乃是凯尔森对作为认识对象的实在法何以可能的回答，它存在于认知主体的法律思维之中。那么，“基础规范”相对于实在法的独立性、实在法相对于“基础规范”的依赖性就显而易见了：如果没有“基础规范”，整个法律规范效力链条便缺失起始点，诸实在法律规范就无法被理解为有效力的法律秩序。

然而，效力与实效之间的紧张关系使认知主体必须谨慎看待“基础规范”的

---

① Julius Stone：*Legal System and Lawer's Reasoning*, Stanford UP, 1964, pp. 104. 转引自凯尔森：《纯粹法理论》，第 317 页。

② 凯尔森：《纯粹法理论》，第 318 页。

③ 凯尔森：《法与国家的一般理论》，第 599 页。

④ 凯尔森：《纯粹法理论》，第 84 页。

先验性质：一方面，实在法秩序属于动态的规范体系，离开了人的创制行为便不成其为规范体系，而人的创制行为特殊性恰恰在于通过意志将经验性内容添加进来，即便对于"基础规范"来说，其内容也是来自假定的最初立法者创制实在法律规范所添加的经验性成分[①]；另一方面，当人们大体上不再实际遵守某实在法秩序时，该法律秩序的"基础规范"便不再有效。可以说，法律规范与自然事实（人的创制行为和大体上的实际遵守行为）的必要联结弱化了"基础规范"的先验性质，使得"基础规范"的效力反而依赖于实在法的实效，呈现出向实在法回溯的现象。

"基础规范"与实在法的模糊关系与其说是纯粹法理论的问题，不如说是康德先验哲学本身的理论特征容易引起先验和经验之间的混淆。在康德那里，"我们的一切知识都从经验开始"[②]，虽然先天认识能力中的范畴使得一切经验对象成为可能，但是范畴也只能运用于经验领域，超出经验领域去实现更大范围的综合，便产生先验幻相，知性的先天原理对于先验幻相是无效的。《纯粹理性批判》表现出一种"矛盾"形态：在否定理性超越自己界限而扩展知识的同时，又不得不承认理性必须如此的"冲动"。[③]据此，有的学者批评康德的先验逻辑过分强调先验主体对于经验对象的优先性，忽视了经验对于先验的约束，在对康德以来的批判哲学进行溯源式的反思之后，法国哲学家甘丹 · 梅亚苏（Quentin Meillassoux）认为，从经验的角度出发，经验对象实际上成为了先验主体的"回溯性条件"（retro-transcendental condition）。[④]

"基础规范"向实在法回溯的现象引起了很多争论，透过凯尔森同时代的法哲学家对"基础规范"的批评，更能显示出"基础规范"的"弱先验性"。施米特（Carl Schmitt）批评"规范主义剥夺了规范的效力与其实质内容之间的关系，法律规范变成了空洞的标签，任何类型的法令、命令和措施都能够借助'合法性原则'成为规范"。[⑤]"基础规范"不过是"对实在性同义反复的夹生饭"。[⑥]海勒（Hermann Heller）认为，"康德的理性批判消解了一元论的自然秩序，理性领域与非理性领域断裂开来，法被赶入实践理性领域，与社会学脱节，而基本规范是凯尔森用来连接

① 参见凯尔森：《法与国家的一般理论》，第 597 页。

② 康德：《纯粹理性批判》，第 1 页。

③ 柄谷行人：《跨越性批判——康德与马克思》，赵京华译，中央编译出版社 2018 年版，第 55 页。

④ Quentin Meillassoux, *After Finitude: An Essay on the Necessity of Contingency*, trans. by Ray Brassier (London; New York: Continuum, 2008), pp. 25.

⑤ 参见卡尔 · 施米特：《合法性与正当性》，冯克利等译，上海人民出版社 2015 年版，第 112 页。

⑥ 凯尔森：《纯粹法理论》，英译者导言，第 4 页。

事实性与有效性之间的桥梁，但却无法告诉我们决定实证法律的，究竟是历史性的个人意志还是‘基础规范’。”① 哈特（H. L. A Hart）则援引英国没有成文宪法的事实，直接否定了“基础规范”存在的必要性，“如果规定各种法源的宪法是被接受且实际存在的，则没必要去额外要求有一条规则要求宪法应该被服从”。②

2.“基础规范”的后溯推论法

“基础规范”的“弱先验性”除了通过“基础规范”向实在法回溯的现象体现出来，还在于凯尔森借助康德的先验论证缺乏完善的证明过程，如果说前者是康德的先验哲学理论特征影响下的结果，后者则是凯尔森对先验论证的不完全借鉴所造成的。

康德的先验论证以两种方式进行，服务于不同的目的。《纯粹理性批判》的任务是为形而上学“清理和平整全部杂草丛生的地基”③，康德运用了前溯（progressive）推论法，“从被给予和已被认识的有条件者出发，追问有条件者被认识何以可能，寻找条件的条件，进而上升到对于无条件者的认识”④。但《未来形而上学导论》是为“未来的教师发掘这门科学”而准备的著作⑤，康德在其中采取的是后溯（regressive）推论法，“直接从先天综合判断是现实的这一点开始，但在这种情况下，必须研究这种可能性的根据，追问这种判断如何可能，以便从它的可能性的原则出发，规定它应用的条件、范围和界限”。⑥

凯尔森运用先验论证的主要结果，是“应当”范畴的挖掘和“基础规范”的预设，然而二者将以怎样的方式来构造先验论证的证明过程，鲍尔森（Stanley L. Paulson）给出了一种可能的解释。鲍尔森认为，凯尔森引入“规范性归属”（normative imputation）作为基本范畴并且运用了后溯推论法。需要指出的是，鲍尔森所谓的“规范性归属”范畴本质上即上文述及的“应当”范畴，原因在于，运用康德的做法对被表述为假言命题的法律规范的经验性内容进行抽离之后，便只剩下一个范畴，即“应当”。后溯推论法具体展开为：法律规范已经被认识（已知）；只有预设规范性归属范畴，认识法律规范才是可能的（先验前提）；所以，规范性

---

① 参见大卫·戴岑豪斯：《合法性与正当性——魏玛时代的施米特、凯尔森与海勒》，刘毅译，商务印书馆 2015 年版，第 199-202 页。

② 参见 H. L. A Hart, *The Concept of Law* (Oxford: Oxford University Press, 1961), pp. 246。转引自罗伯特·阿列克西：《法概念与法效力》，王鹏翔译，商务印书馆 2017 年版，第 103 页。

③ 康德：《纯粹理性批判》，第一版序，第 8 页。

④ 同上书，第 266 页。

⑤ 参见康德：《未来形而上学导论》，李秋零译，中国人民大学出版社 2013 年版，第 1 页。

⑥ 康德：《未来形而上学导论》，第 19 页。

归属范畴已被预设（先验结论）。[①] 规范性归属范畴得证之后，再将此范畴运用于认识所有可能的实在法律规范，方可推论出"基础规范"。

然而，运用后溯推论法的不完善之处在于，跳过了"对实在法进行规范性认识是否可能"这个问题的回答。凯尔森将"对实在法进行规范性认识"视作法学家的"心照不宣"，表明后溯推论法并不是从经验法律材料出发的，而是从经验法律材料已经被认识为法律规范这一点开始的。

但问题是，认识实在法具有多种可选择的方式，同一经验法律材料可以成为多种不同科学的认知对象。例如法社会学就是通过揭示因果关系来说明法律现象的。凯尔森承认，法社会学的此种理解将法律视作自然的组成部分，虽没有涉及法律规范的规范性意义，却仍然是一种可能的科学，只不过不是唯一的科学。[②] 纯粹法理论借助"基础规范"，能够将经验法律材料解释为有规范性的法律秩序，这种解释仅仅是可能的（possible）而非必然的（necessary），在这种解释之外，还存在着把法律当做"权力关系"等社会学意义上的解释，[③] 凯尔森并无排除他种解释的充分根据。

康德则运用与后溯推论法相补充的前溯推论法，在《纯粹理性批判》中，对人的先天直观能力进行阐明，得出的结果是，经验领域里除了时间和空间为先天直观形式，别无其他选择。据此，阿列克西（Robert Alexy）认为，凯尔森对"基础规范"的论证是一种"弱式先验论证"（weak transcendental argumentation）[④]，"基础规范"被运用于认识法律现象是有条件的，只在将经验法律材料理解为有规范性的法律秩序的前提下才具有预设的必要。

如上所论，先验方法经过凯尔森式的弱化运用，使纯粹法理论引起了诸多争议，除此之外，由于"先验"问题在纯粹法理论中居于核心地位，先验性质的弱化也不可避免地带来了"基础规范"纯粹性的降低。

（二）"基础规范"的"不纯粹性"

康德曾一度警醒人们防止这样一种误解，即"把先验哲学当做笛卡尔式的经验性唯心论或贝克莱式的神秘主义的、狂想的唯心论，认为'先验'意味着知识

① See Stanley L. Paulson, "The Neo-Kantian Dimension of Kelsen's Pure Theory of Law", *Oxford Journal of Legal Studies*, Vol. 12, Issue 3 , 1992, pp. 326–331.

② 参见凯尔森：《法与国家的一般理论》，第 245 页。

③ See Hans Kelsen, *Pure Theory of Law*, trans. by Max Knight (Berkeley and Los Angeles: University of California Press, 1967), pp. 218.

④ 参见罗伯特 · 阿列克西：《法概念与法效力》，第 115–116 页。

与事物的关系”。[①]然而，对康德哲学的理论特征进行曲解却屡见不鲜，海德格尔就是把先验哲学从认识论解读为本体论（Ontologie）并把本体论理解为一般形而上学（Metaphysica generalis）的一个典型。[②]对此，凯尔森的观点是，虽然“事实上很少反对将康德的先验哲学范畴称为形而上学”，但就范畴作为经验的条件而言，“在康德那里不过涉及最低限度的形而上学”，尽管凯尔森拒斥对纯粹法理论做“向实在法回溯”的还原性解读，强调将“经验知识的先验条件”与“超出经验的先验的形而上学”分割，却还是不得不承认，纯粹法理论“涉及最低限度的自然法”并且仿照康德将先验哲学称作“批判的唯心论”的做法，为纯粹法理论正名为“批判的实证主义”。[③]纯粹法理论展现出的这种“踌躇”，使得人们对“基础规范”的纯粹性产生怀疑，甚至根据一些学者的观点，纯粹法理论所涉及的“最低限度的自然法”就是“基础规范”自身。

1.“基础规范”对道德规范的依遵

对“基础规范”纯粹性的争论主要在于：“基础规范”是否价值中立？博登海默（Edgar Bodenheimer）认为，“凯尔森把法律看成了一个封闭的容器，注重法律的形式和结构，而不是它的道德和社会内容。”[④]那么，设置一个不掺杂内容的“基础规范”，赋予其“规范效力链条之起始点”的形式功能，是否足以使认知主体的法律思维产生对“基础规范”的预期认识呢？

阿尔夫·罗斯（Alf Ross）的答案是否定的，在他看来，法律效力（validity or binging force）的实质含义是受义务约束（duty-bound）去遵守法律，凯尔森认为的规范有效性是指人们应当按照规定那样行为，也即法律规范对人们的行为加以规定就产生了义务，是不可行的，因为这样做将混淆被约束的行为是什么（what）与被约束的方式怎么样（how）。因此，义务只能外在于（outside）并指向（toward）法律秩序，这意味着效力并非是内在于法律秩序本身的一种属性，当人们认为法律规范规定的行为要求就是自己的义务之时，只是从法律规范那里得知了应该“做什么”的具体内容，而没有获得规范性观念，认为自己有义务按法律规定的方式行

① 参见康德：《未来形而上学导论》，第36页。康德反对这样德误解，是与其同时批判怀疑论和独断论的理论旨趣分不开的。笛卡尔认为有一部分观念具有外部来源，但是无法证明这些观念与外部来源是一致的。因此，笛卡尔被康德视作怀疑论者。贝克莱根本否认能够通过知觉确定一种外部存在，人们只有观念，无法确定观念之外的事物存在。贝克莱的这种主张被康德视作独断论。参见潘卫红：《论康德对“唯心论”的驳斥》，载《世界哲学》2016年第4期。

② 王建军：《论海德格尔对康德的“现象学诠释”》，载《安徽大学学报（哲学社会科学版）》2013年第4期。

③ 参见凯尔森：《法与国家的一般理论》，第599页。

④ E.博登海默：《法理学——法律哲学与法律方法》，第135页。

为则来自道德义务。[1]所以，“基础规范”既然由人们的法律思维所预设，除了包含由最初造法事实所后天添加进来的经验性内容之外，还必须充当道德义务发挥作用，“基础规范”预设了道德义务的存在，或者说，“基础规范”本身就是道德规范。

约瑟夫 · 拉兹（Joseph Raz）更进一步，他认为，“如果从个人的视角来看，人们认为法律具有效力，仅仅在人们认可法律规范在道德上是公正的才有可能”。[2]“基础规范”赋予实在法以法律效力，不得不借助道德规范来证成，“基础规范”将因附属于道德规范的效力而无法成为法律规范效力链条的起始点，最终只能被理解为一个道德规范。

2. “基础规范”对绝对价值的扬弃

对“基础规范”纯粹性的怀疑，还将指向纯粹法理论对正义的“变相庇佑”。自然法的超越性冲动揭示了正义如何从主观价值转变为绝对价值，但人的认识原本无法触及绝对价值的内容，而理性却偏偏试图认识正义并且为正义添加内容。凯尔森的纯粹法理论对理性的这种冲动没有采取一概否定的态度，而是对认识正义从形式与内容两方面展开探讨。

形式上，正义本无可知内容，在被理性强行逻辑化之后，只能表述为类似“相同事物相同对待”“得其应得”这样“只不过宣告了逻辑上的同一律或矛盾律而已”的同义反复句式，以至于自然法信徒不得不承认平等原则是正义的实质，而自然法信徒一旦如此认为，便不知不觉地将作为“善”的正义替换为作为“真”的同一律，用逻辑理想代替伦理理想，将正义观念压缩为平等或秩序统一性观念。就此而言，“基础规范”居于“规范效力链条”的起始点，将实在法律秩序理解为一个层层递进的不矛盾的秩序，也掌握了正义背后的平等或秩序统一性观念的实质。[3]凯尔森的这一主张遇到了“规范冲突”的诘难，规范冲突反映的实质问题是，创制出与高级规范内容不符的低级规范是否具有法律效力？凯尔森的回应是，高级规范关于低级规范的规定具有选言性质，当低级规范不符合主选言时也是有效的，这是因为，它要么是直接无效的，因不属于“规范效力链条”而根本不是法律规范；要么是可废除的，在这种情况下，“规范冲突”只有有权主体才能确认，而有权主体不

---

① See Alf Ross, “Validity and the Conflict between Legal Positivism and Natural Law”, in Stanley L. Paulson, *Normativity and Norms* (Oxford: Clarendon Press, 1998), pp. 160.

② See Joseph Raz, “Kelsen’s Theory of the Basic Norm”, in Stanley L. Paulson, *Normativity and Norms* (Oxford: Clarendon Press, 1998), pp. 58.

③ 参见凯尔森：《法与国家的一般理论》，第 601-602 页。

能脱离授权去进行规范性行为，确认的方式只能是废除低级规范[①]，所以规范冲突根本不可能出现，“基础规范”为纯粹法理论带来了严格的统一性。

内容上，在回答“实在法律秩序的内容起源于什么地方”这样的认识范围外的问题时，“基础规范”给出了一种“平凡的见识”：实在法律秩序的内容是相互冲突的利益的妥协，其中的利益集团都没有完全满足或完全不满足。[②]正义理想不断引导他们进行可望而不可即的斗争，支撑其将集团利益“绝对正当化”，并将这种冲动添加进现存法律秩序中。而现存法律秩序得以存在，以实效性原则为必要条件，即法律秩序的内容必须能够承载大体上实际遵守该秩序的那些利益集团的利益诉求，正义于是暂时停驻于实在法律秩序之中，以利益妥协的和平方式表现出来，“基础规范”赋予该法律秩序以效力的时候，默认了正义的和平形态。

综上，虽然正面看来，实在法律规范似乎彻底摆脱了绝对价值的幻象，绝对价值却通过“基础规范”的乔装打扮获得了新的面孔，经扬弃后纳入纯粹法理论。

四、纯粹法理论的理论定位

有的学者将凯尔森视为“类实证主义者”（quasi-positivist）[③]、“分析法学的另类”[④]或“基本规范学派”。[⑤]这些判定固然不错，但是如上所述，纯粹法理论既通过表明其与法律实证主义的亲缘关系展现“实证性”，又通过向自然法靠拢展现“非实证性”，呈现出一种不断转移位置的姿态，很难让我们无异议地把凯尔森归入某一派别之内。而由于康德哲学在西方近现代哲学演进中的“蓄水池”地位与“枢纽”特征，贸然将凯尔森划入某一阵营也是不可取的，我们需要谨慎地审视纯粹法理论展现出两个特点之间的对立及其意义。

（一）纯粹法理论的理论形态

凯尔森以康德的先验方法为构建“纯粹法”的脚手架，如何看待康德先验哲学

---

① 参见凯尔森：《纯粹法理论》，第 93–95 页。参见凯尔森：《法与国家的一般理论》，第 243 页。

② 凯尔森：《法与国家的一般理论》，第 600–601 页。

③ Alf Ross, “Validity and the Conflict between Legal Positivism and Natural Law”, pp. 159.

④ 陈锐：《论分析哲学与分析法学之间的内在关联》，载《比较法研究》2010 年第 2 期。

⑤ 罗伯特·阿列克西区分了三种基本规范，分别是凯尔森的“分析性基本规范”（analytical basic norm）、康德的“规范性基本规范”（normative basic norm）和哈特的“经验性的基本规范”（empirical basic norm）。参见罗伯特·阿列克西：《法概念与法效力》，第 100–129 页。

的理论特征将直接影响对凯尔森纯粹法理论的理论定位。其中，颇值得注意的是日本学者柄谷行人对先验哲学理论特征的概括，在他看来，康德是处在理性主义与经验主义“之间”进行批判的哲学家，但是不能说康德只是单纯在“之间”进行思考，他乃是不断地以经验论对抗独断的理性主义，同时又以理性论对抗怀疑的经验主义，康德并非站在某种安定的第三种立场上，而是站在某种跨越与移动的立场之上，不理解这种跨越和移动，则“批判”无法显示。[①] 用柄谷行人的术语来表达，康德的纯粹理性批判就是“跨越性批判（transcritique）”。

另一方面，先验哲学的理论特征在何种意义上影响到纯粹法理论还取决于纯粹法理论对先验哲学的借鉴程度。由上可见，凯尔森将法从康德的实践理性领域撤回到理论理性领域，继承了康德纯粹理性批判的思想资源，体现为两方面：一是先验辩证论中对于先验幻相的批判，二是先验分析论中的先验论证，通过前者驳斥自然法理论的绝对价值幻相，通过后者驳斥传统法律实证主义。两处借鉴对应于纯粹法理论的双重纯粹化（doubly pure）：一是区分“法应该是什么（自然法）”与“法是什么（法律科学）”；二是区分法律科学和法社会学（一定程度上包含了传统实证主义法律理论）。[②]

如果说先验分析论和先验辩证论是先验哲学的主体，那么，运用“跨越性批判”来解读纯粹法理论的理论特征是合适的：在第一重纯粹化中，纯粹法理论站在实证主义的立场上，将绝对价值视为外在于法律规范的幻象，不然法律规范与绝对价值的彻底分离将无法理解，同时这也是站在自然法的立场上来观照实证主义法律理论，不然法律规范与自然事实的必要联结（“动态原则”与“实效性原则”）也将无法理解；在第二重纯粹化中，纯粹法理论站在自然法的立场上，将传统实证主义法律理论视作缺乏规范性的理论，不然就无法通过“规范效力链条”逼问出“基础规范”何以可能，同时这也是站在实证主义的立场上来观照自然法，不然就无法使“基础规范”呈现先验性质，但这种观照也带来了“基础规范”先验性的弱化和纯粹性的降低。

可以说，正是凯尔森在自然法和法律实证主义“之间”的流连往返，纯粹法理论才得以同时具有“实证性”与“非实证性”，呈现出跨域自然法和法律实证主义并移动于“之间”的“居中”姿态，纯粹法理论所展现的理论特征正是“居

---

① 柄谷行人：《跨越性批判——康德与马克思》，第 5 页。

② 参见吴彦：《新康德主义法学的两种路径：施塔姆勒与凯尔森》，载《南京社会科学》2013 年第 12 期。

中性”。[①]

（二）纯粹法理论的方法论特征

纯粹法理论展现出“跨越性批判”的居中姿态与其所处的理论“场域”具有密切联系：自然法主张将法律规范提升为某种价值，着意于“应然”；法律实证主义主张将法律规范降低为自然事实，着意于“实然”。自然法与法律实证主义之间出现了不可调和的“二律背反”，那么纯粹法理论是否能简单将法律规范化约为其中一方或第三方呢？显然并非如此，纯粹法理论的最根本任务在于对“实然”和“应然”进行批判性的综合，正如康德从理论理性与实践理性的“非对称性”出发，批判人的认识能力来化解“二律背反”的难题一样，凯尔森也从“实然”与“应然”不可通约出发，设置先验的“基础规范”来调节“实然”与“应然”的紧张关系，将二者的张力控制在“纯粹法”的领域之内。

但遗憾的是，纯粹法理论的“跨越性批判”主要体现了批判性的一面，即对自然法之“从应然推出实然”和法律实证主义之“从实然推出应然”两种倾向左右开弓，却缺乏了建设性的一面，先验知识的来源“归属律”的一般逻辑在纯粹法理论中没有具体展开，这也导致了凯尔森建立法律科学的努力最终可能付之东流。[②]那么，在当今纯粹法理论乏人问津[③]并且哲学已然从康德的认识论转向维特根斯坦的语言学的背景下，回顾纯粹法理论的得失具有何种意义上的必要性呢？

我们必须把目光放到凯尔森所代表的康德主义或新康德主义中来理解。托马斯·卫莱（Thomas Willey）在概括新康德主义者的共同信念时指出，他们都尊崇实践理性的首要性。[④]然而，纯粹法理论却抛弃了这个共同信念。凯尔森认为，康德的实践哲学的形而上学二元论——其理论哲学中所坚决斗争的——完全侵入了他的体系，《道德形而上学原理》仍停留在自然法学说的老一套格式中[⑤]，康德的绝对

---

① 关于“居中”和“跨越性批判”内涵的阐释与运用，亦可参见王南湜：《“居中”的跨越性批判——柄谷行人关于马克思的“视差之见”》，载《哲学动态》2013 年第 6 期。

② 陈锐：《规范逻辑是否可能——对凯尔森纯粹法哲学基础的反思》，载《法制与社会发展》2014 年第 2 期。

③ 只有为数不多的专家在研究他（凯尔森）的实证主义法哲学，而更多的注意力被吸引到由英国法学家哈特发展出来的法律实证主义上。参见大卫·戴岑豪斯：《合法性与正当性——魏玛时代的施米特、凯尔森与海勒》，第 4 页。

④ Thomas Willey, *Back to Kant: The Revival of Kantianism in German Social and Historical Thought (1860—1914)* (Wayne State University Press, 1978), pp. 37. 转引自吴彦：《新康德主义法学的两种路径：施塔姆勒与凯尔森》。

⑤ 参见凯尔森：《法与国家的一般理论》，第 608-609 页。

命令“这个空洞公式中什么也推不出来”。[①]

因此，凯尔森与康德共享了实然与应然二律背反的问题意识和先验方法，却没有共享康德式自我立法的自由理念。赫费（Otfried Hoffë）指出，“凯尔森的这种独特之处就在于注重方法的科学性而不是法伦理学。”[②] 如果采用赫费的视角，纯粹法理论所彰显的方法论意义就立即凸显了出来。凯尔森以一种站在自然法和法律实证主义之间的居中姿态，通过设置“基础规范”对二者进行“跨越性批判”，其实质是运用先验方法来弥合休谟法则在法哲学领域掘出的鸿沟，纯粹法理论的“居中”特征说明其并未试图用一方吞噬另一方。凯尔森晚年的沮丧也说明了这一点，他坦承“归属律”的一般形式无法建立，并阻止其他逻辑学家对此进行徒劳尝试。[③] 这是凯尔森对未来法学研究的深刻警醒。实然与应然的紧张关系不可能简单化约，更难以得到一劳永逸的解决，关键是正视并保持二者的合理张力。在这个意义上，凯尔森是一位面向未来的科学家，虽然他走在了通向失败的路上，却仍然值得被认真对待。对于法学研究而言，他的警醒既是不可忽视的理论教训，更是无法回避并亟需突破的理论困局。

---

① 凯尔森:《纯粹法理论》，第 157 页。

② 赫费:《政治的正义性——法和国家的批判哲学之基础》，庞学铨等译，上海译文出版社 2005 年版，第 80 页。转引自王时中:《从“生产”到“规范”——马克思主义政治哲学的前提批判》，中国社会科学出版社 2018 年版，第 155 页。

③ 陈锐:《规范逻辑是否可能——对凯尔森纯粹法哲学基础的反思》。

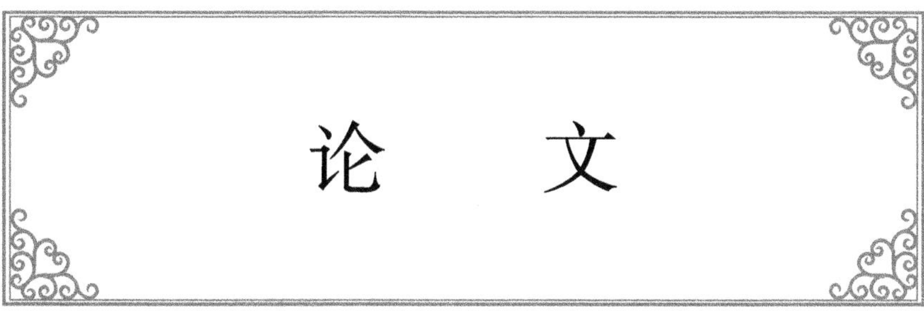

论　　文

方法论基础I

——任务与批判[*]

克劳斯·弗里德里希·勒尔[**] 著

蒋毅 季红明[***] 译

一、方法论的任务

（一）理论与方法

方法是为了解决特定任务或难题有计划的（亦即由理论引导的）行动指南。被这样命名的方法讨论主要发生在公法之中。[①]在此，人们通常不区分理论和方

---

* 原文题为“Grundlagen der Methodenlehre I: Aufgaben und Kritik”，载于 *Enzyklopädie zur Rechtsphilosophie*（法哲学百科全书），最初发表于 2013 年 2 月 4 日。详见 http://www.enzyklopaedie-rechtsphilosophie.net/inhaltsverzeichnis/19-beitraege/78-methodenlehre1。

** 克劳斯·弗里德里希·勒尔（Klaus F. Röhl），大学于海德堡、法兰克福和基尔学习法学，1969 年获得博士学位，1971 年于基尔大学通过教授资格论文，自 1976 年执掌波鸿大学法社会学和法哲学教席，至 2003 年荣休。本文承蒙勒尔教授授权翻译，特此感谢。

*** 蒋毅，中南财经政法大学法学院教师。季红明，中南财经政法大学法学院教师。本文译稿由华东政法大学 2019 级硕士生翁壮壮、中南财经政法大学 2019 级硕士生国凯、中国政法大学 2020 级硕士生邱锦铭校读，特此感谢他们所提出的宝贵意见和建议。

① Vgl. etwa Michael Stolleis, Der Methodenstreit der Weimarer Staatsrechtslehre – ein abgeschlossenes Kapitel der Wissenschaftsgeschichte?, 2001; Christoph Möllers, Braucht das öffentliche Recht einen neuen Methoden- und Richtungsstreit?, Verwaltungsarchiv 90, 1999, 187–207; ders., Der Methodenstreit als

法。[①] 因此，法学中的方法概念有别于其他方法位于理论之下的学科。诚如波德勒希（Podlech）（1972：492）所言，一种方法“仅仅是为了解决难题而将行为安排（操作）整理为有序的种类。方法并非真或假，而是有用或无用”。这正符合经验性社会研究中常见的更为狭窄的方法概念。这种更为狭窄的方法概念因应了法学方法论被赋予的任务。它将自身理解为回答具体法律问题或裁判具体法律案件的指引。

谨慎地说，法律理论正处于一种多元主义的状态。对它的方法批判往往集中于方法论。但我们更多是在法学的不同学科中碰到法学方法：教义学学科、法史学、法律比较、法社会学、法律的经济分析。在这种广为传播的方法批判背后隐藏的是多重的法律理论争议，即所谓的法律理论的“方法之争”。但是，如果实践不希望没有行动能力，则法理论中的争议就不能转移到方法论之中。理论和方法上的必要结合必须发生于方法论之外。尽管方法论不能对法律理论中的新发展视而不见，但其也无需对法律理论上的任何变化均亦步亦趋，而是可以保持一定距离，静观其变，直至新的方法上的标准发展出来。

被称之为法学方法论（juristische Methodenlehre）的事物，仅仅是法学方法（juristischen Methoden）的一部分。通过方法论，法学对具体法律问题的回答或具体法律案件的裁判给予指引。但方法论同时又是通向实践的桥梁。在争议案件中，法院掌握着最终的话语权。因此，方法论从根本上说乃是对法院进行法的获取（Rechtsgewinnung）的引导。因此，我们时常听到的批评，即法学方法论由于集中于为案件裁判的实践提供指引而过于狭隘，是不正确的。[②]

对文本解释的引导，亦即所谓的解释方法的准则位于方法论的核心。然而，将方法论仅仅局限于文本的解释则太过狭隘，因为方法论的一个根本问题恰恰在于文本的解释在不少时候得不出任何结论。方法论也必须考虑到此类案件。因此，符合目的的是将法学方法论理解为克里勒（Kriele）一本书的书名，即依据现行法的

（接上页）politischer Generationenkonflikt: ein Angebot zur Deutung der Weimarer Staatsrechtslehre, Der Staat 43, 2004, 399–423; Eberhard Schmidt-Aßmann/Wolfgang Hoffmann-Riem/Schmidt-Aßmann-Hoffmann-Riem (Hg.), Methoden der Verwaltungsrechtswissenschaft, 2004. Allgemeiner Karl-Heinz Ladeur, Die rechtswissenschaftliche Methodendiskussion und die Bewältigung des gesellschaftlichen Wandels, Rabels Zeitschrift für ausländisches und internationales Privatrecht 64, 2000, 60–103.

① 与之不同的是菲肯切尔（Fikentscher），他明确地将法律适用的方法归于法理论并将其置于法哲学之旁。(Wolfgang Fikentscher, Methoden des Rechts Bd IV, 1977, S. 121 ff., 125, 664 ff); 更明确的还有 Wolfgang Hoffmann-Riem, Methoden einer anwendungsorientierten Verwaltungsrechtswissenschaft in: Eberhard Schmidt-Aßmann u. a. (Hg.), Methoden der Verwaltungsrechtswissenschaft, 2004, 9–72, S. 14 ff。

② Z. B. Matthias Jestaedt, Braucht die Wissenschaft vom Öffentlichen Recht eine fachspezifische Wissenschaftstheorie?, in: Andreas Funke/Jörn Lüdemann (Hg.), Öffentliches Recht und Wissenschaftstheorie, 2009, 18–43, S. 23 ff; Thomas Vesting, Rechtstheorie, 2007, Rn. 244.

《法律获取的理论》。[①] 在与法学教育（juristische Ausbildung）的关联上，通常还要求法学方法论必须考虑到法律人的塑造性的活动（如合同文书起草）。尽管这本身可能是有意义的，但它并不要求扩展以发现裁判为取向的方法论的概念。

值得注意的是，方法论的教科书和学习用书系列有长长一串。[②] 它们与其他许多主要用于法学教育的书籍中关于方法论的独立章节一起，显示出人们对法学工作中与实践有关的一项核心领域的反思与确认存在极大需求，以及人们对法学方法可教授性和可学习性的信赖。

1. 宪法委托和科学要求

法学方法论构成了法源理论的延续。在法源理论中存在的一些争点也出现在方法论中。这涉及诸如：法源论应当一元地还是多元地来构思；它是否还可以根植于国家主义抑或必须以全球化为导向；它应当垂直地以法秩序的层级结构抑或水平地以"交织合法律性"（Interlegalität）来塑造。先例的约束性也是一个法源论的问题。

迄今为止的法源理论仍然全是以民族-国家主义为取向的。因此，不同的法秩序意味着不同的方法论（Fikentscher 1975 ff.；Vogenauer 2001）。这促成了欧盟法中特殊方法论的产生。

在德国，构成法源理论的起点，因此也是方法论起点的是《基本法》第 20 条第 3 款：立法受宪法秩序的约束，行政与司法受制定法（Gesetz）和法律（Recht）的约束。因此，方法论必须遵守该约束并尊重作为该约束反面的立法、行政和司法的自由空间。就此而言，方法问题就是宪法问题（Rüthers 2009）。但这并非意味着方法论的学说应当被视为法律。方法论仅仅是法源论在实践上的贯彻，法源论承担着在规范上确定方法论适用领域的任务。

---

① Müller/Christensen 担心，法学方法学（juristische Methodik）将由于"方法学"（Methodik）这一他们希望理解为"'诠释学''解释''解释方法'和'方法论'的上位概念而造成一定的混乱"（Juristische Methodik, Rn 7, in der 10. Aufl. S. 37）。"Methodologie"（方法论）的称谓完全是多余的。

② 不要求完整性：Guy Beaucamp/Lutz Treder, Methoden und Technik der Rechtsanwendung, 2. Aufl., 2011; Franz Bydlinski, Juristische Methodenlehre und Rechtsbegriff, 2. Aufl., Wien 1991; ders., Grundzüge der juristischen Methodenlehre, Wien 2005; Claus-Wilhelm Canaris/Karl Larenz, Methodenlehre der Rechtwissenschaft, 4. Aufl., 2006; Helmut Coing, Juristische Methodenlehre, 1972; Karl Larenz, Methodenlehre der Rechtswissenschaft, 6. Aufl., 1991; Hans Joachim Koch/Helmut Rüßmann, Juristische Begründungslehre, 1982; Ernst A. Kramer, Juristische Methodenlehre, 3. Aufl., Bern 2010; Dirk Looschelders/Wolfgang Roth, Juristische Methodik im Prozeß der Rechtsanwendung, 1996; Friedrich Müller/Ralph Christensen, Juristische Methodik: Grundlegung für die Arbeitsmethoden der Rechtspraxis, 10. Aufl., 2009; Hans-Martin Pawlowski, Methodenlehre für Juristen, 3. Aufl., 1999; Jan Schapp, Hauptprobleme der juristischen Methodenlehre, 1983; ders., Methodenlehre des Zivilrechts, 1998; Dieter Schmalz, Methodenlehre für das juristische Studium, 4. Aufl., 1998; Jochim Vogel, Juristische Methodik, 1998; Rolf Wank, Die Auslegung von Gesetzen, 4. Aufl., 2008; Reinhold Zippelius, Juristische Methodenlehre, 10. Aufl., 2006。

对于克里勒（Kriele）（1972：33ff.）的如下异议，即方法不能受宪法上规范性方针的约束，因为宪法内涵本身必须通过方法来开辟，克里斯廷森（Christensen）（1989：221 f.）正确地予以了驳回。这里涉及的不是一种逻辑上的，而是诠释学上的循环。在所有方法上的努力之前，对宪法存在着一种日常理解，这种日常理解可借由任何一次理解的循环而得到改善。尽管如此，这里还存在一项难题，因为联邦宪法法院一再言及“公认的解释原则”①，不过这些解释原则中任何一项都没有被宪法赋予约束力，但宪法法院在其第一项与此相关的裁判以及此后的长期裁判中均拥护所谓的客观解释。② 直到最近，该法院才借由强调主观理论意义上的制定法约束，显现出对这种立场的偏离。③

职权问题由宪法来回答。法律创制的职权属于民主的立法者，并且从权力分立的角度而言，法院仅仅构成“法律的嘴巴”（Montesquieu）这一论断依然正确。但这并非意味着，所有的裁判均由法律事先予以绘制。若如此，我们便不需要任何方法论。一种机械式的约束借助语言和其他任何工具都不能实现。制定法必须不断被具体化并且也需要被填补。在此，立法者需要法院的合作，而且宪法也要求法院参与此种合作。这种合作是应当以“思考着的服从”（Heck 1932：107）之精神，还是保持批判的距离或以有自我意识的塑造要求来实现，是方法论的一个核心问题，该问题就是通常所说的“主观”理论与“客观”理论之争。

2. 法律平等适用原则

和方法相关的最重要的规范是《基本法》第 3 条第 1 款。从中可得出法律平等适用原则。法律平等适用意味着行政和司法平等的执行制定法。该原则可能由于实践中的执法困难而不能实现。这曾经是并且仍然是一项难题，例如在税法方面。如果法律平等适用原则根本就不是法学方法的目标或者法学方法没有得到正确的适用，那么平等适用也不能实现。因此，适用制定法时，实现法律的平等适用必然是法学方法论的核心目标之一。这不仅仅可以从《基本法》第 3 条得出，其背后亦包

---

① Z. B. E 88, 145/167; BVerfG, 2 BvR 2939/93 vom 29. 4. 1998 Abs. 13; BVerfG, 1 BvR 224/07 vom 28. 4. 2009 Abs. 15.

② BVerfGE 1, 299/312 = NJW 1952, 737（要旨：对法律规定的解释而言，决定性的是立法者在其中表达出来的客观意志，正如从法律规定的词义和意义整体中所得出的那样。反之，不重要的是立法程序参与机关或其具体成员对规定意义的观念。某一条款的产生历史，仅仅当它对一项依据给定的原则所获得之解释构成证实或提出疑问，且不能单独通过给定的方法予以排除时，才具有重要性。）这种立场由 BVerfGE 10, 234/244 = NJW 1960, 235 und BVerfGE 11, 126/130 = NJW 1960, 1563/1564 所证实。一系列相关的裁判参见 Müller/Christensen, 2009, S. 48 Fn. 2；关于联邦宪法法院方法上的实践的详细论述亦参见 S. 50 ff.。

③ Beschluss vom 15. 01. 2009 - 2 BvR 2044/07。现在，联邦宪法法院 2011 年 4 月 5 日（2 BvR 2365/09 Rn. 160）关于合宪性解释的界限裁定也是依据这种方针。

含了法律的一般性这一法原则（Rechtsprinzip）的要求，而该原则又可以得到伦理学中可普遍化原则的支持。[①]

即使在不存在规则的地方，法律平等适用也预设了依规则意识进行裁判。这就要求法院具备在任何的相同情形做出相同裁判的意愿，亦即法院应当始终从一种对所有同类案件均有效的规则视角进行裁判，尽管该规则可能在具体案件中才第一次被提出或者甚至未被言明。

一项明显的异议是："没有任何案件和其他案件在每一个角度均相同"。[②] 时下，人们青睐于诉诸文化研究和女权主义的诸多代表，作为结构主义的结果，它们证明了每一个人、每一种情形、每一种文化上的人造物的唯一性。这种论点给人的第一冲动就是同意，因为这始终关系到我们每个不能被用梳子任意梳剪的人。但若同意此项异议，则将使得也包括作为科学的法学（wissenschaftliche Rechtswissenschaft）在内的所有科学的基础不复存在。下述规则适用于所有事物：我们对它们的考察越是精确，其共同点便消失得越多。在最精确的考察之下，自然与文化中均不存在任何和其他事物相同的事物。尽管如此：经验便是识得。经验是可能的，尽管只能在放弃精确性的前提之下。随着精确性的降低，事物被归为种类，而且种类越来越粗略。花与草、树与灌木被归为植物，蠕虫和甲虫、鱼类和恒温动物被归为动物。我们始终可以不断地细分或进一步地概括。分类必然是模糊的，因为这是以有限数量的概念涵括世界的无限多样性。然而离开了普遍化则不行。因此，法律也可以而且必须依据其规则按照同类案件来一般化。

后现代的法理论则借着如下命题从另一个角度来批判规则理念，它认为法律规则的适用根本是不可能的，因为任何对规则的回溯都将改变规则本身。事实上，规则在适用过程中被改变的情形经常出现，但是更经常的是，规则的适用意味着对规则的巩固。

法律平等适用亦不因联邦宪法法院（E 87，273/278）所谓的裁判在宪法上的不统一而不能实现。所指的乃是如下事实，即法官的独立性阻止了就制定法所作的

① Dazu allgemein Richard M. Hare, Freiheit und Vernunft (Freedom and Reason, 1963), 1983; Norbert Hoerster, Utilitaristische Ethik und Verallgemeinerung, 2. Aufl., 1977; Georg Meggle, Das Universalisierbarkeitsproblem in der Moralphilosophie, Archiv für Rechts- und Sozialphilosophie Beiheft 45, 1992, 143-156 [http://sammelpunkt. philo. at:8080/815/1/1992d. pdf]; Marcus George Singer, Verallgemeinerung in der Ethik (Generalization in Ethics, 1961), 2. Aufl., 1975. Für die Rechtswissenschaft Alexy, Juristische Argumentation, S. 90 ff, passim, sowie S. 273 ff.

② Kelsen, Reine Rechtslehre, 2. Aufl. 1960, 256; ähnlich Heck AcP 112, 1914, 1/102; Zitelmann, Lücken im Recht, 1903, 30.

特定解释产生约束力。原则上，法院享有偏离其他法院的裁判或通说的自由。[①] 然而，这一自由仅仅存在于法学方法的框架内。它至少要求，法官必须知道其他法院的裁判和文献中的解释建议，并且只有在具备良好理由时才能偏离既定的观点。

法律平等适用并非一定意味着先例约束。但是，联邦宪法法院认为（E 84, 212 = NJW 1991，2549/2550），一项裁判要想具有超出个案的约束力，仅仅要求建立在其理由的说服力之上。这种观点就对约束力要求得太少了。裁判的统一性是一项具有宪法位阶的价值（《基本法》第 95 条第 3 款）。即便不考虑其理由，一项先例也比一项单纯的意见表达了更多的内容。一项不附理由的偏离是一项技术失误。Alexy 在这个意义上说："若可就一项判决举出一个赞同或者反对的先例，则应当予以举出。……欲偏离先例之人，承担论证的负担。"[②]

（二）宪法的委托与科学性

换言之，何为正确的法学方法这一问题自始便是一项法律问题。宪法规定了方法论的目的。但它却将手段的选择交由法学。就此而言，该问题是一项科学问题。

由于宪法的委托及其作为一项科学问题的性质，法律的所有领域均采用同一种法学方法。例如，对于行政法、欧盟法或者国际法不存在特殊的方法论。[③] 然而，却存在适用于个别法律领域的特殊法律原则，这些原则设定了其方法的边界或者为方法指出了特殊的道路。例如，依据《基本法》第 103 条第 2 款、《刑法典》第 1 条，刑法中适用类推禁止。此外，在不同的法律领域中存在不同的、要求方法上予以特殊努力的实质问题。由于基本权构成要件的开放性，这特别适用于宪法本身。民法的特点在于有一部核心的法典，劳动法的实践必须在没有制定法的情况下应对核心问题。对公法而言，特征显著的规范层级和众多的职权承担者（联邦-州-市镇）具有重要意义。

（三）欧盟法给方法论带来的挑战

欧盟法给予了方法论以附加的委托并且提出了特殊的实质问题，这些实质问题

---

① 关于对这一建构的批评参见 Müller/Christensen 2009, S. 420 f。我不赞同这种批评。

② Ähnlich schon Kriele, Theorie der Rechtsgewinnung, S. 243 ff. 今天，先例的推定效力或许是通说。

③ 理论上，所有现代宪法国家的法学方法必须一致。但实践中却存在重大差异。因此法律比较的文献也研究方法问题：Wolfgang Fikentscher, Methoden des Rechts in vergleichender Darstellung, 5 Bde., 1975—1977; Thomas Henninger, Europäisches Privatrecht und Methode, Entwurf einer rechtsvergleichend gewonnenen juristischen Methodenlehre, 2009; Stefan Vogenauer, Die Auslegung von Gesetzen in England und auf dem Kontinent, 2 Bde, 2001.

要求自己的解决方案。[1] 基础法（Primärrecht）提供了大量的开放性构成要件。立法资料在很长时间内不能使用；至少在共同体的最初年代，科学上也没有为欧盟法做好准备；此外还有语言问题。在有疑问时，解释的目的是欧洲法律的协同。这些都说明了目的解释在欧洲法院的判决中的重要地位。此外，欧洲法院对各成员国法院科以了将实际效果（effet utile）作为解释原则的义务。

除此之外，还存在制度上的特殊性：法律适用以一种此前陌生的方式在各国国内法院和欧洲法院之间进行着分工。《欧盟工作方式条约》第 267 条第 3 款禁止各国最高法院解释共同体法。反之，欧洲的法院仅仅适用欧盟法。对解释而言，尽管国内法经常是欧洲法院的对象，但却仅仅间接地体现在其裁判中。这种情况源自于欧盟法律的自主形成概念的原则。在欧洲，处理法律的不同民族传统相遇了，特别是比较具有体系性的德国法与普通法的法官法和判例法。因此，欧洲法院并不像德国法院那样经由解释传统和科学指导的训练。即使不像法国判决那样简略，欧洲法院判决的说理通常很简短。最后，欧盟法院还缺乏与不同审级的持续对话，而各成员国的最高法院却深谙于此。

（四）方法论、技艺规则与工作技巧

工作技巧和技艺规则构成了方法论的最小单元（kleine Münze）。在法学学习中，学术方法论借由案例解答指引[2] 和所谓的结构图示，在见习期间则借由对鉴定

---

① 在这方面，大量的特别文献提供了信息：Axel Adrian, Grundprobleme einer juristischen (gemeinschaftsrechtlichen) Methodenlehre, Die begrifflichen und ("fuzzy"-)logischen Grenzen der Befugnisnormen zur Rechtsprechung des Europäischen Gerichtshofes und die Maastricht-Entscheidung des Bundesverfassungsgerichtes, 2009; Wolfgang Buerstedde, Juristische Methodik des Europäischen Gemeinschaftsrechts, 2006; Günter Hager, Rechtsmethoden in Europa, 2009; Katja Langenbucher, Vorüberlegungen zu einr Europarechtlichen Methodenlehre, in: Thomas Ackermann (Hg.), Tradition und Fortschritt im Recht, Jahrbuch Junger Zivilrechtswissenschaftler 1999, 2000, 65–83; dies., Europarechtliche Methodenlehre, in: Katja Langenbucher/Andreas Engert (Hg.), Europarechtliche Bezüge des Privatrechts, 2. Aufl., 2008, 1–40; Friedrich Müller/Ralph Christensen, Juristische Methodik: Europarecht, 2. Aufl., 2007; Karl Riesenhuber (Hg.), Europäische Methodenlehre, Handbuch für Ausbildung und Praxis, 2. Aufl., Berlin 2010; Stefan Vogenauer, Eine gemeineuropäische Methodenlehre des Rechts – Plädoyer und Programm, Zeitschrift für Europäisches Privatrecht 13, 2005, 235–263.

② 以下所列并非是全部文献：Uwe Diederichsen/Gerhard Wagner, Die BGBKlausur, 9. Aufl., 1998; Heike Krieger/José Martínez Soria, Die Anfängerklausur im Öffentlichen Recht, 2011; Thomas M. J. Möllers, Juristische Arbeitstechnik und wissenschaftliches Arbeiten, Klausur, Hausarbeit, Seminararbeit, Staatsexamen, Dissertation, 5. Aufl. 2010; Dirk Olzen/Rolf Wank, Zivilrechtliche Klausurenlehre mit Fallrepetitorium, 6. Aufl., 2010; Holm Putzke, Juristische Arbeiten erfolgreich schreiben, Klausuren, Hausarbeiten, Seminare, Bachelor- und Masterarbeiten, 3. Aufl., 2010; Gunther Schwerdtfeger, Öffentliches Recht in der Fallbearbeitung, Grundfallsystematik, Methodik, Fehlerquellen, 13. Aufl., 2008; Ekkehart Stein, Die rechtswissenschaftliche Arbeit, Methodische Grundlegung und praktische Tipps, 2000. In jedem

技术的训练[①]逐步习得和标准化，使其亦成为评价考试成绩的标准。这些都发生在今后的法律实践也将照此技术进行这一默示前提之下。

具体法律问题的解答通常始于寻找一项（可能的）请求权基础，这意指，寻找和一项法源、通常是与一项法规的关联。若找到一项请求权基础，则适用解释方法。

正如先例一样，法教义学对法律实践具有重要的减负功能（Kriele 1976：262 ff；Alexy 1978：338）。[②]制定法的解释和适用极少从空白的规范文本开始，而是借由先例与法教义学被预先结构化。标准方法的适用并不一定以事先了解判例或文献为前提。裁判者享有自行构想相关论据的自由，但其不得略过重要的论据。因此，考察观点的现状不仅仅使工作变得更容易，而且也是法律工作的技艺规则。裁判者通常完全无需走完方法论所描绘的所有步骤，因为科学和判决已经事先做过了。

对任何先例的参考都要求一项案件区分。案件区分是一种不言自明地从事的法学实践，而方法上则很少对其进行反思。判例的较低声望导致德国法律人没有掌握案件区分（distinguishing）的技艺。当德国人诉诸先例时，通常仅仅从所举的先例中挑选出个别语句。形成案件类型也是一种超出处理先例的、对需要解释的法概念予以具体化的通行方法（Wank 2008：49 f.）。

获取资料本身并非方法论的对象，而是被视为不言自明的前提。如何搜索裁判和文献，在很大程度上由法学传播媒介（期刊、评注、数据库）传达并且依赖于工作条件。很明显，只有在法学教育的练习中，对于所面临的法律问题，才有对文献和判决中的现行观点予以仔细处理的技艺规则。对律师的实践而言，可以从责任法

（接上页）Heft der juristischen Ausbildungszeitschriften JuS, JURA und Juristische Schulung finden sich Hinweise zur Arbeitstechnik oder zur Fallbearbeitung. Bemerkenswert, die Methodenlehre und Fallbearbeitung jedenfalls in einem Buch behandeln. 在法学教育杂志 JuS、JURA 和 JA 的每一期都可以找到关于工作技巧或案例解答的提示。值得注意的是 Guy Beaucamp/Lutz Treder, Methoden und Technik der Rechtsanwendung，该书至少在同一本书中处理了方法论和案例解答。

① 经典的指南曾经是并且现在仍然是“Sattelmacher”，今天由 Winfried Schuschke/Hermann Daubenspeck/Paul Sattelmacher, Bericht, Gutachten und Urteil, 34. Aufl., 2008, 此外相关的是 Monika Anders/Burkhard Gehle, Das Assessorexamen im Zivilrecht, 10. Aufl., 2010; Georg Furtner, Das Urteil im Zivilprozess, 5. Aufl., 1985; Uwe Gottwald, Das Zivilurteil, 2. Aufl., 2005; Michael Huber, Das Zivilurteil, 2. Aufl., 2003; Dieter Knöringer, Die Assessorklausur im Zivilprozess, 9. Aufl., 2002; HansGünther Nordhues/Ralf Trinczek, Technik der Rechtsfindung, 6. Aufl., Neuwied , Kriftel , 1994; Peter Siegburg, Einführung in die Urteilstechnik, 5. Aufl., 2003; Walter Zimmermann, Klage, Gutachten und Urteil, Eine Anleitung für die zivilrechtlichen Ausbildungs- und Prüfungsarbeiten mit Beispielen, 19. Aufl., 2007.

② (so aber Hassemer 2008:15) 因此，将“法教义学视为方法论的有力竞争者”是错误的（但哈塞默[Hassemer] 2008:15 这样认为）。

（Haftungsrecht）中间接地得出几点要求。法律实践原则上可以信任因值得信赖而出名的评注，而无需追根溯源，但是对诸最高法院的裁判，无论如何都要求单独进行了解。若在任何案件中都要求其结论在方法正确的意义上是可理解的，则将对法律实践提出过高要求。因此，将理论-实践-脱节命题建立在如下事实之上，即实践通常满足于一瞥流行的评注并诉诸于几项先例，而非自己对一项法律问题从根本上进行方法上的加工，是不适当的。

二、法学方法论批判

（一）方法的确实性与方法批判

若方法论的任务在于，尽可能从现行法的库存中寻找对具体法律问题予以裁判的方法，则其依赖于三项前提条件，即究竟是否存在适当的裁判基础，该裁判基础是否可被充分具体化以及它在事实上能否决定法律上的裁判。法学方法论建立在方法的确实性基础之上，这意味着它至少在原则上肯定这三项前提，而方法批判则对所有的三项前提均予以质疑。

存在可以利用的裁判基础是相对没有疑问的。就此，法源理论注意到了规范的大量供给。从方法批判的视角来看，这更多涉及的是一种过度供给，而过度供给本身即便不是阻止，也至少妨碍了裁判的发现。但是，方法批判的重心在如下问题，即从现存的规范供给中是否可以得出如此精确的规则，以至于可回答具体的法律问题。就这一点而言，批判的论证是内在的，这意味着它批判的是理论所建议的方法的功效。然而，当前的方法批判的论证也是原则性的，这是指它在哲学上将遵守规则的可能性予以问题化。最后，借助于下述命题，方法批判也在经验上对方法的确实性提出了质疑：即使方法论自身能够从法律规则中推导出具体案件的解决方案，法律实践仍然从其他源泉中寻求其解决方案。

显而易见，法律工作的自我理解、他人认知和机能描述并非必然一致。方法批判以对法律实践特定的自我理解为基础：实践相信自己的方法。它（法律实践）认为，具体法律问题的解决方案被预先绘制于制定法与判例、教科书和评注之中。紧接着，方法批判致力于证明，法学所主张的方法根本不起作用及其原因。只有当批判对法学方法的自我理解与机能做出了正确的评断时，这种证明才能成功。尽管方法批判主张其对法学方法的自我认知和运作方式做出了适当的描述，但其间进一步的分析显示出，自由法学派和法律现实主义以及批判法律研究的方法批判均未实现该主张。这种批判借助于比喻和（非技术意义上的）“理论”对方法的认知予以了结构化。“涵摄模式”甚或“涵摄机器”“概念法学”“形式主义”“现实主义”“法官国王”或“政治法官”可作为此类结构化的代表。语言哲学上的批判建立在对 Wittgenstein 后期哲学所进行的片面解释的基础上，并且偏离了被强制做出裁判的法官的视角，尽管如此，它却恰恰主张其对立面。后现代的方法批判抱持一种根本性的、偏离实践的反基础主义的立场。无论如何，心理学和社会学上的分析都没能证明在法律裁判中存在大量外部因素的影响。

（二）“刚性”规范与“柔性”规范

在进一步讨论方法批判之前，区分确定的和不确定的规范是有益的。很多规范是相对确定的，如建筑法中的距离条款；还有一些规范则是极为不确定的，如《民法典》第 138 条，据此，违反善良风俗的法律行为无效。方法论主张，更确切地说通常以默示的方式主张，自己适用于所有的规范库存。然而，通行的解释方法原则上仅适用于（相对）确定的规范。与之相反，方法批判主要考虑的是不确定的法规范，但它却经常表述为好像其也包含了对（相对）确定的规范的处理一样。

为了清楚展现“刚性”规范和“柔性”规范的区分具有极大相对性但却涉及一项明显的对立，本文倾向于采用这种称谓。“刚性”规范是指能够通过语义解释而具体化的规范，反之，“柔性规范”是给予其适用者更大裁量空间的规范。

此二者的区分标准以及它们通过语义解释的可适用性，同样由该解释所决定，因此，我们很容易且很快便会得出“该标准是循环的”这种论点。然而，这并非是一种有说服力的异议，因为一种方法（这里指解释准则的工具）的适当性通常只能通过其起作用而得到证明。事实上，语义解释在一定程度上是可能的。

若我们进一步审视，则存在着不同种类的“柔性”规范。首先进入眼帘的是所谓的一般条款，即一些传统和权威的公式，例如诚实信用、善良风俗、重大事由以及公共安全与秩序。此外，作为“柔性”规范出现的还有要求适用者衡量或做出裁量决定的规范。法律所参照的法外非正式准则也是“柔性的”，例如一般公众或特定交易圈形成的价值观念、义务观念和注意观念。其通常被称之为标准。[①] 这涉及交易中通常的注意标准、正派商人的标准或诚实竞争的标准、专业医师的标准或技术水平。通过这类技术标准，法律适用者被要求参照经验中存在的准则，因此我们

① 依据新的语言惯用法，私人创制的标准性规则作品是德国标准化学会的规范或会计准则。

也称之为参照概念（Verweisungsbegriff）。①

所谓的不确定的法概念构成了余下的一大类具有更强模糊性的表达，这种模糊性使得一项规范成为“柔性的”。我们又可以将其分为三类：第一类涉及加重模糊性的事实（例如“不必要的噪音”“可避免的废气污染”）；第二类被称之为需进行价值填充的概念（例如刑法典第 211 条中的“卑劣动机”）；最后，第三类涵盖了诸如“重要的”“微小的”或“明显不成比例”（民法典第 138 条）以及任何利益衡量中的“相当的 / 合比例的”（verhältnismäßig）等。这里涉及的是在一个滑动的刻度尺中确定位置。

若我们回忆一下“柔性”规范的不同表现形式，则刚性和柔性之间以及确定和不确定之间的区分自身很明显是极为柔性或不确定的。我们可以一方面展现柔性规范并非一定要在个案的适用中，而是可以透过在判例和评注文献的库存基础上逐步努力而成为刚性规范；另一方面展现刚性规范可以随着脉络的变化而转变为柔性规范，来使刚性和柔性规范的区分进一步相对化。

法学方法论的任务在于解释“刚性”规范和具体化“柔性”规范。就解释而言，方法论提供了解释方法的准则以及关于不同解释工具的重要性的理论；就柔性规范的具体化而言，方法论诉诸作为法律论证而流行的程序、在衡量过程中以重要性规则代替裁判规则以及行政和法院的最终决定权。

“刚性”和“柔性”法规范的区分在很大程度上符合美国对规则（rules）与标准（standards）的区分。② 然而，它在美国主要用于描述一种或另一种规范类型在功能上的长处或短处。而在英美方法论中，人们习惯于使用由德沃金（Ronald Dworkin）创建的疑难案件与普通案件的区分。③ 普通案件可直接依据制定法和先例裁判，疑

---

① 也称之为标准规范（Maßstabsnormen）。然而这一称谓容易导致轻微的混乱，因为在联邦宪法法院对联邦和州之间对财政平衡所要求的两阶层的立法程序中，人们也称为标准规范或标准法：首先应制定一项确定财政平衡之标准的法律，紧接着才制定一项确定具体支付义务和请求权的法律（BVerfGE 101, 158）。最晚自该裁判起，便产生了通过所谓的基础法律改善法律质量可能性的讨论（例如 z. B. Ulrich Smeddinck, Zur Dogmatik von Grundlagengesetzen, Zeitschrift für Gesetzgebung 22, 2007, 62–73）。最新的实例是所谓的债务刹车。这类法律的难题在于，面对突破它们不能展现稳定性的提高。

② 在这种意义上，美国人在罗斯科·庞德（Roscoe Pound）的传统里区分了规则和法律标准（Pierre Schlag, Rules and Standards, UCLA Law Review 33, 1985, 379–430）。Legal standard 不能简单地翻译为德语的 Standard。

③ Ronald Dworkin, The Model of Rules I, 1967, wieder abgedruckt in: Taking Rights Seriously (1977) = Bürgerrechte ernstgenommen, 1984, Kap. 2, 4 und 13. Darauf hatte Hart 1977 in dem Aufsatz „American Jurisprudence Through English Eyes: The Nightmare and the Noble Dream“, Georgia Law Review 11, 1977, 969–989, und in einem Nachwort zur 2. Aufl. von The Concept of Law (1994) geantwortet. 紧接着的是所谓哈特–德沃金无尽的论战。Dazu Scott J. Shapiro, The "Hart-Dworkin" Debate: A Short Guide for the Perplexed, 2007, SSRN: http://ssrn. com/abstract=968657.

难案件则不能。[①] 对于后者，为了区别于 H. L. A. 哈特（*The Concept of Law*，1961）的法律实证主义（Rechtspositivismus）并对之予以批判，德沃金发展出了原则理论和唯一正解命题。原则理论认为，法律并非穷尽于可涵摄的法规范，毋宁也包含了我们不能识别其性质为法律还是道德的原则。因此，在疑难案件中，法官也可以或必须参考道德原则并因此超出了哈特（Hart）（1961/1973）所定义的实证法。

（三）旧的方法批判

1. “法官国王抑或涵摄机器？”

方法批判始于耶林（Rudolf von Ihering）对概念法学的批判以及布洛（Oskar von Bülow）在1895年《制定法与法官职务》的校长任职演说中对法官法的强调。[②] 在盛行于世纪之交到第一次世界大战的旧的方法论争中，所涉及的是对法学方法功效的内在批判。奥古埃克（Ogorek）所著之书（1986）的书名为当时产生的敌对图像命了名，这种敌对图像影响至今。法官作为涵摄机器模式的敌对图像由自由法学派所建立，该学派欲借由埃利希（Eugen Ehrlich）、康托洛维茨（Hermann Kantorowicz）以及福克斯（Ernst Fuchs）所代表的法理论使法官从“制定法的枷锁”中解放出来，以便因应社会的变迁。奥古埃克展现了 19 世纪的司法理论不能还原为概念法学和自由法学、涵摄机器和法官国王之间的对立。她点评了大量理论和实践中的原始资料，这些原始资料确凿无疑地显示出，19 世纪的法学家是如何的不相信一种逻辑-机械论的法学的可能性。早在 19 世纪初，萨维尼（Savigny）和普赫塔（Puchta）就采取了区分的方式进行讨论，并且这种讨论在接下来的时间里也并不限于被耶林所批判的概念法学（Haferkamp 2004）。自动售货机类型的机械式法学（Jurisprudenz）和自由的、为法官的主观偏好所主导的法律适用之间的非此即彼构成了一项错误的对立。

塔曼那哈（Tamanaha）（2010）在观察美国的发展时，重复了奥古埃克对德国 19 世纪的司法理论的考察。塔曼那哈展现出，首先由法律现实主义学派，接着由批判法律研究学派再一次对传统法学建构了一幅错误的敌对图像。迄今为止，下述观点在美国被认为是约定俗成的：将法律理解为客观的、非政治的、法院可机械-逻辑到从中推导出裁判的体系，这种意义上的传统法学是形式主义的。流行的理解认为，正是法律现实主义者们发现了法律判断是如何从其他来源中得出，并且直到

① Näher Allan Hutchinson/John N. Wakefield, A Hard Look at “Hard Cases”: The Nightmare of a Noble Dreamer, Oxford Journal of Legal Studies 2, 1982, 86–110, S. 91 f.

② 卡尔·拉伦茨（Karl Larenz）在其《方法论》（6. Aufl. 1991）第一部分详细阐述了方法论的观念史。

批判法律研究才展现了所有司法的政治性。塔曼那哈就此在其反对性的观点中说明了，法律现实主义者与“法律批判研究者们”其实是追随政治意图的以及他们是如何追随政治意图的，并且，他们甚至以一种非科学的方式对被其斥之为形式主义的法学的多样性视而不见。

事实上，今天没有任何一位严肃的法学家主张，方法论能够教导我们，始终应当从制定法和法律中找到预先精确绘制好了的裁判。但是，也没有任何人可以严肃地主张，法院自由地依据其个人或多或少带着社会烙印的口味或在法律之外的力量的影响之下做出裁判。尽管如此，这种两极分化依旧产生着影响。

2. 涵摄教义中的教义

所谓的涵摄教义在方法之争中扮演着核心角色。时至今日，一些作者仍然认为有必要驳回处于旧的方法论争核心的涵摄教义。在此，他们没有认识到，“对法律人而言，从一项构成要件到法律后果的推论仅仅是其呈现工作结果的最终形态，而并非是事实上的裁判活动的描摹或模式”（Luhmann，1966：51）。[①] 尽管思想创作也遵循逻辑轨道，否则心理医生将证明思想家存在形式上的思维障碍，然而，思想创作遵守的与其说是涵摄的逻辑，不如说是一种作品的日常逻辑。[②]

与该模式的名称有关的涵摄，是一项不可或缺同时亦非常简单的逻辑过程。只要我们坚持规范概念的规则性（Regelhaftigkeit），这一过程便是不可或缺的。由于借助所谓的司法三段论仅仅确定了事实和某一完全法条的构成要件要素相符合，所以该过程是简单的。然而，简单的仅仅是涵摄的逻辑。没有任何逻辑学家会否认，对应当涵摄于其下的大前提的寻找以及案件事实的认定极为棘手。为了回避该问题，法学逻辑便将涵摄推论的前提加以形式化。

自克鲁格（Ulrich Klug）（1951）的论述以来，作为分析学科的法律逻辑在德国以及其外经历了一次繁荣。哈塞默（2007：126f.；2008：8）从逻辑学文献中获得了如下信息：“当法律逻辑初见端倪时，那么法院在解释制定法的过程中，就断无向制定法中添加陌生内容的可能；法律逻辑是通往制定法无限统治的阳关大道。”这或许是一种错误的解释。法学逻辑的繁荣更多的应从信息时代到来这一背景中得到说明。

3. 决断主义论据

法律上的判断最终始终是价值判断，因为它表达了人将来应当如何行为或者过去原本必须如何行为。马克斯·韦伯（Max Weber）在 1904 年引发的关于价值

---

① Luhmann 1966, 51. 就此，他参引了 Dietrich Schindler, Verfassungsrecht und soziale Struktur, 3. Aufl., Zürich 1950, S. 4。

② Zu dieser Manfred Kienpointner, Alltagslogik, Struktur und Funktion von Argumentationsmustern, 1992.

判断的可客观化之争的结论之一便是如下观点，即法律判断不能得到终极证立，因此其构成一项专断行为（Akt der Willkür）。即使在适用一项明确的法规时，在其所蕴含的关于效力的决定中至少也隐藏着一项价值判断。法律上的决定作为价值判断始终是专断的这种观点首先由卡尔·施米特（Carl Schmitt）（1912）以决断论据的形式进行了表述。[①] 然而，施米特所关注的并非仅仅是对裁判活动空间（Entscheidungsspielraum）的描述，而是肯定性地授予政治权威以疑难解决者的地位。凯尔森（Kelsen 1960：350 ff.）持一种至少在结论上类似的观点。他将法学的任务限于价值无涉地认识通常由制定法所开启的裁判活动空间。对该活动空间通过一项政治上的价值判断予以诚实地填充（authentischen Ausfüllung），应当由主管机关，特别是法院负责。出于批判意图，决断主义论据的较强形式在美国首先由所谓的法律现实主义者，后来由批判法律研究运动的成员所采纳。决断主义论据的较弱形式在今天广为流传（由朗根布赫［Langenbucher］所做的区分）。这种观点认为，并非所有的，但大量的判决中保有着不能通过论证加以排除、必须借由价值判断才能克服的决断主义残余。决断主义论据在当代最重要的对手是论证理论，它以下述命题来应对价值判断难题，即纵然离开了认知领域，法律也并非滑向纯粹的决断，因为一项裁判可以通过论据得到或多或少的证立（Alexy 2008；Neumann 2001：243）。

4. 发现抑或发明

“法官国王抑或涵摄机器”从来就不是真正的选项，其背后的问题曾经是并且仍然是，（法律人和）法官是否单纯地发现了法律还是发明了法律的问题。在发现的意义上予以回答之人并没有直接主张，解决方案是显而易见的，而且甚至也无需始终能够被找到，而仅仅是主张存在着一项正确的裁判。在个案中，该正确裁判的发现可能是非常困难的，不曾被发现的情形亦不少见。德沃金（1984）便持唯一正解命题的观念并对其予以辩护，即作为一种不可消除的观念，坚持至少原则上任何法律问题都存在唯一正确的答案，即使要付出极大努力才能找到它。同样，持法律上的裁判始终是伴随着裁判自身的生成才被发明观点之人，也并非一定主张这样的“发明”是纯粹的专断，毋宁也可能接受该“发明”遵循跨主体性（transsubjektiv）的方法。在德国方法论中，很少有人还持唯一正确裁判的理念。我们在很大程度上就如下观念达成了一致，对同一法律问题存在数个合理回答的情形并不少见。诺伊曼（2011：343）从这种立场出发，认为唯一正确裁判模式至少还对法律实践构成一种“不可放弃的调节理念”。

---

① 就施米特决断主义的后现代视角，比较：Andreas Fischer-Lescano/Ralph Christensen, Auctoritatis Interpositio. Die Dekonstruktion des Dezisionismus durch die Systemtheorie, Der Staat 44, 2005, 213-242。

5. **较近的方法之争**

1945年以后，自然法理念曾出现短暂的复兴，该复兴很快便被不加反思的日常实证主义所取代。随着菲韦格（Theodor Viehweg）首次发表于1953年，并很快出至第五版的一本对逻辑–体系方法的理性垄断提出质疑的小书，方法之争又起。借由论题学（Topik），菲韦格将一种古典形式的修辞论证作为一种细加斟酌的竞争对手予以提出，这种修辞论证建立在讨论参与者的实质性理解以及他们对可信证立之合理性或对不当立场之驳回的共识的基础之上。菲韦格的思想尽管遭到了法学主流的驳回，但该思想后来对法律论证理论产生了一定影响并作为法修辞学在其学生的文著中继续存活着。[①] 依施里芬（Gräfin von Schlieffen）（2011：110），“一种不知道修辞形式多样性的法学方法论是不完整的”。

诠释学成为了法学方法的一般理论。它是多种不同的处理意义构成物的程序的标签，尤其是处理文本的程序的标签。自施莱尔马赫（Schleiermacher）和萨维尼[②]开始，神学和法学便拥有了一个诠释学的传统。[③] 在1960年代，大量法学家开始继受从狄尔泰（Dilthey）至海德格尔（Heidgger）发展出来并由伽达默尔（Hans-Georg Gadamer）《真理与方法》[④]所代表的“诠释学本体论”或“本体论诠释学”。[⑤] 他们反对将诠释学理解为单纯借助于公认的方法准则开展工作的“解释的技艺学说”。考夫曼（Arthur Kaufmann）认为，由萨维尼所提出的只存在封闭四要素的解

---

① 属于第一代的包括 Ottmar Ballweg、Wolfgang Gast、Fritjof Haft、Hubert Rodingen 以及 Waldemar Schreckenberger，年轻一代的包括 Rolf Gröschner 和 Katharina Gräfin von Schlieffen。Gräfin von Schlieffen 的博士生 Agnes Launhardt 提供了对 Viehweg 的评价（Topik und Rhetorische Rechtstheorie. Eine Untersuchung zu Rezeption und Relevanz der Rechtstheorie Theodor Viehwegs, 2010）。

② Dazu Ulrich Huber, Savignys Lehre von der Auslegung der Gesetze in heutiger Sicht, Juristenzeitung, 2003, 1–17; Stephan Meder, Mißverstehen und Verstehen, Savignys Grundlegung der juristischen Hermeneutik, 2004.

③ Helmut Coing 阐述了传统和受考验的语文学和法学解释方法意义上的诠释学，Die juristischen Auslegungsmethoden und die Lehren der allgemeinen Hermeneutik, Köln 1959。

④ 首次发表于1960年。Emilio Betti 给出了发令信号，Zur Grundlegung einer allgemeinen Auslegungslehre, in: Festschrift für Ernst Rabel, Tübingen 1954, S. Bd. II, S. 79–168. Von Betti 1962: Die Hermeneutik als allgemeine Methodik der Geisteswissenschaften (Teorie generale della Interpretazione)。

⑤ Alexander von Baeyer, Bemerkungen zum Verhältnis von juristischer und philosophischer Hermeneutik, Archiv für Rechts- und Sozialphilosophie 54 , 1961, 27–42; Winfried Hassemer, Tatbestand und Typus, Untersuchungen zur strafrechtlichen Hermeneutik, 1968; ders., Juristische Hermeneutik, Archiv für Rechts- und Sozialphilosophie 72 , 1986, 195–212; Joachim Hruschka, Das Verstehen von Rechtstexten, Zur hermeneutischen Transpositivität des positiven Rechts, 1972; Arthur Kaufmann, Naturrecht und Geschichtlichkeit, 1957; ders., Durch Naturrecht und Rechtspositivismus zur juristischen Hermeneutik, Juristenzeitung, 1975, 337–341; ders., Beiträge zur juristischen Hermeneutik, 1984; Friedrich Müller, Normstruktur und Normativität. Zum Verhältnis von Recht und Wirklichkeit in der juristischen Hermeneutik, entwickelt an Fragen der Verfassungsinterpretation, 1966. Vgl. ferner Monika Frommel, Die Rezeption der Hermeneutik bei Karl Larenz und Josef Esser, 1981. Zur Kritik Hans Albert, Kritik der reinen Hermeneutik, 1994.

释学说，已被诠释学证明为是错误的。[①]

本体论诠释学并未成功地将其理念转化为适合实践的方法。如果诠释学从文本自治出发并仅仅将自身把握为关于理解的学说，则它作为解释技艺的学说是不充分的，与之相对的沟通理论并不将文本视为无历史和无脉络的材料，而是将文本产生的整体关联作为解释前提加以考虑。

经由埃瑟（Josef Esser）1970 年在其著作《法律发现中的前理解与方法选择》中对标准方法功用的质疑，方法批判获得了新的推力，因为不同的解释方法得出相互偏离的结论并不少见，所以裁判可能取决于所选择的解释方法。[②] 又由于诸方法之间并不存在明显的层级，故而裁判总是依赖于法官某种带有政治烙印的前理解。借此，埃瑟并非意欲瞄准"政治性的法官"加以批判，而是停留在将前理解作为解释的被客观化了的基础这一诠释学范式中。[③] 然而，对以社会批判为取向的方法批判而言，"前理解"很快成为了将法批判为政治性的入侵关口。

希望借助逻辑的和概率论数学的方法改善法律适用的分析法律理论并未取得突破。[④] 其语言哲学的路径集中于描述自然语言的多义性。模糊性、多义性、多孔性（Porosität）这些范畴均服务于此。逻辑研究证明了法律语言在很大程度上的不确定性，并且将目光聚焦于法官造法。但其却没有避免诠释学上的解释学说的视野限制，因为它和诠释学上的解释学说一样，集中于语词的语义面，而忽略了在现实沟通中如何实用主义地处理多义性（Hegenbarth 1982：102ff）。无论如何，分析法律理论借由科赫（Koch）和鲁曼（Rüßmann）（1982）的《法律证立学》留下一部标准性作品，至少在说明自己立场时该部著作一再被引用。

戴维森（Davidson）的语义整全观[⑤] 可以视为对伽达默尔诠释学的延续，其在德国法学中主要为克里斯廷森（Ralph Christensen）所接受。[⑥] 整全观也是一种语言

---

① Arthur Kaufmann, Problemgeschichte der Rechtsphilosophie, in: ders. u. a. (Hg.), Einführung in Rechtsphilosophie und Rechtstheorie der Gegenwart, 8. Aufl., Heidelberg 2011, 26–147, S. 103. Kaufmann 的判断之所以站不住脚，是因为它将法理论和方法等置了。

② Vorverständnis und Methodenwahl, 2. Aufl. 1972, S. 7, 123, und vorher schon in Grundsatz und Norm S. 112 ff, 123 ff, 176 ff und 257 ff.

③ Näher Vesting, Rechtstheorie, 2007, Rn. 210 ff, 214.

④ 这种观点由诸如 Koch und Rüßmann, Kindhäuser, Podlech, Rödig 和 Herberger 等作者所持。

⑤ Donald Davidson, Wahrheit und Interpretation (Inquiries into Truth and Interpretation, 1984), 2. Aufl., Frankfurt am Main 1994.

⑥ Ralph Christensen/Andreas Fischer-Lescano, Das Ganze des Rechts, 2007; Ralph Christensen/Kent D. Lerch, Dass das Ganze das Wahre ist, ist nicht ganz unwahr, Juristenzeitung, 2007, 438–445; Hans Kudlich/Ralph Christensen, Wortlautgrenze: Spekulativ oder pragmatisch?, Archiv für Rechts- und Sozialphilosophie 93, 2007, 128–142.

哲学并且延续了诠释学和分析哲学的文本语义视角。[①] 自维特根斯坦（Wittgenstein）以来，尽管所有语言哲学家均强调，语言实践也是一种社会实践，但语言学中的语用学并没有真正得到继受，语言的语用维度的（言说者、听众、沟通情境）曝光率并不充分。

（四）新的方法批判

1. 语义学的方法论与建构主义的方法论

20 世纪末叶的方法论继续分为两大阵营。阵营之一通常被称为传统的或实证主义的方法论，更中立地可称其为方法论的语义学派。该派的承载支柱是将法律的语义作为解释的出发点和界限的观念，但却存在着不同的色调。其代表为拉伦茨/卡纳里斯（Larenz/Canaris）、比德林斯基（Bydlinski）、帕夫洛夫斯基（Pawlowski）的大型教科书以及万克（Wank）和泽普刘斯（Zippulius）更加紧凑的阐述。该派首要的理论家是诺伊曼（Ulfried Neumann）。法教义学的主流追随该学派，法院在很大程度上亦追随该学派。它特别建立在经典诠释学的基础之上并且在阿列克西（Alexy）发展的论证理论中找到了坚实的支撑。它对认识论上的争议投入相对较少并且信赖解释的标准方法。取代了自由法学派的角色，但并未完全继承其遗产的另一阵营认为自己更新或更为现代。该派由规则怀疑论所主导，这种规则怀疑论是从后现代法理论的科学哲学的立场上引入的。这个阵营可以称为建构主义方法论，但也不那么同质。一个相对封闭的团体由穆勒（Müller）学派（穆勒［Friedrich Müller］、克里斯廷森［Ralph Christensen］、库德里希［Hans Kudlich］等）构成，其标志在于大力继受现代语言学和语言哲学[②]，令人惊讶的是，其最后得出的却是传统的解决方案。[③] 另一个团体由系统论取向的作者们组成（特布纳［Teubner］、阿姆斯图兹［Amstutz］、拉德尔［Ladeur］、威斯汀［Vesting］等）。两大阵营的对立表现为，语义学派坚持法律适用的概念，而建构主义者们则对规则表示怀疑，他们认为每一项裁判原则上都是一次新的创制。

---

① 这在格奥尔格（Georg）的表述中是不可忽略的，W. Bertram/Jasper Liptow, Holismus in der Philosophie. Eine Einleitung, in: dies. (Hg.), Holismus in der Philosophie, Weilerswist 2002, S. 7–29, S。

② Friedrich Müller (Hg.), Untersuchungen zur Rechtslinguistik 1989; Friedrich Müller/Rainer Wimmer (Hg.), Neue Studien zur Rechtslinguistik, Dem Gedenken an Bernd Jeand'Heur Bd. 202, 2001. Dazu ferner die Internetseite „Recht und Sprache " von Ralph Christensen. (http://www. recht-undsprache. de/index. htm)

③ "我们并不希望，法院做一些根本上不同的事情。它们只是应当对迄今所做的事有明确的意识" (Ralph Christensen/Hans Kudlich, Theorie richterlichen Begründens, Berlin 2001, S. 24)。"实证主义的意图是，将法学尽可能的科学化并提供一种理性的教义学。……结构化的方法学并不落于追求实证主义的教义学标准的技术性之后。" (Müller/Christensen, Juristische Methodik, 10. Aufl., S. 292 Rn. 299)

埃瑟（Esser）（1970：71ff）指出，纯粹的法规范适用的理念遭到了具体化这种说法的排挤。具体化的最单纯形态是指，必须对一项还不能直接适用的一般规范特殊化，以便使涵摄成为可能。具体化的结果是表述更精确、可直接适用的规则。得到详尽发展的是（被菲肯切尔［Fikentscher］[①] 称为）等置学说，它通过法律和案件事实的相互准备而使涵摄成为多余。菲肯切尔提到的代表有恩吉施（Engisch）的具体化学说[②]，埃瑟在《原则和规范》中论述的观念，据此裁判同时也是解释而解释同时也是裁判[③]，以及考夫曼使法律和案件事实同化这种诠释学上密集化（Verdichtung）的观念。[④] 菲肯切尔还贡献了他的“个案规范”学说。[⑤] 此类具体化尽管并非穷尽于赤裸裸的涵摄，但作为对一个并非无内容的文本的准备，这种具体化仍然是法律适用。

只有在后现代的法理论中，具体化才成为了建构。[⑥] 以文学理论家宣布作者已死为榜样，建构主义者宣告立法者已经死亡。他们否认立法者的文本具有语义内涵

---

① Wolfgang Fikentscher, Methoden des Rechts, Bd. III Kap. 29 VI; Bd. IV Kap. 31 VII. 3) = S. 180 ff. 他区分了三种法律适用学说：将法律适用理解为把具体案件涵摄到一般规范之下的经典理论，规范无涉的裁判理论（他将之归属于自由法学派）以及等置学说（Bd. III, 1976, 736 ff）。

② Karl Engisch, Die Idee der Konkretisierung in Recht und Rechtswissenschaft unserer Zeit, 1953, 2. Aufl. 1968. Dazu Fikentscher S. 750 f. 通常，对“目光在大前提和生活事实之间的往返流转”的引用，只是为了说明，作为出发点的事实是一项在法规范视角下可变的要求，因为迄今为止未注意的情况可能具有重要性，而另一些情况却丧失其意义。但恩吉施著名公式的发明者便已经意指两面了。不但从一项规范的视角出发相关事实会发生改变，而且反过来案件事实也会在内容上对规范发生反作用。

③ Josef Esser, Grundsatz und Norm in der richterlichen Fortbildung des Privatrechts, 1956. Dazu Fikentscher S. 688.

④ Arthur Kaufmann, Analogie und „Natur der Sache“. Zugleich ein Beitrag zur Lehre vom Typus, Vortrag gehalten vor der Juristischen Studiengesellschaft in Karlsruhe am 22. April 1964, Karlsruhe 1965. Dazu Fikentscher Bd. III, S. 751 f.

⑤ “当诠释学上的循环在规范和案件事实之间仅仅还需要一次‘上升（Bd. IV S. 201）与下降’，并且没有再一次对事实是否也保障了适用于它的正确规范这一应予肯定回答的问题进行追问时，‘诠释学上的致密化’将导向个案规范。换言之，个案规范的标准是在考虑到案件事实的组成部分的情况下，对规范性事物所做的最后可能的对象化”（Wolfgang Fikentscher, Methoden des Rechts, Bd. III Kap. 29 VI = S. 736ff, Bd. IV Kap. 31 VII. 3) = S. 180 ff., 199ff）。菲肯切尔将之定义为：“个案规范是客观法中的这类规则，它们可以将一个待决的案件事实涵摄到一项规整它的法律后果之下。个案规范是技术意义上的法条”（Bd. IV, S. 202）。或者第 382 页：“因为几乎每一个案件均和其他案件不同，所以个案规范在很大程度上被推至应对其予涵摄的事实领域中。尽管如此，规范和案件事实并不相同。不论个案规范是如何依个案剪裁而成，它仍然是规范的且因此是一般的，并且需要和案件相区别。”

⑥ So ausdrücklich Müller/Christensen, Juristische Methodik, 10. Aufl. 2009, Rn. 14. 令人困惑的是边码 182 的论述，这里的论述是，不确定规范文本的意义是可确定的。“不确定，但可确定”这对概念是从债权转让法中变得流行起来的，在那里意指，由于情势，所转让的债权原来显得不确定的称谓得以确定。

并宣称法律约束是一项拟制。[①] 这种建构是双重的。首先，原则上被认为是不确定的规范文本在适用情形中被塑造为具体的裁判，除此之外，将任何规范作为裁判基础加以引用都将改变规范，并且因此使得单纯适用规范的观念变得过时。“规则和适用的磨平”（Ladeur）以及“法律制定和法律适用分立的动摇”使得我们应当告别“立法者是形式的调控主体这种观念”（Augsberg 2007：491）。

在规则和适用的磨平这一命题的背后，隐藏着一种在理论上合理但却不适合实践的规则怀疑论（Regelskeptizismus）。一项规则的适用会反过来影响规则自身，这本身是正确的。规则在适用中经历内容上的变化也并不少见，但适用的通常情形更多的是对规范的巩固。通过完全不成问题的法律适用，规则也得到了证实和强化。被忆起和被设想的所有可予适用的案件将通过每一项具体化得到统一。在绝大多数的适用案件中，变化是如此的微小，以至于适用的观念能够得到维持。[②]

这里涉及的是其他的而且是比方法问题更多的东西，即涉及不同的法学世界观（Weltsicht）（Fischer 2007：140）。摒弃适用观念者将承担相应的后果。持法律适用根本不可能这种观点的人，在生成裁判时将自己理解为建构者并认为在处理法律和判例时更自由。威斯汀（2007：Rn. 225）认为，现代方法论的任务在于增强“对司法权自身功效的意识”并希望就此“摒弃立法者在等级上高于法官的观念”。实践上由此得出的是更接近所谓客观解释的理论，其结果是诸如“规范的形成”或“法律续造”被提升为诉讼之目的。反之，语义学派原本必须更倾向于主观解释理论，然而在这一点上它却发生了分裂。对一些人而言，法律的适用意味着适用制定法以及参考源自判例的规则，另一些以阿列克西为其代表的人则认为，法律适用不仅仅是对现存规则的适用，而是对包括其原则和价值在内的法的适用。对语义学派更倾向于桑斯坦（Sunstein）（1999）所称的判例极简主义[③] 的期待，也不能得到证实。最后，更靠近建构主义者而受到强调的个案衡量在两大阵营中也都可以找到。

2. 后现代法理论的方法批判

后现代法理论[④] 建立在根本性的反基础主义和极端的建构主义之上，它将

---

① Ralph Christensen, Sprache und Normativität, S. 138.

② Thomas Vesting, Rechtstheorie, 2007, Rn. 53 谈及“一项自身被设想为稳定的规则几乎看不见的微小变化”，但却仍然批评他将之与涵摄模式等置的适用模式。

③ 这种极简主义表现为一种双重的自我限制。它避免了在裁判个案时希望解决其他案件，而且它也避免了裁判的证立需要得到一般理论和原则的支持（Cass R. Sunstein, One Case at a Time: Judicial Minimalism at the Supreme Court, 1999）。

④ Sonja Buckel/Ralph Christensen/Andreas Fischer-Lescano (Hg.), Neue Theorien des Rechts, 2006 (2. Aufl. 2010) 提供了一项概览。

二者从科学哲学引入方法论之中。它拥护维特根斯坦和克里普克（Kripke）、奎因（Quine）和戴维森（Davidson）、塞拉斯（Sellars）和布兰顿（Brandom），将康德换为尼采，并在法国寻找其王冠证人：福柯与德勒兹、德里达与利奥塔，或者采用卢曼系统论的自创生版本。

后现代法理论告别了笛卡尔的意识哲学及其古典真理理论、主体-客体-分立以及实然与应然的二元论。在观察世界时，后现代法理论关注盲点、混乱的悖论、转换性重复意义上的迭代。在观察法律时，后现代法理论发现了国家统一的丧失、法律的多元化、社会的碎片化以及冲突的内部理性或碎片的自身逻辑。

正如卢曼①所描述且为其追随者大量接受的一样②，方法论首先面临着裁判的悖论甚至裁判不能。

"裁判必须了解自己，但也必须了解其他可能，亦即了解如下的悖论，其他可能是一项（否则裁判便不是裁判）同时也不是一项裁判（否则该裁判便不是裁判）"（Luhmann 2000：142）。

借此，卢曼暗指如下观念，即法律上的裁判是一种法律认知。然而，如果解决方案已预先描绘好而且仅仅需要被认识，则不存在需要裁判的事物。反之，如果解决方案不能从规则中推导出来，则我们不能做出裁判。换言之，悖论就存在这里。即使法律上的裁判在方法论上始终喜欢被阐述为对法律的认识，法学早就告别了其判断是认知性的这种观念。卢曼只是利用了该概念的双重意义，一会儿他就演绎的认知过程使用裁判，一会儿裁判又等同于决断。"若是必须承认，法院才'创造了'它所适用的法律，则我们将会得出一个循环"（Luhmann 1993：306），这个循环也并非循环。只有当我们被"法律"作为既定的规则以及规则之续造的双重意义所欺骗时，才会出现循环。我们也可以说：被当作裁判的悖论或解释悖论而高度艺术化的展示给我们的东西，无非就是处于新的、不太好用的包装中的原来的价值判断问题。

后现代法理论将自己理解为法律实践的外部观察者。但是，基于这种法律外部观察者的立场，后现代法理论的描述原则上均不适宜于批判法学方法论。从卢曼发展的法律系统自治的思想出发，它必然保留法律方法的独立性。所有科学上的陈述均相对地具有观察者的立场，尽管这一再被强调，但偏离方法论自我理解的他人认

---

① Zitat nach Niklas Luhmann, Organisation und Entscheidung, 2000, 142; ferner ders., Die Paradoxie des Entscheidens, VerwArch 84, 1993, 287–310; ders., Das Recht der Gesellschaft, 1993, 308; ders., Die Rückgabe des zwöften Kamels, Zeitschrift für Rechtssoziologie 21 , 2000, 3–60, 6. Dazu kritisch Klaus F. Röhl/Hans C. Röhl, Allgemeine Rechtslehre, 3. Aufl. 2008, 105f.

② Z. B. Karl-Heinz Ladeur/Ino Augsberg, Auslegungsparadoxien, Rechtstheorie 36, 2005, 143–184; Vesting, Rechtstheorie, 2007 Rn. 224ff.

知仍然被错误地诠释成了批判。

系统论取向的作者将法律获取描述为进化的过程。作为技术变迁和不断全球化、社会加速的自我转型及其不断增长的复杂性的结果而得到确认的是统一的丧失、碎片化的加剧、现存事物的多元化以及层级或垂直系统的坍塌。方法上的认识是，只有在适用法律的脉络中不断修订法律，才能够因应社会发展的动态。承载这种认识的动态化修辞几乎毫无反抗地被接受，但在回顾过去时却丧失了说服力。最晚自 18 世纪末叶开始，每个时代对自己的印象均是发展极快且极端化。从同代人的角度而言，和 20 世纪下半叶或千禧年之交相比，20 世纪上半叶的社会发展同样扣人心弦。

从对后殖民社会和跨国家的法律形成的分析中推导出的方法上的建议几乎毫无说服力。对这两个领域诊断的结果均为法律多元主义。现代法律理论上的观念——法律的层级构造、法院等级、公法和私法、内国法和跨国法、借由国际法的协调——在这里和那里均失灵。在“全球的布科维纳（译按，埃里希曾长期在此任教）”中，特布纳（Teubner）（1996）借此暗指埃里希的“活法”，不同的法律制度从不同的出发点——亦即多中心的——发展着，而且它们没有等级地相互并存着。全球化的法律系统的弱点在于它不能在不同法律制度之间进行协调。国法也早就丧失了对社会的规制力。跨国家的法律制度从外部渗透进来，而各种社会力量从内部推动着自我规制的工作。世界法中的协调仅仅通过“交织合法律性”（Interlegalität）来达成。这意指，“不同起源的平行规范系统交互启发、相互约束、相互交错与渗透，而没有融合为一个吸收其部分的超级秩序，而是作为平层的（heterarchische）构成物持续地并行存在，简而言之，法律多元主义就是现实”（Amstutz 2003：213）。对方法论的建议是接受法律多元主义的事实并依据国际私法中的冲突法规则的模范进行运作（Teubner/Korth 2009；Vesting 2007：Rn. 185）。若方法论愿意接受该项建议，那么它便丧失了处理规范冲突的最重要工具，即阶层化的法源层级理念。

我们当然可以而且必须提出如下问题，法律系统是否仍可被描述为层级构造的古典模式或者更适合（平层）并存的图像。对国家及其联盟之外的跨国家法而言，从不存在着一个层级秩序，所以多元主义的诊断对跨国家法显得稀松平常。值得注意的可能甚至是，在国际法中也可以观察到集中化的趋势。欧盟早就赢得了一种层级化的构造。在西方模式的现代国家中，诸如协会和大学、企业和非政府组织等事实上独立于国家的机构贡献出了规范性材料，这向社会学上的观察者展现了多元的或社会的法。对方法论而言，只有当法源论对其予以处理时，这种法律多元主义才具有重要性。许多东西作为委托立法或通过私法自治的法律形成嵌入了这种最终可追溯到国家宪法的层级构造模式。因而，法源论早就不再能够涵盖社会上法律的所有现代形式。但是在这里首先必须由法律理论进行准备工作并设计新的范畴，以便可以继受社会上形成的规范。①

网络并非法律概念（Buxbaum 1993）。只有数学家和社会学家②才熟悉具体的网络概念。在适用于法律时，网络一方面意指现实现象——政治上的行动者或行政机关、经济参与者或科学家的连系网络，另一方面意指资料与论据在内容上的聚合，就此而言，该概念具有模糊性。但在后现代的法律理论中，网络概念③首先被用做比喻④，借以排除层级性的秩序观念。"稳定的、围绕着主体、客体与理性之间关系之连接的合题转变为多元秩序的冲突关系，这种冲突关系的内在理性不再诉诸于作为核心的主体，而是协调匿名的关系（Ladeur 1995：39）。网络模式的引进是……一种尝试，通过引入区别而缓和让人恼怒的悖论。一种多观点主义应当取代传统-理性主义的、固定在统一之上的模式"，"网络中的思维"应当对"演绎-理性的"反思世界的主体提出一项"横断面的-连接的-思维样态"。

社会学对作为现实现象的网络化感兴趣，因为在网络作为社会现实现象的一项特定浓缩之外，网络自身成为了行动者。这种网络化在法律上之所以重要，是因为由此必须重新决定法律主体性和归责问题。⑤这些是我们不能推卸给方法论的重要

---

① 这为威斯汀所极力主张，但并没有达成（Rechtstheorie 2007, Rn. 184）。通过建议将"次级法源"和"软法"作为新的范畴，莫勒（Thomas M. J. Möllers）在这种方向上做出了尝试。最重要的次级法源应当由判例和行政规定构成。软法的实例提到了《德国公司治理规则》。关于判决、行政规定和私人的法律制定中的推定效果和信赖保护的纲要参见：in: Jobst-Hubertus Bauer (Hg.), Festschrift Herbert Buchner, 2009, 649–665。

② 一名被证明为也是法社会学家的女作者以部分代全体（pars pro toto）的阐述，Dorothea Jansen, Theoriekonzepte in der Analyse sozialer Netzwerke, 2007，网络上可利用的 «Network Analysis and Law Tutorial» von Daniel Martin Katz und Michael Bommarito (ULR: http://computationallegalstudies. com/network-analysis-and-law-tutorial/)。

③ 不同于其他人，拉德尔（Karl Heinz Ladeur）将网络概念引入了法学讨论 vgl. dazu Ino Augsberg/Tobias Gostomzyk/Lars Viellechner/Karl-Heinz Ladeur, Denken in Netzwerken, Zur Rechts- und Gesellschaftstheorie Karl-Heinz Ladeurs, 2009. Im Internet verfügbar das Sonderheft des German Law Journal 2009, Nr. 4: Law in the Network Society: A Celebration of the Work of Karl-Heinz Ladeur。

④ 关于作为比喻来使用，参见 Alexandra Kemmerer, The Normative Knot 2. 0: Metaphorological Explorations in the Net of Networks, German Law Journal 10, 439–461。

⑤ 不论所有的后现代修辞，研究这一具体主题的重要作品是 Gunther Teubner: Netzwerk als Vertragsverbund: Virtuelle Unternehmen, Franchising, Just in Time in sozialwissenschaftlicher und juristischer Sicht, 2004; Coincidentia oppositorum: Das Recht der Netzwerke jenseits von Vertrag und Organisation, in: Marc Amstutz (Hg.), Die vernetzte Wirtschaft: Netzwerke als Rechtsproblem, Schulthess, Zürich 2004, 11–42. Gunther Teubners。

法律问题。更为靠近方法论的是法院和法官的网络[①]、法学教授[②]的网络以及法学文献[③]或法院判决[④]中的引用网络。对它们的分析显示，法律上的裁判并非无条件地从论据的力量中产生。它另一方面也显示出，裁判之间的联系事实上是多么紧密。在现实的网络中，我们可以做出反应，我们可以对网络予以反思、描述、分析，但“网络中的思考”[⑤]是不可想象的。法律适用者或裁判者不能从自身的皮肤中脱身，对他们而言，网络视角仅仅开启了一个新的观察层面。

有关网络知识库存的生成和分配也是一种现实现象。网络构成了一种信息资源，但这并不意味着，关键在于在社会网络中开发新的信息源。方法论未必能引导其受众，使他们将自己作为现实的个人或制度予以网络化或者使其材料和社会网络关联起来。法学方法是建立在具体的法律信息源上的。网络化意味着内容和论据的网络化。然而，在法学方法的眼中，这种网络化一直就是融贯性（Kohärenz）。迄今为止，从网络视角中并未推导出新的方法。

3. 语言哲学上的规则怀疑论

通过接受语言哲学上的规则怀疑论（H. L. A. 哈特的表述），以语言哲学为取向的作者们使得方法论变得不确定，这种怀疑论是以克里普克对维特根斯坦的解释为导向的。借此，它错误地将认识论上的难题（Aporie）转移于实践。维特根斯坦的怀疑悖论源自两个方面，一方面语言上的表述和所指称的对象之间不存在指涉关系，但另一方面用日常语言沟通却完全行之有效。

语言表述始终只能通过有限多的实例习得，但却适用于无限多相同或相似的对象。当某人使用一个习得的概念时，他似乎遵守着一项规则，该规则规定，这种表述符合具体情形，因此该使用是正确的。然而，使用语言的事实并没有超出其本

---

① Daniel Martin Katz u. a., Reproduction of Hierarchy? A Social Network Analysis of the American Law Professoriate, Journal of Legal Education 61, 2011, 1–28.

② Daniel Martin Katz/Derek K. Stafford, Hustle and Flow: A Social Network Analysis of the American Federal Judiciary, Ohio State Law Journal 71, 2010, 457–507.

③ Fritz Dolder/Mauro Buser, Zitieren geht über Studieren – Empirische Wanderungen im Grenzgebiet zwischen Rechtslehre und Rechtsprechung, in: Josef Estermann, Josef (Hg.), Interdisziplinäre Rechtsforschung zwischen Rechtswirklichkeit, Rechtsanalyse und Rechtsgestaltung, Bern 2010, S. 193–210.

④ Michael James Bommarito/Daniel Martin Katz/Jon Zelner, Law as a Seamless Web? Comparison of Various Network Representations of the United States Supreme Court Corpus (1791–2005) 2009, SSRN: http://papers. ssrn. com/sol3/papers. cfm?abstract_id=1419525; James H. Fowler u. a., Network Analysis and the Law: Measuring the Legal Importance of Precedents at the U. S. Supreme Court, Political Analysis 15, 2007, 324–346; Thomas A. Smith, The Web of Law, 2005, SSRN: http://papers. ssrn. com/sol3/papers. cfm?abstract_id=642863.

⑤ 该表达出自拉德尔，首次见于其 »Das Umweltrecht der Wissensgesellschaft«, 1995, S. 37 u. ö。

身，也因此不能作为将来使用语言的规范起作用。每一项新的使用均要求一项并非必然可以从迄今的语言惯用法中得出的决定，换言之，一项概念的使用并没有通过迄今为止的语言惯用法而得以确定。克里普克认为，只有当我们将规则理解为命令时，才可以判断语言惯用法是否正确。但是这种规范性前提因回溯难题而失败，因为任何规则都不能规定自己的适用；该规范自身便是一项我们必须将之解释为规范的规则。[①] 然而，只有当我们观察孤立个人的私语言时，才能展现出此类疑难。当我们将语言惯用法作为社会实践来观察时，这种疑难便会消失。

就语言不断且以不可预见的方式发生变化而言，它不遵守任何规范。任何言说者均可自由地发明新的语言符号或者以与迄今为止不同的方式使用旧的语言符号。而且每一名决策者在决策之前均认为，只要他想（用得）不同，就可以（用得）不同。但这始终仅仅适用于将来。回顾过去，所有人总体上都一如以前地展开行动。在过去，语言变成了规律性的，否则它便会是不可理解的。就此而言，从语言发展的开放性到意义确定的不可能性[②] 的推论中隐藏着对克里普克对维特根斯坦的理论的基础主义解释的接受。

从维特根斯坦的理论的角度来看，此中涉及的是语言游戏的规则。法律规则也存在类似的问题，因为一项法律规则也应当适用于不确定的多数案件。如果就一项规则是否适用于一个新的案件存在疑问，严格说来便不仅仅涉及规则的适用，而且也涉及规则的改变。这是（法律上）规则怀疑论的立场。这反映在穆勒学派[③]（Müller 2001：361；Müller/Christensen 2009：225）的“法规范理论”中。对Wittgenstein 的继受以及语言学家布瑟（Dietrich Busse）（1988，1992）的说明，使得我们应当告别任何一项旨在探明先在意义的语词解释。据此，文本自身并无意义，而仅仅构成语言数据，借助该语言数据才在“文本工作”的脉络中建构性地衔接上意义：“作为表述、作为符号的规范文本，只具有法律工作者通过表示而赋予它的意义，这种表示在法律创制的过程中确定了对文本的一种解读方式。没有这种表示的规范文本便是一张布满印油，至多是布满代码的纸……‘词义界限’完全并

---

① “如果我们想要举出所要求的证据，则将陷入无穷递归。没有任何路径对语言意义的探知是绝对可靠的。规则的主张本身需要通过一项反过来对此负责之规则的具体适用的证据来证立。换言之，这里并没有封锁边界，而是开启了无法预料的视野（Ralph Christensen, Sprache und Normativität oder wie man eine Fiktion wirklich macht, in: Julian Krüper u. a. (Hg.), An den Grenzen der Rechtsdogmatik, 2010, S. 128-138, S. 129）。

② 例如通过 Müller 学派常引以为支援的语言学家 Dietrich Busse，Zum Regelcharakter von Normtextbedeutungen und Rechtsnormen, Rechtstheorie 19, 1988, 305-322。

③ 属于紧密圈子的包括 Dietrich Busse、Ralph Christenen、Hans Kudlich、Michael Solokowski 以及 Bernd Jean d Heur。

非由语言本身所预先给定。……一个这样的界限需要在语言中建立起来。”[①]

哈特认为，规则怀疑论者“有时候是一个失望的绝对主义者”，他发现了“规则并非如它在形式主义的天国中那样……。因此，怀疑论者持有的规则概念是一种不可达到的理想，而当他发现不能获得这种理想的规则时，就通过完全否认规则存在的可能性来表达他的失望”（1973，193）。类似地，诺伊曼主张，规则怀疑论者根本上是一个失望的规则柏拉图主义者。[②] 他只能想象作为引导行为和决定的、具有精确边界的、在理想中存在的规则。对他而言，单纯的社会实践不足以作为规则。[③] 在实践中，大量规则通过对在虚构案件中的可适用性的一致期待和适用实例（先例案件）而得以很好地建立，以至于尽管怀疑论在理论上存在合理性，但这些规则仍然有其意义。早在适用于争议案件之前，规范就完全不是虚拟的。即使没有先行的沟通和裁判，它们仍然规整着行为。

然而，语言惯用规则有其特殊性，它必须在常态中起作用而无需被提及或被意识到。因此我们也不能期待，在疑难案件中通过诸如查阅词典对解释这类规则会有更多的帮助。因此，只要方法论接受“法律文本的意义只能从词义和语言脉络的配合中才能获得”这一点，“词义具有区隔功能”这种依然支配着方法论的观念便站不住脚。但是从中得出的并非方法上的虚无主义。即使作为单纯符号的法律文本的语词和语句根本不具有客观意义，但是存在着一种排除任意性的一般实践，此外对法律文本还存在着法律人解释共同体的特殊社会实践，该共同体参与了文本的生成并且在解释时以相对统一的传统和阐释方法展开工作。在先将读者反应理论适用于法律文本造成了混乱之后，文学理论家 Stanley Fish 恰巧指出了这一点。[④]

4. 实用主义的解决方案：怀疑论的意义现实主义

今日，所有人[⑤] 均或多或少地信奉“实用主义”。依据“实用主义”的原始意义，在科学认识与其目的之间存在着一种密不可分的联系，这带来的后果是，重要的并非

① Müller/Christensen, Juristische Methodik, 10. Aufl. 2009, 542ff (Rn. 531 u. 533).

② 关于概念现实主义和概念观念主义的同时存在参见 Klaus F. Röhl/Hans C. Röhl, Allgemeine Rechtslehre, 3. Aufl 2008, 42。

③ Ulfrid Neumann, Juristische Methodenlehre und Theorie der juristischen Argumentation, Rechtstheorie 32, 2001, 239–255, S. 252f. Zur Kritik der Gleichsetzungslehren Fikentscher, S. 752f.

④ Stanley Eugene Fish, Is There a Text in This Class?, The Authority of Interpretive Communities, Cambridge Mass. 1980; ders., Doing What Comes Naturally. Change, Rhetoric, and the Practice of Theory in Literary and Legal Studies, Oxford 1989.

⑤ Z. B. Ralph Christensen, Sprache und Normativität oder wie man eine Fiktion wirklich macht, in: Julian Krüper u. a. (Hg.), An den Grenzen der Rechtsdogmatik, 2010, S. 128–138, S. 130; Martin Morlok, Neue Erkenntnisse und Entwicklungen aus sprach- und rechtswissenschaftlicher Sicht, in: Bernhard Ehrenzeller u. a. (Hg.), Präjudiz und Sprache, 2008, S. 67 ff, 67 f.

是从确定的基础中的正确推导，而是实践中的证实。然而在语言哲学中，从“实用主义”——特别是在罗蒂（Rorty）、塞拉斯以及布兰顿[①]那里——产生了一个极端建构主义的类似物，即如下观点：和我们相关的现实并非是先在的，而是通过沟通实践不断新创的。[②]但在一项沟通行为中，始终只有最少的东西是新的，主要是包括法律文本在内的旧有库存被循环使用。在此它们并没有彻底改变，以至于丧失了它们的意义。似乎是沟通理性的狡计最终贯彻了诸如意义的东西。

同样在语言哲学的外衣之下，科学哲学尽管摧毁了对绝对确定的知识的希望，但这除了对自我确实性和自我正义的一般性警告外，对日常实践的意义有限。任何自然科学家均不会因为从波普尔（Popper）那儿学到证真一项经验法则是不可能的而放弃实验。相应地，法学方法也有理由以文本自身具有意义这种推定开展工作。一部法典并非一个行车时刻表。在绝大多数和法律有关的生活过程中，法律适用是不成问题的。因此，大量的适用领域甚至可以自动化，从催告程序到土地登记簿和报税，直至所谓的电子政务框架中大量行政程序的电子化办公。因此可以很确定地说，法源，特别是制定法，具备一种可再生的信息内涵。

事实审法院（Instanzgericht）主要处理有关事实的争议，较少涉及解释问题，所以科学的注意力指向了解释问题集中的诸最高法院。法学上的努力以这种方式集中到了模糊的边缘领域，这因此使得确定的领域在视野上退居到不确定领域之后。在疑难案件中，制定法和先例均非得出确定裁判的指南，但它们也并非毫无意义。

方法论无需挺进到科学哲学和语言哲学的纵深，它可以满足于一种经验取向的实用主义——语言学的语言理论，正如赫根巴特（Hegenbarth）（1982）为法学所继受的语言理论那样。

（五）方法的力量或弱点?

1. 批判社会的方法怀疑论

19 世纪利益法学和自由法学派的批判主张，法学脱离法律的社会、政治和道德现实。因此，反对运动的根源并非是哲学性的，而是由新生的有关社会现实的科学，亦即社会学出发的，这并非偶然。在美国，批判法律研究运动（CLS）构成了

---

① 布兰顿的作品特别为克拉特（Matthias Klat）在《Theorie der Wortlautgrenze》一书中所继受。对此的批评为 Hans Kudlich/Ralph Christensen, Wortlautgrenze: Spekulativ oder pragmatisch?, Zugleich Besprechung von Matthias Klatt, Theorie der Wortlautgrenze, Archiv für Rechts- und Sozialphilosophie 93, 2007, 128-142。

② 关于对根本性反基础主义的批判 Susan Haack, Manifesto of a Passionate Moderate, Unfashionable Essays, Chicago 1998, und Alan Musgrave, Weltliche Predigten, Essays über Wissenschaft und Philosophie, 2011。

社会学法学和法律批判的一种现代版本，该运动同时以其极端性、多元性和作品的高出产率而引人注目。① 它将法律现实主义的批判强化为一种极端的不确定性原理②，并因此否认经民主而合法化的法律实证主义的可能性。其信条为：尽管拥有所有的文本，法律依然是不确定的，它只能从参与者在政治上的前理解中获得内容。该运动希望从社会理论的路径来理解法律，但却竭尽全力从社会哲学上对法律进行批判，尤其是对自由主义的社会哲学家及其所偏好的制度的批判。这样，批判法律研究运动便成为批判法律理论的聚集地，这些理论以其不同的重点集结于女权主义法律理论、批判种族理论、后殖民主义研究甚或酷儿理论的名下。

在德国也曾经并且仍然不断存在着类似的"冲击"，这些"冲击"对法律裁判的政治色彩进行批判或者至少进行主题讨论，并且也为此致力于法律理论和方法论。③ 因此，将不同版本的方法论归属于特定社会政策上的基本信念也就不言而喻了。就具体作者而言，这是完全可能成功的。但若我们更加抽象地考察大的理论阵营，则这种亲和性在很大程度上是不明确的。无论如何，在语义学派中更可能碰到保守的东西，而自由派和左派的东西更应当在建构主义者那里去寻找。尽管并不完全平均，但客观解释理论和主观解释理论的信徒也分布于两大阵营。④

① Mark Kelman, A Guide to Critical Legal Studies, 1987; Roberto M. Unger, The Critical Legal Studies Movement, 1986; Roberto M. Unger, The Critical Legal Studies Movement, Harvard Law Review, 96, 1983, 561–675, sowie die Beiträge in dem Sonderheft "Critical Legal Studies Symposium", Stanford Law Review 36, 1984, 1–674 (darin besonders die gute Einführung und Übersicht von Alan C. Hutchinson/Patrick J. Monahan, Law, Politics, and the Critical Legal Scholars: The Unfolding Drama of American Legal Thought, S. 199–245); Peter Fitzpatrick/Alan Hunt (Hg.), Critical Legal Studies, 1987 (= Journal of Law and Society, 1987, 1–197). Vgl. dazu aus deutscher Sicht Günter Frankenberg, Partisanen der Rechtskritik: Critical Legal Studies etc., in: Sonja Buckel u. a. (Hg.), Neue Theorien des Rechts, Bd. 2744, 2006, S. 97–116; Christian Joerges/David M. Trubek (Hg.), Critical Legal Thought, An American-German Debate, 1989 (neu veröffentlicht mit einer Einführung von Christian Joerges, David M. Trubek und Peer Zumbansen als Band 12 Nr. 1 des German Law Journal [http://www. germanlawjournal. com/pdfs/FullIssues/Vol_12_No_01. pdf]); Ekkehard Klausa/Klaus F. Röhl/Ralf Rogowski/Hubert Rottleuthner, Rezension eines Denkansatzes: Die Conference on Critical Legal Studies, ZfRSoz 1, 1980, 85–125.

② 作为证明的通常为：Duncan Kennedy, Freedom and Constraint in Adjudication: A Critical Phenomenology, Journal of Legal Education 36, 1986, 518–562, zitiert。

③ Otto Kirchheimer, Politische Justiz, Verwendung juristischer Verfahrensmöglichkeiten zu politischen Zwecken, Frankfurt a. M 1981 (Political Justice, 1961); Rudolf Wassermann, Der politische Richter, 1972.

④ 施罗德更多的将主观理论的拥趸定位于左派阵营，因为在那里，由于"法律信念的特殊党派和阶级属性"，对"这个问题——社会中是否存在不可置疑的法价值抑或仅仅存在一致性的正义观念"更应予以否定，以至于"法官的自由裁判始终被怀疑，所施行的并非是一项普遍的，而仅仅是法官个人的价值判断"。Jan Schröder, Rechtsbegriff und Auslegungsgrundsätze im frühen 20. Jahrhundert, Anmerkungen zum Streit zwischen„ objektiver"und „subjektiver" Interpretationstheorie, in: Jan Schröder: Rechtswissenschaft in der Neuzeit, 2010, 585–598, S. 597 f.

2. 社会学上的规则怀疑论

社会学在一般层面、法社会学在特别层面将我们带进了反思性地对待包括法规范在内的社会规范的时代。规范不再是一种不证自明的东西，而成为了一项难题。社会学对规范进行反思，它描述、计算并测量规范，其中不少是出于批判意图。这种批判意图如此地深入意识，以至于它使得规范丧失了部分效力。参与者接过了观察者的角色，借此，他们获得了对规范采取一种批判性、讽刺性或战术性立场的机会。对规范的反思立场并不仅仅是学术上的立场，这种立场借由媒体在很大程度上被普及并且特别支配着当下的教育过程。由此，公众对法律职业可预测性的信赖以及法律和法的客观性消失了。属于此的至少包括，人们以好像法律不确定的方式谈论它，而行动时大多数情况下又好像可对之予以信赖。

在经验上，法社会学对能够支持规则怀疑论的东西贡献很少。舒茨西弗尔（Schulz-Schaeffer）（2004）使我们注意到，法社会学真的极少关心法教义学（主要意指其方法）。我们开展的毋宁说是“错误社会学”。这应当是指，我们通过不同的路径（法官社会学、诉讼社会学）证明了最终一再得到贯彻的是社会的不平等，但并没有对法教义学和方法的参与加以检验。无论如何，罗特卢特（Rottleuthner）（1984）在一项对劳动法院审判权的广泛研究中得出了“惊人的发现”：尽管法官们在采访中或多或少地展现了偏向于劳工的态度，但是在这种态度（以及也在其他社会背景要素）和偏向劳工的裁判之间并不存在任何关联。此外，对美国最高法院的 200 余份的研究可以证明，法官个体在意识形态和政党政治上具有一定程度上的恒定性。[①] 但是，依据对美国司法研究更新的考察，塔曼那哈（2010：132ff.）得出的结论是，研究者们提出了错误的问题。他们本欲证明法官作出了政治性的判决，却就此忽略甚或压制了政治立场对裁判的现实影响有多么的小。

3. 国家社会主义时期的“不受限制的解释”

在国家社会主义时期，当法律成为蔑视人的政策的工具时，法学方法遭遇了最严苛的考验。今天，任何法律适用均配备了一项正义保留，该保留是从《基本法》第 1 条、第 20 条第 3 款以及超国家的法源，特别是《欧洲人权公约》中推导出的。只有当我们排除该项保留，并且假设法律适用者合乎方法地（methodengerecht）受实证有效的制定法的约束并且仅受其约束时，讨论纳粹时期对法学方法的考验问题才有意义。只有这样才能展示出标准方法是否失效。在该问题域，除了 Rüthers

① Lawrence Baum, The Puzzle of Judicial Behavior, Ann Arbor 1997; Manfred Weiss, Die Theorie der richterlichen Entscheidungstätigkeit in den Vereinigten Staaten von Amerika, 1971.

(1997［1968］)的奠基性著作外，还存在其他的研究。[①] 正如魏德士（Rüthers）深入阐述的那样，纳粹时期的法律借助于对形式-实证的制定法同向意识形态保持开放的概括条款之彻底矛盾的混合开展其工作。最后，对于“通过解释造成的私法整体服务于极权体制的转义解释，法学方法论是否真的不能对其设定限制”这一问题，魏德士以“明确的否定”(1997：442 f.)予以了回答。但是，依据魏德士对当下法学方法论的要求，纳粹的解释实践与符合方法的解释完全不同。即使我们和魏德士不同，也接受对制定法的客观-目的解释，该结论同样适用（Ogorek 2010）。因此，卢伊格（Luig）以很好的理由向魏德士主张，“真正严重的不法裁判嘲笑着所有的方法”(1992：2537)。事实上，通过对具体判决的分析，魏德士展现了纳粹时期的法院在解释的外衣下依据统治者的政策方针对制定法进行了篡改(Rüthers 1997：148 ff.，197 f.)。即便如实证主义般服从制定法，标准方法的正确适用原本也可以防止大量的不法裁判。

① Joachim Arntz/Hans-Peter Haferkamp/Margit Szöllösi-Janze, Justiz im Nationalsozialismus, Positionen und Perspektiven, 2006; Redaktion der Kritischen Justiz (Hg.) Die juristische Aufarbeitung des Unrechtsstaats, 1998; Bernhard Blanke (Hg.), Der Unrechts-Staat, 2. Aufl., 1983; Wolfgang Grunsky, Gesetzesauslegung durch die Zivilgerichte im Dritten Reich, Kritische Justiz , 1969, 146–162; Regina Ogorek, „Rassenschande “ und juristische Methode. Die argumentative Grammatik des Reichsgerichts bei der Anwendung des Blutschutzgesetzes von 1935, in: Regina Ogorek, Abhandlungen und Rezensionen, Frankfurt am Main 2008, S. 287–310; Rainer Schröder, „··· aber im Zivilrecht sind die Richter standhaft geblieben!” , Die Urteile des OLG Celle aus dem Dritten Reich, 1988; Gerhard Werle, Justiz-Strafrecht und polizeiliche Verbrechensbekämpfung im Dritten Reich, 1989; ders., „Das Gesetz ist der Wille und Plan des Führers “-Reichsgericht und Blutschutzgesetz, NJW 1995, 1267–1269.

情理、卡迪司法与实质出罪

——刑事裁判与情理间的疏离与缝补

崔志伟 *

内容摘要 当代刑事司法中呈现的用刑机械化现象可部分归因于情理在刑事裁判中的缺失，这种审判模式严守罪状中描述的法律概念以及形式逻辑推理，而对作为大前提的法律条文的规范目的及实质内涵不予深究。在中国传统法律文化中，“情理”的作用场域遍及定罪处刑的各个角度，韦伯将其定性为“实质非理性”是大体合适的，应实现“情理”作用场域由“全方位”向“单维度”的转换。形式理性的思维方式不能贯彻刑事评价始终，“卡迪司法”用于出罪评价是必要的，不宜将其简单视为“实质非理性”的代名词，其中所体现的能动性能够透过形式的罪刑条款发掘处罚的实质正当性根据。“情理”本身的作用在于，在案件审理过程中，形成对构成要件解释及适用上的妥当性指引，进而形成一种内心确认，而其本身并不直接适用于案件判断。刑事裁判的说理还应由以“情理”作为“内心凭借”转为以“法理”作为“外在彰显”，从法理角度觅求能够说明案件规律的教义学规则。

关键词 情理 卡迪司法 出罪 形式理性 实质理性

---

* 崔志伟，上海师范大学哲学与法政学院讲师，法学博士。

一、问题的提出

在当下司法实践中，民众对于刑事裁判结果的心态形成了对照鲜明的“两极”：刑事裁判结果顺乎民心时，民众会赞誉“司法为民”“对法律和事实的充分尊重，体现了司法理性和人文关怀”；[①] 刑事裁判结果有悖民心时，人们则会批评其缺乏司法良知。[②]“所不虑而知者，其良知也。”[③] 这种司法良知意味着一种价值倾向与公正共识。而“情理”所代表的正是中国式的良知。[④] 在学界的论述中，良知与“情理”早已画上了等号，[⑤] 王阳明更是将良知与天理结合在一起，“夫心之本体，即天理也。天理之昭明灵觉，所谓良知也”。[⑥] 且自宋代以后，“情理”一词逐渐地被“天理”所替代。[⑦] 由是观之，天理、良知、“情理”在中国传统法文化中具有相似的意蕴。

2014 年习近平总书记在中央政法工作会议时指出：“执法不严、司法不公，一个重要原因是少数干警缺乏应有的职业良知。许多案件，不需要多少法律专业知识，凭良知就能明断是非，但一些案件的处理就偏偏弄得是非界限很不清楚。”[⑧] 例如，对于赵春华非法持枪案，天津市河北区人民法院副院长坦言，“从这个案子本身来讲，法律的这种审判依据，应该是没有问题，但是是否从情理上怎么考虑，怎么更好地适应社会效果，从当时判的时候可能想的没那么多”。[⑨] 对于王力军收购玉米案，有学者认为，正是现存制度和社会发展的脱节导致王力军无证收粮行为合情却不合法，出现了法律与“情理”间的冲突。[⑩] 再如，对于“非遗”传承人非法

---

① 阮占江：《检察机关详解陆勇案撤诉缘由》，载《法制日报》2015 年 2 月 28 日，第 8 版。

② 参见刘艳红：《“司法无良知”抑或“刑法无底线”？——以“摆摊打气球案”入刑为视角的分析》，载《东南大学学报（哲学社会科学版）》2017 年第 1 期，第 75-84 页。

③ 《孟子 · 尽心上》。

④ 参见陈林林、王云清：《论情理裁判的可普遍化证成》，载《现代法学》2014 年第 1 期，第 23 页。

⑤ 参见徐公喜：《宋明理学法顺人情论》，载《船山学刊》2014 年第 3 期，第 98 页；陈林林、王云清：《论情理裁判的可普遍化证成》，第 23 页；郭忠：《法理和情理》，载《法律科学》2007 年第 2 期，第 16 页。

⑥ 《王阳明全集》（卷二 · 静心录之二 · 文录二 · 答舒国用）。

⑦ 参见霍存福：《中国传统法文化的文化性状与文化追寻——情理法的发生、发展及其命运》，载《法制与社会发展》2001 年第 3 期，第 7-8 页。

⑧ 中共中央文献研究室：《十八大以来重要文献选编》（上册），中央文献出版社 2014 年版，第 718 页。

⑨ 中国青年网：“法院谈射击摊大妈获刑：判决时从情理上考虑得不多”，2017 年 1 月 18 日，http://cnews.chinadaily.com.cn/2017-01/18/content_27993029_2.htm。

⑩ 参见新华网：“内蒙古农民王力军无证收购玉米案引发法律界讨论”，2017 年 2 月 20 日，http://www.nmg.xinhuanet.com/xwzx/2017-02/20/c_1120495630.htm。

制造爆炸物案，有媒体人士称，法院的处理虽说合理合法，但未对文化、人情的特殊性进行充分考虑，“法律有理无错，但‘情理’二字不可强行拆开”[①]。同样，兰草案也受到了“不顾情理法”“法律违背人之常情”的批评。[②]由此观之，在这些富有争议的案件背后，都面临着一种情与法的关系危机，裁判令人难以接受的最直接原因便是“情理”的缺失。这就意味着“合情理”可以成为检验刑法规范理解、适用是否妥当的最直接标准。在刑法教义学层面，如何恰当地运用价值判断使刑事裁判最大程度地符合公众的“情理”直觉便是摆在刑事司法面前的一个重要课题。

时下有学者认为司法上“情与法”处于一种不可调和的矛盾状态之中，每当“情”与“法”冲突时，即使后者让位于“情理”，“那就仍然不是‘法治’，而是‘人治’，不是‘法律主治’而是‘人情政治’。以为法律和情理总能彼此调和，只能是逃避问题的鸵鸟政策”[③]。这种说法过于绝对，笔者对此不尽赞同。中国人思维中的“情理”固然有私情、潜规则等贬义成分，但不可否认的是这种“情理裁判”思维并非一无是处。我们当下需要做的就是挖掘传统法律文化中的“情理”内涵，并使之恰当地作用于当下的刑事司法实践。

二、以“情”断案的中国刑事司法传统及其“出罪”意义

历代统治者在刑律设立的过程中均非常注重“情理”的考量，即立法本身就是一个参酌“情理”的过程。《汉书》中便有“圣人既躬明悊之性，必通天地之心，制礼作教，立法设刑，动缘民情，而则天象地”[④]的说法。《大明律》更是明确“陛下圣虑渊深，上稽天理，下揆人情，成此百代之准绳”[⑤]。御制《大清律例序》中也指明“揆诸天理，准诸人情，一本于至公而归于至当”[⑥]。而“天理”“人情”正是

---

① 中国网：“非遗继承人免罚：法律有理更要有情”，http://media.china.com.cn/cmsp/2017-12-31/1199708.html。

② 参见律法生活：“野草案、玉米案、鹦鹉案、仿真枪案，还有多少荒唐案？”，2017年7月22日，http://www.sohu.com/a/159145414_752455，2018年4月1日访问。

③ 凌斌：《法律与情理：法治进程的情法矛盾与伦理选择》，载《中外法学》2012年第1期，第127页。

④ 高潮、马建石主编：《历代刑法志注译》，吉林人民出版社1994年版，第5页。

⑤ 怀效锋点校：《大明律》，法律出版社1999年版，《进大明律表》。

⑥ 马建石、杨育裳主编：《大清律例通考校注》(御制《大清律例序》)，中国政法大学出版社1992年版，第5-6页。

古代法律文化中"情理"的另一种表达。即便是法家的代表人物商鞅都主张"法不察民情而立之，则不威"[①]，汉代的晁错也认为，"其为法令也，合于人情而后行之"[②]，只不过这种"民情""人情"已经除却了儒家的纲常伦理成分。刑事立法本就是一个开放的过程，古今中外莫不如此，因此，吸收民情、"情理"成分也再正常不过，对当下具有启示意义的只是"情理"在古代刑事司法中的作用。

（一）"情理"的作用模式与出罪情形归纳

在传统刑事司法中，"情理"的作用范围比较广泛，既可据此实现入罪或加重处罚，也可据此出罪或减轻处罚。例如《驳案汇编》中所载杀一家六命案，王之彬因民间琐事以及一些不必要的误会将王三麻子一家六口杀害。查阅既有律例，仅有"杀一家非死罪三人凌迟处死，财产断付死者之家""杀一家非死罪三人之妻子，改发附近充军"的规定，州府认为即便按照律例从重处罚，将王之彬妻子儿女发配伊犁为奴（相较"附近充军"已是从重）依然"实未得平"，于是向刑部上奏。刑部请示乾隆皇帝的上谕后认为："凶恶惨毒，实属从来所罕有。然按律不过凌迟处死，实觉罪浮于法。……夫王三麻子全家俱被杀害，而凶犯之子尚得幸生人世以延其后，岂为情法之平？……此等凶徒明知法止其身，或自拚一死，逞其残忍，杀害过多，以绝人之嗣，而其妻子仍得幸免，于天理、人情实未允协。"自此便又创制一新的律例："嗣后除'杀一家非死罪三人'仍照旧例办理毋庸议外，如杀一家四命以上、致令绝嗣者，凶犯拟以凌迟处死，将凶犯之子无论年岁大小概拟以斩立决，妻女改发伊犁给厄鲁特为奴。"据此，将王之彬凌迟处死，其子王小雨斩立决，其妻女发配新疆为奴。[③]之所以按照既有法律惩治王之彬仍感"意犹未尽"，主要是因为其绝人后嗣，而这严重背离彼时民众传宗接代的"情理"观念。对其子斩立决明显是突破了成文法的限制，以"情"入罪从而实现"情法之平"。

再如，"发掘远祖坟冢开棺见尸斩决"案便是突破文义选用重律的典型。张栋梁与张侣侯系同族无服兄弟，张应科系张侣侯胞叔，张应科无嗣而立继张栋梁为子，张栋梁所发掘的乃是张侣侯十一代远祖张书忠坟穴。查例载"奴婢发掘家长坟冢、开棺见尸者，为首斩决，为从斩监候，毁弃死尸者皆斩，子孙犯者亦照此例科断"。而张栋梁与承继远祖张书忠已隔十一代，并无服制，应同凡论，即"发掘他人坟冢、开棺见尸"拟绞监候。但司法者认为，如果照"凡人开棺见尸"论处，

---

① 《商君书·壹言》。

② 《论贵粟疏》。

③ 全士潮等纂辑：《驳案汇编》，何勤华等点校，法律出版社 2009 年版，第 278-281 页。

“情法实未允协”。终以“子孙犯者”的规定判处张栋梁斩立决。[①] 非常明显，张栋梁与张书忠既非事实上的主奴关系也非血缘上的子孙关系，能够强硬地“套用”此律例完全是“情法允协”的初衷使然。

当然，也存在以“情”降刑的典型案例。如“父母非理殴死子孙之妇”案，张氏系吴永朝期亲服侄吴国祥之妇，两人均是吴永朝自幼抚养婚配，缘张氏不守妇道，时常外出闲走，吴永朝屡戒不听。一日冲突中，张氏在吴永朝面前撒泼谩骂，吴永朝木棍乱殴致其死亡，依“本宗尊长殴卑幼之妇至死”律拟绞监候。司法官员审理认为，“殴打乞养异姓子孙并义子之妇至死者”律尚止杖徒，今吴永朝殴死违犯教令之侄妇，反置抱养之恩于勿论，拟以绞候，揆之情理，实未平允。吴永朝合改照“父母非理殴子孙之妇至死”律拟徒。[②] 非常明显，吴永朝与吴国祥显然不是律文中要求的“父母子孙”关系，这便是以“情理”（抱养之恩）突破律文的文义而实现对行为减轻处罚的体现。

在奉罪刑法定原则为圭臬的刑事法治当下，以“情理”入罪（包括以彼轻罪入此重罪）或加重处罚，或者基于身份特权而减轻处罚，均不符合刑事正义，这些情形也不在本文所欲论述范围内。在传统刑事司法中，不乏以“情理”而出罪的情形。《周礼》云：“以五刑听万民之狱讼，附于刑，用情讯之。至于旬，乃弊之，读书则用法。”郑玄注解：“故书‘附’作‘付’。讯，言也，用情理言之，冀有可以出之者。”[③] 显然，“情理”成为出罪的最直观依据。这很好体现了古代统治者慎刑、恤民、人道的一面。即在审理刑案时，固然需要注重“读书”以免刑而无据，但审理者并非完全持有一种“必罚主义”的心态，而是以“情理”作为衡量因素，审视是否存在出罪（“出之者”）之情形。这种思想，对当下的用刑机械化现象实有借鉴的必要。[④] 总体来看，以“情”出罪的案件可归结为以下几种类型。

其一，基于对脆弱人性的哀矜而出罪。在浩瀚的中国传统法律文化中，有些规定体现了对基本人性的尊重而非一概讲求法律本身的严苛。元代张养浩便告诫说：“人之良，孰愿为盗也，由长民者失于教养，动馁之极，遂至于此，要非其得已也。……万死一生，朝不逮暮，于斯时也，见利而不回者能几何？人其或因而攘窃，不原其情，辄置诸理，婴笞关木，彼固无辞，然百需丛身，孰明其不获已（不得

① 全士潮等纂辑：《驳案汇编》，第 173-174 页。

② 同上书，第 464-465 页。

③ 李学勤主编：《周礼注疏》，北京大学出版社 1999 年版，第 913 页。

④ 这种“情”的内涵过于丰富，当然有案件事实本身的意思，但这不在本文探讨之列。

已）哉！……人能以是论囚，虽欲惨酷，亦必有所不忍矣。”[①]明代《大学衍义补》也论及“后世之民犯刑多上失其道之所致，未必皆其民之罪，刑狱固在得其情而不可喜得其情”“此治狱者得狱之情，必加之哀矜而不可喜也，哀者，悲民之不幸；矜者，怜民之无知，勿喜者，勿喜己之有能也”[②]。这种表述充分体现了儒家恤民的一面，并且万历时明神宗朱翊钧之亲为作序，也体现了最高统治者对这种理念的认可。其意在要求审判者能够站在被告人的立场上体量犯罪行为的实施是否为情势所迫而不得已为之，这其中“非其得已”“于斯时也，见利而不回者能几何”的表述与当下学术理论中的期待可能性可谓有相似的旨趣和意蕴，都是“对强大的国家规范面前喘息不已的国民脆弱的人性，倾注刑法同情之泪”[③]。“不原其情，辄置诸理”则是强调以“情”调剂“理”之刚性。“未必皆其民之罪”更是要求统治者探求行为人犯罪背后的社会原因，对其抱有“哀矜”的心态，而非“喜己之有能”，一概追求案件量的上升或无罪结案率的控制，这种理念值得当下司法深思。

其二，基于“亲亲相隐”而出罪。《论语》中孔子与叶公的对话流传至今，叶公认为，“吾党有直躬者，其父攘羊而子证之”，而孔子认为，“吾党之直者异于是，父为子隐、子为父隐，直在其中矣”[④]。孔子这种思想对中国古代刑事司法产生了深远的影响。董仲舒春秋决狱佚文六则载明一则案例：甲无子，拾道旁弃儿乙养之，以为子。及乙长，有罪杀人，以状语甲，甲藏匿乙，甲当何论？仲舒断曰：甲无子，振活养乙，虽非所生，谁与易之。诗云：螟蛉有子，蜾裸负之。春秋之义，父为子隐，甲宜匿乙，诏不当坐。[⑤]从当今学理角度讲，本案“系以父为子隐为符合儒家道德规范之行为，从而阻却其有责性”[⑥]。其背后是期待可能性的法理。

其三，根据“原心定罪”的教旨主义而出罪。例如，甲夫乙将船，会海风盛，船没溺流死亡，不得葬。四月，甲母丙即嫁甲，欲皆何论。或曰：“甲夫死为葬，法无许嫁，以私为人妻，当弃市。”议曰：“臣愚以为春秋之义，言夫人归于齐，言夫死无男，有更嫁之道也，妇人无专制擅恣之行，听从为顺，嫁之者归也，甲又尊者所嫁，无淫之愆，非私为人妻也。明于决事，皆无罪名，不当作。”[⑦]“本条仲舒断曰‘皆无罪名’，即谓依经义解释，于本案之情，‘私为人妻’罪之构成要件不

---

① 《牧民忠告·卷下·慎狱第六·存恕》。

② 邱濬：《大学衍义补》卷 101 总论制刑之义（下）、卷 106 详听断之法。

③ 大塚仁：《刑法论集》，东京有斐阁 1978 年版，第 240-241 页。

④ 《论语·子路》。

⑤ 转引自黄静嘉：《中国法制史论述丛稿》，清华大学出版社 2006 年版，第 16 页。

⑥ 黄静嘉：《中国法制史论述丛稿》，第 18 页。

⑦ 转引自黄静嘉：《中国法制史论述丛稿》，第 22 页。

该当，或足阻却其犯罪之事由。”[①] 也就是说，甲再嫁并非性欲使然，而是基于“父母之命”，不应以犯罪论处。由此可见，在原心定罪的司法传统中，行为人意志要素的“善恶”完全可能决定着犯罪与否的判断。

其四，因“为孝子屈法”而出罪。古代司法中还经常出现“为孝子屈法”的现象，以维护“忠孝”的伦常道德。《明史·刑法志》便直接言明：“明刑所以弼教，凡与五伦相涉者，宜皆屈法以伸情。”[②] 这种理念真实作用到了司法实践当中。朱元璋时期，“杭州民有获罪律当杖，而谪戍其子为磨勘司吏固请以身代。上曰，此美事也，姑屈法以申父子之恩，俾为世劝。遂命释之”[③]。这是因为，在古代社会，孝道是最基本的人伦情理，为尊亲请罪视为“孝”的集中表现。不过，这种法外施恩通常以不触犯皇权的权威且获得最高统治者的认可为前提，因此实施较为严格。

其五，一定条件下的“复仇”无罪。“君弑，臣不讨贼，非臣也。父弑，子不复仇，非子也。”[④] 这种复仇观由来已久，也深深镌刻在中国传统法律文化及民众思维当中。《周礼》规定，“凡报仇雠者，书于士，杀之无罪”[⑤]。即只需履行向官员报备的义务便可复仇。只是“凡杀人而义者，不同国，令勿仇，仇之则死”。即如果杀人行为符合义理，则不得对其寻仇。郑玄注疏曰，“谓父母、兄弟、师长三者尝辱焉，子弟及弟子则得杀之，是得其宜也”。[⑥] 如果将于欢辱母杀人案搁置彼时，就无需判断正当防卫的成立与否，而可径直得出无罪结论。秦汉之后，历代统治者对复仇者的处置严厉程度不尽相同，但大都会考虑“孝子不可刑”的孝道因素，从而对其殴杀行为降格处理。之所以不宜直接宣判为无罪是出于维护公力秩序的考虑，但在民众心态中，复仇行为永远是高尚的、合“法”的、无罪的，甚至有“畏法不复仇，君子所不耻”的通念。[⑦]

通过以上介绍可以发现，“情理”作为一种规范外的裁判资源，在化解律文之戾气以做到“恤民”“哀矜勿喜”、体现统治者人道理念的同时，也成为对被告人不利的裁判理据。对于这种刑事审判文化，如何一分为二、取其精华，便是法治社会当下的重要课题。观察以上五种出罪情形，虽然均是刑罚宽缓理念下的产物，但

---

① 黄静嘉：《中国法制史论述丛稿》，第 23 页。

② 高潮、马建石主编：《历代刑法志注译》，第 856 页。

③ 《明太祖实录》（卷 102）。

④ 《春秋·公羊传》。

⑤ 李学勤主编：《周礼注疏》，第 942 页。

⑥ 同上书，第 360 页。

⑦ 参见范忠信等著：《情理法与中国人——中国传统法律文化探微》，中国人民大学出版社 1992 年版，第 27 页。

并非均符合当下的刑事法治需要。例如，“复仇”显然不应成为行为出罪的依据，而是应当转换为“被害人过错”、置于规范评价框架内，在量刑时适度考量。但“用情理言之，冀有可以出之者”，却是值得当下借鉴的法治资源，尤其是出于对脆弱人性的哀矜而出罪，仍有其借鉴意义。

（二）以“情”断案模式的合理限度

在当下，对于这种以“情”断案的司法模式，是应当一概否定还是限定性肯定，如果予以一定范围内的肯定，则肯定的限度何在。这其实是一个关系“实质理性”与“实质非理性”的法理学命题。

1. 以“情”断案总体属于“实质非理性”

从韦伯的论述角度，法创制和法发现可能为理性和非理性的。其中“形式非理性”的情况是“为了顺当处理法创制与法发现的问题而使用理智所能控制之外的手段，譬如诉诸神谕或类似的方式”；“实质非理性”的情形则是“全然以个案的具体评价——无论其为伦理的、感情的或政治的价值判断——来作为决定的基准，而非一般的规范”。同样的，“理性的”法创制和法发现，也可能是在形式上或在实质上。他认为，所有形式的法，至少在形式上相对而言是理性的。这种“形式理性”，是指无论在实体上或诉讼上，唯有真确无疑的一般性的事实特征才会被计入考量。这种形式主义由可以被感官直接感受到的部分，以及借着逻辑推演而释明含义并以此形成法律概念然后被加以适用的部分这双重的性格组成。韦伯进而认为，这种形式理性追求“获得形式上与法学上的极致精准，以使正确预计法律程序结果的机会达到最高点，并且最能切合法律和诉讼的合理体系化”。“实质理性”则意味着：“特质别具的规范——有别于透过逻辑的通则化而得来的规范——对于法律问题的决定理应具有影响力。换言之，诸如伦理的无上命令、功利的或其他目的取向的规则、政治准则等，率皆能破除外在表征的形式主义及逻辑抽象的形式主义。”[①]

这里说的“理性”是指对事物普遍、必然的认识[②]，即认识事物的一种呈规律性的合理规则，不能将之简单等同于结果本身的正当与否，结果可能是正当的，但手段可能是非理性的。“正如所有召唤巫术力量或神力的活动一般，此种诉讼程序恪守形式地期待，经由决定性的诉讼手段之非理性的、超自然的性格来获得实质‘公道的’判决。”[③] 这类判决在最终结果上可能（恰巧）是公正的，但这种结果却

---

① 马克斯·韦伯：《法律社会学》，康乐、简惠美译，广西师范大学出版社2005年版，第28、218页。

② 参见刘艳红：《实质刑法观》，中国人民大学出版社2009年版，第16页。

③ 马克斯·韦伯：《法律社会学》，第222页。

不是通过规律性的规则标准推导出来的，因而仍是非理性的。

韦伯将重视实质的公道、平等和某些功利主义的目的，而无视于法律与行政的形式合理性的审判，称为“卡迪”（Kadi）裁判，并认为中国的司法行政大致仍停留在“卡迪裁判”的程度上。[①]他将中国社会定性为“以伦理为取向的家产制”，认为其“所寻求的总是实质的公道，而不是形式的法律”[②]，并且，“裁判的非理性，是家产制的结果”[③]，由此将中国古代司法划入“实质非理性”之列，卡迪司法也便成为实质非理性的代名词。正是“非理性”的标签，而非形式与实质之别，使中国的学者对此论断争议不绝。贺卫方认为，我们的古典司法确实就像卡迪司法，这样的一种司法本身不能称为司法，简直可以称为“司无法”；没有法律可以遵循，而只是一个伦理型的准则或原则。[④]站在为中国传统法律文化辩护的角度的学者则认为，这种定性是韦伯以西方现代化发展模式、标准为中心对西方以外的社会作出的衡量，意在彰显西方的特殊性以及其他社会的“落后”，有失客观性。[⑤]

笔者认为，韦伯对中国传统司法“实质非理性”的定位大体合适。他之所以将中国传统司法定性为“实质”，是因为这种司法模式屡屡冲破律文的形式上的限制，通过上文的介绍可以确认这点。中国古代虽早已实现了“罪由法定”，但同罪刑法定的实质内核还是相差甚远、貌合神离。

之所以将其定性为“非理性”则是因为他认为与西方严格形式推理下的司法相比，中国的司法审判活动具有强烈的不可预测性。[⑥]按韦伯的话说，他之所以坚信“形式裁判的决定性优点”，正是因为，“在非形式的裁判里，发现了绝对的恣意和主观主义的非恒常性之所以出现的机缘”“举凡在意识形态上致力维护实质正义的所有势力，必然拒斥这样的价值（指形式理性带来的价值——引者注）。这些势力所偏好的，不是形式裁判，而是‘卡迪裁判’”。[⑦]撇开褒贬的成分，笔者认为，韦伯这种对中国传统司法的论断有其合理性根据，即便是在所谓的以法裁判的

---

① 马克斯·韦伯:《中国的宗教：宗教与世界》，康乐、简惠美译，广西师范大学出版社 2004 年版，第 159 页。

② 同上书，第 158 页。

③ 马克斯·韦伯:《法律社会学》，第 232 页。

④ 贺卫方:《法律方法的困惑》，2007 年 10 月 29 日，http://article.chinalawinfo.com/ArticleFullText.aspx?ArticleId=40386&listType=0。

⑤ 参见马小红:《“确定性”与中国古代法》，载《政法论坛》2009 年第 1 期，第 16 页；徐爱国:《韦伯的理论“剪刀”与中国法的“面目”》，http://www.cser.org.cn/news/914.aspx。

⑥ 参见林端:《中西法律文化的对比：韦伯与滋贺秀三》，载《研究生法学》2003年第4期，第105页。

⑦ 马克斯·韦伯:《法律社会学》，第 223 页。

刑事领域亦是如此。其一，从总体指导思想上讲，“始发于情，终近于义”“义者，宜也”是中国传统司法的追求目标。与西方社会纯粹性、恒常性、普遍化、形式化的理性不同，中国法律文化中的“天理”主要是一种实践理性、道德理性，它是基于人性、人情基础上的“情理”，其具有某种特殊性、人情情境的多变性和权宜性。[①]这种多变性和权宜性相较形式理性自然是难以预测的。其二，从“情理”的解释主体上讲，对于特定案件中是否吸纳“情理”因素、程度如何，最高集权者具有最终的解释权和决定权。《晋书·刑法志》便规定，“若开塞随宜，权道制物，此是人君之所得行，非臣子所宜专用。主者唯当征文据法，以事为断耳”[②]。司马光也认为，“执条据例者，有司之职也，原情制狱者，君相之事也”[③]。司法者只需依律例条文办事，“情理”因素的运作交给最高统治者决定。这种做法的好处是保障了司法的统一性以及减少滥用“情理”出罪现象的发生，但“情理”表达很大程度上成为君主个人意志的彰显。在一些案件中，如上文提及的杀一家六口命案以及复仇类案件等，所谓的“情理”要么成为君主恩泽的表征[④]，要么成为满足严惩欲望的理据，君主个人的意志和对“礼”的解释成为当然的合法性依据，难以形成一套可供参考的、呈规律性的规则。其三，从具体结果上看，以上所引案例已经表明，“情理”因素既可用于出罪也可用于佐证入罪，既可据此加重也可因此减轻，作用场域可谓遍及定罪处刑各个角度，具有十足的开放性和权宜性。因此，即便是在确立了成文法对刑事司法约束力的朝代，由于“情理”的内涵过于庞杂、作用的场域过于广泛，加上比附援引、皇帝创律的现象的存在，律文极富弹性，可预测性、确定性势必有所折扣，将其定性为“非理性”是大体合适的。

2. 卡迪司法在出罪维度具有合理性

因中国传统刑事司法属于“实质非理性”而对其予以全盘否定并不合适，部分以“情”出罪的理念和实践仍有借鉴的必要。在韦伯的论述中，卡迪司法被视为完全负面的典型。韦伯认为，相对于“形式上合理”的明确性，“实质上合理”这个概念含义十分模糊，他仅仅说明了两者间的这个共同点：观察并不满足于纯粹在形

① 参见肖群忠：《中庸之道与情理精神》，载《齐鲁学刊》2004年第6期，第7页。

② 高潮、马建石主编：《历代刑法志注译》，第121页。

③ 邱濬：《大学衍义补》卷108谨详谳之议。

④ 例如，缇萦救父的典故为人周知，（汉文帝）即位十三年，齐太仓令淳于公有罪当刑，其少女缇萦，随其父至长安，上书曰：“……妾愿没入为官婢，以赎父刑罪，使得自新。”书奏天子，天子怜悲其意，遂下令废除肉刑（高潮、马建石主编：《历代刑法志注译》，第27–28页）。汉文帝在面对淳于公的刑事案件时，首先审视的并非是案件事实以及律例规定，而是为孝情所动“怜悲其意”进而自省，从而突破了既有的成文法规定以做到法外施恩。

式上可以明确指出的这一事实，而是要提出伦理的、政治的、功利主义的或者其他的要求，并以此用价值合乎理性或者在实质上目的合乎理性的观点来衡量哪怕形式上还是十分“合理的”结果。[①]但是刑法中的构成要件由于语言固有的抽象性、一般性，涵摄的情形可谓千姿百态，有些形式上能为构成要件所涵摄的情形可能并非是立法者意图用刑法予以规制的。此时，“实质上的目的合乎理性”就显得尤为必要。尤其是在刑法适用上，刑法的规范目的是保护特定的法益，如果对这种法益没有深入的理解，或对其的理解产生了偏颇，便极易导致对不当罚的行为作出处罚的情况，形式理性运用到具体案例则可能导致处罚不合理现象。

当然，在韦伯看来，形式理性恰恰是最大的理性，他并未提及形式理性与实质理性相冲突时如何处理。相反，他批评不愿接受形式限制的约束的僧侣统治者、（开明的）专制君主等，“他们都感觉到在他们的道路上，存在着法逻辑的抽象的形式主义和通过法来满足实质要求的需要之间无法避免的矛盾”[②]。言外之意是，这些主体之所以不愿奉行形式理性的法律，是内心担忧由于两者无可避免的矛盾，法逻辑的形式主义会阻碍他们的实质需求，而“卡迪司法”对于实现这种实质要求则毫无阻碍。但是，形式理性与实质理性存在一些固有的冲突，这是一种客观事实，在此冲突下，选择严格尊奉形式上的法条规范还是以满足实质合理性为导向，就是摆在刑事司法者面前的一个现实问题；另外，这种冲突并非完全无可调解，因为在刑事评价中，形式理性与实质理性侧重的其实是不同维度。

其实，通观韦伯的著作可以得知，他之所以如此青睐形式理性主义，正是因为在这种法律模式下，各利益主体可以合理预计和确认自身的法律后果。如果将社会交往视为一场游戏，形式理性的法律则为此提供了确定的、可供参照的“游戏规则”，而实质理性的法律由于参考因素难以确定，显然无法做到这点。刑法中的罪刑法定原则便是为了落实这种形式理性追求的旨趣。所谓“法无明文规定不为罪，法无明文规定不处罚”，是从“定罪处罚”即入罪的角度提出的要求，这里的“法”必须遵循形式理性进行设置。之所以在这种入罪的维度上不能掺入任何实质因素，是因为刑法作为一种“行为规范”，公众只有按照既成的法律文字决定某种行动的义务，不能严苛要求他们还去考虑法律背后甚至法律之外的实质的东西。因此，在入罪评价上绝对不能突破法条文义的限制。就此而言，中国古代刑事司法将本该适用轻律的案件根据“情理”进行实质解释从而适用重律实现加重

---

① 马克斯·韦伯：《经济与社会》（上卷），林荣远译，商务印书馆 1997 年版，第 107 页。

② 同上书，第 140 页。

处罚（如许朝升教唆词讼案[①]、发掘远祖坟冢开棺见尸斩决案[②]），或者虽有形式上的律条依据，但因感觉处罚力度不够而创制新的重律（如杀一家六口命案），或者将没有形式上处罚依据但基于所谓“情理”作出入罪化处理（如夫妻口角致夫赶殴失跌致毙案[③]），这些都是有悖形式理性的，韦伯将这种司法归为实质非理性并不为过。

因此，在入罪（包括由此罪入彼罪）维度，只能坚持形式理性，不能基于任何“情理”因素“法外论罪”。例如肖永灵投寄虚假炭疽病毒案，从一般人的法正义感观察，这种行为有处罚的必要性，与此可能形成对接的罪名只有以危险方法危害公共安全罪，但无论从客观事实上还是行为人的主观认识上，这种方式都不可能对不特定人的人身、财产安全造成实际危险，与放火、爆炸等危险方式也根本不具有等价性，即便惩罚乃“情理”所需，也应恪守形式理性。

但是，对于形式上符合了犯罪构成要件的行为，评价不应就此终结而径直入罪，即形式理性的思维方式不能贯彻刑事评价始终。当拟定的入罪处理结果从“情理”或司法者的正义直觉上判断不具有合理性时，就需要返诸大前提本身，是否需要结合法条本身的目的以及案件的特殊情形作出合目的性的限缩解释，即“冀有可以出之者”。将这种形式上为罪的行为作出罪化处理并未有悖形式理性的初衷，因为，保障公民的预测可能性从来要求的只是“无法不罚”，而非“有法

---

① 《大清律例》规定“凡年七十以上、十五以下及废疾，犯流罪以下，收赎”（马建石、杨育裳主编:《大清律例通考校注》，第264页）。对此再清晰不过的规定，司法者也会以“许朝升教唆词讼，拟流，年已七十，可否收赎，请示一稿”向刑部请示。刑部的回复是“遵查年老之人律准收赎者，原因其精力已衰，不致复犯，故特曲加原宥，以示矜全。至以毫不干己之事教唆诬告，其年虽老，智虑未衰，若亦准予收赎，幸免治罪，仍得扰累乡愚……该犯情罪较重，似应不准收赎”（[清]祝庆祺等编:《刑案汇览三编（一）》，北京古籍出版社2004年版，第120页）。对于年逾七十可收赎的规定既可以理解为“尊老恤幼”的人道关怀，也可如本案解读为“精力已衰，不致复犯”，正是基于本案“情罪较重”而选择了后者，突破形式上的文义以实现对嫌犯加重处罚的目的。

② 张栋梁与张侣侯系同族无服兄弟，张应科系张侣侯胞叔，张应科无嗣而立继张栋梁为子，张栋梁所发掘的乃是张侣侯十一代远祖张书忠坟穴。查例载“奴婢发掘家长坟冢、开棺见尸者，为首斩决，为从斩监候，毁弃死尸者皆斩，子孙犯者亦照此例科断”。而张栋梁与承继远祖张书忠已隔十一代，并无服制，应同凡论，即“发掘他人坟冢、开棺见尸”拟绞监候。但司法者认为，如果照“凡人开棺见尸”论处，“情法实未允协”，终以“子孙犯者”的规定判处张栋梁斩立决（[清]全士潮等纂辑:《驳案汇编》，第173-174页）。非常明显，张栋梁与张书忠既非事实上的主奴关系也非血缘上的子孙关系，能够强硬地“套用”此律例完全是“情法允协”的初衷使然。

③ 本案中，黄李氏与其夫黄长喜发生口角，其夫拾棍赶殴，绊跌倒地致被地上木杆担尖头戳伤右膀毙命。律条中没有针对此类行为的规定。司法官认为，黄李氏应比依妻妾衅起口角，并无逼迫情状，其夫轻生自尽者，照子孙违犯教令致父母轻生自尽例拟绞监候（[清]祝庆祺等编:《刑案汇览三编（二）》，北京古籍出版社2004年版，第1266页）。

必罚”。如果坚持刑法的形式理性“违法必究”，反而会导致用刑机械化以及处罚过度。

由此可见，形式理性与实质理性分别对应不同的刑事评价维度，稍有颠倒便可能推导出不合理的处罚结论。“卡迪司法”思维模式用于出罪评价是必要的，不宜将其简单视为“实质非理性”的代名词，其中体现的能动性能够透过形式的罪刑条款发掘处罚的实质正当性根据。同样，在中国古代司法中贯穿刑事评价全方位的“情理”因素，固然有其“非理性”成分，但不应据此直接否定“情理”在案件裁判中的作用，只要“情理”的作用场域实现由“全方位”向“单维度”的转换，其便能在形式理性的前置性制约下剔除其非理性因素，而又能在出罪的“单维度”不受制于形式理性而留存其实质理性成分。

在“赵春华非法持枪案”中，《刑法》的罪状描述是“违反枪支管理规定，非法持有枪支的”便可构成犯罪，且相关司法解释规定非法持有以压缩气体等为动力的其他非军用枪支 2 支以上的，就达到了入罪标准。在经过公安部门的鉴定后，赵春华的“持枪”行为已然符合了形式上的规定，也正是因此，法院审理人员才坚持认为“法律的这种审判依据，应该是没有问题”。同样，在王力军收购玉米案中，相关行政法规确实规定了收购粮食需要办理许可证，王力军无证收购便是“违反国家规定”，加上“其他严重扰乱市场秩序的非法经营行为”的弹性，形式上构成犯罪也似乎没有障碍。但正是这种“严格依法办事”的司法行为，招致了广泛的公众质疑和“情理”责难。“情理”既然是一种衡量处罚正当性与否的一般道理、是一种“是非之心”，司法者也“置身其中”“概莫能外”，那么定罪判断“合情理”维度的考量便不会浪费过多的司法精力和资源，这种考量也是必要的。当审判者发现这种“情法矛盾”时，首先要做的是重新审视法律规范的认识过程，而非将错就错。以上两案皆被舆论反逼而重新裁判，这种“情理”在刑事裁判中缺失的情形或许仅是众多类似案件的冰山一角。司法者不能抱有任何规避睽睽众目的侥幸心理，审判不容试错。我们也不应一概责备司法者缺乏良知，为实现对“情理”的充分审视，在制度上还需要配套地赋予法官以出罪权，否则“合情理”只会沦为一个华而不实的口号。

总而言之，中国古代刑事司法追求“情法平允”的效果，对于“情法未平”的案件既可能法外论罪，也可能法外施恩，对于后者有“选择性借鉴”的必要。在坚持罪刑法定及刑事法治的大前提下，我们传统刑事法律文化中的“情理观”恰恰是一种珍贵的本土资源。当依据现有的规则和理论得出的刑事处罚结论与包括司法者在内的公众共识相悖（即处罚了不当罚的行为）时，就需要如卡多佐所言“涂抹规则、修正规则、限制规则，甚至删去规则”，[①] 从而获得法律及教义学理论的成长。但“情理”在刑事司法中的作用仅限于对罪刑规范妥当性适用上的“内在指引”，由于其固有的模糊性，在具体说理上不能代替教义学本身。

三、当代刑事司法中的实质理性与“情理”考量

横向来看，西方刑事司法中确实曾经存在过注重形式理性的传统，但发展至当下已无学者或司法者秉持这种形式理性思维，而是无不考虑处罚的正当性及实质合理性。并且，当我们对这些针对处罚正当性及实质合理性进行考虑的一系列学理概念予以深究时就会发现，这些学理概念背后之理论的创制也是源于对刑事判断“合情理”化的考量。

（一）形式理性及其滥用

韦伯认为，举凡在中国、印度、伊斯兰国家或一般而言理性的法律创设与裁决未能获胜的任何地方，“自由裁量高于一般法”（即以自由裁量超越或打破形式的法律规定）的命题是通用的。然而这样一个命题并没有像西方的中世纪那样，促成资本主义式的法律制度之发展。所有适合于资本主义的法律形式，在西方的中世纪时就已创造出来。[②]“资本主义所需要的是如同机械那样可以计算的法律，容不得礼仪—宗教的、巫术性的观点扮演任何角色”，因此在中国的法律环境下，资本主义是无法运营的。[③] 形式理性也被形容为一种技术合理性的机器，其作用在于保证各个法利害关系者在行动自由上尤其是对本身的目的行动的法律效果与机会加以理性计算这方面，拥有相对最大限度的活动空间。[④] 在这种“形式理性”类型下，只有法律本身才是裁判的依据，即法律自身是一个自给自足的封闭体系，无需伦理、道德等价值判断因素的介入。法律形式理性主义的倡导者曾经一度追求建立一部概念清晰、逻辑严谨、体系周全的成文法典，当这样一部法典业已厘定，法官要做的仅仅是“逐字遵守”，其“唯一的使命就是判定公民的行为是否符

① 本杰明·N. 卡多佐：《法律的成长：法律科学的悖论》，董炯、彭冰译，中国法制出版社2002年版，第39页。

② 马克斯·韦伯：《中国的宗教：宗教与世界》，第157页。

③ 马克斯·韦伯：《法律社会学》，第231页。

④ 同上书，第220-221页。

合成文法律"[1]，从而限制法官的自由裁量。

这种形式理性思维表现在犯罪构成上就是"贝林-李斯特"犯罪论体系。在贝林看来，构成要件当属纯粹形式的、客观的、价值无涉的，并且是与违法、罪责无关的、保持独立的。之所以在构成要件中去实质、去价值、去规范、去主观，一是为了实现罪刑法定的人权保障机能，[2]约束法官的自由裁量、杜绝恣意判断；二是受自然科学和实证主义影响，"试图将自然科学技术法则当做法律的基本原则，从而在具体考察中不掺入任何价值内容"[3]。在违法性层面，出于对罪刑法定形式理性的绝对恪守，被检验的只有法律规定的阻却违法事由，及至新古典犯罪论时期，超法规阻却违法事由方得受承认。[4]如果遵从这种犯罪认定逻辑，诸如"赵春华非法持枪案""王力军收购玉米案""抗癌药代购第一人案"等，均符合了法定的形式的构成要件，也不具备明确的违法阻却事由（包括超规范的），基于形式逻辑的推演自然会得出犯罪的结论，但这种用刑的机械性明显缺失了实质合理性的考量，这也是引起舆论沸然的根本原因。并且，这种思维使法官沦为"受单纯解释法律条文和契约约束的法律自动机器，人们从上面放进事实和费用，以便让它从底下吐出判决和说明理由"[5]。脱离了"情理"或实质合理作为潜在的依据，即便有合乎逻辑的推演也势必导致说理的单薄，甚至引发法律、司法与公众认同的割裂。此中实在法绝对的权威性和拘束力以及价值判断的缺失，势必会导致刑事司法的机械化，并阻塞应有的出罪路径，然而这种思维模式却是我国当下司法实践的真实写照。[6]

哈耶克将"狭义的科学方法和技术对其他学科的专制"，即试图以自然科学的客观性、形式性、纯粹逻辑性特征和方法来进行对社会科学研究的现象界定为"滥用理性的极端表现"。他指出："人类的理性要理性地理解自身的局限性，这也许是一项最为艰难但相当重要的工作。我们作为个人，应当服从一些我们无法充分理解但又是文明之进步甚至延续所必需的力量和原理，这对理性的成长至关重要。……

---

① 贝卡利亚：《论犯罪与刑罚》，黄风译，北京大学出版社 2008 年版，第 13 页。

② 认识事物的过程总是渐进的，经过一段时间发展后，人们发现，这种形式理性导向下的犯罪构成认识反而不利于实现罪刑法定的人权保障机能。罪刑法定除了形式的侧面，还需杜绝处罚不合理的实质侧面。

③ 恩施特·贝林：《构成要件理论》，王安异译，中国人民公安大学出版社 2006 年版，第 4 页。

④ 参见许玉秀：《当代刑法思潮》，中国民主法制出版社 2005 年版，第 123、132 页。

⑤ 马克斯·韦伯：《经济与社会》（下卷），第 206 页。

⑥ 参见劳东燕：《法条主义与刑法解释中的实质判断——以赵春华持枪案为例的分析》，载《华东政法大学学报》2017 年第 6 期，第 16-34 页。

这种理性主义者，因为其理性不足以使他们认识到自觉的理性力量有限，因而鄙视不是出于自觉设计的一切制度和风俗，于是他们变成了建立在这些制度和风俗上的文明的摧毁者。”[①] 根据哈耶克的推断，以自然科学作为其内在支撑的形式理性是不完整的理性，走向极端甚至可能沦为“理性滥用”，其中尚需要实质理性的补充。获得公众认同的“情理”可以成为探寻实质（合）理性的重要方式之一。

（二）当代刑事司法实践的实质理性转向

西方国家在法律领域确有形式理性的传统，其对中世纪盛行的罪刑擅断也形成了有效抵制，韦伯在他自身所处的时代对西方资本主义国家法律制度的论述是恰当的，但时至今日，情况并非仍是如此。

在英美法系当中，陪审团制度的存在能够在法律专业知识之外充分地汲取民识、民智，从而能够较好实现案件审理与社会风俗现状的衔接，最大限度地避免出现有悖民情的案件审理结果；并且，由于盛行的判例法传统，法官具有相当的能动权来创制“法律”，法律的成长便具有了开放性空间。除此之外，法律不应拘泥于文字和逻辑这一点已然取得普遍共识。

卡多佐坦言，在刚进入律师界时，“总是试图找寻相关权威，将其运用于具体的案件中。只要确信找寻的权威与案件相互关联，就不太关心其是否正确，即使面临失败与气馁，也冥顽不化地保持对权威的愚忠：只要权威与案件之间具有相关性，只要两者能大致结合起来，法院就应在其逻辑限制下对它亦步亦趋”。其实这非常形象地代表了我们当下许多司法者的内心姿态和审判思维。并且，卡多佐凭借长期的审判经验发现：“有时候，从先例中可能推出苛刻或荒诞的结论，与社会需要相冲突……在不通人情的逻辑刀锋下，法官似乎没有选择余地，经常会得出冷酷无情的结论。他们会因这种牺牲仪式感到痛惜，却深信手起刀落乃职责所在，尽管举刀的那一刻，目光变得游离。牺牲者被摆在规律性的祭坛上，奉献给法学之神。……如果更合理地分析法律的成长，更深入、真实地理解法律的方法，使祭师们聆听到不同声音的呼喊，会发现这些牺牲许多都是无谓的。……我们期望，将实际情况与规则相匹配，发现其中的一致，然后无所畏惧地公之于众，由此获得心灵的满足。然而，随着不断出现的众多新事务或新事件，迫切需要追寻令人确信不疑的公正，这要求我们涂抹规则、修正规则、限制规则，甚至删去规则，尽管它们墨

---

① 弗里德里希·A. 哈耶克：《科学的反革命：理性滥用之研究》，冯克利译，译林出版社 2012 年版，第 8-26、90-91 页。

迹未干。”[①] 这也很好地概括了中国当下在处理诸如“赵春华非法持枪案”“王力军收购玉米案”等案件时的司法样态以及法官内心的迷思与窘境。由于刑法构成要件的抽象性、一般性、类型性与案件事实具体性、个别性的冲突，虽然实际情况与法律规则在大多数情况下可能是匹配、一致的，但其不能完全说明每一个新出现的个例所具有的特殊性，此时如果沿用往常的“对接”思维，将逻辑推理视为法律适用之圭臬，极易导致“亦步亦趋”“不通人情”“冷酷无情”“无谓牺牲”，即裁判与“情理”的疏离。

卡多佐针对将逻辑视为法律成长的唯一工具的司法现状提出质疑，在怎样的时点上逻辑一致性的要求应当让位于与此不一致的风俗习惯、社会福利的考量以及法官自己或者公众认同的正义、道德标准？[②] 也正是从卡多佐的理论贡献中（这种贡献不是抽象理论上的逻辑性推进），人们认识到将审判界定为对法律的纯粹理性运用是不恰当的，我们当然也不能将审判理解为个人意志与法官的情感，而应将其理解为两者相互作用的结果——没有法官会不受这些因素的影响。在此之前的法律文化否定司法运作中人的维度的作用，法官被认作为一名法律的“药剂师”，开出解决具体法律问题的药方，法官是以机械、“科学”的样式来决定案件，用无可避免的法律逻辑来“发现”合适的法律条文。卡多佐则意识到，法官与其他常人一样，不可能将自己与个人的、主观的视像完全割裂。他批评将法官视为纯粹理性的幻想，而是强调人的经历、情感甚至激情在司法程序中的重要作用。[③] 美国最高法院助理法官 Brennan 也认为，事实上，对于法律人群体更大的威胁是忽视案件“质量”本身而不是理性在司法中的作用，忽视这种“质量”，司法就与至关重要的合理性分离。并且，他将这种“质量”界定为情感（passion）。[④] 因此，法官的使命绝不仅限于运用专业知识和逻辑规则将抽象的法规范与案件事实简单对接，运用形式理性进行演绎推理可能得出不合理的结论。在英美法系的刑事案件审理中，逻辑规则并不具有适用层面的排他性，相反，重视公众认同的道德、情感、正义标准，对既有规则不断检视从而作出以实质（合）理性为导向的解释，才是现实的写照。

在大陆法系国家，由于成文法传统，法官的自由裁量权相对较小，法的拘束力使其能动司法的空间有限，但即便是在以逻辑严谨著称的德、日，也并非不考虑裁

① 本杰明 · N. 卡多佐：《法律的成长：法律科学的悖论》，第 34、38–39 页。

② 参见 Benjamin. N. Cardozo, *The Nature of the Judicial Process*, Yale University Press, 1921:10。

③ William J. Brennan, “Reason, passion and ‘the progress of the law’”, *Cardozo Law Review*, Vol. 10(3):3–5.

④ William J. Brennan, “Reason, passion and ‘the progress of the law’”, Vol. 10(3):9.

判的实质正当性根据，也不再是延续曾经的形式理性传统。并且，如果对其刑法理论进行分析，也能发现其中“情理”因素的变相运用。

其一，在行为不法性评价中会变相考虑“情理”因素。德国刑法学者一般强调刑法的实施需要与公民的整体文化状况以及个体权利相协调[①]，而非仅仅满足其形式理性。Welzel主张，如果法律严肃地将一切法益侵害视为客观不法予以禁止，社会生活立即沉寂，因此，法规范的意义并不在于保护法益不受任何侵害，而是挑选出那些与整体存在中的道德秩序相冲突的法益侵害加以禁止。[②]构成要件所规定的都是严重脱离历史形成的社会生活秩序的行为类型。[③]这种观点明显不同于之前的“贝林-李斯特”构成要件论，而是以公众的正义直觉和法感情作为限制性解释的依据。即符合通常认知的交往规范的行为，即便形式上符合了构成要件，也是自始合法的。[④]非常明显，这种社会相当性理论意在将一般、通常处于社会交往秩序允许范围内的行为排除在构成要件符合性之外，并且，这种“一般”“通常”是以历史形成、公众认可为标准的。日本学者大谷实将该理论解读为：“刑法所追求的，就是以这种社会伦理规范为基础的现实存在的社会秩序的维持和发展……即使实施了侵害法益的行为，只要不和这种社会伦理规范相抵触，就不仅不会侵害社会秩序，而且也不会唤起社会的处罚感情……这种社会伦理规范，是以人们的智慧为基础，作为社会中的人的生活方式而历史地形成的，并成为社会秩序的基础。”[⑤]中国人通常将“情理”一词界定为“人的常情和事情的一般道理”[⑥]，也有学者将其理解为“常识性的正义衡平感觉”[⑦]“道德伦理和常识”[⑧]“人本、直觉”[⑨]等，这显然与“社会相当”具有了相似的旨趣和意蕴。处于“情理”认可或者社会相当范围内的行为，不仅不会唤起社会的处罚感情，相反，对其予以刑事处罚反而容易引发公众对司法公正的质疑以及法律信仰危机。

---

① See Hans-Heinrich Jescheck/Thomas Weigend, Lehrbuch des Strafrechts Allgemeiner Teil, D&H, 1996, S. 3.

② See Hans Welzel, Studien zum System des Strafrechts, ZStW, 58 Band, 1939, S. 516.

③ See Hans Welzel, Das Deutsche Strafrecht:Eine systematische Darstellung, Walter de Gruyter&Co., 1969, S. 55.

④ See Hans Welzel, Studien zum System des Strafrechts, ZStW, 58 Band, 1939, S. 518.

⑤ 大谷实：《刑法讲义总论》，黎宏译，中国人民大学出版社2008年版，第84页。

⑥ 中国社会科学院语言研究所词典编辑室编：《现代汉语词典》，商务印书馆2012年版，第1062页。

⑦ 滋贺秀三：《中国法文化的考察——以诉讼的形态为素材》，载王亚新、梁治平编：《明清时期的民事审判与民间契约》，王亚新等译，法律出版社1998年版，第13页。

⑧ 徐公喜：《宋明理学法顺人情论》，第98页。

⑨ 肖群忠：《中庸之道与情理精神》，第6页。

其二，考虑到家庭伦理关系的稳定与和谐。《德国刑法典》在其包庇罪中规定，为使家属免于刑罚处罚而实施包庇行为的，不处罚。这与中国古代司法中“亲亲得相隐匿”的规定相同。德国学界将其界定为个人的刑罚解除事由，这种事由具有特殊性、个体专属性的特征，排除处罚仅是基于刑事政策考虑的例外。“亲亲相护”乃人之本性，尊重善良的人性也是保障人权的内在要求，强求“大义灭亲”“告亲”是对人权的漠视。所谓“设必违之教，不量民力之未能，是招民于恶也，故谓之伤化；设必犯之法，不度民情之不堪，是陷民于罪也，故谓之害民”[①]，就是要求法律必须实际考虑到民有所不能以及脆弱的人性。如果在国家管理与亲情面前侧重于前者，要么会造成民众不惜以身犯法，要么会造成社会风俗的沦化。这种罪责豁免的规定正是着眼于其是基于亲属间的人情而实施的行为，期待可能性小。[②]

实际上，我国在制定1979年刑法典时，认为这种亲亲相隐的规定是封建残余、维护封建伦常、巩固君主专制而将此取消[③]，由此，这种具有普适性的“情理”因素销声匿迹。对于现实中发生在亲属间的包庇行为如果也一概认定为犯罪，无疑会有伤公众的法感情。对此，可以有两种路径，要么通过合宪性解释将亲属排除出犯罪主体，要么通过期待可能性理论取消罪责。发轫于德国的期待可能性理论，正是设身处地地体量行为人所处的困境以及人性的软弱，不能期待人们时时处处都能遵循规则，是“对行为人人性的脆弱给予法的救助”[④]。

其三，在不法“量”的判断上考虑“合情理”性。在德日等大陆法系国家，虽然没有采取“定性+定量”的立法例，但显然并非无视“罪量”因素在不法评价中的重要作用。如在日本，围绕“一厘事件”，法院认为，“在共同生活的观念上，刑罚的制裁之下，只要认为没有对法律要求保护的利益造成侵害，就没有必要用刑罚法规对其科处刑罚制裁”[⑤]。在德国，虽然这种可罚的违法性理论不受待见，但是类似的琐碎案件，往往通过检察机关的不起诉或缓起诉，被排除在刑事审判之外。在我国刑法适用中，也面临着类似的问题。“扒窃”“入户盗窃”作为独立罪状入罪后，我国司法实践出现了诸多诸如“扒窃1.5元被判刑8个月”[⑥]“入室盗窃29

---

① 《申鉴·时事第二》。

② 参见大塚仁:《刑法概说（各论）》，冯军译，中国人民大学出版社2003年版，第565页。

③ 参见《中国大百科全书·法学》，中国大百科全书出版社1984年版，第475页。

④ 大塚仁:《刑罚概说（总论）》，第406页。

⑤ 大谷实:《刑法讲义总论》，第223页。

⑥ 华龙网-重庆商报：“男子公车扒窃1.5元当场被抓 被判刑8月罚千元”，2012年5月23日，http://cq.sina.com.cn/news/social/2012-05-23/40559.html。

元腊肉被判半年”[①]“入户盗窃7毛钱被判六个月”[②]“入室盗窃一根香蕉被判拘役”[③]等博人眼球的案例，法律和司法由此便成为了百姓茶余饭后的谈资和“嘲笑的对象”，因为在公众看来，动用“国之重器”惩治这些琐碎之事，实在有失刑法的威仪。其实，从不言自明的“情理”便可推知，刑法将扒窃、入户盗窃单独犯罪化，并非不看数额不看情节只看行为本身。况且，在我国，上述案件完全可以落入治安处罚之列，将其入罪化处理，除了多了个犯罪的标签，无论从报应的角度还是预防的需要都没有助益。

其四，在罪责阶层注重规范性责任评价。在罪责理论发展当初，盛行的是心理责任论，即只要适格行为主体存在故意或者过失，便具备了主观归责的要件，而不去深究可责难的深层次依据。从绝对的不知法不免责到有限度地承认“禁止性错误”也能够显示出由偏执于“合法”到兼求“合理”的转变。无论在英美法系还是大陆法系，“不知法律不免责”都曾经是一个毋庸置疑的准则，但随着时移世易，尤其是行政犯的大量产生，将“知法懂法”视为公民的当然义务已然不符合“情理”。比如，在我国发生的大量仿真枪刑事案件中，很多司法系统内部的人士对具体的枪支鉴定标准也难以知悉，要求一般民众能够形成准确的认识显然过于苛刻。承认违法性认识错误阻却或者降低责任的合理性，其实就是在浩瀚无垠的法律法规面前，给公众留一丝喘息之机。

通过上述内容，我们可以看出，即便在以德国、日本为代表的大陆法系国家，也并非不考虑公众认同的“情理”因素，只是经过法官的“常识性”考量，判定既有的、僵硬的规则不宜径行适用而作出例外处理，学者再在案例的基础上发展出一系列的教义学细则。也就是说，是“情理”促成了“另类”案件的形成，进而改变或丰富既有的规则。

在全面学习借鉴西方法学理论的当下，切忌“拿来主义”而只学到技术化的成文规定以致“貌合神离”。传统的“刑重而必”的必罚主义思维依然未消，如果再加上对西方社会的形式理性审判思维不加鉴别地效仿，势必会加剧用刑机械化的趋势。借鉴实为必需，除此之外，我们一方面需要意识到，德日刑法发达的教义学理论的根源正是在于司法者的能动主义，而非对法律文字、既有规则的盲目信从；另

---

① 检察日报：“‘入室盗窃29元腊肉被判半年’，冤吗？”，2017年4月19日，http://legal.people.com.cn/n1/2017/0419/c42510-29221079.html。

② 网易新闻：“广西男子入户盗窃7角钱 获刑6个月罚款2000元”，2016年12月8日，http://news.163.com/16/1208/14/C7P54BK3000187V5.html。

③ 澎湃新闻网：“四川一男子入室盗窃一根香蕉 被判拘役两个月”，2017年2月8日，http://news.dahe.cn/2017/02-08/108243201.html。

一方面，他们的法律并非不注重获得“合情理性”的支持，而是有了较为完善的法律规范或相关理论来替代“人之常情”，而我国在法律借鉴尚不完善的过程中如果贸然撇弃“情理”，难免造成法治推进过程中的“断桥”或“真空”，以致无所适从。

因此，需要充分挖掘我们传统法律文化中的“情理”资源，以历史形成、公众认可为标准，来丰富、发展本土化的教义学规范。并且，由于社会相当性、期待可能性、违法性认识等出罪化理论并非源自我们自身的法律成长环境，对其自难有所体认和融通，但在具体案件审理中，凭借“情理”维度的审视既可能发掘这些理论在中国传统文化中的相似性依据，也能真实体认运用这些理论的必要性与合理性。当既定的法律或规则与具体案件对接缺乏“情理”支持时，便需要对这些法律或规则重新阐释。法律本身的成长空间不仅源于立法，司法上的不断操演也能推进法律条文内涵的更新，此即“通过司法过程的法律成长”①。

四、以“说理”作为裁判规范性表达的唯一途径

通过上文对中国传统法律文化中“情理”因素实质非理性的分析以及对域外理论的检视，能够发现，虽然“情理”没有特定的表现形式和确切的具体内容，但仍有以下几点可以明确。

其一，“情理”作为一种调试法律文本的规范外资源，并非局限于中国法律传统当中，在西方国家，虽然没有儒家伦理意义上的“情理”，但所谓“人同此情情同此理”，对于脆弱人性的尊重以及民众共识的认可，却是中西方都应遵循、概莫能外的。其二，“情理”并非裁判者的个人意志，亦非不讲逻辑的想当然的推理，而是一种社会相当或者民众共识。其三，“情理”绝非中国社会生态中所说的“人情世故”，即不是所谓“私情”“关系”的变体，正如朱熹所言“情之发有正与不正焉，其正者性之常也，而其不正者物欲乱之也，于是而有恶焉”。② 此处的“情”应系人之常情或符合人性的通常情感。其四，“情理”不完全等同于所谓的“民意”，虽然“民意”也可能代表了一般大众的朴素情感，但往往也具有缺乏理性、盲从性的一面。并且，司法者处于民意的“外围”，但“情理”作为“事情的一般道理”，司法者是置身其中、概莫能外的，法官对此具有与普通公众趋于一致

① 本杰明·N. 卡多佐:《法律的成长：法律科学的悖论》，第 34 页。

② 朱杰人等主编:《朱子全书》(第24册)，上海古籍出版社、安徽教育出版社2002年版，第3558页。

的认知，即“是非之心，人皆有之”“良知之在人心，不但圣贤，虽常人亦无不如此”[①]。最后，“情”具有主观性，但由于受到“理”约束，就不再是一种个体感受、因人而异，而是具有一定的普适性和规律性。

正是由于其“相当性”或“规律性”，使得“情理”能够通过“说理”释明出来，也就是说，这种“情理”并非是含混的个人情感，而是可以通过“说理”加以表达的。从上文以“情”出罪的五种情形来看，有的出罪情形根本难以取得法理支撑，如“为孝子屈法”“复仇无罪”，随着法治社会的演进，已不再是一种社会相当或者民众共识，既然如此，就说明这种出罪情形不宜为今所用。换言之，“情理”之所以能够作用于“出罪”，需要“说理”作为“逆向证明”的依据，如果不能释明出罪的法理根据，便说明“以情出罪”欠妥。

立足当下，所谓“用情理言之，冀有可以出之者”，只是意味着将“合情理性”作为检验刑法规范适用妥当性的一种“内心指引”或“内在凭借”，即规范之外的“隐性”标准。但是，这种“情理”本身尚不应直接上升为一种出罪依据，而是应当借助相关的法理或教义学规则作为说理依据，“情理”本身充其量仅仅是佐证该规则或理论正当性的“补充”表达。

于成龙判冯婉姑案，[②]由于判词体现的理念之先进、情感之盎然，而成为广为颂扬的经典。钱冯二人的情真意切、冯汝棠的贪婪、吕豹变的逼婚、冯婉姑的持刀相向，唯一能进入刑事评价视野的是最后者。但在于成龙的判词中以浓烈的“情理”气息对此化解：“吕豹变刁滑纨绔，市井淫徒，破人骨肉，败人伉俪，其情可诛，其罪难赦，应予杖责，儆彼冥顽。”整个判词，没有动用一条一款律例。有学者赞誉：“敢于依照大众情理，敢于依据男女双方的情感和意愿，作出合乎民情民心的判决。”[③]但如果放置今天，刨除结论本身的法律正确性不论，单从说理上讲，此判决便是一种“缺憾”。裁判说理固然通俗为好，但更不能缺失的是其法律属性。“情理”本身的作用在于，在案件审理过程中，形成对构成要件解释及适用上的妥当性指引，进而形成一种内心确认，而其本身并不直接适用于案件判断。刑事裁判的说理还应由“情理”返诸“法理”，由以“情理”作为“内心凭借”转为以

① 《王阳明全集》（卷一·知行录之二·传习录中·答陆原静书）。

② 罗城县冯汝棠聘请年轻秀才钱万青教女儿冯婉姑读书识字。师生之间日久生情，私订终身。后二人又通过媒人并经汝棠认可，正式定亲。不久，城中有一富家恶少吕豹变，垂涎婉姑的美貌，屡屡以重金贿赂婉姑的丫环，令其诋毁钱万青，夸吕家豪富。汝棠听信谗言，又贪慕吕家豪富，遂与钱家悔婚，转将婉姑许配吕家。迎亲那天，婉姑不从，被吕家强行抬去。拜堂之时，婉姑乘人不备，抽出自带剪刀，刺伤吕豹变，然后逃到县衙请求县官为她做主。

③ 范忠信：《于成龙断冯婉姑抗婚案》，载《中国审判》2006年第11期，第76-77页。

"法理"作为"外在彰显"。冯婉姑案拿到今天，与于欢案一样，得到重点说明的应该是不法侵害的情形以及反击的防卫属性。

其实，古人已经认识到，"诸立议者皆当引律令经传，不得直以情言，无所依准，以亏旧典也"。[①] 即，司法者虽然可以以"情理"为指引"发现"法律，但在判决中还是要以律文为基准，不宜只陈述"情理"理由。在我国当下司法中，有些案件得到了"情理"的指引，但在说理上，法理运用的准确、充分程度仍有待提升。

如在陆勇案中，释法说理书认为，陆勇的行为虽然在一定程度上触及了国家对药品的管理秩序，但其行为对这方面的实际危害程度，相对于白血病群体的生命权和健康权来讲，是难以相提并论的。如果不顾及后者而片面地将陆勇在主观上、客观上都惠及白血病患者的行为认定为犯罪，显然有悖于司法为民的价值观。[②] 其实这种说理方式还是完全基于"情理"的表达，即不应将惠及他人的行为解释为犯罪，但是这明显欠缺说理上的法律属性，更没有因此形成有效的教义学规则。

如上文所述，在行为评价上，不应将手段本身的合理性与结果合理性混为一谈，对于本案的说理，还应回归到行为本身的刑事不法评价上来。患者的生命与药品管理秩序之间的"利益衡量"属于一种朴素"情理"或大众话语，并非一种严谨的法理表达；这种"利益衡量"仅仅是说明将此行为入罪化处理不合理，其本身并非出罪的核心依据。如果将生产、销售假药罪的保护法益定性为药品管理秩序，那么这种行为的刑事违法性就是客观存在的，所谓的"利益衡量"便只能通过紧急避险这种规范资源实现出罪。但是，紧急避险要求危险的紧迫性、现实性，如果患者所得并非急症或者并未直接威胁生命，那么就难以据此出罪，就此而言，紧急避险在该类案件中能够发挥的功用是十分有限的。情理化的"利益衡量"应当推导出的结论是：刑法作为国之重器，应将其功用集中于保护社会或个人重要利益；与管理秩序相比，人身健康才是刑法保护对象之首选。因此，应将本罪的法益理解为他人的用药安全，进而将指导构成要件解释，将对他人人身健康有益无害的情形排除构成要件该当。通过这种学理转化，就可以形成一种可供本罪名适用以及类案处理的教义学规则，从而作为出罪及裁判说理的核心依据。这种作用模式其实是：

情理化的"利益衡量" 佐证 ⟶ 本罪名的法益性质 说理 ⟶ 出罪

检察机关将陆勇的行为界定为"购买"，巧妙规避了罪状规定的"销售"，但如果再出现类似的情形，只是行为人从中赚取了一部分利差，该如何应对呢？显

① 高潮、马建石主编：《历代刑法志注译》，第 121 页。

② 参见阮占江：《检察机关详解陆勇案撤诉缘由》。

然，这种裁判说理模式只能是就事论事，难以为此罪名的规范化适用提供有价值的参考。

总之，一方面，司法者要加强对刑事案件“合情理性”的内心关切，而非坐等舆论的发酵与倒逼，应当以“情理”作为检验构成要件解释、法律适用过程恰当与否的“内在凭借”。“卡迪司法”用于出罪评价是必要的，其中体现的能动性能够透过形式的罪刑条款发掘处罚的实质正当性根据。当进行刑事处罚难以经受“情理”的检验时，就应重新审视现有的罪刑规范，通过法益指导构成要件解释的方法论机能以及“但书”内含的“罪量”规范性评价，实现实质出罪的效果。另一方面，在裁判说理上也不宜就事论事，“情理”本身不应成为说理的主要依据，充其量仅是佐证法律规则或法学原理正确性的方式。出于“情理”的检视，能够增强对诸如保护法益、社会相当、违法性认识等出罪化理论的内心认同。所谓的“以个案正义推动刑事法治”，其目标也绝非仅仅实现个案正义，个案之后，需要能够凝练出审理类案的、指导公正司法的呈规律性方式方法。在“情理”的推动下实现出罪的场合，也不能仅仅以“情节显著轻微”“危害不大”等措辞了之，而应反复揣摩法规范的保护目的和指向，尤其在行政犯领域，要挖掘刑法与前置法不一样的立法旨趣。

法理学范围的重新界定*

吴经熊** 著

韩亚峰*** 译

简单的信仰让语言有了神奇的魅力，

我们有权获取自己所喜爱的意义。

一、术语的来源

拉丁语"iurisprudentia"的最初意思是一种知识，或者可能是一种先法律知识①。"Iuris prudens"指的是一个法学专家或一个经验丰富的律师，根据西塞罗的观点，"Iuris prudens"是"精通法律，熟悉当前在寻常百姓间流行的交往习惯，善于提出意见、采取行动和正确地引导其客户"②。从这种意义上说，法理学涵盖了整

* 本文的主要思想将在即将出版的《法理学大纲》一书中做进一步的阐述。本文最早发表于1926年10月的《法学季刊》，第52-68页。

** 吴经熊（英文名：John C. H. Wu 或 John Wu Ching-hsiung，1899—1986年），中国著名法学家，字德生，浙江省宁波鄞县（今鄞州区）人。时任东吴大学法科教授。

*** 韩亚峰，中国政法大学法学院法学理论博士研究生。

① "Jurisprudentia"一词是由"ius"演变而来的，意思是法律、预测、预见。霍姆斯大法官的"法律预测论"准确地给出了"iurisprudentia"的最初含义。

② 西塞罗的《论演讲》，i，48. 译文选自霍兰德的《法学原理》第13版，第2页。

个《国法大全》(*corpus iuris*)并且是一种实践技艺，而不是一门科学。

乌尔比安的名言："法学是神和人之事的一种知识，是公平与不公平之间的一种智慧"[①]，按其字面意思，法理学实际上包括神学、形而上学、伦理学、医学和其他科学。这与其说是对法理学界定，还不如说是法律人对其职业的颂扬。这让人想起三国时期一位伟大的中国将军罗列的一个军事领导者应该掌握的数以千计的东西。

"法理学"真正成为一个法律学科的流行术语是在19世纪以后，其实在这以前，它不可能成为一个法律学科的流行术语。19世纪是一个法律专业化和实证主义发展的世纪。我们知道，约翰·奥斯丁是第一个正式对法理学范围进行界定的人，他说道：

> 眼下普通法理学，或者实在法哲学不直接关注立法学问题，而是直接关注各种具体的实在法体系的共同原理和特征；关注各个法律体系所必然包括的各种原理和特征，不管这个法律体系是值得称赞或责备，也不管它是否符合某种假定的标准和经验。或者（换言之）普通法理学或实在法哲学关注的是法律必然是什么，而不是法律应该是什么的问题：法律必然是什么，不管它是善还是恶；而不是必须善法才一定是法。[②]

这种法理学范围的观念统治了整整一个世纪。弗雷德里克·波洛克先生宣称："英国哲学或分析学派哲学不是我创造的"[③]，他把"一些假定前沿的法律观念和特征"当作法理学的主要研究内容时，也是在奥斯丁传统的范围内展开的，"一些被认为是熟悉的主要概念及其区分，对律师来说也是如此，但正是因为这个原因，这些概念往往没有被明确地表述出来，很少被讨论过，也几乎没有被解释过"。[④]

奥斯丁的追随者霍兰德把法理学定义为"实在法的形式科学"。[⑤] 也就是说，"法理学处理由法律规则调整的各种关系，而不是这些规则自身调整的上述

---

① 狄冀.1.10,"法理学是神事与人事的一种知识，是正义与非正义的智慧"。就像霍兰德所说的，"Scientia"这个词不能很确切地反映"科学"(science)的含义。

② 奥斯丁:《法理学演讲录：或实证主义法哲学》第4版，第33页，罗伯特·坎贝尔编。确实，苏芝的《法理学的要素》对整个法律领域做了系统的考察，但他并没有有意识地去尝试确定法理学的范围。

③ 《法理学入门》序言，第vii页。

④ 同上，第v页。

⑤ 《法理学的要素》，第13页。

关系”。[①] 换句话说，法理学旨在“提出和解释那些相对较少和简单的观念，而这些观念构成了无限变化的法律规则的基础。”[②] 为了解释得清楚，霍兰德作了如下说明：

“关于法理学是形式科学的论述，通过实例可能会更容易理解。如果一个人对于欧洲的各个法律系统，在大脑中把握每个系统都与其他部分不同的部分，他就可以说是熟悉了欧洲的法律系统，除非在历史进程中法律从一个体系转换成另一个体系。如果这些法律体系与其他体系没有相同点的话，一个杰出的法学家要做的是积极坚持，避免混淆我们已经掌握的不同信息。我们可以假设，事实上常常如此，所有国家创建法律的目的是为了实现相似的目标，涉及相似的现存的道德现象。这样杰出的法学家然后根据已经积累的材料规划出所有法律体系共同的计划目标、方法和思想。这样的计划是一种法律形式科学的，它与语法有许多相似之处，它研究的是那些关系思想，这些思想或多或少的完美程度，而且往往以最不同的方式用人类的语言表达出来。

“对于每个形式科学来讲，存在着给自己提供材料的形式科学。正如在语言的发展过程中，《比较语言学》搜寻到各种语言的相同点和不同点，搜集的事实是抽象语法的基础一样，《比较法》搜集和整理了不同国家的法律制度。结果是，抽象的法理学科学得以出现，并且发展出一种在现实法律体系中已实现的思想和方法，例如比较法办公室确定在不同时期和不同地方，规定什么是美好婚姻的必要条件。阐释时效的含义，包括有关其与所有权和行为的关系，或解释婚姻的法律方面的含义，及其与财产和家庭的联系，成了法理学的任务……

“因此，法理学不仅是一门关于各国法律共同特征的实际科学，还是一门关于人们之间能够产生法律结果的关系的形式科学。”[③]

对于霍兰德来说，法理学的资料是一些简单和基本的概念，如法律、法律渊源、行为、权利、人、事、拥有等。法理学的方法主要是定义和分类，即亚里士多德的传统逻辑方法。

奥斯丁传统的影响并不限于英格兰本土，它流传到美国，在约翰·格雷那里可以找到奥斯丁传统痕迹。格雷说道：“法理学是一门法律的科学，是法院所遵循的规则及那些规则中所蕴含的原理的陈述和系统整理的科学。”[④] 很明显，在格雷看来

---

① 《法理学的要素》，第 6 页。

② 同上书，第 1 页。

③ 同上书，第 7–9 页。

④ 约翰·格雷：《法律的性质与渊源》（第 2 版），第 133 页。

法律科学的本质在于系统整理。他说道，“法理学与法律的真正关系不在于探讨法律是什么，而在于如何探讨法律。关于法理学的论说可以深入到最小的细节，或者是局限于通常学说。不管从哪方面讲，法理学的名字都是无愧的。本质上讲，法理学应该是一种井然有序并且科学的论说，其中的科目应该得到良好的分类。”① 对于他来说，法理学在整个法律领域内起基础作用，这方面的特殊标示是它的管理形式，不是它在整个领域内的广度，从这种意义上说，布莱克斯通的《注释法学》，魏格摩的《证据法学》，索姆的《罗马法律制度》，威廉斯顿的《合同法》，霍尔的《国际法》及其他的一些系统法律论说都是法理学的部分。这又回到了拉丁术语 iurisprudentia 的最初意思，法理学的含义相当于 iurisprudentia 的含义加上系统整理。因此，从这方面讲，格雷不是奥斯丁传统的忠实追随者。②

二、对奥斯丁传统的评论

平心而论，虽然奥斯丁的传统存在缺点，但还是很有意义的。首先，如果法理学要成为一门科学的话，它必须是一门客观地研究法律现象的科学。换句话说，它必须摆脱所有的道德先见，而奥斯丁是最早认识到这一真理的人之一。其次，奥斯丁选择法理学材料时，紧紧抓住法律的一些基本概念，如“法律”“权利”“义务”“人”“物”等这些发达法律制度的通用概念。这些概念使得所有的法律体系和分支联系起来。如果变革整个法律体系，那么这些概念就成为构建法律大厦的基石。最后，奥斯丁触及法理学的正确方法：科学的本质在于分析，而不是综合。

那么，奥斯丁传统的缺点是什么呢？它受到不断攻击的过失之处是这些“分析”法学家并不忠实于他们的分析方法，也就是说，他们分析得还不够。读一读霍兰德《法理学要素》一书的第三章和第四章，就会发现他根本就没有分析法律的概念，他只是武断地行事。“道德可以超越现实政治社会，而法律必须紧跟政治

---

① 约翰·格雷:《法律的性质与渊源》(第 2 版)，第 147 页。

② 格雷认为，法理学是我们用来科学对待法律的最普遍意义上的一个词，不应把它局限在其最初的词义上（第 147 页）。但是法理学最初的含义似乎被认为是“法院实际上进行预测的能力”，一旦采用“科学处理”论说法理学一词的意义，它就不再局限在它最初的词义上了，而具有了更加丰富的内涵。我认为从两方面来理解“法理学”较为合适：从广义上讲，它是指对法律的预知；从狭义上讲，是指本论文表达的意义。我们不是在争论词的含义，而是由于法理学在 19 世纪获得了相当明确的意义，放弃它不是明智的做法。

社会。”[①] 他承认：“毫无疑问的是，在国家产生前，就有人类生活”，但他坚持认为，法律是国家产生后的产物，国家产生前人们在生活中没有法律，人们只是按照道德的规则生活。读完这些后给人的感觉是，霍兰德要通过以下的表述来总结他的论述：“识别那些依赖于政治权威支持的规则是比较方便的，尽管在某些社会状态中，很难确定那些规则符合这种论述。”[②] 所以说，他所有的法律概念都是为了方便而定义的，而不是根据客观需要定义的。他应该铭记的是，适合他自己而采取的方法，不一定适合其他的法学家，并且他怎么就能确信“法律必须紧跟政治社会的组织”？

这只是分析法学家分析不够的表现之一。另外，他们关于法律关系的分析也存在问题，从霍菲尔德、考克雷克和庞德的作品中可以发现这一点。

更为严重的缺陷是，他们对法理学资料的选择仅仅局限于法律的概念方面。他们好像认为法理学只要把几个简单概念通过他们原理的分析，就能完成任务。法理学对概念进行分析，但不能停留在此，而需要做得更多，它需要分析活生生的法律过程，特别是司法过程。事实上，现实的司法过程仅靠逻辑分析是不能被整体掌握的，它的一些方面总是难以分析和清楚表述。同时，司法过程也不是完全不合理性或任意的。通常，它的发展符合一些逻辑方法，起始于一些基本条件。这些条件和方法对于很多情况都是适用的，例如类推方法适用的案例，包括合同法、侵权法、财产法、国际法、冲突法、代理等方面，实际上应包括各个法律分支方面的案例。这不仅仅对于一个法律体系的各个法律部门是共同适用的，对于不同的法律体系也是适用的。例如罗马法和英美法都经常适用类推方法。法理学的任务应主要从事方法和条件的发现与详述。在司法过程中，这些或多或少被模糊遵循和假定。法理学的任务是使那些模糊的东西变得更清楚。

三、法理学范围的重新界定

像整个世界一样，法律是确定性和不确定性的相互融合。约翰·杜威对于世界的描述如下：

---

① 第 47 页，萨尔蒙德在其著《法理学》中说：“一个对法律本质的全面分析涉及对国家本质的探究，因为法律存在仅仅通过国家而存在。”（参见第 139 页）。对法律发展依赖国家的观点的批评，参见埃尔利希《法律社会学基本原理》（第 110–137 页）和施塔姆勒的《法哲学教程》（第 278–285 页）。

② 第 54 页，斜体字是我加的。

> 我们生活在这样一个世界中，它充足、完整、条理，使得人们预测和控制的一些事情成为可能，又有独特、模糊、不确定的可能性及后果尚未决定的种种进程。这两个方面（在这个世界当中）乃是深刻地和不可抗拒地糅合在一起。它们不是机械地，而是紧密结合在一起。我们可以单独认识它们，但不能把它们分开，因为它们和小麦与稗草不同，它们是从同一根系发展而来的。[①]

在这方面，法律世界也一样，它属于世界的一部分，具有世界的一些共同品质。法理学，或者说法律科学，并不涉及法律的整体，只涉及法律相对稳定的和规律性的那一面并归纳为秩序和体系，或多或少易受到概括性和明确性的影响。法学家容易犯的通错是把法律某一方面的特征当作是整体的特征，混淆精神分离与现实分离。他们忘记了极有价值的一点：越是确切和简单，越是与法律整体不太相关，越是与法律相关的，越是不确切或简单。这常常是“错误简易”和“迷惑确定”的根源。[②]

但是，是不是因为法律作为一个整体，不是简化或普通化知识的主观事情，我们就放弃对它简化或普通化的努力呢？答案当然是否定的。我认为，我们遵从雪莱的建议会更好：

> 多么的不幸啊，
> 还是让我们尽其所能争取最好的命运。

我们先不考虑司法中生活独一无二、模棱两可、不确定性和偶然性的一面。我们也把法律僵化和顽固的因素放置一边，我们先暂时纵情于施塔穆勒教授称之为自愿自我限制的论述之中，把目光投注在法律中具有普通性、重复性和能够使法律走向普通化和确定性的方面来。现在法律的哪一方面或哪些方面符合上述的第二种描述呢？换句话说，什么是严格意义上的法理学资料呢？我个人认为，法理学的资料应包括以下两个不同领域：第一，是在无限变化的法律规则领域，寻求那些简单的法律概念；第二，在无限发展的司法程序领域，寻求相对长久的条件和方法。传统的叙述是，法理学涉及法律和法律操作，似乎第二部分不属于第一部分，也仿佛法律是一种完成品，还需要在现实中运用。我们的理解是，“法律”代表的是司法生活的全部，包括法律的动态和静态方面。

---

① 杜威：《经验与自然》，第 47 页。这本伟大的著作给了我许多宝贵的建议。

② 霍姆斯：《法律论文选集》，第 181 页。

总而言之，法理学可以划分为两个分支：第一，法律形态学，涉及法律的结构和形式及法律的要素问题；第二，法律方法论，涉及司法思维的统一方法问题。第一部分应该包括法律整理、法律渊源的分类、法律关系的分析和分类、人、物、行为（包括合法行为和不当行为）和事件（如占有）。第二部分应确定法律条件，这是无数司法判决的基础；应当详细论述如解释、类推、假设（反复检验）和概率等这样一些方法。

下面列出的是法理学任务的轮廓：

I. 法律形态学

（1）法律定义

（2）法律的编排

（3）法律渊源的分类

（4）法律关系的分析和分类

（5）人的分析和分类

（6）物的分析和分类

（7）行为的分析和分类

（8）事件的分析和分类

II. 法律方法论

（1）司法方法论的概述

（2）法律条件的普通化

（3）解释方法的详述

（4）类推方法的详述

（5）审判和错误方法详述

（6）概率论方法详述

需要注意的是，两部分都是描述性的，而不是评价性的。"我既不提什么建议，也不对事物做任何推想，只试图对它进行清晰地表述。"主观因素唯一的发展空间是选择资料和下定决心为使客观方面。但是一旦下定决心或资料被选定，我们对法律现象的研究，就会像研究自然现象一样客观进行。这一点符合奥斯丁的思想，即法学的研究对象是"法律是什么"，而不是"法律应该是什么"。奥斯丁的错误是把法律的结构与要素天真地和法律的组成部分统一起来，忽略了法律的动态方面。事实上，奥斯丁的追随者也犯了同样的错误。霍兰德的《法理学要素》实际上只是要素的法理学。

我们认为，没有必要与奥斯丁的传统彻底决裂。相反，我们应该向广度和深度发展。深度上，要发展分析方法；广度上，要把分析方法运用到司法程序中。我们的法理学范围的概念是新分析法学，而不是反分析的。

四、法理学和历史法理学

界定法理学的范围后，区分法理学和历史法学就比较容易了。首先，前者指的是从横向上看法律，后者是从竖向上看法律。其次，它们的任务不同。我们已经看到，法理学的任务是分析法律概念和详述法律条件和方法。此外，历史法学致力于发现和分类法律发展的形成性影响。从"意识形态"上阐述司法进化的阶段和类型，以及描述司法进程中的法律创制。因此，考克雷克和魏格摩出版的《法律的进化》的第三卷属于历史法学的范畴，虽然说该书的前两卷属于法律史学的范畴。庞德是一个天才的历史法理学家，他把法律的发展历史划分为四阶段，他关于司法进化的论述很有意思，值得引用：

1. 在原始社会里，受到伤害的人可以通过上帝或族长，或者是在有限的范围内遵循特定的程序形式自救，或者是遵循特定的程序和形式通过政治机构得到救济。在古代，血亲联结是最紧密的联结，上述意义上的自救是通过自己和亲属，所以那时的报复、格斗和世仇是主要的救济方式。这些方式有损于社会公共安全和利益，所以渐渐转向社会救济，自救和格斗受到管束和抑制，直到最后格斗被取消，自救成例外……

2. 法律进化的第二阶段指的是在以往的学术研讨中被称为"严格法律"的阶段。在这个阶段，法律已成为社会的主要规则，作为控制社会的国家机构已经建立。自助和自救被明确取代而成为特例，人们受到冤屈后通常以向国家提起诉讼的形式寻求救济。因此，规则决定案件的形式（即人们通过向国家提起诉讼寻求救济的案件）开始间接地限定权利的实质，从而也间接地提出并界定了规则所认可和保护的各种利益。这点达到后，两种原因导致了严格法体系的产生，也就是害怕国家专断权力的实施给个人带来冤枉，担心摆脱宗教经典和习惯的束缚后，残存原始法律思想观念被认为是不虔诚和危险的事情。因此，追求的主要结果是确定性，国家干预的事项、国家干预的形式及干预的产生方式则总体上是刚性的和固定的。同时，法律是高度形式化的，它要求不要超过或落后于形式，因为形式不允许争论。无论如何，我们可以知道它，而不管指定的形式是不是追求的目标。严格的法律对于行为或交易的道德方面是无关紧要的，由此严格法进一步发展变得非常必要。但是严格法对于法律的确定性和统一性及法律规则和形式的思想作出了永不泯灭的贡献。

3. 继严格法之后是自由化阶段，也可以叫作衡平法或自然法阶段。这一阶段，也就是17、18世纪，古典时期最突出的是罗马法（戴克里先帝国时期）、大法官法院的兴起和衡平法发展时期的英国法、自然法学派时期欧洲大陆的法律。严格法时期的口号是确定性，自由化阶段的口号是道德或与道德有关的重要意义的话语，如平等和良心。前一阶段要求的是法律的统一性，后一阶段坚持法律的道德感的公正；前者坚持形式，后者坚持道德；前者主张救济，后者主张义务；前者主张规则，后者主张理性。衡平法或自然法阶段，法律的主要思想是法律与道德的统一、义务概念以及试图把道德义务变成法律义务，依靠理性而不是依靠专断的规则来控制任性随意，以减少司法活动中个人因素的影响。除了法律的自由化，这个阶段法律进化的主要贡献有通过理性取得的良好信誉和道德行为的概念、合乎道德地解决争议和履行职责来实现。但是，使法律和道德一致的努力以及使用道德规范解决每一个争端扩大司法判断的范围，以致在衡平法或自然法的初始阶段，司法机关呈现出个人化的和不确定的趋向。自由裁量权的过度膨胀通过法律规则的逐步修正和与之相随的法律制度的强化而得以纠正。当基本原理被消融于初始的规则中时，其逻辑结果必然是道德原则获得了法律规则的特点，仅仅作为一种抽象物而发展，因而被剔除了纯粹的道德品格。通过这种方式，就转到下一个发展阶段：法律的成熟。

4. 这种强化过程的产物是逐渐形成了具有稳定且确定为特征的严格法体系，法律与道德统一化中法律变动不居和司法裁量权范围过度扩大的问题，渐渐得到修正，这一体系也具有了衡平法和自然法时期发展起来的法律观念也具有的自由化的品格。在这一阶段，成熟法律体系的口号是平等与安全。平等思想一方面源于严格法坚持的同种救济适用于同种情形的观念，一方面源于衡平法或自然法理论中法律上人人平等和精神正常、达到法定责任年龄的人应具有完全法定权利能力的思想。因而，它的平等思想有两个因素，一是法律规则平等适用，二是实现自己意愿和使用自己财产的机会平等。它的安全思想发端于严格法，但是已被衡平法或自然法所修正。按照衡平法或自然法的观点，法律的结果应该随意志变动，而不是随形式变动，一个人不应该因为形式和无意识，以他人受损为代价使自己获得不当利益而致富。结果是，安全思想包括两方面：一是保护任何人的利益不受他人侵害；二是只有经本人同意或本人违反了保护他人相同权益的规则时，才允许他人从本人获取利益。

为了确保平等，成熟阶段的法律强烈要求确定性，在这方面，它与严格阶段的法律在很多方面具有可比性。为了确保安全，成熟法律要求把财产和契约作为基本理念。我们的人权法案保证了生命权、自由权和财产权。

就此而论，自由在19世纪，甚至在现在的含义仍然是指，任何人除非有过错，即侵犯他人合法权利，不被拘禁；任何人除非自愿进入法律预设的责任关系，不允许他人对其强求权利。在现代，罗马法表述了同样的思想，它认为意志是法律交易中的核心要点，另外，19世纪时，使英美法系的合同法跟罗马法观念相符合的努力与当时的时代的精神是十分一致的。

"成熟法律把财产与自由概念相提并论，也就是说，安全地取得财产所有权。但是，这种取得财产中可能有一种从契约者强制索取的权力。因此，契约是取得财产权的一个方面。法律的存在就被认为是保证契约自由的权力，是保证自由承诺最大限度地得到实现的权利。此外，在这个阶段，甚至人格也获得财产权的形态。个人的契约自由权被认为是一种资产。换句话说，身体的完整性、自由活动和迁移（体力上或是精神上）在某种程度上都被认为是自然权利。因此，财产取得的安全，作为法律的主要目的，包括以下几点：第一，自然取得物，是指自然以体力或脑力形式赋予人类的；第二，一个人通过发现自身在社会中地位取得的东西；第三，一个人通过自由行使自然权利取得。在成熟法律体系中，人们赞同大大限制第二种取得方式，或者是在将来取消它，但是，在过去，干预以此种方式取得财产的任何观念是不可忍受的。从这个阶段法律发展观的这一点来看，乔特先生完全正确，他在《收入所得税案例》的意见中，指出法律最基本的目标是'保护私有财产权'。

"如果跟我认为的一样，法律已明确进入一个新的阶段，这个阶段在很多方面跟衡平法或自然法阶段相似，正像成熟法律与严格法有很多共同点一样。人们可以大胆宣告，我们正在经历的这个阶段对司法科学的发展作着永恒的贡献。很明显，它较为重要的法律制度是财产和契约制度。它的贡献在于它对个人权利所做的全部工作。因此，19世纪的法哲学把个人权利作为法律制度的基础。"①

多么美丽的一幅画卷！对原著多么的忠诚啊！法律的发展是一个螺旋式的运动过程。②

从原始社会的法律和道德混合不分时起，法律进化经过了严格法阶段，在这个阶段里，法律与道德区别开来，宣布与道德的完全分离，进而达到了衡平法或自然

① 庞德：《普通法的精神》，第139–145页。

② 参见《法律发展的形成性影响》，第671页。

法的新阶段，在这个新阶段里，法律和道德重新统一。衡平法或自然法阶段跟原始法阶段很相像，但与原始法相比，它代表着一种更高和更宽阔的水平。然后，一个新的周期开始了，发展到了成熟法律阶段。成熟法律阶段和严格法在与道德的分类方面很相似。现在，西方的法律制度受社会法理学的影响，正在经历一场从成熟法律向法律社会化的根本转变。在这个阶段，法律和道德（这一次在社会公正的名义下）重新结合起来。

就我所知，庞德院长对法律发展阶段的阐述，是他对历史法理学领域做出的最有价值的贡献。没有几本历史法理学著作论及法律历史或至多论及法理学的历史。[①] 庞德的书是为数很少的几本努力科学概括法律历史发展阶段的著作之一，这不仅对于罗马法和英美法是正确的，而且对于中国法律的发展都是正确的。我在其他文中已经指出了中国法律在唐代前是如何经历前三个阶段的。[②]

然而，历史法理学现在还没有成为一门科学。科学的本质在于其自身普遍化的可证明性，因为世界上的法律体系非常有限，如果法理学普遍性的内容是法律发展的整个过程，就没有太多机会验证自身。另外，历史不会重演，对于实验本身没有补救，因此，历史法学家有不可超越的困难。不管他有多么科学的态度，都不能轻易把历史法学变成一门真正的科学。因为，科学态度本身构不成科学，主题内容必须协调一致。

另一方面，法理学的普遍化则有更多的机会得到证实，因为它们与不断重复的概念和方法有关。每一个案例都能提供验证法律概念或方法的机会。所以说，我坚持认为法理学是唯一可以冠以“法律科学”之名的法律学科。

五、法理学与法哲学

法理学仍在成长和发展，在法律的领域已经获得了自己的独立地位。它的主要任务是分析和划分基本的法律概念，阐述司法过程中实际适用的方法，诠释法律适用过程中所蕴含的法律条件。它不探讨法律应该达到的最终理想和法律秩序应该达到什么理想状态，也不承担对法律制度的批判及其合理基础的寻求；它不去检验司法知识的起源、资料和有效性，也不去确定法律在整个领域中的地位，或者去揭示

---

① 参见维诺格拉多夫的《历史法理学》。

② 参见我的论文《中国古代法典与其他中国法律及法制思想之原始材料选辑》，《密歇根法律评论》第 19 卷第 5 期，第 502 页。

法律进化的过程、动因和结局。所有这些问题都留给了法哲学。按照适当的顺序，法哲学问题有以下三类：(1) 知识的问题，论及研究法律的不同方法，如法律概念、法律观念、诸种方法之间的关系、司法知识有效性的质疑等，无论权利义务的条件和法律原则在本质上是绝对的还是相对的，无论司法知识的终极素材是否得到最终验证，也无论是否应在名义上、实际上或现象上对待“法人”。(2) 生活的问题（在人生问题的意义上），论述法律和生活的关系，探究司法公平（法律秩序和法律制度的理性基础），提出各种利益的评价标准，法律的最终理想或多种法律理想的各种建议。(3) 法律的本体问题，问如下一些问题，如法律的本质是什么，有几个本质，对法律史的解释等。

所有的法学家对法理学和法哲学区别的解释都不够充分，因为他们没有充分认识到法律哲学的问题。一个法哲学家往往根据自己的偏好研究法哲学的一个问题，然后认为这个问题是法哲学的唯一问题，进而从法律科学的角度区分法理学和法哲学。结果是哲学与法律科学之间的区别的论述，事实上只是其中之一，这个特点涉及的问题也只是某一个别学者的兴趣所在。或许这个区别不能用通常的术语准确地表述。在一方面对的问题，在其他方面可能是错误的。因此，最好的方法是“各个击破”。就目前的目标来讲，几个例证就能说明问题。下面是施塔姆勒教授关于法理学形态与法哲学部分在处理生活问题的区别时的解释：

“我们可以认为法律的研究目的是双重的，一方面，我们研究某一历史时期法律的目的是为掌握这个法律整体，把知识看作自身发展的一种目的，或者我们要牢记在心的是法律只是人类实现目的的工具，通过它我们可以达到某种预期目的。在第一种情况下，如果我们能够弄清一定法律规定的意图和真正内容，把它们作为一个整体去理解，使它们成为一个有秩序的系统，我们就会满足。在第二种情况下，我们提出这样一个问题，某一特定法律对于一个正确目标是否为一种正确的方式。我们可以把第一种情况称为技术法律科学（包括法律解释和法理学），第二种称为理论法律科学（法哲学的又一称谓）。

“技术法学，像其显示的一样，只研究法律的再现工作。伯克给出的哲学定义——也就是‘去重新认识以前知道的东西’，或许在法律科学领域应用得更加适当。我们是必须对一部法典进行确切的限定，还是有必要处理法律习惯和司法实践较为自由的原理；我们是否对法律实施必然结果的细节进行充分的描述；这是意志的再现，这种意志是现实存在的并因为其存在而被引入。随着技术法学的完善，它开始使用抽象概念的事实并没有改变问题的实质。这些概念仅仅意味着对特定法律的概括理解，使用的目的也只是为再现后者。当再现工作完成后，工作计划也就实现了。

“正因如此，当前对于普通法律科学或法学原理的重视并没有带我们走多远。该学科涉及的基本概念，独立于法律研究的具体划分，应用于法律学说的逻辑发展中。但是很清楚，这项工作也仅是限定在技术法学的范围内。因为它们是控制社会问题的辅助工具。这里需要追问的最终的问题、最高的目的是阐明特定法律意志的内容。这个特定意志是为了研究问题自身。不管一个人聚积了多少法律作为特殊知识的目标，他都不可能超出弄清以前已表达的特定意志这一技术目标。”①

对于施塔姆勒教授来讲，法律是诸多结果与多种工具这一复杂机制不可分割的联系之一。我们不能把法律与现实生活分开。正如前述，法理学是一种“自愿的自我限制”，它要竭尽全力把法律从其他生活中分离开来，把它限定在一个概念之中，然后把它放在显微镜下仔细观察，暂时放弃它的外在关系，把它自身作为终极知识来研究。但是，我们必须铭记法理学和法律本身一样，是为了实现结果的一种工具。施塔姆勒教授说：“这种自愿的自我限制不能被认为是一种公理。谁这样做（很多实证主义法学家这样认为），选择他工作的最终目的，只有在达到良好结果，对我们来讲才有价值。”② 按照尼采的说法，“在旅途中，我们经常忘记目标。职业的选择是作为一种工具，为了达到结果，但是作为终极结果而坚持着。忘记目标是我们最常犯的错误。”③

从生活问题的立场出发，法律是结果和工具机制联系的桥梁。同样，从知识问题的立场出发，法律是人类思想网络无法分割的部分。一个伟大的法官宣称：“离开或试图离开人类思想网络不可分割的这一小块儿，你将得到连接线的线索，这些线索穿连着我们的知识结构。”④ 一些法学专家，忘记了法律的宽阔背景，建立一个孤立的法律世界，结果把所有事情，包括法律世界外的事情，当作法律的一个方面来研究。他们是只见树木不见森林，至少他们对于树的观点因为对树的不太关心而被歪曲。法理学的学生应该铭记人类知识的相关性。⑤

最后，从现实的立场出发，法律是现实的一部分。那么法律是一部分还是多部分呢？这就引起了一元论和多元论的法律理论。人类存在自然法，或者说法律是否

① 施塔姆勒：《正当法的理论》，第3–4页。

② 同上书，第5页。

③ 尼采：《人性的，太人性的》，第299页。

④ 卡多佐：《法律的成长》，第27–28页。

⑤ 在这方面，我们可以说，法哲学始于法律科学，从我们手边的事物出发，从总体上说，在论及司法经验时，它具有突出的特点。法律哲学是宏观的，而法律科学是微观的。参见杜威《经验与自然》，第6页。

都是有效的？在法律的发展过程中是否存在着一种移动的精神？这些是形而上学的问题，不属于法理学的范畴，但是属于法哲学的构成部分。

通过详细比较，我们能不能达到一种更高的角度，用一种更综合的方式来正视法理学与法哲学的区别呢？我觉得我这样说能更好地回答上述问题，在法理学里我们“同类”地思考法律，而在法哲学里我们“异类”地思考法律。[①] 我们“同类”地思考法律时，我们不用去理会思想、生活与现实；我们“异类”地思考法律时，我们要结合思想、生活与现实。现在，有一种流行的错误观点，认为法理学的本质在于分析，而法哲学的本质在于综合。好像二者的区别只在研究方法上，事实上，区别在于主题。

对这一部分做个总结，更妥当的办法是引用我的《霍姆斯大法官的司法哲学》一文的开头：

“威廉·詹姆斯说道，‘哲学的全部意义，只能是人类的思考，思考的是事物的共性而不是事物的个性’。同种意义上说，我们可以把司法哲学描述为与法律相关的共性。

“值得注意的是，我不说‘法律的共性’——法律本身只是一种客观知识，它的共性由普通法理学来处理，而不是由法哲学来处理。‘与法律相关的共性’指的是哲学的一般问题，这些问题是法律研究时要考虑的”。[②]

六、法理学在法学研究中的地位

我从下面这个法律研究的表格开始：

角度＼目的	具体信息	概括
横向	法律解释	法理学
纵向	法律史	历史法理学
预期	具体政策：立法与司法	法哲学

上表本身给出了解释，但是我们还是要谨慎对待。表中分的六类只是主观分类，它们不是存在于水密间隔中，它们被一道道石墙隔开。法律史也不是丝毫不涉

① 这两个词是我从怀特海的名著《自然的概念》中借用的。第 3-4 页。

② 《密歇根法律评论》第 21 卷第 5 期，第 4-7 页。

及法理学，法理学与法哲学也不是毫无交叉，例如法律的说明可能包含对法律政策的讨论。事实上，社会学法学是所有这些学科的综合体，从根本上说，尽管确是法律哲学的一种倾向，并试图借助其他法律研究来证明自己。社会学法学可以被描述为一种实用主义的法律哲学，其他学科都是其使用的工具，包括法律和非法律的。

商鞅变法的道德基础

邓家元*

摘　要　政治的道德基础是可以对国家的政治行动进行善恶对错评价的出发点。在商鞅变法过程中，发生了两次“议令事件”。尤其在第二次“议令事件”中，商鞅的对待方式颇有令人费解之处。本文从解惑“议令事件”中商鞅的处理措施出发，分析“议令事件”在三个方面所蕴含的政治道德意义：民众抱持着一种狭隘的功利主义自利观，民众以此为评价商鞅法令的道德基础，民众“议令”行为本身即具有政治参与性。相应地，分析商鞅在这三个方面的政治观点和措施，较完整地展示出商鞅变法的道德面貌，显示出民众“议令”行动所体现的道德意义如何与之相悖，有助于深刻地理解商鞅变法的道德维度及其历史影响。

关键词　商鞅变法　目的论　道德基础　实践理性　政治参与

一、“议令事件”的困惑

司马迁在《史记》中记载了商鞅变法中的两次“议令事件”：“令行于民，期年，秦民之国都言令之不便者以千数……行之十年，秦民大说，道不拾遗，山无盗贼，家给人足，民勇于公战，怯于私斗，乡邑大治，秦民初言令不便者，有来言令

* 邓家元，西班牙萨拉曼卡大学博士候选人。

便者，卫鞅曰：‘此皆乱化之民也。’尽迁之于边城，其后民莫敢议令。”[①]

作为对这两次“议令事件”的反应，商鞅的做法颇有令人困惑之处。法行之初，商君法令不便的议论很普遍，执行的情况想来很不能令人满意。于是商君刑罚立威，以儆不遵法令者，比较容易理解。商鞅之前，周厉王“革典”[②]，在“国人谤王”之时，怒而“使监谤者”[③]；子产对乡校议政的态度则更加开明，“其所善者，吾则行之；其所恶者，吾则改之”。[④]商鞅远不如子产开明不必论，但是其态度较之周厉王也有不易解之处。

在法令施行十年之后，“秦民大悦”。民众到国都称赞新法，换得的却依然是商君的惩罚。周厉王所压制的仅是反对变法的声音，此时的商鞅，所压制的却是称赞变法的声音。从法理角度来看，法令为普通民众所乐于接受，会使之更加容易受到遵行。民众来称赞新法之“便”，是奉承之举，对奉承的民众进行惩罚，不合常理。

在商鞅看来，第二次“议令”的民众是“乱化之民”。在商鞅的变法观念中，“国俗可化而民从制”[⑤]是变法的重要内容和目的。“圣人之立法化俗而使民朝夕从事于农也”[⑥]，“化俗”是易古制立新法首先要面对并解决的事情。并且，理想的治理国家方式是要做到既能集中民众力量，又能消耗民众力量。如果民众力量集中，却不能“化”也是危险的，“抟而不化则不行”。[⑦]民众“议令”行为在政治上意义为何，以至于能够影响到商鞅的变法大计？第二次“议令事件”与第一次“议令事件”在政治意义上有何不同，会使得商鞅断定再次“议令”的民众为“乱化之民”？

传统对商鞅的变法行为解读多停留于宽泛的评价，指斥其专制、排除异见，但这并不能解释为何打压美其变法者，也不能显示出其相较于周厉王等专制行为之更具实践深刻性。要更好地理解第二次“议令事件”中商鞅徙民行为的深刻用意，需先理解民众之“议令”行动的政治道德意义。只有深入到民众之为人所普遍具有的实践理性层面上，才能更好地展示民众“议令”行动的政治道德意义及其与商鞅的变法道德观如何扞格。

---

① 《史记·商君列传第八》，卷六十八，中华书局 1959 年版，第 2231 页。

② 《国语·周语下第三》，载徐元诰撰：《国语集解》，中华书局 2002 年版，第 100 页

③ 《国语·周语上第一》，载徐元诰撰：《国语集解》，中华书局 2002 年版，第 10 页。

④ 李学勤主编：《春秋左传正义》，北京大学出版社 1999 年版，第 1132 页。

⑤ 《商君书·壹言》，载蒋鸿礼：《商君书锥指》，中华书局 1986 年版，第 60 页。

⑥ 同上。

⑦ 同上。

二、"议令"的政治道德意义

（一）道德基础之建立

在两次"议令"事件中，民众对商鞅的法令前后评价相反：法令颁行刚满一年的时候，民众认为其"不便"；法令施行十年后，民众一改前观，认为其"便"。对法令的前后评价虽然不一致，但是其中又有一致的地方：以是否便利为标准来对商鞅的法令进行评价。

"在什么情况下我们应该对政府忠诚，又在什么情况下我们应该拒绝效忠于它"这个疑问是"政治领域中最持久的两难命题"。[①] 人的道德哲学研究人在社会生存中的善恶、对错、权利义务的问题，而政治的道德哲学研究关注国家法律和政治行为的善恶对错、正义与否。政治的道德基础，就是可以对国家的政治行动进行善恶对错评判的基础。要想回答"那些要求我们服从的国家法律和行为是否值得我们去服从"[②] 这个问题，就要深入到为这些国家法律和政治行为提供正当性证成或批判的道德基础中的研究中去。

道德基础相联系又相对立的两个方面特征是：既可以依之对政治行为和法律命令进行符合时的正当性证成，又可以依之对政治行为和法律命令进行违背时的批评性反对。政治的道德基础具有内在批判性，它提供了一个对政治行为和法律命令的评判性基础；又有实践指向性，理性的行动者会据之对法令和政治行为进行道德思考，作出符合与否的判断并以该判断指导自己的行动，使之成为行动的部分理由，甚至决定性理由。这是人具有实践理性的体现。再者，政治的道德基础具有相当程度的稳固性和持久性。一定共识范围内建立起的特定道德基础，会被用以对其后相当长的一段时间内的所有法令和政治行为进行道德评价。

比较两次"议令事件"，第一次"议令"事件的部分民众可能只是跟随集体行动，单纯地表达感情上的不满意，而再次"议令"的民众则表现出更多的评价变法的道德意识。两次"议令"行为无论是否对商鞅的法令表示了赞同，都较为明显地为商鞅法令建立起据以评价之的道德基础。如果第一次"议令"行为时，此种建立道德基础的政治意义还不太显明，那么第二次"议令"行为则极大地加强了该意义。

---

① 伊安·夏皮罗：《政治的道德基础·导言》，姚建华、宋国友译，上海三联书店 2006 年版，第 1 页。

② 同上书，第 2 页。

在建立起特定的道德基础之后，可以据之对法令进行评价。这种评价本身具有稳定性和持续性并具有实践导向性，民众会以评价结果来指导自身的行动。在法令施行一年时民众批评其不便，不是出于调查研究的兴趣。真实意图在于通过对法令不便的判断，来为自己不遵守法令的行为提供正当性支撑，并积极期望通过“议令”能够推动法令废除。商鞅在两次“议令”事件中所施加的惩罚也因此具有不同的意义：第一次只是针对不遵守法令的行为施加惩罚，迫使民众遵守法令；而第二次则可以看作是对民众试图为政治行为建立道德基础的明确拒绝。

（二）狭隘的功利主义

民众对商鞅法令的评价基于便利与否，可以视之为功利主义的。民众对商鞅同样的法令得出了前后不一致的判断，表明民众的判断受限于较为狭隘的眼光，只是以切身的、眼前的、具体的生活、生产便利与否为评判标准，缺乏远景的深度的考量，是一种较为狭隘的功利主义自利观。

《史记》中未直接记载民众认为商鞅法令具体不便在何处。我们只能从商鞅的变法举措出发，对其给民众造成的“不便”做一些测度。变法首先意味着深刻地改变旧有的政治、社会制度。商鞅的变法措施剧烈地改变民众沿袭传统而固守的生活习惯，所变革者从法律制度、社会政策到经济政策等，范围既广，更幅亦大。民众从自身所适应的传统和习惯出发做出判断，法令会带来不便当在意料之中。

商鞅变法总体而言是“易古制”。“秦孝公欲用卫鞅之言，更为严刑峻法，易古三代之制度。”[①]“自古帝王之法，至商鞅而变，其言曰：‘苟可以强国，不法其故；苟可以利民，不循其礼。”[②]民众在旧的传统制度之下形成的生活习惯突然面临剧烈的改变，所产生的不适应感强烈，必然会产生法令不便的抱怨。

试图采取行政力量强行改变地方风俗，这样的做法甚至到秦灭六国时依然可以看到。《睡虎地秦简·语书》是嬴政为王第二十年，地方官发布的命令文书。一方面，对地方未能恪守法令，未能“去其淫避（僻），除其恶俗”表示不满；另一方面，用强硬的语气表达自己移风易俗的决心。[③]文书中表现出的紧张关系，是官方与民间在这个问题上的矛盾体现，表明改变风俗并不容易。

商鞅法令驱使社会精力集中于农耕，“耕织致粟帛多者复其身。事末利及怠而

---

① 《新序·善谋篇》，载卢元骏：《新序今注今译》，台湾商务印书馆 1977 年版，第 298 页。

② 陈澧：《东塾读书记》，世界书局 1936 年版，第 145 页。

③ 《睡虎地秦墓简牍·语书》，载陈伟主编：《秦简牍合集壹》，武汉大学出版社 2016 年版。

贫者，举以为收孥。”[①] 商鞅法施行十年之后，“道不拾遗，山无盗贼，家给自足。”[②] 秦国的经济状况和社会治理局面得到转变。经过相当长时间后，民众认为变法带来了家庭财富的增加和盗贼数量的减少[③]，于是一改变法之初生活刚刚发生剧烈改变之时对商君法“不便”的批评，转而称赞商君法“便”。

前后判断虽然不同，但是从切身的、眼前的、具体的生活、生产环境出发做出判断，民众的眼光依然未脱狭窄。商鞅法令施行之后，经济水平提高，社会治安状况改善。一方面商鞅经济政策的激励获得了部分成功，另一方面隐藏着进行社会驱迫的权力强制。经济的成就具体易见，自由的削减却抽象而易为身处其中的人们所忽略，或者有所认识却无可奈何。[④]

（三）民众意见与政治参与

司马迁没有提供直接证据表明两次“议令”事件经过精心组织，但并不能将其看成是偶发的行动。民众两次“议令”都有较为明确的行为动机和目的可供辨认。第一次“议令”，民众“以千数”，陈说法令“不便”。动机在于为不遵守法令的行为进行正当性辩护，目的在于施加政治压力，说服商鞅撤销或改变法令。但目的没能达成。商鞅认为“法之不行，自上犯之”[⑤]，因太子不遵守法令，刑惩了太子的两个师傅公子虔和公孙贾，起到了威慑效果。第二次“议令”的民众是第一次中的一部分。这部分民众具有明显的政治参与意识。在第一次“议令”事件中，他们也可能发挥了领头作用。两次“议令”都被商鞅所注意并且都采取了相应措施。先不论民众有没有达到“议令”的目的，商鞅的反应就能够说明：就政治参与本身来说，这两次“议令”行动都引发了效果；“国都”是一个可以进行有效政治参与的舆论场。与第一次“议令”相比，在推动民众第二次“议令”上，政治参与意识的作用更加突出，其中包含着影响政治的欲望，奉承权力是靠近权力并进一步获得权力的一种方式。

政治的公众参与是民众意见影响政治的一种重要途径。“一个政体如果要达到

---

① 《史记·商君列传第八》，卷六十八，第 2230 页。

② 同上书，第 2231 页。

③ 从睡虎地出土秦简来看，秦律对盗窃罪的规定颇为详细，对盗窃问题投以相当多的关注。《晋书·刑法志》载李悝“以为王者之政，莫急于盗贼”这一立法指导思想，从脉络上或能看到李悝对商鞅的影响。

④ 集权专制之下常见有两种称赞：一是集权能够提高效率，所谓集中力量办大事；二是集权之下社会治安状况良好，犯罪少。这两种观点都是十分片面的，却非常具有迷惑性。

⑤ 《史记·商君列传第八》，卷六十八，第 2231 页。

长治久安的目的，必须使全邦各部分（各阶级）的人民都能参加而怀抱着让它存在和延续的意愿。”[①] 西方近代以来最引人注目的政治理论之一是“契约论”，它的道德基础在于统治经过了被统治人民的同意，建立在契约之上的统治一定意义上是人民自我统治的表现。尽管契约论更多是一种逻辑上的推导，但将政治统治建立在人民同意的基础上，是政治对人民自主性的认同，承认统治之下的人们具有内在自由的、能够自我决定的道德主体地位。

先秦的中国没有也不可能产生这种“契约论”政治哲学。在君和民的关系上，先秦的政治理论一方面强调民为天之所生，“天生烝民，其命匪谌”“天生烝民，有物有则”[②]，君则受命于天，“弗吊天降丧于殷，殷既坠厥命，我有周既受”“我闻在昔，成汤既受命”[③]，代表天来统治人民。另一方面突出民的地位，强调民的利益和意见在政治统治维续上的重要性，“其在祖甲……作其即位，爰知小人之依，能保惠于庶民，不敢侮鳏寡。”[④]“民否则厥心违怨，否则厥口诅祝。”[⑤] 尤其强调民众负面意见对统治的影响，认为君王应当以正确方式对待之，“厥或告之曰：小人怨汝詈汝，则皇自敬德”。[⑥] 否则，容易导致怨恨集中爆发，“怨有同，是丛于厥身”。[⑦]

突出民的利益和意见对政治统治的重要性，是儒家政治哲学的一个重要面向。在政治正当性的价值排序上，孟子明确提出：“民为贵，社稷次之，君为轻。”[⑧]“瞽史诵诗，工诵箴谏，士传民语。”[⑨] 例如在儒家对《诗经》的阐发中，“采诗”成为一种存在于理想时代的政治制度和政治传统，是观民风的一种重要方式。“故古有采诗之官，王者所以观风俗，知得失，自考正也。”[⑩]“孟春之月，群居者将散，行人振木铎徇于路，以采诗，献之太师，比其音律，以闻于天子。”[⑪] 通过采诗，统治阶层了解到民众的所感所思所想，在政治决策上有所考虑，使得政治统治能够上下

---

① 亚里士多德:《政治学》，商务印书馆 1965 年版，第 89 页。

② 《诗经·大雅·荡》《诗经·大雅·烝民》，程俊英、蒋见元:《诗经注析》，中华书局 1991 年版，第 849、896 页。

③ 《尚书·君奭》，载李学勤主编:《十三经注疏·尚书正义》，北京大学出版社 1999 年版，第 439、441 页。

④ 同上书，第 439、432 页。

⑤ 同上书，第 439、436 页。

⑥ 同上书，第 439、437 页。

⑦ 同上书，第 439、438 页。

⑧ 《孟子·尽心章句下》，载朱熹:《四书章句集注》，中华书局 1983 年版，第 367 页。

⑨ 《大戴礼记·保傅》，载黄怀信主撰:《大戴礼记汇校集注》，三秦出版社 2005 年版，第 348-350 页。

⑩ 班固撰，严师古注:《汉书卷三十·艺文志第十》，中华书局 1962 年版，第 1708 页。

⑪ 班固撰，严师古注:《汉书卷二十四上·食货志第四上》，中华书局 1962 年版，第 1123 页。

通畅。政治统治上层主动倾听下层民众声音，是民众意见和意志影响政治的主要方式。

民众的普遍意见、意志能够反映在政治中，对民众的政治认同，和对统治的长期稳定而言，具有重要意义。两次“议令”事件中，尤其是第二次“议令”事件，无法认定议民带有明确的政治主体意识，但进行政治参与、影响政治的企图却是可见的。尽管至多只能是非正式的、微弱的参与，并且最终的结果是被压制，然而仅仅如此微弱的政治参与，也引起当权者重视并决然采取行动，恰恰能够说明其意义匪浅。

三、商鞅的变法目的论

（一）变法的道德之争

在商鞅至秦主持变法之前，“李悝为魏文侯作尽地力之教”[①]，变法成效斐然。“（李）悝撰次诸国法，著《法经》。……商君受之以相秦。”[②]商鞅先仕魏，后去魏入秦，变法举措中有袭魏法令政教之成分。

在主持变法前，满怀抱负的商鞅费了不小的力气进行了一番论证说服工作。商鞅首先面对的说服对象是秦孝公。《史记·商君列传》中记载，商鞅开始以帝道说秦孝公，“孝公时时睡”，以王道说孝公，“孝公善之而未用也”。第三次，商鞅说孝公以霸道，“公与语，不自知膝之前于席也。语数日不厌。”帝道和王道符合从儒家的理想政治中所阐发出来的政治哲学。秦孝公没有“待数十百年以成帝王”的耐心，他期待的是“强国之术”，在国家发展上表现出显明的目的论。商鞅以“霸道”说秦孝公，但商鞅所要说服的人不仅是秦孝公，秦孝公任用商鞅，“欲变法，恐天下议己。”[③]

在国家治理的政治哲学上，甘龙的看法是：“圣人不易民而教，知者不变法而治。因民而教，不劳而成功；缘法而治者，吏习而民安之。”杜挚的看法是：“利不百，不变法；功不十，不易器。法古无过，循礼无邪。”[④]甘龙的政治哲学是将

---

① 金少英集释：《汉书·食货志上》，中华书局 1986 年版，第 51 页。

② 房玄龄等撰：《晋书卷三十·志第二十·刑法》，中华书局 2000 年版，第 600 页。

③ 《史记·商君列传第八》，卷六十八，第 2229 页。

④ 同上。

政治的正当性建立在传统和习惯之上，主张“不易民而教”“因民而教”“不变法而治”“缘法而治”，其核心思想在两点：第一，缘法、不变法，沿袭故成的政治制度，国家政治制度抽象层面上的传统主义观点；第二，因民、不易民，顺应民众长久形成的习性，施政策略具体层面上的习惯主义。杜挚的政治正当性观点似乎是双面的结合：其一，功利主义，“利不百，不变法；功不十，不易器”；其二，传统主义，“法古无过，循礼无邪”。但是甘龙虽表示“利不百，不变法”，实际所持的政治道德观点却并非是功利主义的。杜挚更多的是为了质疑商鞅，其核心观点依然是传统主义的。最终着落还是“法古”和“循礼”的传统主义政治道德观。

埃德蒙·柏克是近代西方持传统主义观点的最有名的学者之一。柏克反对法国大革命，认为“追求人类尽善尽美的理想是注定要失败的，而且很可能造成灾难。……柏克敌视对制度结构任何形式的思考，他认为政治领袖的任务就是使这个不完美的世界不被人们弄得更加破败，于是他强调要维护传统”。[①]

甘龙表达了其所认为的理想治理方式是“不劳”和国家状态“民安”；杜挚的思想“无过”“无邪”表现出对政治错误和社会不安的畏惧。二人展示了传统主义国家治理方式的重要优点。二人观点与柏克的重要不同之处在于，柏克认识到政治传统是差劲的，但是不相信能够实现理想的设计，而在甘龙和杜挚的观念中，传统是足够好的，不需要改弦更张。

传统主义的施政方式易为民众接受，一个共同的原因是：尊重民众长期形成的生活方式，不强行改变。其内在也有对民众的自主性、能够自我规划生活的肯定。但其也有不足之处：一成不变，陈陈相因，往往视陋习而不见，国家发展受制于惰习和短视。

（二）利民与强国之辩

商鞅在与甘龙和杜挚论辩时提出：“圣人苟可以强国，不法其故；苟可以利民，不循其礼。”又提出：“治世不一道，便国不法古。”[②] 商鞅将变法的道德正当性建立在“强国”（“便国”）和“利民”（“便民”）两个基础之上，是否要遵守古制，要以是否能“强国”和“利民”为标准。如果能“便国”和“便民”，那么不遵守古制而变法就是正当的。然而，变法满一年之时，民众议令之“不便”，

---

① 伊安·夏皮罗：《政治的道德基础·导言》，第 179 页。

② 《史记·商君列传第八》，卷六十八，第 2229 页。

显然没能对商鞅的变法举措产生任何影响。民众第二次陈说法令便利时，商鞅也并没有为法令得到民众之认可而满意。在“便民”与“便国”之间，商鞅自有分辨。

商鞅说秦孝公之时以强国目的论迎合了孝公，在与甘龙、杜挚二人争辩时，将甘龙的观点贬为俗人之见，认为“汤武不循礼而王，夏殷不易礼而亡”，将是否变法的政治选择归结为国之“王”和“亡”的二难选择，以“强国”远景为变法正当性证成，赢得了权力的授予。国家政治制度变革的目的论终究归结在“便国”上，与此紧密联系，所谓的“便民”只是在具体的对民施政上功利主义的手段要求：“便民”以最大限度地实现“便国”为目的。

当施政上的“利民”效果与“强国”能够一致并有利于“强国”的时候，二者自然可以兼行不悖。在农业生产上，商鞅的经济政策加强了土地产权私有，“民得买卖”土地，征税变得公平和有效，“赋税平”。农业生产的积极性得到发展，国家财富和民众家庭财富得以迅速增长，部分做到了“利民”和“强国”兼得。就此而言，商鞅的功利立场体现在“利民”政策上又具有客观的和远景的一面，不顾民众对便利与否的切近的主观判断。

但“强国”是商鞅的最终目的，“利民”归根结底只是手段。《商君书》[①]中记载着大量商鞅对如何驯顺民众的策略性观点。商鞅不断强调“弱民”“化民”，认为这才是达到“强国”目的的具有根本意义的策略。所谓“民弱，国强；民强，国弱。故有道之国务在弱民。”[②]司马迁评价“商君天资刻薄人也……卒受恶名于秦，有以也夫”，几为评价商鞅之定论。马端临更是贬斥商鞅，认为“鞅之术无他，特恃告奸而止耳。”[③]然而无论如何，变法前从“利民”出发的说服论证，也在客观上为变法增加了道德正当性和公众可接受性。

（三）道德基础与实践权威

在抽象的总体层面上，商鞅的变法目的论是明确的。落实到具体的政策实施层面上，亦即在作为实现变法目的的手段之具体法令上，商鞅的变法道德基础观如何？道德基础具有内在批判性，既可为政治行为提供正当性证成，也可以据之对政治行为予以批评。为法令建立起可据以进行正当性评价的道德基础，讨论法令的正

---

① 《商君书》经手汉代学者，《更法》《倈民》《弱民》三篇杂入成分较重。参见刘汝霖：《周秦诸子考·下册》，文化学社中华民国十八年版，第283-289页。

② 《商君书·弱民第二十》，载蒋鸿礼：《商君书锥指》，中华书局1986年版，第121页。

③ 马端临：《文献通考》，中华书局1986年版，卷二一二，考一七三八上。

当性，即是对法令进行了批判性的思考。建立在道德基础上的符合与否判断，无论是证立之还是反对之，都是人之为人具有理性的反映。

行动出于理由而产生，是人的实践理性的核心。“行动理由在我们的实践慎思中具有核心作用。”[①]“如果我们不知道某人出于什么理由而行动，我们就没有完全理解那个人。如果我们一点也不了解行动者做某些事情的理由，我们就无法评价：那个人在这么做时是不是在合理地行动。”[②]对于商鞅发布的法令而言，其“规范性就在于它以某种方式成了理由，或提供了理由，或者在其他方面与理由相关。”[③]考察商鞅的法令道德观，就是要考察其法令在作为民众行动理由时的地位，及商鞅对此所表现出的态度。

商鞅在变法中对其法令所要求的，不仅是成为道义方面的理论权威，即“作为可靠的指南帮助我们确定道德内容。……并不能优先于主体的独立判断”；商鞅所要求的更是其法令对民众而言具有实践权威：“实践权威所作的不仅仅是为采取某一特定行动提出一条新理由；它排挤掉了所有其他的理由：支持这一行动的和反对这一行动的。”[④]

两次“议令”事件中，民众从是否“便民”这一道德基础出发，对商鞅法令作出了不同判断，第一次认为“便”，第二次认为“不便”。第一次“议令”中，商鞅法令在理论上的权威受到质疑。民众以此判断为不遵守法令的行为进行辩护，也导致商鞅法令在实践上的权威性受损。商鞅的应对措施是对两个违反法令的太子施以刑惩，以儆效尤。第二次“议令”，民众对法令的判断是“便”，并且遵守无违。遵守法令是由道德上的判断所支持的，因为是便利的。然而，商鞅称这部分“议民”为“乱化”之民，并直接对之施加惩罚：徙之于边城。

此时商鞅的关注点集中在法令的实践权威上。“那些权威发布的、经由权威的智慧或者保证行动协调一致的需要而得到正当性证明的规范，都必须视为排他性理由。”[⑤]商鞅法令的理论权威得到了民众一定程度的道德认同，但商鞅有更高的要求。商鞅要求其法令作为一项行为理由对其他理由具有排他性地位，对民众而言具有实践上的权威性，即被民众视为一种行为的排他性理由，不假对法令进行正当性

---

① Joseph Heath, “Foundationalism and Practical Reason” , *Mind*, Vol. 106, No. 423 (July., 1997), p. 454.

② Robert Audi, “Acting for Reasons” , *The Philosophical Review*, XCV, No. 4 (October 1986), p. 511.

③ Joseph Raz, “Explaining Normativity: On Rationality and the Justification of Reason” , *Ratio* (new series) XII 4 December 1999 0034-0006, p. 354.

④ 海迪·赫德:《解释权威》，转引自安德雷·马默编:《法律与解释》，张卓明、徐宗立等译，法律出版社 2006 年版，第 517 页。

⑤ 约瑟夫·拉兹:《实践理性与规范》，朱学平译，中国法制出版社 2011 年版，第 76 页。

判断而遵守之，禁止与其他理由在同一层面上进行权衡后行动。

（四）法令的实践理性特征

命令性规范的实践理性特征是："对命令性规范来说，排他性理由的观念是本质性的，尤其是对于理解它们在实践理性中的作用之不同于日常行动理由的作用的方式来说更是如此。"[①] 在日常行动理由的作用下，实践冲突服从的逻辑模式是："理由的冲突通过相互冲突的理由的相对分量或强弱来解决，他们的相对分量或强弱决定了它们当中的哪一个理由胜过了其他理由。"[②]"议令"事件中，民众即是在日常行动理由的基础上，衡量法令作为一项行动理由，与法令造成不便这一判断形成的行动理由之间的冲突。民众对二者的相对强弱或分量进行了权衡并根据权衡的结果而行动。这是实践理性中一阶理由之间的冲突的解决办法。

商鞅要求的是其法令作为命令性规范，成为一项排他性理由。排他性理由是一项高阶理由。当一个冲突是一阶理由和高阶的排他性理由之间的冲突时，"这种冲突不能通过相互竞争的理由的强弱来解决，而是通过实践推理的一个普遍原则来解决。这一原则决定了，在与一阶理由发生冲突时，排他性理由总是优先。"[③]

第一次"议令"，民众将法令的要求作为一项行动理由，与对法令的正当性判断后形成的理由相权衡，决定不遵守法令的要求而行动。这是将法令要求作为行动的一项一阶理由，与同样是一阶理由的对法令便利与否的判断，在分量上进行权衡。法令的要求作为一项一阶理由在此权衡中甚至并未取得优势地位。商鞅初次施加惩罚后，民众虽然遵守了法令，但这并没有改变法令的要求在民众的实践推理中作为一项一阶理由的地位。民众之所以遵守法令，是因为在实践权衡中加入了一项新的一阶理由，即不遵守法令将会遭受惩罚。

第二次"议令"，议民虽然称赞法令便利，改变了以便利与否为基础的对法令的正当性判断。但是，以此为理由而遵守法令表明，在民众的实践推理中，第一，依然是在将法令的要求作为一阶层面的理由进行实践权衡；第二，民众并非是因为法令本身的要求而遵守之。法令的要求作为一项理由，在实践推理中甚至仍然没能胜过对法令是否便利的判断形成的理由。商鞅所要求的却是法令免于实践权衡的排他性服从。

---

① 约瑟夫·拉兹：《实践理性与规范》，第 76 页。

② 同上书，第 78 页。

③ 同上书，第 33 页。

四、政治公众参与的消灭

（一）民众的观点与实践

商鞅否定民众政治参与的有益性，甚至否定民众的政治参与能力。商鞅认为，民众只可以坐享其成，“民不可与虑始而可与乐成”。民众没有谋划变法这样的大事的能力，与民众一起谋划就是不能成功的，“成大功者不谋与众”。① 商鞅所表达的不仅是关于民众道德主体性的一种描述性观点，更是一种实践指向性观点。在“强国”的变法目的论的指导下，商鞅的变法思想中，理想的“民”的特性是：弱、朴。

商鞅将国家的强弱与民众的强弱对立起来。在商鞅看来，民弱则国强，民强则国弱。商鞅主张用强制权力压制民众，以使民弱，认为非强力无法达到弱民的目的。“以强去强者，弱；以弱去强者，强。”② 商鞅认为，应当用严苛的法律对民众进行治理，而不能像儒家主张的那样倚重道德教化，只有如此才能达到相对于民众的国强目的：“以法治者，强；以政治者，削。”“行刑重轻，刑去事成，国强；重重而轻轻，刑至事生，国削。”③

商鞅所希望塑造出的理想民众性格是“朴”，专心于农业耕作，从而有助于实现官方的农战目标。“国大民众，不淫于言，则民朴壹。民朴壹，则官爵不可巧而取也。”④ 商鞅的政治哲学里，认为《诗》《书》教导和商业经营有害于变法的农战目标，“豪杰务学《诗》《书》，随从外权；要靡事商贾，为技艺，皆以避农战。民以此为教，则粟焉得无少，而兵焉得无弱也！”⑤ 这些活动使得民众性格背离满足变法所要求的“朴”。商鞅治国目标的关键点是“令民归心于农”，“归心于农”的民众才是“朴而可正也，纷纷则易使也”。⑥

在商鞅的目的论变法哲学中，民众应当作为工具被塑造，以达至“壹”这样一种高度同质的社会状态。国家要采取一系列措施进行规制，“壹赏，壹刑，壹教”⑦，

---

① 《史记·商君列传第八》，卷六十八，第 2229 页。

② 《商君书·去强第四》，载蒋鸿礼：《商君书锥指》，中华书局 1986 年版，第 27 页。

③ 同上书，第 28 页，第 32 页。

④ 《商君书·农战第三》，载蒋鸿礼：《商君书锥指》，中华书局 1986 年版，第 21 页。

⑤ 同上书，第 22 页。

⑥ 同上书，第 25 页。

⑦ 《商君书·赏刑第十七》，载蒋鸿礼：《商君书锥指》，中华书局 1986 年版，第 96 页。

使得民众的生活目标一致，“皆作壹而得官爵”。[①] 国家用奖惩的手段对民众的生活目标进行统一规划，“开公利而塞私门，以致民力”[②]，摒弃个体多样的生活目标追求。商鞅的变法哲学否定民众作为道德主体的差异性以及规划自己生活的能力，商鞅的道德哲学是将民众表象化和工具化，利益奖赏诱使之，施加刑罚以驱迫之，消磨民众的个性，使之整齐划一，方便进行有效率地管理。

（二）反对道德教化学说

在商鞅看来，“学民恶法”。[③] 商鞅将儒家经典和道德学说斥为“六虱”，认为如果这样的学说在国家盛行，“上无使农战，必贫至削”。[④] 商鞅认为民众学习儒家学说，会导致违逆法令，会对农战的强国目标起到破坏作用，他更是反对国家重儒并奖励修习儒家学说者的做法。

在人的道德观点上，孟子主张通过学习实践，使民众自身的道德人格趋于完善，“人皆可以为尧舜。”[⑤] 在一定程度上肯定人的道德主体性，肯定人的自我决定能力。孔子主张“志士仁人，无求生而害仁，杀身成仁”[⑥]，孟子主张在生命与“义”这种道德价值“不可得兼”的时候“舍生取义”。孔、孟道德哲学提高了“仁”和“义”的价值层次，认为是值得个体在必要时舍弃生命去追求的超越的道德价值。“生亦我所欲也，所欲有甚于生者，故不可为苟得也；死亦我所恶，所恶有甚于死者，故患有所不辟也。”[⑦] 相比较而言，商鞅政治学说里的理想民众“弱”“朴壹”，易为官爵奖励所诱导，易为刑律惩罚所驱使。孔、孟关于人格的道德主张，及高层次道德价值的提倡，与商鞅工具主义的“弱民”政治主张格格不入。

在国家的施政思路上，孔子认为“道之以政，齐之以刑，民免而无耻；道之以德，齐之以礼，有耻且格”。[⑧] 主张“为政以德”，良治之下的民众品质是“有耻且格”，需要用道德教化民众来实现。法家则以法为教，以用刑为主要手段。

在对待官方行为上，孔子认为：“举直错诸枉，则民服；举枉错诸直，则民不

---

① 《商君书·农战第三》，第 20 页。

② 《商君书·壹言第八》，载蒋鸿礼：《商君书锥指》，中华书局 1986 年版，第 60 页。

③ 《商君书·农战第三》，第 23 页。

④ 《商君书·靳令第十三》，载蒋鸿礼：《商君书锥指》，中华书局 1986 年版，第 80 页。

⑤ 《孟子·告子章句下》，载朱熹：《四书章句集注》，中华书局 1983 年版，第 339 页。

⑥ 《论语·卫灵公篇第十五》，载杨伯峻：《论语译注》，中华书局 1980 年版，第 163 页。

⑦ 《孟子·告子章句上》，载朱熹：《四书章句集注》，中华书局 1983 年版，第 367 页。

⑧ 《论语·为政篇第二》，载杨伯峻：《论语译注》，中华书局 1980 年版，第 12 页。

服。”[①] 孔子的观点不仅仅是一种描述，更是一种政治主张。程子曰：“举错得义，则人心服。”谢良佐解释为：“好直而恶枉，天下之至情也。顺之则服，逆之则去，必然之理也。”[②] 孔子所表达的是一种道义论的官方行为立场，官方行为应当建立在分辨“直”和“枉”的基础上。如此一来，民众则可以对此国家政策在道德上的“直”“枉”有所评价。评价结果进而必将影响民众的行为，“服”或“不服”。

对政治的有所评价也是政治参与的前提。两次“议令”事件中，民众聚集国都，表现出政治参与特征，同时从一定道德基础出发评价法令。先秦儒家批评政治，谋求政治参与，最为激烈的要数孟子。孟子见梁惠王后，批评其“厚敛于民”，“庖有肥肉，厩有肥马，民有饥色，野有饿殍，此率兽而食人也”。见梁襄王后，批评梁襄王毫无君王之态，“望之不似人君，就之不见所畏焉”。[③] 孟子榜样化是任何一个专制权力者所不愿看到的。

在商鞅的观点中，道德教化学说对其变法的破坏作用主要可以集中在两个方面：其一，引导民众议论政治，“说者得意，道路曲辩，辈辈成群”，[④] 从一定的政治道德观出发对法令进行批评，会破坏民众对法令的排他性遵守；其二，在社会层面具有政治凝聚效果，聚议国政，“夫人聚党与，说议与国，纷纷焉”，[⑤] 以道义认同为团结基础形成的社会政治力量，会与国家统治力量相竞争，有碍于商鞅追求的“政胜其民”[⑥] 的政治目标。

（三）社会团结的离析

商鞅的“弱民”政策，在个体层面上，是否定民众的道德主体性，压制民众的自决力。在社会层面上，则是离析社会团结，弱化社会凝聚力量，使之不能与国家权力相竞争。商鞅的政治哲学将社会与国家相对立起来，强国家则必须弱社会。相较于通过伦理道德凝聚社会的政治哲学，商鞅的变法政治致力于离析社会团结，确保国家拥有凌驾于社会之上的专断施政能力。

商鞅将社会政策和刑事政策结合起来。“令民为什伍，而相牧司连坐。不告奸者腰斩，告奸者与斩敌首同赏，匿奸者与降敌同罚。民有二男以上不分异者，倍其

① 《论语·为政篇第二》，第 19 页。

② 朱熹：《四书章句集注》，中华书局 1983 年版，第 58 页。

③ 同上书，第 206 页。

④ 《商君书·农战第三》，第 26 页。

⑤ 同上。

⑥ 《商君书·说民第五》，载蒋鸿礼：《商君书锥指》，中华书局 1986 年版，第 36 页。

赋。”[①] 其要点为三：令民为什伍、连坐、告奸。

其一，令民为什伍。“民有二男以上不分异者，倍其赋。”将以血缘关系为纽带而形成的大家族进行分析，重新进行社会规整，以什伍方式重新组建社会单元。社会结构简明统一，满足国家管理与征召的便利。该做法一方面，使得社会家庭结构简化，释放出税源，国家税收基础得以拓展，又使得征税易于核算，增加了税赋；另一方面，有效地削弱民间通过血缘关系长久形成的社会组织力量。

其二，连坐。“牧司谓相纠发也。一家有罪而九家连举发。若不纠举，则十家连坐。”[②] 推行家庭血缘连坐，“秦法，一人有罪，并坐其家室”。[③] 在什伍之内建立社会关系连坐。官员的职务连坐和血缘连坐结合，“守法守职之吏有不行王法者，罪死不赦，刑及三族”。[④] 通过连坐制度，形成严密的监视网，纠举不法行为。连坐政策动员民众为避责而互相监视、相互揭发，造就一个统治权力高度渗透民众生活的警察国家，能够最大限度地实现掌权者的绝对意志。

其三，告奸。晁公武讥讽商鞅，“鞅之术无他，特恃告奸而止耳”。并认为这导致了秦国的风俗日坏，“父子相夷”。[⑤] 秦法厚赏告奸者。睡虎地秦简《法律答问》中律例显示，告奸所能获得奖赏，甚至高达每捕获一人得二两黄金。[⑥] 知情不报可能会遭受重罚，“甲盗不盈一钱，行乙室，……其见智（知）之而弗捕，当赀一盾。”[⑦] 另一方面，检举揭发能使自己免于被连坐。检举揭发伍邻，可以免责。[⑧] 妻子告发丈夫罪行，可以免除坐刑中被收为奴的处罚。[⑨]

结语：商鞅、秦法和历史

后世论商鞅，“礼乐诗书仁义，不必与论矣。若孝悌，则自有人类以来，未有不为美者。而商鞅以为虱。以为必亡、必削，非枭獍而为此言哉？亲亲尊尊之恩

---

① 《史记·商君列传第八》，卷六十八，第 2230 页。

② 同上。

③ 《史记》集解引应劭语，《史记·孝文本纪第十》，卷十，中华书局 1959 年版，第 419 页。

④ 《商君书·赏刑第十七》，第 101 页。

⑤ 马端临：《文献通考》，卷二一二，考一七三八上。

⑥ 《秦简牍合集·壹·上》，载《法律答问》，武汉大学出版社 2014 年版，第 250、251 页。

⑦ 同上书，第 199 页。

⑧ “伍人相告，且以辟罪”，《秦简牍合集·壹·上》，第 264 页。

⑨ 《秦简牍合集·壹·上》，第 264 页。

绝矣，车裂不足以蔽其辜也。”[①] 出土秦简中，一些律例表明秦法维护尊长的家庭秩序。“免老告人以为不孝，谒杀，当三环之不？不当环，亟执勿失。”[②]“子告父母，臣妾告主，非公室告，勿听。”[③] 一面是长辈控告晚辈不孝，要求判处死刑，应当立即缉捕；另一面，子因为“主擅杀、刑、髡其子”而控告父母的，不予受理。[④] 是否说明秦法也同样维护孝悌的伦理道德，而东塾之论为非？

《论语》中记载：“叶公语孔子曰：吾党有直躬者，其父攘羊，而子证之。孔子曰：吾党之直者异于是，父为子隐，子为父隐。——直在其中矣。”[⑤] 对子指证父之攘羊，孔子只是认为自己的法律道德观中的“直”，不同于叶公的“直”。汉承秦法[⑥]，西汉法律规定：“子告父母，……勿听而弃告者市。”[⑦] 到了唐代，“诸告祖父母、父母者，绞”。[⑧] 虽然表面上，同样是体现出在家庭秩序中尊长，但是孔子谆谆教导的道德面目消失不见，取而代之的是严刑峻法的冷酷面目。

法家的代表韩非批评儒家“皆以尧、舜之道为是而法之，是以有弑君，有曲父。”[⑨] 在法家看来，儒家道德伦理进路言语讴讴，却不足以禁止“弑君”“曲父”的事情发生。家庭伦理秩序的维护，自秦而后被用刑法手段推进至极，这并非是维护道德伦理，相反，是压缩了道德伦理的生存空间。刑法的严厉没有为道德主体的道德判断和实践留下选择空间，子没有“告父母”的道德动机已经不是出于“亲亲尊尊之恩”，而是出于严刑之下的强制。[⑩]

商鞅对第二次“议令”的处置，显示出商鞅的政治道德观点和实践的深刻性，标志着商鞅在社会中更加彻底地推进强制。子产不毁乡校，对非议执政的言行留有余地，受后世美誉。商鞅为推行法令，所打击不止于异见者，其所打击甚至及于称

① 陈澧：《东塾读书记》，卷十二，第 145 页。

② 《睡虎地秦墓简牍 · 法律答问》，载陈伟主编：《秦简牍合集壹》，武汉大学出版社 2016 年版，第 220 页。

③ 同上书，第 222 页。

④ 同上。

⑤ 《论语 · 子路篇第十三》，杨伯峻：《论语译注》，中华书局 1980 年版，第 139 页。

⑥ 《汉书 · 刑法志》：“三章之法不足以御奸，于是相国萧何攈摭秦法，取其宜于时者，作律九章。”施之勉：《汉书集释》，三民书局 2003 年版，第 2176 页。“汉承秦制，萧何定律。”房玄龄等撰：《晋书卷三十 · 志第二十 · 刑法》，中华书局 2000 年版，第 600 页。

⑦ 《二年律令 · 告律》，载《张家山汉墓竹简【二四七号墓】》（释文修订本），文物出版社 2006 年版，第 27 页。

⑧ 《唐律疏议》，卷二十三，中华书局 1983 年版，第 432 页。

⑨ 《韩非子 · 忠孝篇第五十一》，载王先慎：《韩非子集解》，中华书局 1998 年版，第 465 页。

⑩ 但是另一方面，儒家的道德学说对法家而言有其利用价值，在道德面目的掩饰下，严刑峻法更易被民众接受。而儒家掌权后，要想实现其道德学说，法家治国方式或许是其趁手的工具。

赞法令者。商鞅败亡前几月，赵良见商鞅，警告其已“危若朝露”，重又说之以儒家道德，然而商鞅并不以为然。商鞅在奔逃中的喟叹，“为法之敝一至此哉”[1]，或能成为其政治作为的注脚。

政府的强制力建立在道德正当的基础上才能够持久维系，法令的效力在一定程度上依赖于其道德价值。“如果规则体系要有强制力，那么必须有足够的人们自愿遵守它。如果没有出于自愿的合作，借以创造权威，就不可能树立法律和政府的强制力。”[2] 民众自愿合作的基础在于对规范的接纳，“规范有效性最终依赖于规范所约束的那些人对规范的接纳”。[3] 对规范的接纳最终来自对规范的道德认同，这就要求规范具有道德上的正当性。

“两千年来之政，秦政也。”[4] 专制并非仅仅是以严厉的法令对行为进行不合理禁止，如果是这样，即使是再荒唐的法令，民众只要能明确知道某些行为是被禁止的，也可以提前预防并回避之。生活于商鞅政治哲学之下的民众“苦秦”，不仅在于身外之法令的苛酷，商鞅政治哲学的苛酷之处也不仅在于严刑峻法。在实践理性上，商鞅深刻地理解民众行为，然后采取行动，塑造民众性格，制造在权力面前驯顺的性格。专制权力对社会生活高度渗透，亲和、友善的社会环境被破坏，以利于对民众行为进行权力操纵。

---

① 《史记·商君列传第八》，卷六十八，第 2237 页。

② H. L. A 哈特:《法律的概念》，许家馨、李冠宜译，法律出版社 2011 年版，第 177 页。

③ Joseph Heath, “Foundationalism and Practical Reason, Mind, New Series” , Vol. 106, No. 423 (Jul., 1997), p. 470.

④ 谭嗣同:《仁学》，辽宁人民出版社 1994 年版，第 70 页。

解释、价值与真理

——读德沃金《刺猬的正义》第二部分

张峰铭*

摘　要　德沃金的一般解释理论是捍卫其价值一体性命题的重要一环。他否定了心理状态理论的解释力，将解释所追求的正当价值作为一切解释类型的核心要素，主张解释的目标是客观真理，解释的客观性依赖于价值的客观性，而客观价值内涵的探究本身又属于“概念解释”这一特殊类型。基于这一理解，心理状态对于解释的重要性本身从属于特定解释所追求的价值。此外，该理论否定了前解释文本的约束性，并通过将价值论辩本身归入解释而否定了根本意义上价值冲突的可能性。德沃金关于政治道德的真正实质主张并非是多元价值相互支撑的价值一体论，而是价值一元论。“民主”“自由”“平等”等概念只是代表着尊严二原则针对不同规范性问题的具体要求，最终统一于“好好生活”这一个体终极伦理责任。

关键词　一般解释　概念解释　价值一体性

引言

在《刺猬的正义》第二部分，德沃金提出了一个一般解释理论，他称之为“解

---

* 张峰铭，中国政法大学法学院法学理论专业2017级博士研究生。

释的价值理论”（value account of interpretation）。该理论试图将各种具体解释实践类型化，在此基础上阐明各类解释存在的一般特征，进而说明人们在各类解释问题中争论的实质并最终将解释与科学并列为两大追求真理的活动领域，给出了解释领域获取真理的独特方案。

这一理论将价值确立为解释的核心要素，并进一步主张价值领域存在真理，从而将解释的客观性与价值的客观性相结合。这与很多人对解释的日常理解存在很大差异，同时也与其他各类解释理论特别是强调还原作者实际心理状态的解释理论存在竞争关系。该理论如果成功，将极大更新人们对“解释”这一广泛人类实践的理解，对法律、文学、历史、道德等各类解释均有辐射作用，因此值得认真对待。

本文的工作是梳理性的，旨在澄清德沃金一般解释理论的核心要素，在此基础上尝试理解和重构德沃金关于政治道德概念解释的论述。本文认为，德沃金一般解释理论的核心特点在于，一方面将个体的实际心理状态排除于解释的核心要素之外，另一方面在根本层面拒绝所谓“文本”对解释的约束，代之以基于客观价值对前解释材料的最佳解释，从而确立了客观价值对于解释实践的主导地位。就道德概念解释而言，本文认为，至少在政治道德层面，德沃金的实质主张并不符合其关于“诸种价值联结成网相互支撑”的比喻，相反，人性尊严是诸种政治实践唯一的本旨，因此诸种价值实际上只是人性尊严在不同具体议题上的应用，最终的论证模式是以人性尊严为核心呈蛛网状向外发散，尊严本身则是标准型概念，用于指代作为被给定根本规范的尊严二原则，而尊严二原则是不可分割的整体。因此，德沃金关于政治道德的主张本质上是价值一元论。

首先我将考察一般解释理论在德沃金理论框架中的位置，在此基础上勾勒该一般解释理论的基本框架，点明其核心要素。然后我将呈现两种非常普遍的对该理论的批评，通过回应这两种批评来进一步澄清德沃金的主张。随后我将考察德沃金关于道德解释的具体阐述，指出这些阐述与其在政治道德实质问题上论证策略之间的不一致，并尝试将其真正主张解读为基于人性尊严的价值一元论。

一、一般解释理论的体系定位

德沃金声称，《刺猬的正义》一书旨在捍卫价值一体性命题。[①] 那么，一般解

① 价值一体性命题指所有的真正价值组成一个互相连接的网络，诸种价值之间相互支撑。See Ronald Dworkin, *Justice for Hedgehogs*, Harvard University Press, 2011, p. 120.

释理论与价值一体性命题之间是什么关系？要回答这一问题，需要退后一步，先简要回顾为什么德沃金从疑难案件的处理最终走向了价值一体性命题。简单来说，德沃金以理论争议的存在作为攻击实证主义解释力不足的核心理由，然后指出法律是一个解释性概念，并以建构性解释作为解释和解决司法裁判中理论争议的方案。建构性解释要求为实践确立一个符合实践本身且能够为实践提供最佳道德证立的价值目标，这也意味着对这一价值目标的不同解释之间存在客观上的优劣之分。他进而主张在一些重要道德议题上存在唯一客观正确答案，因而走向了唯一正解命题。[①] 要捍卫唯一正解命题，就必须回答价值领域的真理如何获取。但需要注意，捍卫唯一正解命题并非一定要诉诸价值一体性命题，也可能通过比如设定辞典顺序的方式为价值冲突给出回答。[②] 但德沃金的主张更有野心，他提出价值独立性命题，即价值不可能通过二阶的、描述性的中立方式得以识别，价值领域的探索必然是一阶的、规范性的、参与式的，并在此基础上认为根本意义上的价值不可通约性并不存在。因为，要理解一项价值，除了参照其他价值之外别无他法，每一价值只能根据其在价值之网中所处的位置而得以理解，所有价值最终必定相互支撑，从而走向价值一体性命题。

也就是说，德沃金对价值独立性命题与唯一正解命题的捍卫，使其最终走向了价值一体性命题。或者反过来说，如果能同时成功捍卫价值独立性命题和价值一体性命题，就能够成功捍卫唯一正解命题。现在的问题是，这项事业为什么需要一个一般解释理论？原因在于，德沃金最初通过将法律实践识别为“建构性解释”实践作为其法理论的起点，因此也可以说其后的所有延伸都是其解释理论的一部分。两方面的因素促使他进一步完善其解释理论。一方面，由于其将法律识别为解释性概念，视作政治道德的一部分，因此他的解释理论必然不能仅限于法律，而必然扩展到道德事业的其他部分（这一进程从法律帝国对正义的简要讨论就已经开始）。另一方面，他还需要回应来自外部的批评，例如文学批评家费什等人对解释是否有客观正确答案的质疑。他需要说明建构性解释何以不同于其他类型的解释并说明解释为何也是探索真理的事业。

---

① 在此可以区分两个层面的唯一正解命题。一是司法裁判层面的，一是道德层面的。道德层面的唯一正解命题并非一个先验的全称判断，即“一切道德议题都存在一个客观正确答案”，而首先是一个消极意义上的否定判断，即不存在二阶的、非道德的依据能够支持道德领域不存在任何真理，任何对正确答案存在的否定本身要诉诸积极的一阶道德论证；同时他进一步主张至少在许多重大道德议题上存在客观正确答案，但对一些具体议题是否一定有唯一正确答案持开放态度，因为对某个道德价值的最佳解释可能蕴含着某些情境中没有唯一正确答案。

② See Ronald Dworkin, *Justice for Hedgehogs*, p. 120.

因此，解释理论是德沃金关于道德领域如何发现真理的正面论述，而第一部分“独立”更多是以防御的方式来捍卫价值领域的独立性。因为德沃金的理论起始于对人类某些特殊社会实践的理解，而解释理论就是他的理解的体系化表达。之所以需要一种特殊的道德认识论，是因为道德解释本身是一项特殊的社会实践。德沃金认为，政治道德取决于解释，而解释取决于价值。[①]最初的问题是：解释领域存在真理吗？[②]解释的价值理论告诉读者，由于解释依赖于价值，因此解释领域是否存在真理归根到底就是价值领域是否存在真理，这才进一步将德沃金引向价值独立性与价值一体性命题，最终的结论就是唯一正解命题。[③]所以，德沃金的一般解释理论是将解释问题与价值问题衔接的桥梁。

但读者还是可以追问，从德沃金的道德理论规划来看，似乎一个完整的建构性解释（后期称为“概念解释”）理论就足够了，为什么还要提出一个更加一般的解释理论？为什么不能将道德视作一个完全独立的领域，将合作解释、说明解释与概念解释视作三种完全不同的实践，而非得用一个一般理论来解释三者的异同呢？这样一个一般性理论对他的事业来说是必要的吗？如果不这样做，似乎能够减轻很多论证负担。但这么做至少有如下好处：第一，很多人认为所有解释的目标都是还原某些主体的意图等心理状态（即心理状态理论），这显然与德沃金的立场冲突，通过一个一般解释理论说明意图何时重要何时不重要，显然比直接声称概念解释的特殊性更具有说服力；第二，在各类解释中普遍存在德沃金所说的对真理的矛盾心理，如果能够通过一个一般理论说明解释与真理的相关性，将极大加强概念解释的说服力。

二、核心主张及其推论

（一）以“价值”取代“心理状态”

一个一般解释理论是可能的吗？我们称作“解释”的诸种实践真的有什么共性

① 参见 Ronald Dworkin, *Justice for Hedgehogs*, p. 7。

② Ibid., p. 120.

③ William Edmundson 也将解释理论、价值一体性命题、价值独立性命题视作《刺猬的正义》的三个核心主题。他进一步认为解释理论是后两个命题的前提。但从德沃金的文本来看，至少价值独立性命题能够独立于解释理论而得到证明。参见 William Edmundson, “Review: Justice for Hedgehogs”, *Law and Philosophy*, Vol. 31, No. 6 (November 2012), p. 760。

吗？存在三种可能：一种是，这些实践可能除了名称之外并无任何共同之处；一种是，这些活动之间呈现家族相似性的关系；最后一种可能是，诸种解释活动之间确实存在一般性共同特征。德沃金采取了第三种立场。他指出在每种类型的解释中，人们谈论意图或目的都是非常自然的。[①] 但这并未使德沃金走向心理状态理论。德沃金所理解的“目的”并非实践者的主观心理状态，而是被安置于实践之中的客观价值。而他之所以要如此主张，首先得澄清德沃金所认为的一个成功的一般解释理论应该回答的问题。[②]

德沃金认为，一个成功的解释理论必须一方面说明解释中真理的含义和可能性，另一方面说明人们为什么会觉得解释中的真理难以言说，以及为什么人们会对之产生持久争议。[③] 也就是说，一个成功的一般解释理论，至少要完成三个任务：第一，说明解释中获取真理如何可能；第二，解释为什么解释者实践中难以说清自己如何获取真理；第三，说明解释实践中各种争议的性质。

心理状态理论可以回答第一个问题，即解释中的真理就是成功还原某些主体的心理状态；也可以回答第二个问题，即解释真理的不可言说性在于感知和还原心理状态的复杂性；但无法回答第三个问题，因为在很多解释活动中，争议不是围绕如何还原心理状态而展开，而是针对心理状态本身是否重要、什么样的解释算一个好解释这些更基本的问题展开。因此关于心理状态何时重要的争论本身就是一个待解释的现象。心理状态理论实际上把一切解释都还原成了对某些主体现实心理状态的因果说明，但这显然无法解释文学解释、历史解释等解释活动中存在的各类争议。对此德沃金提出了成功解释理论的第四项任务：解释心理状态理论为什么流行，缺点是什么，为什么有些解释类型适用而其他不适用。[④]

在列出了成功的一般解释理论的标准之后，我将有针对性地勾勒德沃金的解释价值理论。

第一，解释是一种社会实践。这意味着，对于解释的特征和具体类型，我们不可能也不需要给出先验的描述，人们所置身的解释实践本身构成了前解释的基础和讨论的起点。

---

① See Ronald Dworkin, *Justice for Hedgehogs*, 2011, p. 125.

② 有匿名审稿人指出，德沃金明确反对一般解释的存在，因此质疑德沃金是否存在一般解释理论。德沃金的确指出不存在所谓的一般解释，只能谈及各种各样的具体解释类型。See Ronald Dworkin, *Justice for Hedgehogs*, p. 131. 但这并非是否认一般解释理论的可能性。他的一般解释理论并非旨在描绘某种具有普遍适用性的一般解释，而是揭示所有个别解释类型的共享结构。

③ See Ronald Dworkin, *Justice for Hedgehogs*, p. 130.

④ Ibid.

第二，解释这一社会实践的目标是真理。[①] 这里德沃金仅仅提出解释的目标是真理，并未断言每一种解释最终都能获取唯一的真理，因为能否获取真理本身需要通过进一步的论证给出，需要回应各领域的内部怀疑主义，这里仅仅指出解释的目标是什么。而且，此处的真理并非是自然科学意义上的真理，而是指“独一无二的成功”[②]，即不同的解释确实有好坏优劣之分，而且真理是唯一的，不存在多个同样好的解释。

解释可以分为三个阶段：第一，将所处的社会实践个别化，即识别其究竟是哪一类具体的解释实践，如法律解释或文学解释，这是接下来讨论的根本前提，这一阶段没有取得共识，那么就不可能出现真正讨论；第二，将某些价值目的归于这一实践；第三，确定在具体的场合中，价值目的是否得以最佳实现。[③]

而一个解释满足如下标准时，就是一个成功的解释：当相关解释实践被恰当界定为特定类型，且为该实践配置了恰当的目的，而解释结果能够实现这一目的。[④] 简单地说，即当三个阶段都恰当时，即是一个成功的解释。

进一步地，根据解释实践类型与所追求的不同价值，德沃金将解释分为合作解释、说明解释和概念解释三个类型。合作解释假定解释的对象具有一个作者或创造者，该作者开创了一项事业，解释者则试图在这一基础上推进。[⑤] 例如对话解释和多数文学解释。说明解释则假定一个事件对于解释者的受众具有某些特别的意义。[⑥] 例如历史解释和社会学解释。概念解释意在解释一类特殊概念的意义，这类概念被一个共同体而非单独作者创造和再创造，在这个解释过程中，创作者和解释者的区分被打破。[⑦]《刺猬的正义》第八章围绕概念解释展开，因为在德沃金看来，关于道德价值内涵的论辩就是概念解释。

可见，在德沃金看来，对于解释而言，最重要的不是参与者的实际意图，而是能与相关实践最佳契合的客观价值。一项解释实践的目标是什么，关键不在于参与者头脑中想的是什么，而在于怎样的价值目标能够对这一类解释实践给予最佳理解。

---

① See Ronald Dworkin, *Justice for Hedgehogs*, p. 131.

② Ibid., p. 121.

③ Ibid., p. 131.

④ Ibid.

⑤ Ibid., p. 135.

⑥ Ibid., p. 136.

⑦ Ibid.

这一理论是否能够回应前面提出的四项任务？首先，这一理论不能立刻回答解释中获取真理如何可能，因为价值本身不像心理状态那样是一个可还原的事实因素，要想回答这一问题，需要提出一整套价值理论，这正是德沃金在概念解释一章中所阐述的内容，后文会予以分析。但这一理论能够对第二、三、四个任务给出初步回应。真理的不可言说性源自解释实践本身的复杂性；解释之所以容易产生争议，在于解释的第二、三个阶段都存在着争论的空间，人们可能争论某项解释实践追求的价值究竟是什么，如何理解这项价值，也可能争论哪一种具体解释最能够实现该价值的要求；而之所以会对心理状态是否重要产生争议，正是因为解释者对解释实践本身的价值有不同看法，不同的价值立场决定了对实际意图的重视程度不同。

（二）以“材料”取代“文本”

实际上，以价值为核心的解释理论并非为德沃金所独有，例如迈克尔·摩尔（Michael Moore）与约瑟夫·拉兹（Joseph Raz）也分别提出了以理由或价值为核心的一般解释理论，与他们的理论进行比较可以帮助凸显德沃金的立场。摩尔认为，当人们有一些好的理由将某些现象视作个别化的文本并通过解释文本意义来获得新的行动或信念理由时，人们就是在从事解释活动。① 拉兹则认为，解释的核心在于通过揭示解释对象的意义从而回应人们将该对象视作待解释对象的那些理由。② 在这里他们都是在一个宽泛意义上交替使用价值（value）和理由（reasons）的概念，泛指任何能够证成一个信念或行动的依据。

摩尔区分了一个解释理论需要说明的三个核心问题：第一，解释的对象是什么，如何确定？第二，有效解释的标准是什么？第三，人们为什么要从事解释这一活动？③ 这一区分有助于进一步澄清三人理论的异同。三人在解释有效性标准上的立场是一致的，即一个成功的解释就是最能够回应人们从事这项特定解释活动的理由的解释。在为什么从事解释活动的立场上也一致，即之所以参与解释是因为存在从事这项活动的好理由。

但在第一个问题上，德沃金与摩尔的立场并不一致。摩尔认为，从事一项解释

---

① See Michael S. Moore, “Interpreting interpretation”, *Law and Interpretation: Essays in Legal Philosophy*, Edited by Andrei Marmor, Clarendon Press, 1998, p. 21.

② See Joseph Raz, “Why Interpret?”, *Ratio Juris*, Vol. 9, No. 4 (1996), p. 355.

③ See Michael S. Moore, “Interpreting interpretation”, p. 8.

活动意味着一个相对稳定的文本（text）存在。[①] 解释者在知道文本的意义之前必须确定一个个别化的解释文本，因此文本确定与文本解释是两个相对独立的阶段，前者对后者构成约束。如果解释者能够根据自己想实现什么样的解释而对文本进行无约束的选取，那么这就无法称之为解释。因此，从事解释意味着在解释文本之前存在一个相对明确的标准来识别待解释的文本，这一识别标准本身由从事解释的理由而决定。摩尔举例说，法官对成文法与上级法院判例的援引就是解释，而对同级判例的援引并非解释。因为对成文法与上级判例的解释受到文本本身的高度约束，而对于同级判例援引则有高度的选择权。

德沃金则否认这样一个两阶段结构。他在文中很少使用文本概念，而是认为从事解释的前提是存在一些人们相对公认作为待解释对象的前解释材料（interpretive data）[②]，但这些材料本身不对解释构成任何硬性的约束，对于这些数据如何选取和组织本身是解释的结果而非前提。解释核心的阶段只有一个：确定该解释实践的价值以及通过解释前解释材料使之呈现为对这些价值的最佳实践。但这样的话，如何在一个坏解释与完全谈不上是解释的“解释”之间作出区分呢？德沃金认为这并不构成一个问题，需要多少共识才能维持解释实践并非一个能够先验确定的问题，而本身就是解释活动的一部分。只有在解释活动之中，人们才能明白互相之间的讨论究竟仍然是针对同一议题的解释，还是沦为了自说自话。[③]

（三）“价值”的解释性

另一方面，德沃金与拉兹对于价值或理由的看法存在差异，这直接影响了他们对解释成功标准的观点。拉兹明确否认在很多情形下存在所谓最佳解释，一个重要原因在于，一项解释实践可能指向不同价值，而这些价值之间本身可能存在不可调和的冲突，也就是所谓不可通约性。例如他认为法律解释实践所指向的两项首要价值就是权威（authority）与连贯性（continuity）。[④] 但这两项价值之间本身存在一定紧张关系，一方面因为连贯性意味着即使法律颁布者已经不再具有权威，法律仍然具有效力，另一方面权威则意味着其决定的正当性独立于其内容。而对这两项价值，不存在更高的标准决定其优先性。正是由于价值之间紧张关系的不可调和，使

① See Michael S. Moore, “Interpreting interpretation”, p. 9.

② See Ronald Dworkin, *Justice for Hedgehogs*, p. 194.

③ Ibid., p. 131.

④ See Joseph Raz, “Why Interpret?”, p. 356.

得所谓唯一的最佳解释不可能存在。

德沃金则否认根本意义上的价值不可通约性的存在。他认为，如何确定价值的内涵及其与其他价值的关系，本身就是一项解释工作，他将之归入概念解释。在他看来，价值不像“狮子”“秃头”这些概念，存在一些固定的程序标准确定其内涵，价值内涵的确定本身依赖于对该价值的最佳解释，而最佳解释的标准在于能否与其他价值实现最大程度的相互支撑。[①] 因此对“权威”的最佳解释未必与“连贯性”的最佳解释相冲突，乃至于二者本身就是“法治”这一价值最佳解释的不同侧面。因此价值不可通约性不能成为否定最佳解释存在的理由。但德沃金也承认，对两项价值背后依赖的更抽象价值的最佳解释有可能要求这两项价值保持一定紧张关系，但这仍然说明二者在更高程度上是保持统一的，而且这需要给出积极的论证，而不是假定两项价值之间存在紧张关系。[②] 可见，德沃金实际上认为任何类型的解释都内嵌了一个概念解释，因为任何解释的深层结构都蕴含了对该实践所指向的价值的探究，而价值探究本身又是一个概念解释过程。

（四）“意图”的边缘化

德沃金对于意图在解释中的地位的看法也具有独特性。三人都同意，解释对象的创作者的意图对解释并不具有主导地位，但三人也都认为，解释活动必然涉及人类意图，完全无涉意图的解释是不可想象的。因为解释的基本目的是获取解释对象的意义，而任何意义都依赖于某些主体的意图，纯粹的自然世界没有意义可言。于是摩尔提出，解释与意图的联系在于人们是否有好理由认为解释文本能够提供某些与意图相关的新的行动或信念理由。例如人们在梦中可能梦见一些奇异事物，这些梦境并非人们实际意图的产物，但如果人们有理由认为解释这些梦境能够揭示人们对自己的自我理解，那么就可以将意图安置于梦境之上，对梦境的解读也就成为了解释工作。[③] 同样拉兹也指出，有些艺术品的创作者在制作该物时完全没有怀抱着制作艺术品的意图，但如果人们有理由将之视作共同体文化的自我表达，那么就有理由将某些意图归属于该物体。[④] 这里的关键在于，在摩尔看来，解释所提供的理由必然是与意图相关的（intention-dependent）。因此他明确否认关于正义、友善等

---

① See Ronald Dworkin, *Justice for Hedgehogs*, p. 162.

② Ibid., p. 90.

③ See Michael S. Moore, “Interpreting interpretation”, p. 13.

④ See Joseph Raz, “Interpretation without retrieval”, *Law and Interpretation: Essays in Legal Philosophy*, Edited by Andrei Marmor, Clarendon Press, 1998, p. 163.

概念的争议是一种解释活动，因为这些争论的目的并不在于发现某些与意图相关的理由。当人们用“正义”评价或指导人的行为时并没有涉及任何与意图相关的理由。而之所以“礼节”这一实践包含解释，是因为人们需要从从事礼节这一实践的个体的行为中了解某些态度表达。

德沃金对意图的理解则截然不同。首先，他在论述中交替使用意图、目的以及价值这三个概念，而不是像摩尔和拉兹那样明确区分意图和理由。其次，在德沃金的论述中，被解释对象所蕴含的意图与从事解释实践的意图没有明确分别，他指出被解释对象的价值取决于这类解释实践的价值。① 之所以如此，是因为在德沃金看来，一项解释实践究竟指向何种意图或目的本身亦是最佳解释的结果而不是前提，或者说一项解释实践的目的就是能够为该实践的价值作出最佳解释的目的。

因此本文认为，德沃金实际上切断了解释与意图之间的必然联系，不论是事实意义上的心理意图，还是假想的理想意图，都只与某些具体解释类型具有偶然的关联性，不构成一般解释理论的核心要素。既然解释实践本身的目的取决于基于价值解释的重构，而被解释对象所蕴含的目的又取决于解释实践本身的目的，那么此处的“目的”实际上已经不再依附于任何主体，而是与客观价值完全同一化。此外，德沃金也并不预设解释结果必须提供任何与意图相关的行动或信念理由，例如如果认为历史解释的正当目的在于呈现历史细节，那么最佳的历史解释就是能够呈现最多样细节的解释，这种解释未必指向任何个体的意图表达。

综上，德沃金解释理论的特殊性在于客观价值对于意图的完全取代。首先，确定特定目的或价值的内涵本身就是一项概念解释工作，其次，确定哪一类价值应当被归属于该类解释实践同样依赖于哪一类价值能够为这类实践提供最佳的价值辩护。在这一过程中，解释参与者的实际意图或是某些假想意图都并不重要，重要的是经过解释而重构的客观价值。

三、常见批评与回应

本节我将呈现两种对上述核心要素的常见批评并试图回应，以进一步澄清德沃金的主张。之所以考察这两类批评，是因为这两种观点在批评者中非常常见，而且对二者的回应有助于进一步明确德沃金的主张。

① See Ronald Dworkin, *Justice for Hedgehogs*, p. 135.

（一）解释力不足抑或过度包含?

第一种批评针对德沃金理论用“价值”概念吸收了“意图”或“目的”概念，认为其理论解释力不足，甚至不能解释对话解释这种基本的解释类型。前面提及，德沃金对目的的理解非常特殊，不是指某些主体的心理状态，而是内置于实践的客观价值，而实践究竟内置何种价值本身亦是解释的结果。这实际上消解了“意图”与“解释”的必然联系，因此看上去对一些情形缺乏解释力。例如有反对者指出，很多人们能称之为解释的活动并不包含对解释实践之客观价值的探究。[①] 例如在对话解释中，我们似乎不需要反思这项活动的实践本旨是什么，就能够将之进行下去。对话解释似乎更接近一种因果说明，其成功标准就是借助语言与意图之间的因果关系来理解对方的意图。解释者的地位是消极的，这看上去一步到位，不论参与者看待这项活动的正当目的是什么。

这一批评是可以被回应的。德沃金明确指出，我们当然不是在任何解释活动中都需要反思实践的深层结构，但深层结构却总是内置于讨论之中，在争议发生时随时可能提升辩护梯度。[②] 在对话解释中，人们不会争论对话的目的或价值，是因为人们对这一实践的价值并没有发生争议，大家都同意对话解释的价值就是促进有效沟通。正是在这一目的之下，语言与说话者实际意图之间的因果关系才获得了重要性。而当对方的某些话语似乎完全无法理解时，解释者就可以根据对话解释的沟通目的反推出说话者此时根本没有认真参与对话，因而双方并不共享同一解释实践，此时对方实际意图就不再重要。

另一些批评者则指出德沃金的一般解释理论过度包含。也就是说，许多一般人并不视之为解释的活动，根据德沃金的理论，都可以被识别为解释。实际上，几乎任何实践都可以被认为旨在追求某些价值，比如跑步、打球、看剧，都是如此。[③] 这样来看，德沃金的理论似乎没有说出什么重要的东西，只不过重复一些大家都知道的事实而已。但德沃金在此并非为什么是解释给出一个先验的必要或充分条件，使我们能够依据其标准来识别什么是解释。相反，对什么是解释的实践共识是一切有效讨论成为可能的起点。德沃金要做的，是为人们公认为解释的那些实践寻找共性，揭示其深层的价值结构，重构人们的解释活动。因此，指责德沃金的一般解释理论不能帮助我们识别哪些实践是解释，它们从根本上误解了德沃金的理论规划，

---

① Lawrence B. Solum, “The Unity of Interpretation”, *BUL Rev.* 90 (2010), p. 559.

② 罗纳德·德沃金:《身披法袍的正义》，周林刚、翟志勇译，北京大学出版社 2014 年版，第 62 页。

③ Lawrence B. Solum, “The Unity of Interpretation”, p. 565.

因为哪些活动算解释从一开始就取决于人们的实践共识，是前理解的一部分。

（二）解释者的过度自由？

另一种批评针对前文提过的文本确定问题，认为德沃金的主张会导致解释者的过度自由。所谓解释者的过度自由是指，如果对前解释材料的选取取决于实践指向的价值，而实践指向何种价值以及该价值的内涵本身又是解释的结果，那么解释者似乎不受到任何约束。在摩尔看来，任何解释意味着一个固定文本的确定，这一文本对解释范围构成较强的约束，这意味着需要存在一个有效标准在解释之前先确定待解释的文本。而德沃金则认为解释仅仅预设了一系列前解释材料，如何整合本身是解释的结果。看上去德沃金的理论赋予了解释者过高的自由度，模糊了解释与创作的界限。例如在法律解释中，通常人们会认为法官的决定受到立法者决定的约束，但根据德沃金的解释，法官需要独立判断法律解释的实践本旨是什么，该本旨如何解释，在此基础上确定法律依据，进而给出法律命题的回答，一切过去的立法和司法活动都仅仅是待解释的材料，关键在于法官自己的解释。

但德沃金一再指出他的理论并不蕴含任何过度激进的结论。一切结果都取决于解释者的判断，这不代表解释者能够任意判断，关键在于判断给出的理由。他所做的不过是解释一切解释活动的深层结构。[①] 例如在法律解释中，认为一切解释都应当诉诸立法者意图的观点实际上预设了对于政治权力分配以及法治价值的特殊理解。比如拉兹认为，法律概念内涵了实践权威概念，因此任何法体系内部的法律解释都预设了立法者的实践权威，由此立法者的意图才能成为解释的核心。[②] 但德沃金则将法律解释实践的核心价值确立为整全性（integrity），由此产生了另一种不同的解释方案。如何判断谁的理论更优呢？由于双方的争议点都在于法律解释实践的本旨及对该本旨的理解，所以只有对“权威”或“整全性”概念本身进行进一步解释才能给出合理回应。因此德沃金的解释理论并非是给出一套具体解释方案，而是试图说明任何解释方法争议背后深层的结构，即使是纯粹诉诸立法者意图的理论亦可以在德沃金的理论框架之内得以解释。

在其他解释类型中，德沃金的理论同样更具有解释力。以文学解释为例。在一段时间中，人们并不知道程甲本《红楼梦》后四十回是他人所续，该事实的揭示很大程度上就是文学解释的结果。如果根据摩尔的观点，文本确定与文本解释必须分

---

① 罗纳德·德沃金:《身披法袍的正义》，第 62-64 页。

② Joseph Raz, “Why Interpret?” , p. 360.

离，那么人们在第一阶段将一百二十回视作整体，解释后却将后四十回逐出文本，这么做到底是否还算解释？同样，有学者通过文本解读来论证某些版本的圣经中一些句子或段落是后人所加，与原作并非统一整体，这样做是否还算解释？根据摩尔的观点，这些工作都远远突破了文本的约束，不再是一种解释，但这显然并不合理。一些文学解释甚至可能认为全部文本本身就是胡乱写就、毫无连贯意义，但这显然亦能算作一种解释。因此，将文本确定与文本解释两阶段分离的做法是对解释活动过度狭窄的理解。

四、政治概念解释：伪装的价值一元论

在《刺猬的正义》中，德沃金认为政治价值概念是解释性概念，而道德论证本身是一个概念解释过程。要对政治价值概念进行解释，需要将该概念与其他价值相互参照。所有价值一方面有各自的特殊性，另一方面最终将形成一个相互支撑的网状结构。[①] 本节将指出，德沃金关于政治价值的论证最终呈现的论证与上述价值之网比喻并不符合。各类政治价值本质上没有独立性，不过是尊严二原则在不同具体层面的应用，呈现为一种以尊严为核心向外发散的蛛网结构。本文认为，这正是德沃金政治价值概念解释理论的真正形态。需要指出的是，德沃金声称其理论应用于全部道德概念，但本文的结论仅仅针对政治价值概念，因为德沃金对政治价值概念进行了集中讨论。

德沃金认为，概念解释意在解释一类特殊概念的意义，这类概念被一个共同体而非单独作者创造和再创造，在这个解释过程中，创作者和解释者的区分被打破。[②] 他将这类概念称之为解释性概念。在另一处，他指出所有概念在一定程度上都是解释性的，因为判断一个概念是否是标准型概念本身也依赖于解释。[③] 但他同时指出他所特别讨论的解释性概念是狭义的：那些使用这些概念的人们最好被理解为在解释这些概念起作用的实践。[④] 因此简单来说，概念解释是对某个共同体围绕某个概念所展开的特殊实践的解释。

概念解释如何进行呢？德沃金举过“正义”的例子，也就其他非道德概念举过

---

① See Ronald Dworkin, *Justice for Hedgehogs*, pp. 5–7.

② Ibid., p. 136.

③ Ibid., p. 163.

④ Ibid., p. 164.

例子，但这些例子呈现出的解释模式似乎很不一样。例如德沃金认为，当天文学家们开会讨论是否应当修改“行星”定义时，“行星”并不是一个标准型概念，而是解释性概念，因为学者们探讨的实际上是什么样的“行星”概念能够最好地满足天文学分类的实践本旨。因此，对“行星”概念的讨论本身就是对如何理解天文学分类实践的讨论。[①]

但德沃金也意识到，这种模式似乎无法运用于对正义概念的解释。对正义概念的解释是在解释哪一类实践呢？德沃金的回答是正义实践。[②]但什么是正义实践？这看上去并不像天文学分类实践那样显而易见。对此，德沃金引入了范例（paradigms）这一概念，认为正义等价值实践是这样一种实践：人们同意某些概念有价值并共享对这一概念的某些具体范例，但对这一概念具体解释则存在重大分歧。所谓范例，主要是指一些被普遍公认的个别判断，例如惩罚无辜者是不正义的。[③]这些具体范例保证了参与讨论的人们共享了同一社会实践，而不是自说自话，对正义的解释也在这些具体范例基础上展开。

但这一说明马上会面临相对主义反驳。既然对正义概念的解释预设了共享的个别范例，那么对于不共享同样个别范例的其他共同体而言，该解释似乎没有任何意义。因此，看上去德沃金无法主张道德领域具有客观性。例如假设某个共同体内部并不认为惩罚无辜者是不正义的，那么其他共同体的最佳解释对其是否具有拘束力？对此德沃金的回应是，首先，参与正义实践本身并不要求共享某些特定数量或内容的范例。要共享多少范例才能说参与同一实践以及个别范例是否应当被否定，本身就是一个解释的过程。共享的范例并不是不可质疑的前提，其意义仅仅在于保证各方参与同一实践。[④]其次，大部分共同体中都包含有正义的概念及其实践，但并非每一共同体对于正义的解释都是正确的，因此人们仍然可以指责他人的正义观是错误的，只要能够给出具有说服力的理由；同样，对于那些完全没有正义概念的共同体，只要其仍然在从事有关正义的实践，人们仍然可以指责其某些行为不正义。[⑤]正义实践的存在并不预设该实践中必然存在正义概念。如何理解这一论断？本文认为，德沃金设想的可能是如下例子：只要一个共同体存在社会公共品分配的实践，不论该共同体是否具有分配正义的概念，其他人都可以使用分配正义概念对

---

① See Ronald Dworkin, *Justice for Hedgehogs*, p. 166.

② Ibid., p. 162.

③ Ibid., p. 161.

④ Ibid.

⑤ Ibid., p. 171.

之进行评价。

但如果正义实践的存在本身并不需要存在正义的概念，看上去也不需要关于正义的个别范例，因为一个共同体如果没有正义概念，自然不可能有关于哪些情形正义或不正义的公认判断。这里德沃金的理论似乎出现了一个两难：为了保证道德概念解释的参与各方享有共同基础而不是自说自话，德沃金认为各方必须共享部分个别范例；而为了保证道德判断的普遍适用性，他又不得不主张即使不存在正义概念的共同体同样可能存在正义实践，因而能够被正义标准所评价。那么，究竟该如何理解“正义实践”以及个别范例在其中所起到的作用?

对上述困境的一种化解方案是区分“正义实践”与对“正义概念的解释实践”，主张前者的存在并不预设各方共享正义概念，而后者则预设了各方共享一系列关于正义的个别范例。但这一方案无法与德沃金的其他核心主张兼容。在早期讨论法律概念时，德沃金就指出不存在一个独立于法官的中立视角来解释法律概念，法理学本身就是法律实践的一部分。[①] 这一观点在《刺猬的正义》中发展成所谓的价值独立性命题，即不存在一个中立视角来思考价值的规范本质。因此，不存在一个独立于正义实践参与者之外的视角来讨论什么是正义，“正义实践”与对“正义概念的解释实践”本质上是同一的。

另一种化解方案是放弃类似“正义实践”这样的模糊性说法，代之以“针对某具体领域的规范性实践”。在日常生活中，人们会说存在关于分配公共品的实践，惩罚的实践等，而不会说存在“分配正义的实践”或“报应正义的实践”。因此，真正重要的不是“正义是什么”，而是“对于分配问题，应当怎么做？”只要存在类似的规范性实践，各方就共享同一讨论基础，不论是否共享特定的正义概念。对这种观点，德沃金本人亦提出反对，他认为不能抛开正义概念直接思考特定的规范性问题。因为对于如何分配，存在多种多样的理由，而正义是一种特殊的理由。抛开正义概念将使得讨论失去方向。[②] 但这个反驳是无力的。一方面，正义概念本身并不能为进一步的讨论提供方向，此时正义概念起到的作用仅仅是提示人们，在该领域存在某种尚不清晰但具有支配意义的行为指导标准。另一方面，本文并不主张完全抛弃正义概念，而只是认为正义概念本身并非指代某种个别独立价值，而只是某个更抽象层面的独立价值在某一具体领域的应用，因此相关的规范性讨论并非围绕正义概念的解释而展开，而是从始至终都聚焦特定的规范性问题。

---

① 参见罗纳德·德沃金：《法律帝国》，李冠宜译，时英出版社 2002 年版，第 66-67 页。

② See Ronald Dworkin, *Justice for Hedgehogs*, p. 349.

虽然德沃金拒绝抛开正义、民主等概念来讨论政治道德问题，但在实质论证中，这些概念本身并未起到核心作用，真正的指导标准是“尊严二原则”：自尊原则和本真性原则。[①] 此处可以再次回顾德沃金关于行星概念的解释。他指出当学者们对行星概念发生争议时，需要考察天文学分类实践的本旨，从而确定如何界定行星概念能够最佳服务于该本旨。而在讨论民主、自由等政治价值时，德沃金实际上将普遍客观的人性尊严作为这些人类实践的本旨，根据尊严所蕴含的自尊原则与本真性原则来界定民主、自由等概念的内涵。[②] 在这些讨论中，真正的焦点都不是特定的政治概念究竟如何界定，而是针对特定的具体议题，尊严二原则会产生何种具体的要求。例如他认为自由价值所针对的核心问题是：政府对个体的强制应当由谁来实施以及强制的范围有多大。[③] 而所谓自由，就是根据尊严二原则对这两个问题产生的具体回答。

如果各种政治概念的解释最终都将诉诸尊严二原则，那么尊严二原则本身的基础是什么？德沃金指出，这两个原则本身也是对尊严概念的一种解释，他认为用这两个原则解释尊严非常有理论吸引力。之所以具有吸引力，是因为这两个原则最终能够指向“好好生活”（living well）[④] 这一人类的终极责任。为什么好好生活是人类的终极责任？他的回答是，因为人类就是这样一种具有自我意识的生物。[⑤] 因此，人类的道德律令从最终意义上说是被给定的。根据这一思路，一切政治价值最终将得以统一，但统一的方式并非是德沃金所说的，各种价值相互支撑。相反，所有政治价值最终都只不过是尊严价值在各个具体政治领域的应用。

德沃金对政治道德的论证最终完全摆脱对个别判断的依赖，走向一种康德式的不诉诸任何个别经验判断的先验论证。重要的不是如何围绕个别范例展开解释，而是针对具体的规范性问题，考察尊严二原则将提出何种要求。既然全部政治道德都源自人的尊严，那么所有政治价值自然都能够得以统一。尊严二原则本身则是被设定的，是人类自我反思本质的内在要求。这一思路与德沃金最初的构想并不一致，他所设想的价值之网是一个没有中心的相互支撑的网络，但最终呈现出的模式则是以尊严为核心向外发散的蛛网结构，可以说所有道德价值都只不过是尊严的侧面。

故而本文认为，至少在政治道德层面，德沃金的真正主张并不是诸种政治价值

---

① See Ronald Dworkin, *Justice for Hedgehogs*, pp. 202–205.

② Ibid., pp. 349–350.

③ Ibid., p. 365.

④ Ibid., p. 195.

⑤ Ibid., p. 196.

的统一，而是一种价值一元论，即民主、自由、平等等政治价值都只不过是人性尊严针对不同问题的应用。这与德沃金把诸种政治概念归为解释性概念的做法并不矛盾，正是因为这些概念都是解释性的，才需要通过诉诸人性尊严这一实践本旨来确定这些概念的内涵。但与德沃金设想的不同，这些概念本身并不代表各项独立价值，而只是尊严价值在不同领域的应用。

但是人性尊严概念是否是解释性的呢？德沃金认为是的。[①] 如果将“好好生活”作为终极目标来解释人性尊严，那么可以说人性尊严概念也是解释性的。但一方面，好好生活似乎已经太过抽象，另一方面，这也不过将问题再推后了一步，人们仍然可以追问“好好生活”是否是一个解释性概念。德沃金自己的方案——基于价值之网来解释——是无效的，因为如前文所述，其他价值（至少平等、自由等政治价值）不过是人性尊严的具体展现。本文认为，德沃金的论证思路如果要实现逻辑上的融贯，必须认为尊严二原则是被给定的。这种“给定”是什么意思？是从绝对无前提中推出，还是被直接规定？这些需要进一步细致研究。但无论如何，尊严二原则并非解释的产物，而是解释的前提。所以，尊严并不是一个解释性概念，而是一个标准型概念，也就是说，尊严只不过是人们约定用于指代尊严二原则的符号，而尊严二原则是被给定的根本规范。而且在德沃金看来，尊严二原则并非相互独立的主张，而是人类根本伦理责任的两个不同侧面，因此二者从根本上来说是统一的。

综上，本文认为，德沃金关于政治道德的实质论证与他的“诸种价值联结成网相互支撑”比喻并不相符，相反，各种道德价值实际上都是尊严二原则在不同具体层面的展开，呈现为以尊严为核心向外发散的蛛网结构。而作为解释最终前提的尊严二原则本身不依赖于解释，相反是被给定的前提。由于尊严二原则本身亦是人类根本伦理责任的不同侧面，因此德沃金的政治道德主张最终成为价值一元论。

结论

德沃金认为，一切类型的解释都以价值为核心。一项解释实践所指向的价值决定了该解释的核心特征，也决定了特定的解释方法。个别参与者的心理状态是否重要，本身依赖于对该项解释实践价值的判断。同样，解释过程在何种程度上受到前

① See Ronald Dworkin, *Justice for Hedgehogs*, p. 225.

解释材料的限制，本身亦服务于该解释实践的价值。这一一般解释理论并不会为解释者赋予过高的自由度，因为解释领域存在真理，解释者并无权任意解释，一项价值如何界定以及何种价值与某项解释实践最为契合，本身的对错都是客观的。最后，本文认为德沃金在政治道德上的主张并非是价值一体论，而是伪装的价值一元论。并不存在一个诸种政治价值相互联结支撑的价值之网，相反“民主”“自由”“平等”等概念只是代表着尊严二原则在不同政治领域的具体要求，最终统一于“好好生活”这一个体终极伦理责任。

法律规范性与对拉兹权威论的批判

孙莎莎*

摘　要　规范性是法律重要的属性之一，规范性问题包括概念和来源两个问题。法律规范性是指法律作为行动的决定性理由的一种品质，能够产生行动上的“应当”；而法律为何能够成为一种决定性理由则是关于规范性来源的讨论。拉兹的权威理论就是以理由为进路进行的关于规范性的讨论，他论证法律是同时作为一阶理由与二阶理由的受保护的理由，法律的规范性品质表现为其作为一种受保护的理由影响人们实践推理的能力。但是，权威有可能会判断失误，即受保护的理由并没有准确反映背景性理由或者受保护的理由并不是决定性理由，此时法律并不具有规范性，人们应当依据决定性理由来行动。此外，如果理由是根本的、道德是重要的，我们就必须在蕴含理由的意义上关注道德，规范性来源必然要包含对道德理由的考量。拉兹的个人自主既是说明性的又是规范性的，这就意味着权威需要接受道德论证的反思和检验，不能是排他性的。而且，如果个人自主是一种社会依赖的价值，那么权威理论无法对个人自主进行一般性辩护，因而拉兹关于规范性来源的讨论也是失败的。

关键词　规范性　决定性理由　权威　受保护的理由　约瑟夫·拉兹

---

*　孙莎莎，牛津大学法学院 2019 级法哲学专业硕士研究生。

引言

法律是一种社会实践，当我们讨论是否应当依据法律行事，法律具有的何种品质可以对我们的行动产生约束，法律和其他规范（如道德）对我们行动的影响有什么不同等问题时，我们就是在讨论法律的规范性问题。一般来说，关于规范性问题的讨论主要包括两个部分：一是规范性的概念问题（concept）；二是规范性的证成问题（justification），也可称为规范性的来源问题。[①] 规范性的概念问题讨论的是法律的存在如何影响人们的行动；来源问题讨论的是为何人们应当按照法律的要求来行动。在规范性问题上，哈特开创性地指出了奥斯丁命令理论的缺陷，并用其社会规则理论说明了规范性的概念。虽然后续的理论多集中于批判其社会规则理论无法说明规范性的来源因而是失败的[②]，但我认为即使先搁置对于哈特理论是否能够论证规范性来源的争议，其理论对于说明规范性的概念也存在缺陷。规则进路的规范性概念仅能描述出人们是如何行动的，但是并不能分析出人类实践的内部结构，即人们如何运用自己的实践理性根据理由来行动；而理由进路下的讨论则是通过行动理由来分析规范，这种进路不仅能够说明人们的行为模式，还能够说明规范如何以行动理由的方式来指导人们的行动，因而我认为选择理由进路来讨论规范性问题是一种更优的路径。

拉兹的权威理论就是运用理由来讨论规范性问题的理论，他认为行动理由是实践哲学最基本的概念。[③] 但是拉兹的规范性讨论仍然存在一些问题。拉兹认为，法律的规范性品质表现为，法律是一种具有权威品质的受保护的理由（protected reasons），通过权威的正当化证明，权威具有了道德基础，因而法律能够成为一种优先性理由（pre-emptive reasons）排除并替代一些行动理由。有很多学者对拉兹的权威理论进行了批判。如斯蒂芬·达沃尔（Steve Darwall）认为拉兹的理论对于义务（obligation）提供了一个错误的描述[④]；斯科特·夏皮罗（Scott Shapiro）则

---

① 这一区分参见范立波：《论法律规范性的概念和来源》，《法律科学》（西北政法大学学报）2010年第4期，第20页。

② See Joseph Raz, *Practical Reason and Norms*, Princeton University Press, 1990; Andrei Marmor, *Philosophy of Law*, Princeton University Press, 2011; Ronald Dworkin, *Taking Rights Seriously*, Duckworth, 1977.

③ See Joseph Raz, *Practical Reason and Norms*, p. 12.

④ See Stephen Darwall, "Authority and Reasons: Exclusionary and Second-Personal", *Ethics*, vol.120, no.2 (2010), pp. 257–278.

认为拉兹的理论无法解释规则指引（rule-guided）行为的合理性。[①] 我将论证拉兹的受保护的理由在某些情况下并不能够成功解释法律规范性的概念，因而是失败的；同时由于其关于规范性来源的讨论无法进行一般性证成，因而是不充分的。

本文分三个部分，第一部分先说明规则蕴含的规范性讨论进路的缺陷，并进一步在理由蕴含的进路中给出规范性概念的界定。第二部分介绍拉兹的权威理论，并说明拉兹如何论证法律通过拥有权威来展现其规范性品质以及拉兹如何以描述性（descriptive）的方法对规范性的来源进行论述。第三部分本文将论证权威理论存在的困境，分析法律作为一种受保护的理由对于法律规范性概念的解释面临的挑战，并分析为何拉兹对于规范性来源的讨论是不充分的。

一、理由蕴含的规范性概念与来源

（一）规则蕴含的规范性的缺陷

很多法律实证主义者在讨论规范性问题时采取的是规则蕴含的规范性进路，即当法律作为一种规则而存在时法律便具有了规范性品质，此种进路最具代表性的讨论当属哈特的规则理论。哈特在规范性问题上的开创性贡献是首先发生了规范性转向，即不仅仅探讨人们的外在行为模式，同时开始讨论人们对于法律的内在批判反思态度（critical reflective attitude）。哈特认为社会规则和习惯的重要区别之一是当存在一个规则时，人们对标准的偏离即是受到批判的好理由。[②] 人们将特定行为模式视为规则，社会规则的存在依赖于实践中的行为一致和人们的反思批判态度，这就是哈特的内在观点（the internal point of view）。[③] 这就意味着人们认为“我要这样做，因为这是一条规则”的深层意义是“我要这样做，因为其他人也这样做”。但是，存在一条规则这一事实与陈述的规范性意义无关[④]，这仅暗示了实践的存在，人们对这种实践并未产生任何实质性的规范性信念，人们只是出于各种不同的理由在实施行动。

---

① See Scott Shapiro, “Authority”, in Jules Coleman and Scott Shapiro (eds.) *The Oxford Handbook of Jurisprudence and Philosophy of Law*, Oxford University Press, 2002, pp. 382–439.

② See H. L. A. Hart, *The Concept of Law*, 3rd ed., Oxford University Press, 2012, pp. 55–56.

③ Ibid., pp. 56–57.

④ See Joseph Raz, *Practical Reason and Norms*, p. 58.

任何理性的人在行动时都会对各种理由进行权衡后再决定如何行动，理由能够决定我们应当做什么，人们也总是应当去做最有理由去做的事。用理由来说明行为的重要意义在于，理由不仅能够用来指引行动，还能够用来说明行动者关于应当做什么的信念以及运用行动者对于适用于自己的相关理由的评估来说明其行为。[①]只有运用理由才能够清晰地说明人们实践推理的结构，因而在判断人们的行为是否具有实践合理性（rationality）时，也要根据适用于行动者的相关理由以及他们对理由的回应来进行判断。在实践领域中，行动理由就是人们实施一定行动的理由。法律作为一种规范就是一种行动理由，指引着我们的行动，影响着我们的实践合理性。因而从理由蕴含的意义上讨论规范性问题能够在实践哲学的视阈中清晰地讨论应当（ought）、行动理由（reasons for action）、规则（rules）、义务（duties）并区分它们在概念上的逻辑关系。从理由蕴含的进路去探讨法律的规范性问题，能够更加清晰地揭示人们运用理性、权衡理由并回应理由的实践推理结构，因而本文选择理由蕴含的进路来讨论规范性问题。

（二）理由来源于事实

如果我们认为有些事情在规范意义上是重要的，那么仅当某种要做的事情或者想要获得的事物是好的或值得做的时候我们才有理由去做，而不是我们最有理由去做能够满足当下欲望或目标的行动。“好”或“善”（goodness）有很多用法，很多时候它只是用来指满足某个标准，例如汤普森（Judith Jarvis Thomson）认为，在评价的领域可以使用“好”（good）与“坏”（bad），而在指令的领域则一般使用“应当”或“不应当”[②]；西季威克（Henry Sidgwick）认为“善的”是指值得欲求的东西或者可能被欲求的东西[③]；帕菲特（Derek Parfit）则认为，“好”更重要的是在“蕴含理由”的意义上的用法[④]；拉兹同样认为，理由是解释所有实践性概念的最终基础，所有的概念的解释都必须展现出其对于实践推理（practical preferences）的重要性。[⑤]“在我们称在蕴含理由的意义上为好的时候，我们大略是指有关此物的本质或属性的某些事实在某些情况下给予我们或他人很强的理由做出正面回应，诸

---

① See Joseph Raz, *Practical Reason and Norms*, p. 19.

② See Judith Jarvis Thomson, *Normativity*, in Russ Shafer-Landau (ed.), Oxford Studies in Metaethics (Volume 2), Oxford University Press, 2007, p. 240.

③ 亨利·西季威克：《伦理学方法》，廖申白译，中国社会科学出版社 1993 年版，第 132 页。

④ 德里克·帕菲特：《论重要之事》，阮航、葛四友译，北京时代华文书局 2015 年版，第 8–9 页。

⑤ See Joseph Raz, *The Authority of Law: Essays on Law and Morality*, Clarendon Press, 1979, p. 12.

如想要、选择、使用、生产或保存此物。"①

但是，某物是好的这个事实并不是我们行动的理由，它是派生的，其规范性力量来自使得某物是好的那些事实。某物是好的也不是因为我们的欲望和目标是想要获得它，我们的欲望并不能赋予其价值，理由只能来源于事实。我们不仅能够在规范意义上思考我们有理由去做、应该或应当去做什么（should or ought to do），而且能够试着去实现我们的欲望。有些事实在规范意义上是重要的、具有蕴含理由的力量。"当事实算作支持我们具有某种信念或欲望，或支持我们以某种方式行动时，它们就给了我们理由。"② 有的理由的主观主义者认为，对于我们的欲望和目标，只要我们是在充分知情并经过程序合理的慎思后做出的选择，那么这种选择就是好的，因为我们做出了理性的选择，而我们的这种选择就给我们提供了行动的理由。比如罗尔斯就认为，"就一个人的合理的计划是他按照慎思的理性将会选择的一项计划。"③ 但这只是一种程序上的理性，并不是一种实质上的理性，因为这可能意味着对某个人最好的生活可能是一种痛苦的生活。如果我们在"经过理性的慎思后选择痛苦生活的人生也是好的"的意义上讨论"好"，那么将没有任何事情是重要的。我们应该选择的是，如果充分知情并经过合理的慎思后，根据理由应当理性地选择的事情，而不是事实上选择的事情。也即，某些事实能够产生一些好的结果从而使得其自身值得追求，或者某些事实的结果对某些人是好的或者坏的，这些都是来源于事实的理由。

（三）决定性理由与"应当"

我们在面临行动选择时，可能存在多种理由，这些理由之间可能会发生冲突，可能会有力量、强度或权重的区别。当我们以某种方式行动的理由强于以任何其他方式行动的理由时，那么这些理由就是决定性的（decisive），以这种方式行动就是最有理由（most reason）的，而当我们有决定性理由或最有理由进行某个行动时，这个行动就是在我们蕴含决定性理由的意义上"应该"或"应当"（should or ought）去做的。④ 有的观点认为存在无法衡量分量权重的两个或多个理由，如西季威克认为，伦理学中最深刻的问题便是当义务和自我利益相冲突时如何抉择，因为

① 德里克·帕菲特:《论重要之事》，第 8-9 页。

② 同上书，第 1 页。

③ 约翰·罗尔斯:《正义论》，何怀宏、何包钢、廖申白译，中国社会科学出版社 2009 年版，第 329 页。

④ 德里克·帕菲特:《论重要之事》，第 4-5 页。

他认为我们既最有理由去履行自己的义务又最有理由去做有益于自己的事情。[①] 但是实践中总会发生义务和自我利益相冲突的情形，即使在这些情形中人们还是需要作出选择、决定如何理性行动。规范必须能够给行动者提供指引，那些能够作为最强理由的规范就是能够对人们的行动产生“应当”的规范。

当我们谈论一条规范时，可以将其以“应当”的句子陈述，即这条规范的内容是人们应当实施特定的行动。这里的应当有三个可能性宣称：(1) 应当陈述意味着存在着一条作为客体的规范；(2) 应当陈述意味着存在一个实施行动的理由，即“有一条……的规范，人们应当做 ϕ”；(3) 应当陈述意味着从法律的观点看存在着何种理由。[②] 第一种解释是指应当陈述仅意味着存在一个规范，第二种和第三种解释均意味着有一个实施行动的理由，但是第三种解释进一步将其理解为不仅有理由存在，而且认为这种陈述是一种规范性陈述（normative statement），它能够被广泛地运用于讨论理由和规范的实践理性的领域。[③] 法律是一种规范性的社会实践，规范作为一种实存的客体，这种“应当”的陈述在实践中不仅意味着存在一条规范的存在，更重要的是这个规范性陈述是人们的行动理由（无论人们对这种理由的信念为何），影响着人们行动时的选择。[④]

但是在很多情形中我们的行动理由并不都是决定性理由，因为在很多情况中我们无法判断什么是决定性理由，我们只能判断应当理性地做什么。关于我们“应当做什么”也有两种观点：一种观点认为我们应当去做的仅仅是我们有足够理由去做的事；而另一种观点认为，我们应当去做的是有足够理由相信对行动者来说有足够理由去做的事。[⑤] 我们应当理性地去做什么，在部分程度上取决于我们关于这些事实的信念，当我们具有相关事实的信念且信念为真时，我们便具有了行动的显见理由；但是如果信念错误时，就只是一种貌似的理由，这种理由并不具有规范性力量，并不能支持我们行动。[⑥] 这意味着，信念为真且我们考虑到所有事实的情况下，我们理性去做的事情即是应当去做的事情；而如果我们产生错误信念或没有考虑到所有事实，虽然我们的行动是理性的，却没有决定性理由“应当”如此行动。即法律具有规范性品质意味着，当法律规定“X 应当做 ϕ”，

---

① 亨利·西季威克:《伦理学方法》，第 516 页。

② See Joseph Raz, *Practical Reason and Norms*, p. 51, 176.

③ Ibid., pp. 176–177.

④ Ibid., p. 51.

⑤ John Skorupski, “What is normativity?”, *Disputatio*, vol. II, no. 23(November 2007, special issue), p. 256.

⑥ 德里克·帕菲特:《论重要之事》，第 5 页。

那么"X 应当做 ϕ"就是行动者做 ϕ 的决定性理由，相关法律规则的存在成为了起结论性作用的理由，并且为法律所要求的行动提供了充分理由。[①] 因此，只有法律是决定性理由时才具有规范性品质，这种品质表现为人们应当根据它来实施行动。

（四）规范性来源的难题

如果说法律规范性是指法律作为行动的决定性理由的品质，那么规范性的来源就是要讨论为什么法律能够成为行动的决定性理由。关于规范性来源的讨论一般不会局限于法哲学的范畴，往往要涉及道德哲学和政治哲学领域的内容。前述提及，后续理论家们对于哈特规范性理论的批判多集中于其理论无法说明规范性的来源，因而在哈特历经惯习主义转向之后[②]，法律实证主义的继承者们都致力于惯习论路径下的发展和辩护。比如朱尔斯·科尔曼（Jules Coleman）引入合作惯习理论（coordination convention）来解释为何承认规则能够通过解决合作问题来为法官施加义务[③]，但合作惯习仍然无法说明法官为何要加入这种合作，即无法解决合作的价值和目标的问题。而夏皮罗则提出了他的法律规划理论（planning theory of law），他认为承认规则是社会整体规划的一部分，法律是在合法性环境下弥补道德缺陷的道德事业，但是对于促进何种道德目标保持中立和开放。[④]

法律实证主义者大多选择将法律规范性来源的讨论置于一个道德中立的场域内，即使认同法律要服务于道德目的，但是对于实质性的道德论辩仍然选择不介入。如果理由是根本的，道德是重要的，而我们有决定性理由避免行动不当，那么道德也许就在蕴含理由的意义上具有最高的重要性；如果我们没有任何理由关注道德或者避免行动不当，那么道德就没有任何重要性，道德是"更根本、更普遍且非创造的要求"。[⑤] 但即使我们一致认同，道德理由具有重要性而且存在道德上的决定性理由，并不意味着道德上的决定性理由就是决定性的道德理由，因为蕴含决定性理由意义上的"应当"、理性的"应当"和道德上的"应当"并不相同，"我们具有道德上决定性理由不如何行动，那么依然无法决定这些理由在非道德意义上也

① See Joseph Raz, *The Authority of Law: Essays on Law and Morality*, p. 30.

② 关于哈特惯习主义转向的相关论证，参见 H. L. A. Hart, *The Concept of Law*, p. 267。

③ See Jules Coleman, *The Practice of Principle: In Defence of a Pragmatist Approach to Legal Theory*, Oxford University Press, 2003.

④ See Scott Shapiro, *Legality*, Belknap Press, 2013.

⑤ 参见德里克·帕菲特:《论重要之事》，第 99-101 页。

是决定性的，或者综合来看是决定性的”。[①] 道德要求并非能够压倒式地强于法律要求，这需要在蕴含理由的意义上对它们的分量进行权衡。道德要求很可能在以理由为判准时更重要，但很多非道德理由仍然具有重要性，比如许多实证主义者所主张的社会合作的重要性。因而对规范性来源的讨论必然要同时涉及道德论辩和道德中立的论辩，因为只有这样才能在蕴含理由的意义上找出综合考虑道德理由和非道德理由之后法律成为决定性理由的来源。

二、拉兹的权威论

（一）实践理性与个人自主

拉兹是从实践理性的角度来论证权威问题的。拉兹认为，人具有运用自己的理性选择、计划和安排自己生活的能力，这种能力就是实践理性，而实践理性是个人自主的内在要求。个人自主并不是道德原则而只是一个理性原则。[②] 个人自主不同于道德自主，道德自主是人们自身服从道德准则的能力，而个人自主“是一种道德中立的特质，且个人可以根据他们生活的任一方面来展现这种特质，而无需受限于那些有关道德义务的问题”。[③] 个人福祉（personal well-being）是拉兹理论中的重要概念。个人福祉是人们追求的终极目标，个人福祉“由对于有价值的关系、目标之全心全意（whole-hearted）且成功的追求所构成”[④]，所以行动者自身的态度与意愿极其重要，而且个人福祉要求人们追求的目标是有价值的。但是，“个人福祉在很大程度上取决于那些由社会所定义和决定的追求与活动的成功”[⑤]，即目标的实现无法脱离它所处的社会和传统，有价值的目标基于一定的社会形式（social forms）。对社会形式的强调也要求促进集体善（collective goods）——具有内在价值的公共善，这是对社会中大多数成员都有价值的善。[⑥] 个人福祉的实现依赖于社会形式和

---

① 德里克·帕菲特：《论重要之事》，第 99 页。

② See Joseph Raz, *The Authority of Law: Essays on Law and Morality*, p. 27.

③ Gerald Dworkin, *The Theory and Practice of Autonomy* , Cambridge University Press, 1988, pp. 34–47.

④ Joseph Raz, *Ethics in the Public Domain: Essays in the Morality of Law and Politics*, Clarendon Press, 1994, p. 2.

⑤ Joseph Raz, *The Morality of Freedom*, Clarendon Press, 1986, p. 291.

⑥ Ibid., p. 198.

集体善。同时，拉兹主张各种价值之间的不可通约性（incommensurability），即现实中存在很多我们无法知晓其价值排序的价值[①]，即提供给人们选择的也是无法通约的各种价值。

在拉兹的理论中，个人自主不仅能够促进个人福祉的实现，而且是个人福祉的构成性价值，即个人自主不仅具有工具性价值，更是具有内在价值。“自主的内在利益存在于下述观念中：我们不只希望过一种善好的生活，还希望我们是自己生活的‘作者’。”[②]但根据拉兹的观点，自主是一种社会依赖的价值，即在某些社会自主可能是不重要的，非自主的方式可能更有利于促进个人的福祉。[③]如果在一个社会中个人自主是重要的，而且并不存在客观的善，那么权威就应当提供给人们多元的良善社会环境，作出对受指令者实现个人自主最好的判断，从而提高行动者的个人福祉。

（二）二阶理由与受保护的理由

拉兹同样认为，实践理性与理由的概念密切相关，因为具有实践理性的人要根据理由行动，只有来源于事实的理由才具有规范性意义，这种理由决定了我们应当做什么，而不是我们的想法决定了应当做什么。[④]此外，拉兹认为，“应当”陈述（X 应当做 ϕ）和“有理由”陈述（对 X 来说，有理由做 ϕ）在逻辑上等值，一般的“应当”句子通常用于宣称存在一种以某种方式行动的情形，但这种情形并不必然是决定性的（conclusive）。[⑤]在这两种陈述中都有实践的批判性态度，但是这种批判性态度并不必然是道德上的，这种态度可能指向理性、意志力和效率，只有行动理由是道德理由时批判性态度才具有道德品质。[⑥]

拉兹将理由区分为一阶理由（first-order reasons）和二阶理由（second-order reasons），一阶理由是做某事或者不做某事的理由，二阶理由是因为某个理由而行动或不因为某个理由行动的理由，而排他性理由（exclusionary reasons）是不因为某个理由而行动的二阶理由。[⑦]排他性理由和二阶理由冲突时不能通过权衡来解决，只能排他性理由优先，“排他性理由的存在意味着一个人不应当基于理由的权衡而

---

① Joseph Raz, *The Morality of Freedom*, pp. 325–326.

② 范立波：《权利的内在道德与做错事的权利》，载《华东政法大学学报》2016 年第 3 期。

③ Joseph Raz, *The Morality of Freedom*, p. 391.

④ See Joseph Raz, *Practical Reason and Norms*, p. 19.

⑤ Ibid., p. 29.

⑥ Ibid., pp. 22–23.

⑦ Ibid., pp. 39–40.

行动”。[①] 而一个人拥有权威即意味着他的应当表达是权威性的指示，是排他性理由。排他性理由的胜出并不是因为通过分量的权衡，而是基于其类型的独特，它们的影响并不是改变对理由的权衡，而在于在权衡中排除行为。排他性理由排除的范围是有限的，它仅排除那些与之相冲突的行动理由。[②] 承认权威则意味着人们必须放弃通过理由权衡按照自己的判断行动的权利[③]，所以排他性理由即使不是分量最重的理由，仍然能够作为一种决定性理由产生“应当”的效果。

拉兹将既是人们选择实施某一行动的理由又是排除相冲突理由的排他性理由的综合称为受保护的理由（protected reasons）。[④] 在拉兹看来，拥有权威即是拥有规范性权力（normative power），而规范性权力就是改变受保护的理由的能力。[⑤] 权威性指令并不会排除那些与其要求相一致的理由，而是通过压倒那些在没有权威性指令存在的情况下我们可能依据其行动——但那样行动并不能符合理由——的理由来促进我们对理由的符合。[⑥] 这也是拉兹所说的权威性指令的优先（preemption）所在，即仅排除那些与之相冲突的理由。拉兹认为，我们需要知道的是，不论我们因为什么理由（根据自己的权衡还是直接服从于权威性指令）而符合了理由，重要的都是行为最终符合理由。[⑦] 因此如果一个行动是权威性指令所要求的，而且恰好也存在如此行动的独立于权威性指令的决定性理由，那么无论我们依据哪一种理由行动都是被允许的。也就是说，拉兹的受保护的理由描述的是我们拥有什么理由（what reason we have），而不是我们如何推理（how we reason）。[⑧]

拉兹指出，根据权威性指令来行动并不是非理性的、没有理由支持的，因为受保护的理由是基于本来就适用于行动者的背景性理由（background reasons）并反映出的一个决定性理由，这就是拉兹所称的依赖性理由（dependent reasons）。[⑨] 在依赖性理由的基础上拉兹进一步论证，正是因为权威性指令已经由那些其所基于的背

① See Joseph Raz, *Practical Reason and Norms*, p. 41.

② 关于排他性理由排除范围的相关讨论，参见 Michael S. Moore, “Authority, Law and Razian Reasons”, *Southern California Review*, vol. 62, no. 3-4(1989); Chaim Gans, Mandatory Norms and Exclusionary Reasons, *Philosophy*, vol. 15, no. 4(1986); Antony Hatzistavrou, “Motivation, Reconsideration and Exclusionary Reasons”, *Ratio Juris*, vol. 25, no. 3(2012).

③ See Joseph Raz, *The Authority of Law: Essays on Law and Morality*, pp. 23-27.

④ See Joseph Raz, *Practical Reason and Norms*, p. 191.

⑤ See Joseph Raz, *The Authority of Law: Essays on Law and Morality*, p. 18.

⑥ Joseph Raz, *Between Authority And Interpretation*, Oxford University Press, 2009, p. 144.

⑦ Ibid., p. 142.

⑧ Christopher Essert, “A Dilemma for Protected Reasons”, *Law and Philosophy*, vol. 31, no. 1(2012), p. 68.

⑨ Joseph Raz, *The Morality of Freedom*, p. 47.

景性理由证成了其本身的合理性，因而权威性指令能够替代那些其被排除的理由，成为一种优先性理由（pre-emptive reasons）。在这些论证的基础上，拉兹通过对权威的正当化证明提出了其服务性权威观（the service conception），说明了权威所扮演的服务性、中介性角色，论证了权威性指令作为行动理由影响我们的实践推理的正当性，下文我将重述拉兹的服务性权威观。

（三）权威的正当化证明

当权威意味着“切断权衡、直接遵从”时，便会遇到与个人自主的冲突问题，从而产生了“权威与自主的悖论”。[①] 如果拒绝以绝对的自主否定权威的正当性的可能，便要消解权威与自主之间的张力，证明正当权威并不会侵害人们的自主。拉兹的权威观是一种服务性权威观，他提出了三个命题来对权威进行证立，分别是依赖性命题、通常证立命题和优先性命题。依赖性命题（the dependence thesis）是指权威命令的提出应当基于已经独立适用于受指令者的相关理由之上并且包含了与他们行动相关的各种因素。[②] 通常证立命题（the normal justification thesis）是指确立一个人对另一个人拥有权威的通常方式是要表明，如果受指令者将权威指令视为有权威性约束力并尽力遵从它们，而非尽力遵循直接适用于他的那些理由，那么受指令者将会更好地遵从那些直接适用于他的理由（而非被宣称的权威性指令本身）。[③] 优先性命题（the pre-emptive thesis）是指权威要求实施某一行动这一事实就是实施这一行动的理由，它们不是在判断如何行动的相关理由中新加入的理由，而是应该排除并取代这些相关理由中的某些理由。[④]

通过以上三个命题，拉兹实现了对权威的正当化证明，权威具有了道德基础。首先，依赖性命题意味着权威性指令仍然基于并反映了适用于受指令者的背景性理由，并不是没有理由支持的独断性理由，因而行动者依据权威的指令行动并不是非理性的。[⑤] 其次，通常证立命题论证了权威的工具性价值，权威的衡量因五个理由使得人们通过遵从权威性指令能够更好地实现对理由的符合并且能够在解决合作问题上具有重要的作用，从而更好地实现个人难以实现的善：权威更加专业；权威能

---

① 关于权威与自主性的悖论，参见罗伯特·沃尔夫：《为无政府主义申辩》，毛兴贵译，江苏人民出版社 2006 年版。

② Joseph Raz, *The Morality of Freedom*, p. 47.

③ Ibid., p. 53.

④ Ibid., p. 46.

⑤ Ibid., p. 51.

够避免人的非理性判断；权威能够更好地实现协调一致的行动；权威能够节省时间等成本；权威能够更好地实现个人无法实现的目的等。[①] 权威并不是否定了人们理性行动的能力，它扮演的是一种中介性（mediating）的角色，即作为一种装置、一种方法处于行动者以及最终适用于行动者的行动理由中间，行动者通过遵从权威的指令而非依据自己对于理由的判断，反而能够更好地实现服从理由的理性能力。[②] 依赖性命题和通常证立命题的成立意味着服务性权威观的形成，而根据服务性权威观则可以直接推导出优先性命题。[③] 权威并不能够独立地对行动者施加义务，它并不是独立的新加入背景性理由中的任何一种理由，其指令反映了（reflect）背景性理由，从而使得行动者能够更好地符合适用于其自身的理由。权威性指令的约束力来源于其依赖的那些背景性理由，指令的分量不能加在背景性理由的分量之上作为一种附加的理由，否则就会出现重复计算（double counting）的问题。[④] 所以权威性指令能够排除并取代那些可能与之冲突的背景性理由，成为人们行动的优先性理由。

三、对权威论的批判

现在来总结一下拉兹的规范性论证。首先，人具有实践理性的能力，个人自主是一个理性原则而非道德原则；而权威发布的命令性规范是一种受保护的理由，是一阶理由与二阶理由的结合。其次，权威的正当化证成表明当法律是一种受保护的理由时，权威性指令扮演着一种中介性的角色，人们能够通过遵从权威性指令更好地服从理由，从而更好地实现个人自主。最后，当法律是一种受保护的理由时，法律的规范性表现为它能够成为一种优先性理由排除并替代其他行动理由从而指引人们的行动。

在经过以上总结后，可以发现拉兹的规范性理论还存在两个问题无法解决：第一，如果法律在某些情况下并没有成功起到中介的作用，即没有正确反映适用于行动者的背景性理由，人们发现还有更强的理由可以更好地实现个人自主，或者人们

① Joseph Raz, *The Morality of Freedom*, p. 75.

② Joseph Raz, *Between Authority And Interpretation*, pp. 141–142.

③ Joseph Raz, *The Morality of Freedom*, p. 59.

④ Ibid., p. 58. 关于重复计算（double counting）的相关讨论，参见 Christopher Essert, “A Dilemma for Protected Reasons”。

只是错误地相信了法律具有正当性权威，而其事实上并不是，那么法律的规范性如何实现呢？更重要的是，第二，如果个人自主是一个道德中立的理性原则，那么即使行动是理性上的“应当”，那么也可能并不是蕴含理由意义上的“应当”，因为决定性理由必然要考虑道德理由，那么法律如何具有蕴含理由意义上的规范性呢？

（一）权威的判断失误：“有理由”与“应当”的区别

首先来分析第一个问题，在对拉兹的排他性理由的介绍中，我们已经分析出，拉兹认为应当陈述和有理由陈述具有逻辑等值的效果。一个人拥有权威，要么是因为别人认为他拥有权威，要么是因为人们应当这样看待他；而将一个人视作权威则意味着将他的指令当作排他性理由来接受。[①] 权威的正当性来源于其指令作为受保护的理由的能力，而只有当权威是一种受保护的理由时，人们才具有服从法律的义务。事实权威要作正当化宣称，宣称其是正当权威，其指令具有作为受保护的理由的能力，从而使得人们相信权威的正当性并将法律作为排他性理由予以接受。但是，法律的正当性宣称并不意味着它具有事实上的正当性，法律在事实上可能并不具有权威，它并不是一种受保护的理由，并不能实现个人自主追求的目标。

但是，“有理由”和“应当”是有区别的。“有理由”意味着我们在拥有了显见理由的情况下便可以实施行动；“应当”则意味着在蕴含理由的意义上拥有了决定性理由才去做。而对于规范性问题，我们应该区分两个层面讨论：第一个层面，当我们已经知道所有相关事实且信念为真时，此时我们知道何为决定性理由；第二个层面，当我们不知道全部相关事实或者产生错误信念的情况下，此时我们只拥有显见理由或者仅仅是貌似的理由，而不知道决定性理由。

首先，在第一个层面中，如果法律既是显见理由又是决定性理由，那么这就意味着法律具有规范性品质，我们不仅“有理由”依据法律行事，更“应当”依据法律行事。其次，在第二个层面中又要分两种情况：（1）如果法律只是一种显见理由，并不是一种决定性理由，即使我们对其产生了规范性信念——相信法律是一种决定性理由，但是法律并不能产生决定性理由意义上的“应当”，因为“如果我们错误且不理性地相信，我们有理由以某种方式行动或者某个行动是合理的，这并不给予我们这样的理由，也不会使得该行动是合理的”[②]，此时法律不具有实质意义上的规范性，因为规范性只来源于理由，并不来源于信念；（2）如果法律甚至不是显

---

① See Joseph Raz, *Practical Reason and Norms*, pp. 62-63.

② 德里克·帕菲特：《论重要之事》，第 77-78 页。

见理由，仅仅是貌似的理由，我们对其产生了错误的信念，此时的法律并不具有任何规范性力量，法律并不是行动理由，它并不能支持我们的行动。哈特认为，法律在所有的时空中具有的最显著的一般性特征是，其存在意味着某些类型的人类行动不再是随意的（optional），而是在某种意义下具有义务性的（obligatory）。[①]“行动不再是随意的”意味着，当人们面临一个行动选择时，即使法律与人们根据自身偏好或者利益考量的判断相冲突，人们仍然要根据法律的规定实施行动——他受到行动理由的拘束和影响，此时他的行动就具备了“应当”的性质。[②]但是，这种“应当”并不必然存在，只有在第一个层面中法律是一种决定性理由的情况中才存在规范性意义上的“应当”。

因此，当法律并不是一个受保护的理由的时候，可能存在两种情况：（1）我们无法获知决定性理由，但知道存在更强理由；（2）我们知道决定性理由是什么。无论是这两种情况中的哪一种，此时我们都有理由不服从权威，不接受法律的指引，而是依照更强理由或者决定性理由行事。这就意味着，即使法律能够实现其他方式无法实现的目的，例如法律能够解决协调难题，促进合作，但是其独特性也不是不被击败的理由（undefeated reasons）。排他性理由也是有范围的，它们并不能够排除所有的一阶理由，所以它们也可能被没有排除的一阶理由或者其他二阶理由所压倒。行动者还是要将权威性理由与其他未被排除的理由进行衡量和比较，只有当其独特性依赖的那些事实产生的理由更重要的情况下，法律才是一种更强的理由，我们才应当根据法律行动。理由是根本的，规范性只能依理由判断。因此，虽然权威作正当性宣称，但权威很有可能判断失误，我们应当对权威保持反思，检验其判断内容的正确性，而不能将其作为断然性的理由接受下来。

更重要的是，如果法律根本不是一个决定性理由，即使人们对于法律具有规范性信念，认为法律是权威，也不能使法律具备规范性品质。因为这是一种错误的规范性信念，法律其实只是一种显见理由甚至仅仅是貌似的理由，并不是一种决定性理由，此时的法律并不能产生蕴含决定性理由意义上的“应当”。“当我们具有‘何种事实给予我们理由’的信念时，仅当这些信念是合理的，且仅当我们也想要、意图和努力去做我们具有决定性理由想要、意图和努力去做的任何事情，我们才是实践上完全理性的。”[③]

---

① See H. L. A. Hart, *The Concept of Law*, p. 7.

② 参见陈景辉：“道德善、理性化与法的规范性”，《法律科学》（西北政法大学学报）2012 年第 4 期。

③ 德里克·帕菲特：《论重要之事》，第 78 页。

（二）个人自主与道德困境

拉兹的实践理论奠基于个人自主，拉兹认为个人自主是理性问题，不是道德问题。但是，蕴含理由上的“应当”、理性上的“应当”和道德上的“应当”并不相同。如果个人自主是理性问题，而非道德问题，这就意味着在拉兹的理论中即使能够实现理性上的“应当”，也仍然可能因不考虑道德理由而无法实现蕴含决定性理由意义上的“应当”。那么，拉兹的理论将要面临下述无法解决的问题。

首先，如果个人自主仅是一个道德中立的理性原则，那么这就意味着在一个社会中可能是价值多元的，那么法律如何保证能够在同一个体系内促进每个人的自主而不互相冲突？有可能在一个法律体系内实现对多种价值的追求吗？当一个人自主的实现与另一个人自主的实现冲突时，法律又应当如何判断和选择呢？拉兹如果坚持个人自主的前提，就必须对此进行论证。

其次，拉兹认为，个人自主只是一个理性原则，是道德中立的，一个人可能选择道德善的生活，也有可能选择道德恶的生活，法律作为一种受保护的理由只发挥工具性作用来实现个人自主追求的目标，帮助行动者过更好的生活，这也是法律具有规范性的来源。但是，当我们判断一个理由是否是决定性理由时，不是由行动者所追求的目标来决定的，也不是由程序上的理性所决定的，而是在实质理性的意义上判断的。实质理性意味着我们要有相关事实的信念，且信念为真才能给予我们充足的理由行动，我们的实践才具有合理性，并不意味着我们在考虑了所有理由并选出了其中最重要的理由时我们就一定具有实践合理性。正如上文所分析的，即使行动在结果上是最好的，或者是对自己是最有利的，也并不意味着在蕴含理由的意义上是应当的。当我们衡量各种因素的重要性时，理由是最根本的，是判断行动合理性的标准。因此，决定性理由必须是在蕴含理由的意义上关注所有重要的事物所产生的理由。这就意味着如果拉兹只讨论理性原则，保持道德中立，那么法律就可能并不是一种决定性理由，只能是一种理性上的“应当”，只具有工具性价值，而不是在蕴含决定性理由意义上的“应当”，法律在很多情况下可能就并不具有规范性。

最后，虽然拉兹主张个人自主是一个理性原则，而且并不强调道德自主，但是如果在个人自主的原则上讨论蕴含理由上的“应当”，那么拉兹的理论还存在另一种解释的可能性。如果个人自主所选择的个人目标是法律所要实现的目的，那么这个能够最好实现自己的目的这个事实就是产生决定性理由的事实，也就是说，如果法律要成为决定性理由，个人自主必须在蕴含理由的意义上是最重要的，那么个人自主就是一个社会中最重要的价值。如果这样解释，拉兹的个人自主的确能使得法律产生规范性，但是这就意味着个人自主不再仅仅是个理性原则，而是一种价值。拉兹在其理论中也论证了个人自主的内在价值——作为个人福祉的构成部分，如果个人自主是一种最重要的价值，就意味着拉兹并不能仅以道德中立的立场讨论法律规范性，还必须论证个人自主为何具有最重要的价值，为何能够具有更强的重要性，使得其在蕴含理由的意义上最重要，否则就不能说明能够实现个人自主的法律是一种决定性理由，能够产生规范性。此外，拉兹认为个人自主依赖于社会形态，并不具有一般性，这就意味着可能在一些社会中个人自主并不具有重要性。那么，如果在某个社会中个人自主并不是重要的，而是存在其他价值评判标准，权威的正当化如何可能？拉兹的规范性理论又如何成立呢？

拉兹的规范性来源问题的缺陷就在于，如果我们在蕴含理由的意义上讨论“应当”，拉兹就必须对个人自主的价值作道德辩护，规范性来源的讨论必然不能只是描述的，更重要的是证成的。拉兹如果坚持其中立的立场，法律便无法成为蕴含理由意义上的“应当”，只能是一种理性的“应当”，而非合理性意义上的“应当”。拉兹的个人自主不仅具有工具性价值，更具有内在价值，因为它不但能够促进个人福祉的实现，同时又是个人福祉的构成部分。如果个人自主的内在价值能够作为规范性的来源，那么拉兹必须论证个人自主为何在蕴含理由的意义上分量最重，即要论证法律为何具有最重的分量从而使其成为决定性理由，否则法律就可以被其他（道德或非道德）理由所压倒，法律便不具有规范性。决定性的道德理由不同于道德上的决定性理由，我们在蕴含决定性理由的意义上“应当”做什么和道德上“应当”做什么是两个问题，这个讨论涉及伦理学最为深刻的问题，在本文中无法解决。但是，可以确定的是，当判断我们应当如何行动时，应该在蕴含理由的意义上关注道德的重要性，对各种理由进行充分的权衡，即法律规范性来源问题的讨论必须包含道德证成。

结论

通过以上分析，我们可以得出初步结论：只有当法律是决定性理由时，才能产生蕴含理由意义上的“应当”，法律才具有规范性品质。如果权威判断失误，即当法律不是决定性理由时，即使我们对它产生了规范性信念，也不意味着法律具有规范性，人们此时应当依据决定性理由行动。理性上应当做的事和蕴含理由意义上应当做的事并不相同，即使我们理性行事，但可能并未依决定性理由行事。理由是根本的，因此在考虑法律规范性的来源时，不是考虑如何理性地行动，而是考虑法律如何可能成为决定性理由。如果道德是重要的，我们就应该在蕴含理由的意义上关注道德，并在蕴含理由的意义上避免行动不当。但是“决定性的道德理由”和“道德上的决定性理由”并不相同，即使一个理由在道德上具有决定性意义并不代表它在非道德意义上是重要的，或者在综合上是决定性的。

本文无法解决在蕴含理由的意义上哪种理由最重要、道德理由和非道德理由哪个是决定性理由，但是可以得出的初步结论是，如果法律要具有规范性品质，产生蕴含决定性理由意义上的“应当”，那么我们就不能只讨论理性上的“应当”，而是必须要衡量道德理由的重要性并将其与其他理由进行权衡，判断出决定性理由。因此，只有纳入道德论证我们才能真正进入带规范性来源的讨论，我们无法在道德中立的情况下得出法律规范性的来源是什么的结论。

拉兹论超然陈述、接受与可描述性

凯文·都[*]著

胥纳[**]译

张峰铭[***]校

摘　要　根据哈特（H. L. A. Hart）的分析，发表一份内部法律陈述，在一定程度上是表示接受一套规范。本文试图通过回应在约瑟夫·拉兹（Joseph Raz）著作中可以找到的以下三种批评来为哈特的内部法律言说（internal legal discourse）观念辩护：（1）哈特的分析不能说明拉兹所称的“超然的法律陈述”（detached legal statement）；（2）哈特在其分析中对接受概念的使用将会损害其法律实证主义者计划，因为这种接受必然等同于道德认可（moral endorsement）；（3）哈特错误地假

---

* 凯文·都，印第安纳大学（现伦敦大学学院）哲学系助理教授。我有机会于2006年2月在牛津大学的法理学讨论小组和剑桥大学的法律和政治哲学论坛上提交这一材料的早期版本。我感谢丹尼尔·埃奥斯坦（Daniel Elstein）、约翰·菲尼斯（John Finnis）、约翰·加德纳（John Gardner）、安东尼·哈茨塔弗罗（Antony Hatzistavrou）、马特·克莱默（Matt Kramer）和格兰特·莱门（Grant Lamond）在这些场合下提出的具有指导性和挑战性的评论和问题。在与蒂默希·恩迪克特（Timothy Endicott）、约翰·菲尼斯和格兰特·莱门的谈话中，以及对约瑟夫·拉兹早期草稿的一些评论中获益颇深。本文的最后草稿是在我担任哈特牛津伦理与法哲学中心和大学学院访问研究员时撰写的。我感谢大学学院的硕士和研究员在我这段最愉快的时光中的热情。最后，我特别感谢与大卫·希尔斯（David Hills）和大卫·瓦莱蒙（David Velleman）的对话，这些对话催生了本文的初稿。

** 胥纳，中国政法大学法学院法学理论专业2018级硕士研究生。

*** 张峰铭，中国政法大学法学院法学理论专业2017级博士研究生。

定了规范性实践，包括言说性法律实践（discursive legal practices），都可以仅仅使用描述性陈述（descriptive statements）即可以令人满意地表述其特征。我主张哈特的理论，或至少是沿着哈特发展的理论，有足够的资源来很好地应对这些批评。

他的世界是一个正午的世界，在这个世界里，轮廓分明的人物——大多数而不仅仅是个别的——都是在可感知的背景下，用可描述的方式行动。

——克利福德·格尔茨（Clifford Geertz）

一

在《法律的概念》（*The Concept of Law*）的前言中，哈特将他的书描绘为“描述社会学的论文”（an essay in descriptive sociology）。[①] 他的目的是从外在观点（external point of view）来研究法律举止，并用纯粹的描述性语词来描绘其特征。法律举止的一部分是规范性实践，包括规范性的言说性（discursive）法律实践。但是哈特并没有看到他的研究对象是规范性实践这个事实可以对一个描述性研究提出任何难题。正如他在其去世后才出版的《法律的概念》后记中所说，“即使描述的对象是评价，描述仍然可以是描述。”[②]

一段时间以来，在相当乏味的“方法论”（methodology）主题下，被称为规范实践的“可描述性”（describability）的假设已经断断续续地成为法哲学激烈讨论的主题之一。这个讨论的推进主要已经与哲学其他领域，包括语言哲学以及心灵哲学中相邻或平行的问题的讨论分离开来。并且在我的印象中，在其他哲学领域中各种各样反对可描述性的观点都很吸引人，但都模糊不清，然而最有影响力的法哲学家们也开始驳斥法律实践（或者一般的规范性实践）的可描述性，并且在法哲学领域至少达成了一个模糊的共识，那就是哈特关于可描述性的假设源自于已经被强烈且稳定的后启蒙思想（post-Enlightenment thought）潮流所质疑的哲学上的天真（philosophical naivete）。[③]

这篇文章的目的是检查并评价一个有影响力的法哲学家约瑟夫·拉兹赖以反驳

---

① H. L. A. Hart, *The Concept of Law*, 2nd ed., Oxford: Clarendon Press, 1994, p. vi.

② Ibid., p. 224.

③ 正如我在这篇文章开头引用的格尔茨（Clifford Geertz）对埃文斯-普理查德（E. E. Evans-Pritchard）作品有些令人困惑的描述所表明的，这种反对可描述性的假定在现代通常的人文学科包括在人类学中似乎非常普遍。

法律实践的可描述性的一些考量。但是本文的范围既窄于又宽于最后一句陈述所指明的内容。首先，我并不是要检验通常法律实践的可描述性，我要尤其集中关注法律实践言说方面的可描述性。其次，除了拉兹关于反对言说性法律实践可描述性的直接论证，我会同时讨论另外两条密切相关的论证路线，拉兹用它们来对哈特对法律言说（legal discourse）特征描述的充分性提出质疑。最后，我会得出结论认为拉兹的论证对于反对者的目标是不足够的，而且如果要质疑言说性法律实践的可描述性，那么它的理论对手必须寻找另一套论证方法。

二

哈特在内在和外在法律陈述间提出了一个著名的区分。[①] 内在法律陈述（internal legal statements）是对于（of）法律的陈述。它们是从法律体系中的参与者（例如法官或律师）的观点作出的规范性陈述。外在法律陈述（External legal statements）是关于（about）个别法律或者法律体系的陈述。它们是从观察者（例如社会学家或人类学家）的观点作出的描述性陈述。

假定法律实践是言说性实践，理解法律举止的一个重大且重要的方面就是获得内在法律言说的理解。他试图对人们在使用内在法律陈述时在做什么提供一个精确和哲学式的（philosophically）富有启发的描述，而不是对内在法律陈述进行直接分析。[②] 这种结果可以被称为对内在法律陈述的"间接分析"（oblique analysis）[③] 这不是对内在法律陈述本身的分析，而是对将内在法律陈述归属于言说者的理论陈述的分析。通过一些合理的重构，哈特对内在法律陈述的间接分析可以被总结如下：发表一份内在法律陈述时，言说者就表达了对于构成法律体系的规范的接受。哈特提供的是一种表达主义者（expressivist）或者非认知主义者（non-cognitivist）对于

---

① Hart, p. vi, 89–91, 102–3, 291.

② 在他的就职演讲中，哈特讲了定义关键法律术语的困难，以及对于法律术语在法律语境中的典型用法作出谨慎描述的一个可替代的哲学路径。参见 Hart, "Definition and Theory in Jurisprudence", 1954, in Hart, *Essays in Jurisprudence and Philosophy*, Oxford: Clarendon Press, 1983。大概哈特这里是被当时流行的思想所影响，即分析语词的一种方式是描述它的典型用法。参见 Friedrich Waismann, "How I See Philosophy" (1956) in Waismann, *How I See Philosophy*, London: MacMillan Press, 1968。这些语义学思想为哈特在《法律的概念》中描述内在法律陈述的特征提供了理论背景。

③ 艾伦·吉伯德（Allan Gibbard）在他的《思考如何生活》（*Thinking How to Live*）一书中区分了"直接"（straight）分析和"间接"（oblique）分析。参见 Allan Gibbard, *Thinking How to Live,* Cambridge, MA: Harvard University Press, 2003，p. 185。但是在这种区分背后的思想有更为古老的年份，即在前面注释中所提到的，分析语词的一种方式是描述它的典型用法。

内在法律陈述的分析。

拉兹是看出哈特提供了一种对于内在法律陈述的表达主义分析的少数人之一。[①] 在一篇纪念哈特的文章中，拉兹总结了哈特对道义陈述（deontic statements）的解释，而法律陈述是道义陈述的一种，其总结如下：

> 如果必须把哈特归类，那么最好把他归类为非认知主义者。但是他在认知主义者和非认知主义者之间绘制了他自己的路径并且发展了一种连接起两者要素的独特观点。尽管对于规则（rules）、义务（duties）和权利（rights）的陈述是真或假，但是使得它们真或假的条件并不会穷尽它们的意义，也不能说明它们的规范性特征。这些陈述的真值条件（truth-conditions）是特定社会实践的存在……一些简单的道德陈述，如“父母有义务照顾他们的孩子”，如果（在言说者所属的社群中）存在父母有这种义务的实践，大体说来，如果大部分父母这样做并且有意识地倾向于这样去做，那么这个道德陈述是真的。但是这个陈述的含义远不止如此。它同样表达了言说者对于这条规则的认可，他愿意被这条规则指引并需要其他人也被其指引。第二种非认知主义成分表达了这个陈述中的规范性要素。[②]

因此拉兹认为哈特的分析既有表达主义者或者非认知主义者面向又有描述主义者（descriptivist）或者认知主义者（cognitivist）面向。

拉兹关于哈特对内部法律陈述分析的观念可以被总结如下：

（A1）言说者作出了一个内部法律陈述，如果他：

（1）表达了他对于一些规范的接受；

（2）声明（states）同样的规范被其所属社群的成员普遍接受和遵从（complied with）。

在最近一篇文章中[③]，我诉诸于多种文本的和历史的证据来对哈特似乎承诺了

① 我仅知道的其他两个人是约翰·德夫林（John Devlin）和迈克·史密斯（Michael Smith）。德夫林是第一个促使我将哈特解读为一个表达主义者的人。

② Raz, “H. L. A. Hart (1907-1992)”, *Utilitas* 5 (1993), p. 148. 一个相似的描述参见 Raz, “The Purity of the Pure Theory”, *Revue International de Philosophie* 35 (1981), p. 448。

③ Toh, “Hart's Expressivism and His Benthamite Project”, 11 *Legal Theory* 75, 2005.

的内部法律陈述提供一个更加精确的分析。但是对于本文而言，拉兹对于哈特的分析的观念与我认为的哈特的分析是足够相似的。我将仅对（A1）作出一处虽小但至关重要的改变来帮助我随后的讨论。

（A2）言说者作出了一个内部法律陈述，如果他：

（1）表达了他对于一些规范的接受；

（2）预设（presupposes）同样的规范被其所属社群的成员普遍接受和遵从。

随后，我将假设（A2）是哈特赞同的对于内部法律陈述的分析。①

三

在拉兹的作品中，有三条论证质疑了（A2）的充分性（adequacy），甚至质疑了哈特分析内部法律陈述所采取路径的可行性（viability）。

首先，在试图对内部法律陈述提供分析时，哈特主要关注那些大体（generally）接受了法律并使用法律作为自己行动的指引以及批判他人的标准的人作出的陈述。在很多地方拉兹指出持有这样一种忠诚的（committed）观点——哈特称为“内在观点”（internal point of view）——对于言说者说出内部法律陈述而言并不是必要的。甚至对社群不满意或者疏离，作出的规范性承诺（normative commitments）与内嵌于社群的法律体系中的规范性承诺严重不一致的成员，也能说出内部法律陈述。接下来的担忧就是（A2）不能抓住内部法律言说（legal discourse）的至关重要的部分。

其次，哈特假设他在（A2）中使用的接受的概念是一个一般性（generic）概念，他可以不用预先判断（prejudging）人们对规范持有内在观点时所拥有的理由的类型，就可以描述内部法律陈述的特征。拉兹认为，那种能够适当描述内部法律陈述特征的接受就是道德认可（moral endorsement）。因此，拉兹认为，哈特不能

① 我在前注文章的第四部分阐述了这种改动的理由。在构造 A（2）时，我依赖于 Robert Stalnaker 对于预设的语用学观念。根据这一观念，当某人将某个命题的真实性视作既定的，且假设交谈中的其他人也同样如此时，他预设了该命题。See Stalnaker, “Pragmatic Presuppositions”, in Stalnaker, *Content and Context*, Oxford: Oxford University Press 1999, p. 49.

完成他的在法律与道德（morality）之间做出清晰区分的法律实证主义者目标。

最后，拉兹质疑了哈特对于可描述性（describability）的假设。不仅在《法律的概念》（*The Concept of Law*），包括在其随后的作品中，哈特假设尤其是法律实践以及通常的人类社会实践，都可以用非规范性（non-normative）语言进行描述。（A2）展示了哈特对可描述性的承诺。虽然这是一个对规范性陈述的分析，但这个术语的精确表达是“纯粹描述性的和规范上中立的”（flatly descriptive and normatively neutral）。[①] 拉兹认为，一个人不能在坚持观察者的观点来描述规范的人类实践特征的同时还能适当地解释实践的规范性本质。他认为在某些意义上，一个人如果要满意地描述如法律这种规范性实践的运作，必须在某种意义上假定内部或者参与者的观点并使用规范性陈述。

在随后的几章中，我将依次开始处理拉兹的三条论证并最终证明它们是不充分的。

四

拉兹主张，哈特将法律陈述简单区分为内部的和外部的两种，忽略了一种至关重要的内部法律陈述类型。[②] 哈特所想的内部法律陈述，是那些展示了言说者对于他所说的法律体系中的规范的接受或承诺的陈述。除了拉兹所称的**忠诚的**（committed）内部法律陈述，拉兹观察到，**超然的**（detached）内部法律陈述[③]，或者拉兹也称它们

---

① Cf. Hart, “Bentham and the Demystification of the Law”, in Hart, *Essays on Bentham*, Oxford: Clarendon Press, 1982, p. 28.

② See Raz, *Practical Reason and Norms*, Princeton University Press, 1990, p. 172–3; Raz, “Legal Validity”, *The Authority of Law*, Clarendon Press, 1979, p. 155; postscript to Raz, “Sources, Normativity, and Individuation”, *The Concept of a Legal System*, Oxford: Clarendon Press 2nd edn, 1980, p. 235–6. See G. P. Baker, “Defeasibility and Meaningin”, in P. M. S. Hacker and J. Raz eds, *Law, Morality, and Society*, Oxford: Clarendon Press 1977, p. 41–2; John Finnis, *Natural Law and Natural Rights*, Oxford: Clarendon Press, 1980, p. 234–6.

③ 在对本文早期草稿的评论中，拉兹反对了我将超然的法律陈述归类为内部法律陈述的观点。拉兹认为，超然的法律陈述的现象是质疑哈特对于内部的和外部的法律陈述的区分的理由之一。我对哈特的分类持更乐观的态度。我认为哈特的区分大体上是审慎观点（deliberative standpoint）和理论观点（theoretical standpoint）的区分的语言变体（linguistic variant），这种区分已经成为至少自康德以来行动哲学和伦理学的重要支柱。无论如何，在第二章开始，我介绍了两种法律陈述之间的区分，即**对于**（of）法律的陈述以及**关于**（about）法律和法律体系的陈述。鉴于哈特将后一种法律陈述分析为对一个社群的行为模式和他们针对这种行为模式的心理态度的描述，我们可以看到，拉兹对于超然的法律陈述特征的描述将它们完全置于了内部法律陈述的类型下：“超然的法律陈述是对于法律的陈述，是对于人们拥有什么法律权利（rights）或法律义务（duties）的陈述，不是关于人们的信念（beliefs）、态度（attitudes）或行动（actions）的陈述，甚至不是关于他们关于法律的信念、态度或行动的陈述。” See Raz, “Legal Validity”, above n 12 at 153.

为从“法律的观点”（legal point of view）作出的陈述，或者从“法律人”（legal man）的观点作出的陈述。[①] 拉兹给出的超然的法律陈述的例子似乎可以分成两种主要的类型：（1）在言说者自己所处的法律体系中作出的对于法律的陈述；（2）在不是言说者自己所处的法律体系中作出的对于法律的陈述。第一种类型属于并不接受或支持他们自己法律体系中的规范的律师和法官对于法律的陈述。[②] 法学教师和学者的陈述可能属于任意一种类型。本国法律的教师和解释者作出的陈述属于第一种类型。[③] 此外，外国法律体系、不复存在的历史的法律体系或者假设的法律体系（例如提出的模型法典）的教师和解释者作出的陈述主要是第二种陈述的例子。[④]

例如，内心里是自由主义者并因此不相信政府应该向其公民收税的律师可能这样建议其当事人：“你有义务（obligated to）在 4 月 15 日前缴纳税款。”这是第一种类型的超然的法律陈述。而且当代的罗马法老师可能这样告诉他的学生：“如果你的仆人从阁楼扔出的东西打中并伤害了一个路人，那么你就犯了侵权罪。”这是第二种超然的法律陈述的例子。所有超然的法律陈述所共有的特征是，言说者在作出这种陈述时，并没有表现出对于他所说的法律体系中的规范的接受或者承诺。在这个方面，超然的法律陈述区别于拉兹所称的忠诚的法律陈述。

同时，拉兹认为，超然的法律陈述并不是外部的法律陈述。这对我来说似乎是比前一个更难维持的区分。如果超然的法律陈述并没有表现出言说者对于相关法律规范的接受或承诺，那么在何种意义上它们是内部的？在何种意义上他们是对于法律的陈述而不是关于法律的陈述？[⑤]

---

① See Raz, “Kelsen’s Theory of the Basic Norm” in *The Authority of Law*, above n 12 p. 141; “Practical Reason and Norms”, 1974, above n 12 p. 175; “Sources, Normativity, and Individuation”, above n 12 p. 237; “The Purity of the Pure Theory”, above n 8 p. 453. 有趣的是，哈特在拉兹对超然的法律陈述持续讨论之前的很多地方都讨论了超然的法律陈述的现象，虽然他并没有使用这个术语。See Hart, “Kelsen’s Doctrine of the Unity of Law”, in Essays in *Jurisprudence and Philosophy*, 1968, above n 5 at p. 329; Hart, “Legal Duty and Obligation”, revised and reprinted in *Essays on Bentham*, 1966, above n 11 p. 146. 但是在这些地方，哈特似乎并没有被《法律的概念》中提出的对于内部法律陈述的分析不能解释这些超然陈述的事实所困扰。

② See *Practical Reason and Norms*, above n 12 p. 172, 176–7; “Kelsen’s General Theory of Norms” 6 *Philosophia* 499, 1976, p. 500; “Legal Validity”, above n 12 p. 153, p. 155–6; “Sources, Normativity, and Individuation”, above n 12 p. 236.

③ See “Kelsen’s Theory of the Basic Norm”, above n 14 p. 140; *Practical Reason and Norms*, above n 12 p. 176; “Kelsen’s General Theory of Norms”, above n 15 p. 499–500; “Legal Validity”, above n 12 p. 153, p. 155–6; “Sources, Normativity, and Individuation”, above n 12 p. 236.

④ See *Practical Reason and Norms*, above n 12 p. 170–1, p. 174–5.

⑤ 拉兹的超然的法律陈述被认为等同于凯尔森的 Rechtssätze。在这里提出这一点可能是有价值的，因为至少一位有影响力的凯尔森评论者认为凯尔森的 Rechtssätze 等同于哈特的外部的法律陈述。See Eugenion Bulygin, “Enunciados Juridicos y Positivismo: Repuesta a Raz”, in Carlos E. Alchourrón and Eugenio Bulygin, Análisis Lógico y Derecho, Madrid: Centro Estudios Constitucionales, 1991, p. 433.

五

我并不完全确定我理解了《实践理性与规范》(*Practical Reason and Norms*)中的相关论述，就我所知，在这本书中拉兹第一次介绍了超然的法律陈述。拉兹仅说："问题是，并不是每个法律陈述都有一个关于信念、态度或行动的逻辑等值的陈述，更不用说同义的陈述。"①

可能有人认为拉兹的主张一没有任何进一步支持或说明，因而是在乞题，这种想法是情有可原的。以上文中讨论的自由主义者律师的缴税建议为例，那个陈述很显然属于拉兹归类于超然的法律陈述的类型。但是那些满意于哈特的分类的人会坚持认为律师的建议可以被当然地解释为对社群遵守相关税收法律的描述，而且遵守的事实等同于社群成员接受并遵从了相关的税收法律。总而言之，满意于哈特的分类的人们会坚持认为自由主义者律师的建议是哈特所称的外部的法律陈述的一个例子。

拉兹在《法律体系的概念》(*The Concept of a Legal System*)的1980年后记中进一步论述了他的立场。他说：

> 通常认为，规范性语言（normative language）可以被用来描述他人的规范性观点，例如"在最近十年专业人士普遍认为女性经要求享有堕胎的权利"所展示的这样。很多作者假定所有规范语言的非忠诚（non-committed）用法都是这种类型。但是考虑一个律师建议他的当事人或者一个作家讨论法律问题的情形。通常他们并不会主张他人相信法律是什么，而会直接说出（stating）法律是什么。因为法律通常是关于公共知识的问题，可能他人相信的和律师或作家说出来的内容相同，但这对于他们的目的来说只是次要的，而且在典型情形中他人并不相信他们说出来的内容。很可能是他们阐明的法律观点虽然正确，但是在此之前任何人都没有想到过。律师可能出于实践理由（practical reasons）为此担忧。而另一方面，作者可能将其观点的新奇性作为可夸耀的成就。无论如何，陈述的内容和真假都不会被它是不是一个新奇的法律观点所影响。②

---

① *Practical Reason and Norms*, above n 12 p. 175. Raz is similarly terse in "Legal Validity", above n 12 p. 153, "The Purity of the Pure Theory", above n 8 p. 455. 在这些地方拉兹更关注于展现超然的法律陈述并不等同于忠诚的法律陈述，而且似乎认为超然的和外部法律陈述的非等值性（non-equivalence）很明显至少是很容易展现出来。

② "Sources, Normativity, and Individuation", above n 12 p. 235–6.

拉兹想到的一个特殊的超然陈述的例子会在我们探索查明拉兹的观点时有所助益。一个律师可能建议其委托人："同性伴侣之间的婚姻是有效的。"让我们假设律师认为这是一条有害的（pernicious）法律，如果他是一个立法者，他会试着改变这条法律。因此这个法律建议并不是一个忠诚的法律陈述。让我们进一步假设这个建议是一个新奇的法律结论（legal conclusion）。立法机构和有相关管辖权的法院都没有颁布律师所说的法律，而且在律师行业也没有达成这是一条法律的共识。但是这个律师可能会基于他自己的法律研究和法律推理得出结论：这个陈述所说的就是正确的。哈特认为，一个外部法律陈述描述了社群成员对相关法律的心理态度的形态（configuration）。[①] 但基于这种假设，没有哪种社群成员心理态度的必要形态可以使得上述法律建议——被解释为一个外部法律陈述——为真；而且当律师说出这个建议时他可能知道这个事实。拉兹会让我们得出结论：婚姻法的建议不是一个外部法律陈述。

然而情况并不是这么简单。哈特的观点并不是认为每条法律的存在都包含了支持那条特定法律的心理态度的独特形态。他认为，一个法律体系的承认规则（rule of recognition）的存在包含了拥有相关法定权限的官员所作出的对规则的接受的形态，而且任何从属法律（subordinate law）的存在包含了它们依据承认规则而产生效力——例如它们符合了承认规则所列举的标准（criteria）。因此，根据哈特的观点，法律可以在缺少一个接一个支持它们的心理态度的独特形态时依然存在。

由此得出结论，正如哈特所理解的那样，外部法律陈述并不必然要总结每个人支持规范的心理态度的独特形态。它们还可以是这样一种陈述，即其概括了构成承认规则的存在的心理态度中的事实，这种心理态度包含了将规范视为讨论中的法律体系中的有效法律的意向。反过来能得出结论认为，言说者可能会真诚地说出一个非忠诚的法律陈述，并完全意识到自己并不具有对于某条特定法律的心理态度的独特形态，仅凭这个事实并不能说明这个陈述不是外部法律陈述。

六

然而，或许上文中引用从后记到《法律体系的概念》中的内容都触及一种考虑，能够为区分超然的陈述与外部的陈述的更合理论证提供一个基础。那些并不忠诚于自己法律体系的法律的律师能够从这些法律中推理出新奇的结论。我们可能想

① 上文中拉兹所说的心理态度是信念（beliefs），但是至少在探索展开哈特对于内部法律陈述的分析时，说这种心理态度是对规范的接受（norm-acceptances）会更加精确。

知道律师们进行分析和推理时依赖了怎样的心理进程和心理机制。

一个可能是，律师明确或暗中拥有关于一条法律要在社群中盛行需要获得何种社会和心理事实的知识。[①] 那些并不忠诚于自己法律体系的律师可以被解释为利用这种知识来达到新奇的法律结论。从社群成员既有的心理态度的结构中，律师可以看出哪些法律已经在他们中间牢固确立，之后他们就可以利用自己对社会和心理事实概括的知识得出新奇的法律结论。

另一种可能是，不接受自己所处法律体系的法律的律师并不是在利用刚才描述的那种社会和心理知识，而是富有想象力地认同一个（假设的）完全接受自己所处法律体系的法律的人，并从这个人的角度用规范性推理得到一个新奇的法律结论。换句话说，并不忠诚于自己法律体系的法律的律师可以被解释为在模仿（simulating）忠诚于相关法律的人的规范性推理。

人们可能会认为第二种解释在两种解释中更为合理，因为大多数律师，甚至是大多数法学学者，都缺少第一种解释中需要的对于社会和心理的知识。毕竟大多数律师不是法学家。但是他们进行法律推理或者提供法律建议的能力，既不会被他们对于自己所处法律体系中规范的可能的不接受所阻碍，也不会被对哈特或者他人对于什么是位于既存法律下的社会和心理事实的说明不了解所阻碍。[②]

最后一点并不是反驳第一种对于律师能力的解释的决定性考量。因为正如我已经提到的，第一种解释需要的知识可能是默示的（tacit），律师可能拥有这种知识。当然，在我们能够自信地判断出两种解释中哪个更被支持之前，还需要大量的哲学的和心理的研究。但是第二种基于模仿的解释当然更合理，它类似于拉兹在我前文中引用的《法律体系的概念》后记中所作的表示。探究接受这一观点会给超然的法律陈述的语义学含义以及我将其归于哈特的那种对于内在法律陈述的分析的可行性带来什么推论，可能非常有价值。

七

不满的律师在推理得出新奇的法律结论时所进行的模仿解释并不蕴含（entail）

① 我在本段和下一段中概述的两种可能接近于解释心理状态归属的理论和心理模仿路径。我从马丁·戴维斯（Martin Davies）和托尼·斯通（Tony Stone）编辑的文集 *Folk Psychology*（Oxford: Blackwell Publishers 1995）所收集的文章中获益很大，尤其是编辑的介绍很有帮助。

② 阿尔文·戈德曼（Alvin Goldman）依赖于反驳大众理论（folk-theory）的考量之一是，儿童解释他人的能力以及将大众心理学法律的知识归于儿童这两者令人难以置信的结合。

任何特殊的对于超然的法律陈述的语义学说明。[①] 但它无疑提高了拉兹主张超然的法律陈述不是外部的法律陈述的合理性。它鼓励我们认为超然的法律陈述是一种规范性推理的产物，是内部的法律陈述，尽管是一种模仿的（simulated）或者假装的（pretended）类型。[②]

拉兹认为超然的法律陈述非常普遍，不仅仅在法律中，而是在所有的规范性话语中都存在。[③] 但是有理由认为它们在法律中尤其普遍。由于法律的程序化特征，一定会存在很多例子，例如当一个人接受了法律体系或者作为一个整体的体系的最终规范，但是并没有将一些经过有效的程序运作从终极规范中得出的特定结果视作真正的行动理由。[④] 这意味着社群中很多成员，或许是所有的成员，在一定程度上都是不满意的。这同样意味着超然的法律陈述在任何法律体系的运作中是非常普遍的，或许是无处不在的。

忠诚的参与者观点的假设在作出超然的法律陈述时是不必要的。由此，用对规范的接受（acceptance）来分析内部的法律陈述——接受被视为存在于持久的意向中，即言说者既将特定的行为模式作为自己行动的指引，也将其作为批判他人的标准[⑤]——不能说明内部的法律话语一个至关重要的部分。超然的法律陈述的存在表明，内部的法律陈述所共有的内容远不如哈特分析中需要的对规范的接受那么严格、要求那么高。

鉴于这些考虑，我们可以发现哈特对于超然的法律陈述现象的反应令人费解，至少在刚开始是这样的。哈特明确接受了自己对法律陈述的分类遗漏了超然的法律陈述的批评[⑥]，但是他似乎并没有对它们的存在表示担忧。他仅仅接受了拉兹关于忠诚的和超然的内部法律陈述区分，并宣称这是他关于内部的和外部的法律陈述的区分的“有价值的补充”。[⑦]

然而，哈特有正当理由不需要担忧，因为他有足够的资源去说明超然的法律陈

---

① 参见同上 94 页。

② Cf. Raz, “The Purity of the Pure Theory” , above n 8 p. 453, p. 457.

③ *Practical Reason and Norms*, above n 12 p. 177. 例如，吉尔伯特・赫曼（Gilbert Harman）已经注意到了它们在道德话语中的运用。参见 “Moral Relativism Defended” in Harman, *Explaining Value*, Oxford: Clarendon Press , 2000 , p. 9–10。

④ 我把这种观察归因于大卫・希尔斯（David Hills）。亦可参见 Allan Gibbard, “Wise Choices” , *Apt Feelings* , Cambridge MA: Harvard University Press, 1990, p. 246–8。

⑤ 参见 Hart, *The Concept of Law*, above n 1 p. 57, p. 140。吉伯德（Gibbard）依赖于一种极其相似的对规范的接受的描述：参见 *Wise Choices, Apt Feelings*, above n 27 p. 74, p. 75。

⑥ Essays in *Jurisprudence and Philosophy*, above n 5 p. 13–14.

⑦ “Legal Duty and Obligation” , above n 14 p. 154–5.

述。超然的法律陈述可以被分析为具有一种寄生于（parasitic on）忠诚的法律陈述之中的含义。[①] 在具体说明超然的法律陈述的含义寄生于忠诚的法律陈述的含义之中的确切方法时，我们可以利用前文讨论中对于心理解释的模仿路径。最终能够说明的是，（A2）当然可以延伸至包含超然的法律陈述并反过来得出结论，忠诚的法律陈述的意义具有说明上的（explanatorily）优先性。这些结论都会证明哈特策略的正确性。

拉兹认为超然的法律陈述既不能被还原（reducible）为忠诚的内部法律陈述，也不能被还原为外部的法律陈述。[②] 他坚持认为，这种还原的失败展现出哈特对于法律陈述的分类导致了一个严重的歪曲。这种坚持很奇怪，因为哈特不会为了解释超然的法律陈述而试图还原它们。正如拉兹自己所观察到的[③]，哈特拒绝任何将忠诚的内部法律陈述还原为外部的法律陈述的企图。哈特并没有提供一种还原的或者直接的分析，相反，通过诉诸于表达主义，哈特对忠诚的内部法律陈述提供了一种间接（oblique）分析。[④] 这表明哈特在描述超然的法律陈述时会寻找另一种间接分析。

这就是我提出的内容。超然的内部法律陈述可以进行如下表达主义的分析：

> （A3）言说者作出了一个超然的法律陈述，如果他：
>
> （1）表达了一种模仿（simulates）对一些规范的接受的心理状态（psychological state）；
>
> （2）预设同样的规范被其所属社群的成员普遍接受并遵从。[⑤]

---

① 事实上，拉兹同样认为忠诚的法律陈述是“主要的”（primary）法律陈述，超然的法律陈述是“寄生”（parasitic）于忠诚的法律陈述之中。See Raz, “Legal Rights” in Raz, *Ethics in the Public Domain*, Oxford: Clarendon Press 1994, p. 254. 但是拉兹并没有表明这种寄生关系究竟是怎样的，这正是我之后试图做的事。

② *Practical Reason and Norms*, above n 12 p. 172–5.

③ See “The Purity of the Pure Theory”, above n 8 p. 447–8; “H. L. A. Hart (1907—1992)”, above n 8 p. 147; see also Baker, “Defeasibility and Meaning”, above n 12.

④ 我在本文第二种中简略地讨论了直接分析和间接分析的区别。

⑤ 可能有人认为，按照当前的表达，（A3）（2）是不准确的，因为说出一个超然的法律陈述的言说者可能并不会真诚地（sincerely）预设相关的描述性内容。但是斯托内克尔（Stalnaker）关于预设的观念并不要求预设命题中涉及的承诺是真诚的。斯托内克尔认为在交谈中的参与者不需要真实认为预设立场的为真是理所当然。相反的，参与者为了进一步的交流可能会接受一个已知的虚假（falsehood）或者一个值得怀疑的立场。See Stalnaker, “Presuppositions”, 2 *Journal of Philosophical Logic* 449, 1973. 换句话说，交流中的参与者可能会随意假设并抛弃预设。而且这种观点似乎能够更精确地刻画超然的法律陈述言说者在做的事。

这种分析明显寄生于（A2）。这表明超然的法律陈述的含义寄生于忠诚的内部法律陈述之中，而且这还符合了拉兹对超然的法律陈述的语义解释的要求。[①]

我在第三章概括的三条论证中的第一个，并没有对哈特支持的对内部法律陈述之分析的可行性构成任何问题。超然的法律陈述现象非常有趣，拉兹已经非常有益地吸引了我们的注意力。但是哈特对内部法律陈述的分析可以当然地被延伸到对超然的法律陈述的说明。

八

拉兹三个论证中的第二个处理了哈特在分析内部的法律陈述时所使用的接受（acceptance）的概念。拉兹认为，如果哈特想要对内部的法律陈述进行适当的描述，那么接受的类型只能是道德认可。如果这是真的，这个结论显然会摧毁哈特的实证主义者目标，即不援引任何法律和道德之间重要的必然（non-contingent）联系来描述法律实践的特征。

拉兹关于强接受（full acceptance）和弱接受（weak acceptance）的区分在解释他对于这个问题的论证中至关重要。[②] 强接受了一个规范的人会认为这个规范约束所有的公民；然而弱接受一个规范的人则认为这个规范只约束他自己。[③] 拉兹认为说出内部的法律陈述表达的是强接受。[④] 此外，他认为，强接受等同于道德认可。[⑤] 事实上，他在交换地使用"接受"（acceptance）和"认可"（endorsement）。为了说明法律中超然陈述的存在与流行，拉兹主张说出一个内部的法律陈述包含着真诚

---

① See Raz, "Kelsen's Theory of the Basic Norm", above n 14 p. 145. 我需要强调一下，我并没有真正主张（A3）是对超然的法律陈述的合理分析。（A3）仅仅表明了对一个忠诚的法律陈述的分析如何扩展到包含超然的法律陈述。我并不认为（A2）是对忠诚的法律陈述的合理分析，并且我已经在其他地方提出了一个我认为更好的分析。我的观点是，更好的分析可以通过类似于（A2）延伸至包含超然的法律陈述的方法来进行延伸。

② 这个区分必须和忠诚的规范性陈述和超然的规范性陈述的区分区别开来。

③ See Raz, "Legal Validity", above n 12 p. 155; see also "The Purity of the Pure Theory", above n 8 p. 454–5; "Hart on Moral Rights and Legal Duties", 1984, 4 *OJLS* 130.

④ 考虑到拉兹本人并不是像哈特一样的表达主义者，文中的这句话可能会造成误解。拉兹是个认知主义者，他认为包括内部法律陈述在内的规范性陈述是描述性陈述。对于他来说，一个接受是一个信念。然而，为了便于阐述说明，我通篇讲得仿佛拉兹是一个表达主义者。我假定如此并不会危及我随后的论证。毕竟我试图做的是判断哈特分析内部的法律陈述方法是否可以被辩护；我的目标并不是评价拉兹自己的观点。感谢安东尼·哈茨塔弗罗（Antony Hatzistavrou）要求我澄清这个问题。

⑤ See "The Purity of the Pure Theory", above n 8 p. 454–5; "Hart on Moral Rights and Legal Duties", above n 38 p. 130–1.

的（sincere）或假装的（pretended）对于法律规范的强接受。[①] 假定上文中提到的假设就是道德认可，这就等同于内部的法律陈述就是真诚的或假装的内部的道德陈述的主张。

考虑到这个概念在哈特论证目标中的中心地位，令人惊讶的是哈特在《法律的概念》中很少对接受的概念进行精确的解释。但是有证据表明，在写这本书时，哈特会同意拉兹认为强接受包含在内部的法律陈述之中的观点。[②] 我所知道的哈特对与当前问题相关的接受概念的各种解释中，最清晰的是以下片段：

> 必要的是，人们应该持有作为普遍标准的对于特定行为模式的批判反思态度，而且这种态度应该展现为批评（包括自我批评）、对遵从的要求，而且这种批评与要求都能够得到证立，这一切都能通过“应当”（ought）“必须”（must）和“应该”（should），“正确”（right）和“错误”（wrong）等规范性术语的表达体现出它们的特征。[③]
>
> ［承认规则］如果想要存在，必须从内在观点被视为正确司法决定的公共的、普遍的标准，而不能是每个法官就其本人而言服从即可。虽然系统中的单个法院可能会偶然地偏离这些规则，但是通常必须批判性地认为这种偏离本质上是对普遍的或者公共的标准的违反。[④]

并没有什么能够表明哈特认为内部的法律陈述仅包含了弱接受。相反，哈特在这些文章中用“普遍标准”（common standard）来表明，内部的法律陈述中诉诸的规范声称适用于所有人，而不是仅适用于言说者。这似乎是关于内部的法律陈述的合理观点。哈特在后来改变了他的观点，而且哈特这样改变似乎是由于拉兹论证强接受必定等同于道德认可。在“纯粹理论的纯粹性”（The Purity of The Pure Theory）一文中，拉兹最为全面的论证版本得以呈现，他说：

---

① “The Purity of the Pure Theory”, p. 453, p. 457.

② 我在牛津大学提交这篇文章的经历告诉我，我在此提出了一个有争议的主张。当地传说（或许其他地方也是如此）似乎是哈特从来没有认为内部的法律陈述包含了拉兹所称的强接受，而是仅包含弱接受。这当然是哈特在 20 世纪 80 年代早期在其作品中接受的观点。我认为哈特在其写作《法律的概念》和随后的作品期间（在我看来，错误地）改变了他的想法。我希望我在本文第八章到第十章中为这种解读提供了合理说明。

③ *The Concept of Law*, above n 1 p. 57.

④ Ibid., p. 116.

> 尽管一个人能够仅出于个人偏好（personal preferences）或者自利（self-interest）的理由来接受法律作为自己行动的指引，但人们不能援引个人便好或者自利的理由作为主张他人必须或者有义务以特定方式行为的证成理由。主张另一个人必须出于我的利益行动通常是提出了一个关于他的道德义务的道德主张。
>
> 诚然，一些关于他人的义务或权利的主张所依赖的理由既不是道德理由也不是言说者的自利或个人偏好理由，但是它们中的任何一个或者它们的结合都似乎不能解释法律话语中规范性语言的普遍用法。我发现不可能反驳这样一种结论，即大多数内部的或者忠诚的法律陈述，至少那些关于他人权利或者义务的内部法律陈述，都是道德主张。①

哈特显然发现这个论证无法抗拒。鉴于他的实证主义者立场，他不愿认同拉兹认为内部的法律陈述是一种道德陈述的主张，而且似乎出于这个理由他重新考虑了最初认为相关的接受是强接受的立场。

在哈特生前出版的最后一篇重独立文章的最后几页，他注意到了拉兹对于强接受和弱接受的区分，并且探究了是否对于法官的内部法律陈述来说弱接受就已经足够。② 最终，尽管是试探性地，哈特推测内部的法律陈述中包含的可能是一个精简版本的弱接受。他说：

> 法官在谈到公民的法律义务时，可能是在一种严格限定的意义上说的。他们基于其法官身份，从他们致力于维护的法律机构内部作出言说，意在考察公民负有何种行为义务，即法律上可以对他要求什么，或者从他身上获得什么。法官可能将这种言说与道德判断或劝诫混合，尤其是当他们赞同特定法律的内容时更是如此，但这并不是他们作出关于公民的法律义务的陈述的必然推论。③

哈特继续指出，“关于公民法律义务的司法陈述不需要和公民自己的行动理由有任何关系”。④ 他可能已经补充道：“这和法官不上班时自己的行动理由也无关。”哈特得出结论认为，说出的内部的法律陈述可能会包含这种“制度化

① “The Purity of the Pure Theory”, above n 8 p. 454–455.

② “Commands and Authoritative Reasons”, in *Essays on Bentham*, 1982, above n 11 p. 265.

③ Ibid at 266; cf. “Legal Duty and Obligation”, above n 14 p. 159–160.

④ “Commands and Authoritative Reasons”, above n 46 p. 267.

（institutionalized）‘弱化’（whittled down）形式的接受。”①

九

哈特愿意将他的对规范的接受弱化到这种程度，并为了否认内部的法律陈述是一种内部的道德陈述而抛弃了他在《法律的概念》中分析内部的法律陈述的一般策略。我相信哈特这样做是错误的。我在上一章最后引用的拉兹的论证，大意是强接受必定相当于道德认可，这个主张基于大量的混淆之上，因此并没有对将哈特的法律实证主义与他最初认为内部的法律陈述是一种对强接受的表达的观念结合起来构成真正的问题。

举个例子，拉兹假设作出一个内部的法律陈述中包含的接受必须基于其他的规范性判断，一个人不会将法律作为行动理由，除非它的要求与其他更根本的一套规范相符。但是为何这样考虑？让我们假设一个人类学家偶然遇到了一个明显接受了一套规范的社群——就这种意义而言他们愿意用这些规范来指引自己的行动，在交流时主张这些规范并用这些规范作为批评他们自己及他人偏离行为的标准。我们可以进一步认为这些规范构成了一个体系，这个体系具有将法律体系和其他规范性体系区别开来的特征。这个人类学家是否可以结论认为，这个社群被法律所规制，并且当社群成员用语言表达对这些规范的接受时，他们在作出内部法律陈述？似乎人类学家可以并且事实上也应当对于下述问题保持中立：社群成员是否因为法律与其他一些规范性考量一致或者建立在这些规范性因素之上而将法律视为理由。《法律的概念》就是这样一种中立的理论。

即使我们假定法律理由必须基于一些更根本的理由，拉兹似乎也对于法律理由可以基于的理由进行了不合理的限缩。正如“纯粹法理论的纯粹性”一文中所表明的，拉兹将个人偏好或者自利的理由以及道德理由视为仅有的真正可选项。拉兹认可了一个我认为比较合理的假设，即内部的法律陈述声称能够提供客观的或者绝对的（categorical）理由。这种假设促使他（我相信是正确地）得出结论，即内部的法律陈述中表达的是强接受，而且这种接受不能仅基于个人偏好或者自利的因素。

① “Commands and Authoritative Reasons”, above n 46 at 268. 哈特在《法律的概念》后记中对于接受的明确的特征描述可以被解读为这种紧缩的关于接受的观念：“（接受）包括这样一种长期的倾向，即个人打算采取（某种）行为模式既作为自己将来行动的指引又作为批评的标准，这种标准使得相关要求和各种形式的遵守压力被正当化。” *The Concept of Law*, above n 1 p. 255.

但是他错误地认为这意味着法律判断是等同于道德认可的对于规范的接受，所以内部的法律陈述是一种内部的道德陈述。除了道德认可，还存在其他声称提供客观或绝对理由的规范性陈述。能够想到的有美学（aesthetics）陈述、礼仪（etiquette）陈述及审慎（prudence）陈述。[①]

哈特在他“法律责任（duty）与义务（obligation）”一文中，试图偏离拉兹认为内部的法律陈述就是道德认可的论证，哈特的讨论揭示了他与拉兹共享的一个错误假设。[②]

> 受对于规范性的基于理由的（reason-based）和认知主义的一般性解释支配的结果，这是拉兹实践理由理论的一个特征，这种理论将义务与一种特殊的行动理由联系起来，这种理由的存在是一个客观的事实。这种理论是对义务的认知主义的解释，其理论框架如下。一个规范性陈述主张一个人有义务则蕴含了他“应当”（ought）以特定的方式行动，而且意味着他有一个如此行动的理由。但是因为义务陈述适用于人们时，独立于他们的欲望（desires）、目标（aims）或者目的（purposes），而且可能需要他们遵从别人的利益，蕴含义务的行动理由是客观的，并不依赖于一些按照义务行动/履行职责将会促进或者实施的主观动机。这种包含在义务概念中的行动理由，至少当这种义务是——如法律义务经常是——要为了别人的利益而行动时，是行动的道德理由。[③]

哈特对拉兹实践理性的背景理论作出了回应，其想法如下：

> 虽然这是哲学家们当前进行的重大的和非常复杂的辩论，我不接受但也不

---

① 拉兹可能这样回应，即指出这种陈述不是道义陈述（deontic predicates）中的通常表达，而法律陈述是。从“纯粹理论的纯粹性”一文中引用的一些句子，尤其是最后几句，表明拉兹看到了解释法律话语中道义陈述用法的特殊需要。See also Raz, *Practical Reason and Norms*, above n 12 at 154–6, 163, 169–70; *The Authority of Law*, above n 12 at vii; “Sources, Normativity, and Individuation”, above n 12 at 230, 234–5; “Hart on Moral Rights and Legal Duties”, above n 38 at 129–31; Hart, *The Concept of Law*, above n 1 at 203; “Legal Duty and Obligation”, above n 14. 拉兹的观点可能是所有的道义结构的（demonically-formulated）陈述或者绝对的理由给予（categorical-reason-giving）陈述都是道德陈述。然而，这种反驳的回应可能会遭遇哈特的非常合理的观点，即像“义务”和“权利”这种道义概念最初和最自然的归宿是法律，而不是道德，而且在内部的法律陈述汇总大规模地使用这种概念可能是不适当的，甚至是盲目的。See Hart, “Legal and Moral Obligation” in A. I. Melden (ed.), *Essays in Moral Philosophy* (Seattle: University of Washington Press 1958).

② 感谢 Grant Lamond 促使我处理“法律责任与义务”一文中的相关内容。

③ “Legal Duty and Obligation”, above n 14 p. 156.

在此辩论这种用客观的行动理由对道德判断进行的认知主义说明。但是我发现没有理由接受这样一种基于客观理由或者法律和道德语境中“义务”含义的同一性（由这一解释来保障）的对法律义务的认知主义解释。更好地适应法律情形的是一种对于义务的不同的、非认知主义理论，这种理论认为忠诚的陈述主张他人有义务并不是指他们有一个绝对的（categorical）理由这样做，而是如“义务”（duty）以及“应当”（ought）的词源所显示的，这种陈述是指这种行动被负有义务的个体所亏欠或负担，也就是说，可以适当地要求或强迫个体实施这些行动。①

我认为引用这么长的内容是很明智的，因为这些内容揭示了一些根本的假设，这些假设是哈特（至少在他最后几年）以及拉兹共享的，而且这些假设还促进了他们各自关于接受的性质的立场的形成。这揭示了哈特和拉兹以下两个区分是对应等价的，或者至少在很大程度上是重叠的：

（1）声称提供客观或者绝对理由的规范性陈述，与声称提供仅适用于言说者（以及那些赞同他的人）的规范性陈述之间的区分。

（2）描述了一些规范性实体的陈述，与表达了一些非认知主义的或者意志态度之间的区分。②

哈特和拉兹似乎都认为，只有那些用来归属某些规范性事实的陈述才能说明客观或绝对的理由，并且那些用来表达说话者意志态度的陈述只能说明应用范围更为狭窄的理由。这种假设可能出于以下考虑：认为一个人无法真诚地认为另一个人有理由采取某种行动，除非有一些规范性事实要求第二个人采取这种行动，或者第二个人是自己致力于实现这样的要求。但这是非常有争议、不太有说服力的一阶规范性立场，是一阶（而非元理论）非自然主义实在论和一种存在主义的融合，这一立

① “Legal Duty and Obligation”, above n 14, p. 159-60.

② 我已经指出并批评了拉兹的假设，即（I）也等同于或在很大程度上重叠于第三个区分，即道德陈述和主观兴趣或偏好表达之间的区别。哈特在我上面引用的《法律责任与义务》第二段开头所说的话表明，哈特本人并没有做出这种特别错误的假设。但他的作品中也有一些段落指向了另一个方向。例如在266-7的《命令与权威法律理由》一文中，哈特似乎把这三种区别放在了一起：当然，如果是这样的话，正如义务的认知解释所认为的，说一个主体有法律义务以违背其利益和倾向的方式行事，意味着存在“外在的”或客观的理由，也就是说它们独立于主观动机，那么就很难否认法律义务是道德义务的一种形式。至少当假定普通的非法律道德判断也是对这种客观行动理由的陈述时是如此。因为在这种情况下，要保持法律和道德义务在概念上是独立的，将涉及假设存在两个独立的“世界”或客观理由组，一个是法律的，另一个是道德的，这样的假设有些过分。有迹象表明，哈特早年对“过分假设”持更加开放的态度。参见“Kelsen’s Doctrine of the Unity of Law”, above n 14, p. 322。

场不应支配哈特试图设计的元规范理论的形态。[①]

一种表达主义分析能够把握住一些规范性陈述的客观或绝对性的宣称。[②] 毕竟，规范性陈述宣称有效的范围取决于发言者表达接受的规范的内容。只要规范在其范围内是绝对的，相关规范性陈述中表达的即为强接受（full acceptance）。由此可见，没有理由认为哈特无法将内在法律陈述定性为接受这种绝对规范的表达。拉兹认为只有道德认可才能实现强接受这一论点缺乏力度，甚至法律实证主义者也可以保持哈特将内在法律陈述作为强接受（full acceptance）表达的最初策略。

十

在继续讨论拉兹的第三个论点之前，我要讨论对我处理拉兹第二论点的一个特殊的可能反对意见。在他的著作中，哈特强调，内部法律判决所涉及的接受可能是出于各种原因，而不仅仅是相关规范的道德吸引力。[③] 这一特殊事实可能被认为有损我的观点，即在《法律的概念》中，哈特将内部法律陈述分析为强接受的表达。[④]

这个异议提出的问题纯粹是解释性的。如果与我所说的相反，事实上有足够的证据表明哈特总是认为内部法律判决所涉及的接受是弱接受，我很乐意承认这一点。我仍然坚持的是，假定人们认为哈特分析内部法律陈述的整体策略具有吸引力，那么就没有充分的理由将内部法律陈述分析为任何非强接受（full acceptance）的表达。

然而，我想指出的是，似乎与许多人认为的相反，接受法律制度规范的人可能出于各种理由这样做并不能支持哈特总是把相关的接受视为弱接受的观点。以下内容来自《法律的概念》，典型地道出了哈特关于促使人们接受法律规范的理由的看法：

---

① See Simon Blackburn, "Errors and the Phenomenology of Value" in Blackburn, *Essays in Quasi-Realism*, Oxford University Press , 1993.

② See ibid.; Gibbard, *Wise Choices, Apt Feelings*, above n 27 at ch 8.

③ See e. g. *The Concept of Law*, above n 1 p. 203, p. 231–2; "Commands and Authoritative Reasons" , above n 46.

④ 约翰・菲尼斯和约翰・加德纳都催促我解决这个问题。他们的问题也让我意识到，莱斯利・格林提出的关于我早期"哈特的表达主义和他的边沁项目"草案的一些担忧都是出于同样的反对意见。我试图解决格林对该文章第五部分的担忧，但现在我意识到我可能没有做出令人满意的结果。希望我在本文中论述得更为充分。

> 那些自愿接受制度的人，甚至不应该认为自己在道德上必须这样做。事实上，他们忠实于该系统可能基于许多不同的考虑因素：长期利益的计算；对他人利益的漠视；无反思地继承传统的态度；或者只是想和其他人一样。接受权威的人应该询问其良心，在道德上决定他们不应该接受，但由于种种原因，他们仍然继续接受。[①]

由于哈特的主要目标之一显然是将法律与强制区分开来，他不赞成人们可能只是出于对惩罚的恐惧而接受相关规范。但正如上面和许多类似段落内容显示的那样，除了为避免惩罚以及法律要求的可以促使人们接受法律所提倡的道德正确性之外，还有很多种原因。

值得注意的是，哈特所说的并没有暗示心理接受状态的性质或内容取决于人们接受相关规范的理由类型。或许以下想法不太可信：当人们基于道德要求以外的理由接受规范时，他们仍可以在最强的意义上接受规范，即认为他们自己和其他人都应当依照规范而行动。但是，这里可能存在争议的不可信性是心理上的不可信，而不是概念上的不可能性。我们应牢记哈特寻求指明的是法律实践的概念存在条件。

十一

现在让我谈谈拉兹的第三个论点——反对可描述性的直接论证。拉兹认为凯尔森首先注意到了超然的法律陈述。[②] 拉兹关于可描述性的论点与凯尔森的议程更为密切相关。实际上，将拉兹关于可描述性的论证与他对凯尔森主义的理论的阐述分开是非常困难的。[③]

正如拉兹所阐述的那样，凯尔森反对可描述性的论证根植于在他试图解释法律规范性的过程中。根据拉兹的观点，法律规范性问题与解释法律如何成为行动理由

① *The Concept of Law*, above n 1, p. 203.

② See *Practical Reason and Norms*, above n 12 p. 211; “Legal Validity”, above n 12 p. 155.

③ 接下来我不打算超越拉兹对凯尔森观点的描述。我对凯尔森大量作品的认识相当有限，到目前为止，拉兹对其的诠释已经帮我过滤了许多。此外，一些研究凯尔森的学者对拉兹对凯尔森观点的诠释提出了异议。See Bulygin, “Enunciados Juridicos y Positivismo”, above n 18; Roberto J. Vernengo, “Kelsen’s Rechtssätze as Detached Statements” in Richard Tur and William Twining (eds.), *Essays on Kelsen* (Oxford: Clarendon Press 1986)。由于这些原因，以下段落中提到的凯尔森的观点应视为拉兹解释的凯尔森观点的简单说法。

有关。[①] 拉兹对这个问题的描述含糊不清，而且我故意保留了他的模糊性，这是至关重要的，因为解决拉兹所列举的问题的两个标准路径似乎解决了两个明显不同的问题。

拉兹在不同的地方对两种路径命名不同。在一处，他区分了“证成性”和“社会性”的规范性概念。[②] 在另一处，他通过将它们称为“基于效力”和“基于信念”的规范性路径，使得看起来具有相同的区别。[③] 从此以后，我将称之为法律规范性的两种“证成性”和“说明性”路径或观念。

证成性路径试图通过证明法律是行动的有效理由来解释法律的规范性。而根据说明性的路径，为了说明法律的规范性，需要的不是表明法律确实是有效的理由，而是说明它们被如此对待或支持的目的是什么。[④] 传统的自然法理论是法律规范性的证成性观念。[⑤] 根据这些理论，法律规则的道德正确性证明了根据这些法律规则指引一个人的行为是正当的。而哈特解释法律和法律体系存在的功能的事业等同于法律规范性的说明性观念。需要注意的是，从人们接受规范这一事实推不出关于他是否有理由根据该规范行动的任何推论。

凯尔森拒绝了说明性路径并选择了证成性路径。拉兹在其早期著作中支持哈特对法律规范性的说明性观念，但后来分享了凯尔森的观点并似乎接受了凯尔森的理由。[⑥] 要确定拉兹认为凯尔森拒绝说明性路径的理由并不容易。拉兹引用了凯尔

---

① *Practical Reason and Norms*, above n 12 at 154–5, 163. 拉兹也曾在多个场合称，法律规范性问题与解释为何在法律话语中使用规范性语言有关。See e. g. ibid, at 154–6, 163, 169–70; *The Authority of Law*, above n 12 at vii; “Sources, Normativity, and Individuation”, above n 12, at 230, 234–5. 我认为这是不相干的，最有可能来自：(i) 无根据的假设，即规范性语言的真正家园是道德；(ii) 法律哲学家长期关注发现法律与道德之间的任何非偶然联系。

② See “Kelsen’s Theory of the Basic Norm”, above n 14 p. 134; cf “Legal Validity”, above n 12 p. 150.

③ See *Practical Reason and Norms*, above n 12 p. 170.

④ See Raz, “Kelsen’s Theory of the Basic Norm”, above n 14 p. 134; *Practical Reason and Norms*, above n 12 p. 170.

⑤ Ibid p. 154–70; cf Finnis, *Natural Law and Natural Rights*, above n 12 p. 23–4.

⑥ 拉兹在这两种路径中有着各种复杂的渊源。在 1974 年的一篇文章中，他列举了凯尔森采用证成性路径的理由，并说凯尔森的法律理论是遵循证成性路径的现有的最佳理论。“凯尔森的基本规范理论”，above n 14 at 145。在同一篇文章中，拉兹说，哈特的《法律的概念》在解释法律的规范性方面提供了最成功的解释方法：同上 134。拉兹在 1975 年出版的《实践理性与规范》一书中说道，遵循说明性路径的解释比遵循证成性路径的解释更真实：above n 12 at 170。在 1975 年至 1977 年期间，拉兹似乎放弃了说明性路径并采用了类似凯尔森的阐述。在 1977 年的一篇文章“法律有效性”中，拉兹采用了证成性路径，没有明确支持凯尔森的理由或给出独立的理由：above n 12。1974 年和 1977 年的文章在拉兹 1979 年的著作《法律的权威》中作为第 7 篇和第 8 篇重新复印，在该书的序言中，拉兹说：“凯尔森提出了在法律中使用规范性语言的最佳实证主义解释。”同上 vii。我从这段历史中推断，拉兹在很大程度上支持凯尔森赞成证成性路径的理由。

森第二版《纯粹法律理论》中的两段话。在第一个引用的段落中，凯尔森坚持认为，说明性路径将法律关系描述为“对象与指向该对象的个人的愿望或意志的关系”。[①]凯尔森继续说，这样的描述，“只描述了两个事实之间的关系，而不是事实与客观有效规范之间的关系……”[②]拉兹继续指出，正如边沁和奥斯丁所说，将法律作为主权的命令，将会遭到严重的批评，正如凯尔森在这段话中所提出的批判一样。[③]

在拉兹引用的第二段中，凯尔森说，说明性路径有可能刻画法律关系。但这样做会将它们非规范地描述为“权力关系”（即命令与服从或不服从的人类个体之间的关系）。[④]关于第二段，拉兹表示以下观点：

> 这是关键的一段话。凯尔森实际上声称，（规范性的说明性观念）根本不是规范性的观念。这样的观念无法将法律解释为施加义务、授予权力、权利等。它使法律与一群恐吓某个地区人民的歹徒所发布的命令一样。只有通过使用规范性的（证成性观念）才能理解法律制度作为规范制度的真实性质。[⑤]

换句话说，根据凯尔森的观点，任何说明都遗漏了下述事实：法律关系是规范性关系，在这一关系中，人们施加义务，授予权利和权力（在技术法律意义上）。他认为，只有采用证成性路径才能使我们能够令人满意地履行法律关系的规范性性质。换句话说，为了充分地刻画法律关系，这些方法必须解释为什么一个人应该依法行事。[⑥]人们必须使用规范性陈述，或用哈特的术语，内在陈述；人们无法仅仅描述，必须同时作出规定。这相当于拒绝可描述性。

在上文概括的拉兹的第三个论点与第一个关于超然的法律陈述的论点之间存在着重要的联系。凯尔森与自然法理论家的区别在于，他认为用于刻画法律关系的内部陈述无需忠诚的法律陈述。相反，超然的法律陈述可用于刻画法律关系。如凯尔森所构想的那样，法律科学从假想的法律人的角度来描述法律关系，即一个接受全

---

① *The Pure Theory of Law*, 2nd edn , University of California Press, Max Knight trans., 1967, p. 19, quoted in Raz, “Kelsen’s Theory of the Basic Norm” , above n 14 p. 135.

② The Pure Theory of Law, ibid p. 19–20.

③ “Kelsen’s Theory of the Basic Norm” , above n 14 p. 135.

④ The Pure Theory of Law, above n 68 at 218, quoted in “Kelsen’s Theory of the Basic Norm” , ibid p. 136.

⑤ “Kelsen’s Theory of the Basic Norm” , above n 14 p. 136; cf “The Purity of the Pure Theory” , above n 8 p. 451.

⑥ “Kelsen’s Theory of the Basic Norm” , ibid p. 137.

部法律并仅仅以法律作为行动理由的个人。[①] 通过这种方式，法律科学认为法律是完全规范性的或能提供理由的——根据规范性的证成性观念——但在一种非忠诚的意义上如此“认为”。[②]

第二个论点为这一系列立场增加了另一个重要方面。根据拉兹的说法，只有道德要求才是完全规范性的或能提供理由的。在内部法律陈述必然涉及完全接受的情况下，它们应被解释为真诚或假装的道德主张。我还怀疑，只有规范性事实的存在才能保证完全接受的表达是拉兹拒绝可描述性的基础。对这些规范性实体的充分刻画可能被认为需要规范性陈述。

十二

拉兹所总结的可能是对凯尔森拒绝说明性观念并支持证成性观念的理由的正确诊断。但奇怪的是，拉兹并没有继续注意到哈特的特殊说明性路径并不受制于凯尔森的反对。哈特同样发现早期的法律实证主义者将法律解释为以制裁威胁支持的命令是不充分的。

哈特在《法律的概念》中对奥斯丁的法律理论提出了许多不同的批评。其中最根本的是，奥斯丁的法律观念是制裁威胁所支持的上级命令，这无法说明法律所管辖的人群经常将法律视为提供行动的理由。这一现象——哈特称之为法律或更普遍的规则的“内在面向”——是他试图利用规范接受的概念所把握的。接受了法律规范的人具有哈特所说的对法律的“内在观点”，并将其视为为自己和他人提供行动的理由。这类人认为法律创造义务、权利和权力的关系。

在首次出版《法律的概念》后的几年里，哈特遇到了更为复杂和策略更丰富的边沁命令理论。在后来的一篇文章中，哈特说，对于边沁理论提出的最基本的批评是它缺乏概念资源来解释一个特殊的特征。

> 这一特征现在被称为（法律义务）陈述或法律陈述或法律规定的个人法律地位的“规范性”。说某个人有法律义务做某种行为是从法律体系中的法院视角对他的作为或不作为做出评价，这一法院视角接受法律作为行动和评

① See “Kelsen’s Theory of the Basic Norm” , above n 14 p. 141; *Practical Reason and Norms*, above n 12 p. 171; “Sources, Normativity, and Individuation” , above n 12 p. 237.

② See Raz, “Kelsen’s Theory of the Basic Norm” , above n 14 p. 135, p. 143, p. 145.

价的标准。[①]

他在这里提出的观点与哈特在《法律的概念》中发展替代理论的动机相同。

哈特的法律理论，基于接受规范的概念，旨在将法律关系定性为规范关系——如义务、权利和权力，而不是强制场景中存在的那些关系——并从而避免了早期法律实证主义命令理论的困境。他对履行义务和被迫作出的最著名区别（如抢匪情境）[②]，意在说明规范关系与强制造成的关系之间的区别，并清楚地表明他避免了早期法律实证主义命令理论的错误。

由此可见，拉兹所总结的凯尔森法律规范性说明性观念的特定理由无法反驳哈特的特定说明性观念。我们还可以快速解决拉兹对法律规范性说明性观念不满的另一个可能来源。在撰写《实践理性和规范》时，拉兹仍然认为说明性观念优于法律规范性的证成性观念。然而，拉兹在书中断言，说明性观念的缺陷之一是缺乏资源来解释超然的法律陈述。[③] 我在第 7 节中的论点表明，说明性路径并不一定具有这种特殊缺陷。

凯尔森似乎对一般性的规范关系，特别是法律关系的任何非规范性或非证成性刻画持怀疑态度。[④] 我从他的一些著作中得到的一个印象是，凯尔森理所当然地认为，法律规范性的说明性解释必定是还原主义解释，企图错误地将规范性陈述认作描述性陈述。[⑤] 他似乎忽略了下述可能性：描述性解释并不试图将内部法律陈述还原为描述性陈述，而是采用描述性陈述来刻画内部法律陈述的归属。[⑥]

哈特对内部法律陈述的表达主义分析就是通过对内部法律陈述的归属进行描述性分析来刻画内部法律陈述的一种尝试。由此可见，哈特没有试图将规范性陈述还原为描述性陈述。在他对凯尔森论证的总结中，拉兹没有给我们提供充分的理由去

① "Legal Duty and Obligation", above n 14 p. 144.

② *The Concept of Law*, above n 1 p. vi, p. 82-3.

③ *Practical Reason and Norms*, above n 12 p. 170-7.

④ 这种态度似乎解释了哈特叙述的与凯尔森公开会晤的有趣一面：我想记录下这样一个事实：我们的讨论有令人愉快的时刻……其次，是在我们的辩论即将结束时，当凯尔森用八旬老人极少见的洪亮嗓音强调，“规范就是规范”，而非其他时，我是如此惊讶以至于我着实后退跌进了椅子里。"Kelsen Visited" in *Essays in Jurisprudence and Philosophy*, 1963，above n 5 p. 287。哈特没有说明对凯尔森的这一强调提出了什么评论。

⑤ See *The Pure Theory of Law* 1st edn, Oxford: Clarendon Press, B. L. Paulson and S. L. Paulson trans., 1992, p. chs 1, 3; *General Theory of Law and State*, Harvard University Press, Anders Wedberg trans., 1945, p. ch. 12; *The Pure Theory of Law*, above n 68 p. chs 1, p. 3.

⑥ 换句话说，凯尔森似乎没有注意到我之前讨论过的对规范性陈述的直接和间接分析之间的区别。

怀疑这种非还原性解释目标的可行性。

十三

无论是怀疑法律实践的可描述性，还是怀疑更普遍的规范性实践的可描述性，拉兹都并不孤单。无论早期还是晚期，罗纳德·德沃金在他的著作中明确拒绝可描述性。[①] 朗·富勒和约翰·菲尼斯似乎不赞成可描述性，尽管不太明确。[②] 在一些论述中，拉兹表示支持菲尼斯在《自然法和自然权利》第 1 章中的观点[③]，这或许因为拉兹认为菲尼斯的观点能够补充他自己反对可描述性的论证。

因此，对拉兹拒绝可描述性的理由的充分考察可能需要考虑菲尼斯的论证。最后，我怀疑菲尼斯的论证（即使假设其有说服力）无助于拉兹的辩护[④]，但我想在另一场合讨论这个问题。

我在这里概述并仔细审查了三个密切相关的用于批评哈特的论点，这些论点可以在拉兹的著作中找到。我认为这些论点没有反对力，并且它们不会分别或共同对哈特所倡导的分析内部法律陈述的策略构成威胁。

---

① See e. g. Dworkin, “The Model of Rules II” , in Dworkin, *Taking Rights Seriously*, Harvard University Press, 1977; *Law's Empire*, Harvard University Press, 1986; “Objectivity and Truth: You'd Better Believe It” , 25 *Philosophy and Public Affairs*, 1996.

② See Fuller, “Human Purpose and Natural Law” 53 *The Journal of Philosophy*, 1995; Finnis, *Natural Law and Natural Rights,* above n 12 p. ch. 1.

③ See Raz, “The Problem about the Nature of Law” , in Raz, Ethics in the *Public Domain*, above n 31 p. 192–3; “Authority, Law, and Morality” , in *Ethics in the Public Domain*, 1985, ibid p. 219–21; “Two Views of the Nature of the Theory of Law: A Partial Comparison” , in Jules Coleman ed., 1998; *Hart's Postscript*, Clarendon Press 2001, p. 21–2.

④ 以下关键段落之一出自菲尼斯《自然法与自然权利》第一章的尾注，above n 12 p. 21，其中包括：事实上，正如我在本章所论述的那样，描述性理论家需要一般性规范理论的帮助来发展充分差异化的概念和合理的相关性标准，但这并没有消除规范性和描述性（历史性）理论家对或多或少相同的一组理论概念的各自不同用法。

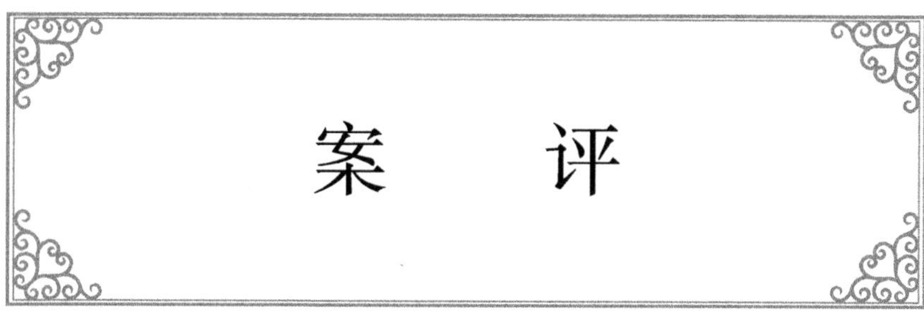

案评

婚内夫妻个人债务的认定规则与清偿路径

——由张静、高天云案外人执行异议一案切入

阮莉莉[*]

摘　要　基于夫妻团体之特殊性，理论及实务界对夫妻共同债务的研究颇多，然而，对夫妻个人债务的关注明显不够，没有形成关于夫妻个人债务性质认定的有效规则，特别是对夫妻共同债务推定规则的责任承担问题存在争论，且夫妻个人债务不断增加这一现象业已造成了一定的执行疑难。鉴于此，笔者将基于婚姻法及相关司法解释的基本架构，适当运用法律解释之技巧，完善我国夫妻个人债务的清偿路径以合乎于司法实务的内在需求。同时参酌理论学说及域外立法例，辅之以我国司法实践中的典型案型，探索实定法秩序下夫妻个人债务的认定标准，并在此基础上对夫妻个人债务的认定标准进行方法论上的思考，进一步抽离出夫妻个人财产和夫妻共同财产方法论意义上的区分标准，基于此，再着眼于我国夫妻个人债务的清偿问题，对现有的观点进行批判性思考，从而合理界定夫妻个人债务的清偿路径，以期对我国司法实务有所裨益。

关键词　夫妻个人债务　认定标准　方法论　清偿路径　婚内析产

---

*　阮莉莉，中南财经政法大学民商法学专业 2017 级硕士研究生。

一、问题的提出

“婚姻”一词在社会学意义上具有浓厚的伦理性，其本质在于夫妻双方心灵和精神上的高度契合。[①]冉克平教授即持如是观点，认为夫妻团体具有不可分割的情感、伦理要素，成员之间的联系表现为一种不可计算的结合。[②]这种思想极为深刻地影响了我国婚姻法的价值取向，从我国婚姻法的历史变迁中可以窥见这一点，最为重要的一点是，“同居共财”的理念在我国具备了深厚的社会基础。[③]相应地，我国长期以来一直实行婚后所得共同制的夫妻财产制，具体而言，夫妻双方对夫妻财产形成共同共有关系，就夫妻共同债务一致对外承担连带清偿责任。由此可知，夫妻作为一种身份及财产之特殊结合，夫妻团体中任何一方的个人行为在通常情形下都要归属于共同体，只有在例外情形下由夫妻一方自行担责。

正如前述，夫妻通常作为一个整体出现于民事活动中，但是，夫妻一方的独立人格并不因此而完全消灭，除了明文规定直接推定为夫妻共同债务外，根据自己责任原则，夫妻个人债务应当由举债一方独自进行清偿。尽管我国理论及实务界对夫妻共同债务的研究颇多，但较少关注夫妻个人债务的清偿问题，且我国对婚内夫妻个人债务的清偿未作特殊规定，考虑到夫妻个人债务的固有特性，将其视为普通债务进行一般化处理也不尽妥当。因此，我国夫妻个人债务的清偿着实面临着现实困境。囿于夫妻共同财产制的束缚，夫妻个人财产范围十分有限，多数情形并不足以完全清偿夫妻个人债务，且我国对婚内析产持消极、否定的立法态度，导致债权人就夫妻共同财产进行清偿的主张通常不被认可，故夫妻个人债务的清偿问题成为了我国执行程序的症结所在。

不过，对于夫妻个人债务的清偿问题，我国司法实践亦未曾停下探索的脚步。2017 年最高人民法院在其审理的“张静与高天云、张佳勋案外人执行异议之诉”一案中就夫妻个人债务的清偿提出的裁判观点引起了笔者的思考。最高人民法院在裁判要旨中指出，夫或妻一方承担责任，查封扣押冻结共有财产，配偶提出执行异议，以先析产再执行为由请求停止执行的，不予支持。[④]其后，最高人民法院在另

① 迪特尔·施瓦布:《德国家庭法》，王葆时译，法律出版社 2010 年版，第 25 页。

② 冉克平:《夫妻团体债务的认定及清偿》，载《中国法学》2017 年第 5 期。

③ 中华人民共和国成立后的婚姻立法主要包括三个阶段: 1950 年《婚姻法》、1980 年《婚姻法》、2001 年《婚姻法》。

④ 参见最高人民法院（2017）最高法民申 2083 号民事判决。

案再次重申了这一观点，即使夫妻双方未就执行标的进行析产分割，非举债方配偶也不得仅以难以明确各自的财产份额为由排除强制执行。[①] 就上述裁判观点进行简要概括，亦即，非举债方配偶不能通过主张“先析产再执行”排除强制执行程序，人民法院可在夫妻共有财产范围内对举债方配偶的财产份额进行处分，但不得损害非举债方配偶的合法权益。不难发现，前述裁判观点明显倾向于保护债权人的利益，而对非举债方配偶的利益保护欠缺必要的考量，且对婚内析产问题的态度模棱两可。不过，亦有实务学者对此持有不同观点，认为如果举债方配偶没有其他履行能力清偿其个人债务，应先就夫妻共同财产进行析产，将应归于其所有的财产份额用于偿还债务，但财产分割不得损害非举债方配偶的合法权益，即使财产不足以偿还债务，也不能以配偶另一方的财产还债。[②]

由此不妨说，由于我国实行婚后所得共同制的夫妻财产制，夫妻个人财产实际上被限制在很狭小的范围内，按照夫妻个人财产是夫妻个人债务的责任财产，夫妻共同财产是夫妻共同债务的责任财产的基本范围，造成我国夫妻个人债务的清偿面临着执行疑难。正如上揭案例所示明，当夫妻个人财产不足以清偿其个人债务时，债权人能否对夫妻共同财产提出析产分割的请求？遗憾的是，我国并未对此进行明文规定，且关于婚内析产分割的规定也相当简略，极易造成我国裁判规则的不统一。综上，我国关于夫妻个人债务的清偿规则依然付之阙如，退一步而言，司法实践中的实务观点亦欠缺必要的理论支撑。因此，笔者将对夫妻个人债务的性质问题展开探讨，且进一步将其认定标准上升至方法论层面；紧接着，基于我国现有的婚姻法体系，且结合相关理论学说，进而阐述夫妻个人债务的清偿问题，对我国司法实践中现有做法进行回应，同时对相关规范设计在理论层面加以证成，以期对我国今后完善夫妻个人债务的立法规则提供有益参考。

二、婚内夫妻个人债务的认定规则及其方法论思考

诚如学者所言，夫妻共同财产制下产生的共同债务推定规则具有普遍适用性，比较法甚至将其视为夫妻财产制的直接产物。[③] 史尚宽先生亦认为，夫妻财产制实

① 参见最高人民法院（2017）最高法民申 3819 号民事判决。

② 无名氏：《法院能否扣划夫妻另一方的工资收入以清偿夫妻一方所欠的个人债务》，载《人民司法》2002 年第 1 期。

③ 冉克平：《论夫妻共同债务的类型与清偿——兼析法释［2018］2 号》，载《法学》2018 年第 6 期。

际上是作为夫妻团体行为的基础。① 因此，夫妻双方就共同债务承担连带清偿责任，实乃理所当然。前文已述及，夫妻个体的独立人格并未完全被夫妻共同体所吸收，否则有违于个人主义的价值理念，亦与世界各国的立法通例相背离。由是可知，在婚姻关系存续期间，除非法律有例外规定，夫或妻一方以个人名义进行民事活动所产生的法律后果只能由其个人独自承担。

鉴于债权人主张夫妻一方清偿其个人债务属于给付之诉的范畴，而给付之诉通常以确认之诉为基本前提，因此，厘清夫妻个人债务的基本范围实属必要，笔者将在本部分运用法律解释学就婚内夫妻个人债务的认定规则展开探讨，且上升至方法论的层面对夫妻个人债务的认定规则作进一步思考。

（一）根据“用途论”划定夫妻个人债务的基本范围

《婚姻法》第 41 条明确以“夫妻共同生活”作为界分夫妻个人债务与夫妻共同债务的标准，这在我国学说上得到了广泛认可，被概括为“用途论”。② 值得注意的是，前述“用途论”的适用范围仅限于夫妻对内关系上，与本文所探讨的涉及第三方的夫妻个人债务问题并不一致，但笔者以为“用途论”仍可有限地用于理解夫妻债务对外关系。1993 年发布的《最高人民法院关于人民法院审理离婚案件处理财产分割问题的若干具体意见》（以下简称《离婚财产分割意见》）第 17 条对夫妻个人债务进行了规定，其具体情形如下：夫妻双方约定为个人债务；未经夫妻另一方同意，承担非法定抚养义务所负的债务；独自进行其他活动所负的经营性债务，并且未使另一方配偶分享由此带来的利益。③ 从立法技术来看，我国婚姻立法对夫妻个人债务采取了不完全列举式，且夫妻个人债务的性质认定严格遵循“用途论”，即在未有事先协议或征得同意的情形下，并且事后未使另一方配偶受益的债务将被划归为夫妻个人债务。

前揭立法考虑了夫妻系特殊目的之共同体这一本质，正如夏吟兰教授所言，所欠债务其目的在于维续夫妻之共同生活，即可推定为夫妻共同债务。④2018 年最高

---

① 史尚宽：《亲属法论》，中国政法大学出版社 2000 年版，第 123 页。

② 吴晓芳：《〈婚姻法〉司法解释（三）适用中的疑难问题探析》，载《法律适用》2014 年第 1 期。

③ 1993 年发布的《最高人民法院关于人民法院审理离婚案件处理财产分割问题的若干具体意见》第 17 条规定下列债务不能认定为夫妻共同债务，应由一方以个人财产清偿：（一）夫妻双方约定由个人负担的债务，但以逃避债务为目的的除外；（二）一方未经对方同意，擅自资助与其没有抚养义务的亲朋所负的债务；（三）一方未经对方同意，独自筹资从事经营活动，其收入确未用于共同生活所负的债务；（四）其他应由个人承担的债务。

④ 夏吟兰：《我国夫妻共同债务推定规则之检讨》，载《西南政法大学学报》2011 年第 1 期。

人民法院发布的《关于审判涉及夫妻债务纠纷案件适用法律有关问题的解释》(以下简称《夫妻债务审判司法解释》)也承认了根据“用途论”从大体上区分夫妻个人债务与夫妻共同债务具有一定的合理性。[①] 由此可知，如果排除夫妻双方存在合意情形，举债一方若非出于夫妻共同生活之目的，很难将其对外所负个人债务认定为夫妻共同债务，其原因可能是夫妻债务性质和债务承担责任存在对应关系。[②] 因此，如果夫妻一方举债目的不在于满足共同生活需要，俨然已超出了“用途论”的适用范围，不应当一概推定为夫妻共同债务，否则有悖于民法的公平原则。

（二）夫妻个人债务的范围可能因共同生活的事实发生转变

夫妻一方婚前所负的个人债务属于其个人债务，但是，我国夫妻财产制通常适用婚后所得共同制，意味着夫妻双方除了产生身份上的权利义务关系外，财产关系上亦存在共同共有关系。不存疑义的是，由于夫妻共同生活的紧密联系，夫妻个人财产与夫妻共同财产在某些程度上相互融合，着实难以清晰辨明夫妻个人财产与夫妻共同财产。因此，随着夫妻个人财产形态发生变化，夫妻个人债务亦随之转化为夫妻共同债务，即要遵循实质重于形式的基本原则，不能仅以时间为主线进行简单区分。

根据债法的一般原理，债之关系存在于特定的当事人之间，债权人得基于债之关系向债务人请求给付，但不能通过债之关系减损第三人的法律地位。[③] 从成立时间来看，夫妻一方婚前所负的个人债务产生于婚姻关系缔结之前，债务人的履约能力应当仅以举债方配偶为限，不能及于成立在后的夫妻共同体，因此，夫妻一方婚前所负的个人债务由其独自清偿符合债之本质特征。不过，婚姻作为一种法律事实能够产生特定的财产关系，且这种财产关系具备了共同经营、共担风险的“合伙”属性，加之，婚姻关系天然带有情感、伦理因素，因此，夫妻之间成立共同共有关系并不要求双方付出同等的劳动与智力。[④] 综上所述，夫妻一方的婚前财产可能由于婚后共同生活这一事实融合为夫妻共同财产的组成部分，相应地，夫妻个人债务就转化为夫妻共同债务，具体可按照婚前个人债务与婚后共同生活之间的联系紧密程度予以酌情认定，例如结合举债目的、实际用途、是否满足共同生活的需要等进行自由裁量。

---

① 2018年最高人民法院发布的《关于审判涉及夫妻债务纠纷案件适用法律有关问题的解释》第2条：“夫妻一方在婚姻关系存续期间以个人名义为家庭日常生活需要所负的债务，债权人以属于夫妻共同债务为由主张权利的，人民法院应予支持。”

② 范李瑛:《夫妻债务负担与债权人利益保护》，载《河南省政法管理干部学院学报》2007年第5期。

③ 王泽鉴:《债法原理》，北京大学出版社2013年版，第55页。

④ 陈雪:《我国离婚夫妻财产分割实务研究》，载《华南师范大学学报(社会科学版)》2008年第6期。

《最高人民法院关于适用〈中华人民共和国婚姻法〉若干问题的解释（二）》（以下简称《婚姻法司法解释二》）第 23 条规定了债权人需对所负债务用于婚后共同生活的事实承担证明责任。[①] 基于利益平衡的原理，由债权人承担此种情形下的证明责任是妥适的。但是，由非举债方配偶就一方婚前所负全部债务承担连带清偿责任，显然有失公允，因此，我国司法实务中亦明确了夫妻一方的婚前个人债务转化为夫妻共同债务后，从责任形态上来看，非举债方配偶承担的清偿责任类似于"限定责任"，其债务清偿以其实际接受财产或受益范围为限。当然，除了夫妻一方婚前所负个人债务，司法实践中夫妻个人债务往往形态各异，诸如，分居期间夫妻一方对外所负债务，我国司法实践对此也并未形成统一认识。

（三）合理运用推定规则界定夫妻个人债务的范围

《婚姻法司法解释二》第 24 条规定了夫妻债务推定规则，简言之，婚姻关系存续期间夫妻一方所负债务以推定为夫妻共同债务为原则，以夫妻个人债务为例外，可简要概括为"时间标准"，且由非举债方配偶承担除外情形的证明责任。[②] 从立法技术上来说，夫妻债务推定规则是根据夫妻共同生活这一事实推演而得，但其并不具有充分必要性，其立法理由谓，打击夫妻之间非法转移债务损害债权人利益的不法现象。[③] 事与愿违的是，《婚姻法司法解释二》第 24 条在司法实践中过于偏袒债权人一方，严重损害了非举债方配偶的合法权益。[④] 因此，如何完善夫妻债务推定规则，准确地区分夫妻共同债务和夫妻个人债务，从而正确界定夫妻个人债务的基本范围，是一直以来困扰我国司法实务的棘手问题。

我国理论界对夫妻债务推定规则也颇有疑义，有学者认为，在处理夫妻债务的

---

① 《最高人民法院关于适用〈中华人民共和国婚姻法〉若干问题的解释（二）》第 23 条："债权人就一方婚前所负个人债务向债务人的配偶主张权利的，人民法院不予支持。但债权人能够证明所负债务用于婚后家庭共同生活的除外。"

② 《最高人民法院关于适用〈中华人民共和国婚姻法〉若干问题的解释（二）》第 24 条："债权人就婚姻关系存续期间夫妻一方以个人名义所负债务主张权利的，应当按夫妻共同债务处理。但夫妻一方能够证明债权人与债务明确约定为个人债务，或者能够证明属于婚姻法第十九条第三款规定情形的除外。"

③ 参见最高人民法院公报案例 2006 年第 5 期（总第 115 期）。在"单洪远、刘春林诉胡秀花、单良、单译贤法定继承纠纷"一案中，即强调了该条款的规范意旨在于扩大债权人的担保范围，保障债权人的合法利益，维护交易安全和社会诚信。

④ 参见马兴贤：《夫妻债务司法认定及实案评析》，法律出版社 2018 年版。作者提及了关于"24 条"受害者群体案件的分析报告，以中国裁判文书网 2014 年的民间借贷纠纷为例，因"24 条"被判定为夫妻共同债务的案件中，仅 2014 年就高达 70000 多件，且在被"24 条"判定为夫妻共同债务中，另一方不知情的情况下被配偶举债的案件上诉率高达 69. 6%。

对外关系时，主要以债务产生的时间为标准，但还需兼顾债务的用途。[①] 这一观点殊值赞同，由于夫妻共同生活的私密性，对外关系和对内关系得适用不同的规则，但二者之间并非泾渭分明，形式主义的“时间标准”应当趋同于夫妻债务对内关系“用途论”，以弥合两者之间的巨大差异。有学者则进一步提出，主张夫妻一方个人债务系夫妻共同债务的一方应作出合理的解释，而另一方对此享有抗辩权。[②] 同时，我国司法实务的观点也发生了转变，此前，最高人民法院坚持认为，“没有用于夫妻共同生活”不能作为抗辩理由，于此情形，应当适用夫妻债务推定规则。[③] 但福建省高级人民法院持不同观点，即债务人的配偶对债务是否为家庭共同利益享有一定的抗辩权。[④] 令人欣喜的是，最高人民法院在2018年出台的《夫妻债务审判司法解释》，明确了若要将夫妻个人债务认定为夫妻共同债务，除了债务产生于婚姻关系存续期间，还要求举债目的出于“家庭日常生活需要”，同时规定由债权人对例外情形承担举证责任。由此可知，我国理论及实务界都认识到了夫妻债务推定规则存在固有缺陷，且逐步认可将“共同利益标准”作为其之必要补充。但是，我国关于“共同利益标准”的认识仍然较为粗疏，其实际作用尚未完全显现，因此，有必要将婚姻家事代理权、传统民法上的代理制度有机统一于夫妻共同生活这一事实，从而不断完善夫妻债务推定规则。

我国《婚姻法司法解释一》第17条规定了因日常生活需要夫妻双方互为家事代理人。[⑤] 不由分说，基于共同生活的需要，夫妻团体亦有进行社会行动的现实需要，家事代理权正符合婚姻作为身份及财产之特殊结合的本质。[⑥] 但从条文表述来看，婚姻家事代理权严格限制于日常生活需要，域外立法例对此亦予以认可，德国法上的日常家事代理权需符合交易为满足生活需要、交易服务于特定家庭以及需要

---

① 严桂珍：《夫妻个人债务清偿路径探析——台湾地区“民法”夫妻财产制最新修订的启示》，载《同济大学学报（社会科学版）》2013年第6期。

② 林晓燕：《夫妻关系存续期间夫妻一方以个人名义所负债务的性质》，载《人民司法》2006年第9期。

③ 参见最高人民法院（2017）最高法民申4197号民事裁定书“李红伟、杜大伟民间借贷纠纷”一案：婚姻关系存续期间，没有证据证明存在上述法律规定的属于夫妻个人债务的除外情形，且“没有用于夫妻共同生活”不能作为抗辩的理由，涉案的借款应当认定为夫妻共同债务。

④ 参见福建省高级人民法院（2014）闽民终字第655号民事判决书。

⑤ 《最高人民法院关于适用〈中华人民共和国婚姻法〉若干问题的解释（一）》第17条第1款：“夫或妻在处理夫妻共同财产上的权利是平等的。因日常生活需要而处理夫妻共同财产的，任何一方均有权决定。”第2款：“夫或妻非因日常生活需要对夫妻共同财产做重要处理决定，夫妻双方应当平等协商，取得一致意见。他人有理由相信其为夫妻双方共同意思表示的，另一方不得以不同意或不知道为由对抗善意第三人。”

⑥ 冉克平：《夫妻团体债务的认定及清偿》。

必须适当。[①] 日本法上将财产投资、不动产交易与大额消费借贷行为排除于日常家事代理权的范围。[②] 法国相关立法规定了分期付款买卖、借贷、购置不动产、投资活动等不适用家事代理权。[③] 我国司法实务也逐步认可了这一惯行做法，根据家事代理行为与夫妻日常生活的紧密程度，将那些超出夫妻日常生活需要的事项排除在外。[④] 更有甚者，湖南省高级人民法院认为，债权人一方得尽到必要的注意义务，明显超出夫妻日常生活需要的债务宜认定为个人债务。[⑤]

但是，需要进一步探讨的是，婚姻家事代理权尚不足以作为“共同利益标准”的唯一理论基础，仍需辅之以表见代理制度。其原因在于，夫妻团体具有天然的私密性，外界第三人往往难以知悉其真实的计划安排，是否满足“家庭日常生活需要”在很大程度上取决于夫妻团体的主观感受。[⑥] 且表见代理制度的适用条件包括第三人主观上必须是“善意且无过失的”[⑦]，这实际上对债权人苛以了一定程度的注意义务，有利于实现债权人与非举债方配偶之间的利益平衡并将推定规则发展成为一项综合性的认定标准。广东省高级人民法院即认为，债权人若没有尽到审慎的注意义务，需要承担债务人的潜在信用风险，而不能据此直接认定为夫妻共同债务。[⑧] 反之，债权人善意且无过失地相信举债行为出于满足家庭日常生活需要，即使实际上超出日常家事代理权的范围，仍然可以适用表见代理。[⑨] 此外，还值得

---

① 《德国民法典》第 1357 条第 1 款：“配偶任何一方有权在具有也不利于配偶另一方的效力的情况下，处理旨在适当满足家庭生活需要的事务。配偶双方因此种事务而享有权利和负有义务，但由情事另有结果的除外。”

② 《日本民法典》第 761 条：“夫妻一方就有关日常家务与第三人有经济来往而负担债务的，他方对该债务承担连带责任。”

③ 法国 1985 年 12 月 23 日第 85-1372 号法律第 2 条规定：“未经对方配偶同意，夫妻一方进行的分期付款买卖以及借贷、家庭投资活动，尤其是为购置不动产而进行的投资活动以及休闲、娱乐方面的费用开支等，举债方配偶不承担责任。”

④ 浙江省高级人民法院《关于审理民间借贷纠纷案件若干问题指导意见》第 19 条明确了“家庭日常生活需要”指夫妻双方及其共同生活的未成年子女在日常生活中的必要开支事项，判断负债是否超出“家庭日常生活需要”，可以结合负债金额大小、家庭富裕程度、夫妻关系是否安宁、当地经济水平及交易习惯、借贷双方的熟识程度、借款名义、资金流向等因素综合予以认定。考量因素：（1）单笔举债或对同一债权人举债金额在 20 万元（含本数）以下的；（2）举债金额与举债时家庭收入状况、消费形态基本合理匹配的；（3）交易时债权人已尽谨慎注意义务，经审查举债人及其家庭支出需求、借款用途等，有充分理由相信债务确系为家庭日常生活需要所负的。

⑤ 参见湖南省高级人民法院（2017）湘民再 195 号民事判决书“肖荃丽与肖卫娥借款合同纠纷”一案。

⑥ 《民法总则》第 172 条：“行为人没有代理权、超越代理权或者代理权终止后，仍然实施代理行为，相对人有理由相信行为人有代理权的，代理行为有效。”

⑦ 王泽鉴：《民法总则》，北京大学出版社 2015 年版，第 450-452 页。

⑧ 参见广东省高级人民法院（2015）粤高法民二申字第 982 号民事裁定书“黄建荣与李明、秦周婕民间借贷纠纷”一案。

⑨ 冉克平：《论夫妻共同债务的类型与清偿——兼析法释［2018］2 号》。

注意的是，不同于“谁主张，谁举证”的一般证明规则，《婚姻法司法解释二》第24条通过转移证明责任间接改变事实认定，换言之，夫妻债务推定规则主要适用于事实认定不清的情形，将某些夫妻个人债务直接拟制为夫妻共同债务。不过，《夫妻债务审判司法解释》对此予以了重新规定，由债权人对用于夫妻共同生活的事实承担举证责任，既符合证明责任的一般规则，亦与实体层面的具体规定保持自洽，有利于实现各方当事人之间的利益平衡。

（四）由夫妻个人债务认定规则引申的方法论思考

笔者在本部分着重探讨了夫妻个人债务的认定规则，主要从一般情形和特殊情形两个方面展开论述。由于夫妻作为一个共同体，其财产总和包括夫妻个人财产和夫妻共同财产，相应地，其债务总和包括夫妻个人债务和夫妻共同债务，二者之间非此即彼，这为笔者探索夫妻个人债务的认定规则提供了有益思路，即可从反面对夫妻个人债务予以规定，在排除了不构成夫妻共同债务的情形，通常要将其归为夫妻个人债务。基于上述的分析逻辑，笔者就夫妻个人债务的认定规则进行了一番探讨，且试图在方法论层面对其进行必要总结。

由于婚内夫妻个人债务的产生时点较为特殊，必然涉及夫妻个人债务和夫妻共同债务的区分问题，因此，确立夫妻个人债务的认定规则离不开对夫妻共同债务推定规则的正确认识。基于此，笔者首先提出了夫妻个人债务的认定标准应当遵循“用途论”，且将“用途论”用于认定夫妻个人债务不完全等同于对内关系的处理思路；然后，笔者对夫妻个人债务因夫妻共同生活的事实转化为夫妻共同债务的情形予以特别明示，表明夫妻个人债务的范围并非一成不变，其可能随着夫妻共同生活的事实而产生相应的变化；其后，笔者重点研究了夫妻共同债务推定规则，且结合相关制度，对其提出了一定的完善建议。实务中对于夫妻一方以个人名义所负债务的性质认定存在认识分歧，因此，对于我国现有的夫妻债务推定规则进行批判性反思，并结合我国最新的制度规定，得出“共同利益标准”运用于夫妻共同债务的认定具有合理性，且完善夫妻个人债务的认定规则需要形成一套联动机制，将婚姻法的家事代理权同传统民法上的代理制度巧妙结合起来，将形式主义的认定标准逐步发展为一项综合性的判断规定，以实现非举债方配偶与债权人之间的利益平衡。

总而言之，关于夫妻个人债务的认定规则自始至终都严格遵循了利益平衡的理论，不仅从实体层面将实体规则逐一进行分解，从一般情形和特殊情形两个角度展开，而且从反向进行推论，从而正确界定夫妻共同债务推定规则的适用范围，明确区分夫妻个人债务和夫妻共同债务；另外，客观事实不明确的情形通过证明责任合理分配风险，妥当地平衡债权人和非举债方配偶之间的利益状况。行文至此，笔者略为感慨，夫妻个人债务的认定规则其实涉及非举债方配偶与债权人之间的利益博弈，形式主义的认定标准过于单一，往往导致夫妻个人债务的范围并不全面，因此，正确路径应当是不断增加一些实质性的内容，将“共同利益标准”附加于“时间标准”，使得夫妻个人债务的认定规则成为一项具有综合性的判断标准，真正实现各方当事人之间的利益平衡。

三、婚内清偿夫妻个人债务面临的法律困境

（一）我国实行婚后所得共同制的夫妻财产制

婚后所得共同制是指除夫妻个人特有财产以外，夫妻一方或双方财产部分或全部合并为共同共有财产，双方平等享有占有、使用、收益和处分权利的制度。[①] 在婚后所得共同制的婚姻财产制下，夫妻双方不仅在人身上结合，而且对婚后所得的财产共同分享所有权，只有部分范围有限的财产归个人所有。[②] 且上文也论及，婚后所得共同制在我国具有深厚的社会根源，不仅与保护妇女、儿童权益的基本原则相适应，也有利于家庭发挥养老育幼的社会职能，在我国婚姻立法的历史变迁中亦有迹可循。所以，婚后所得共同制作为我国夫妻法定财产制将持续一段时间。

由前文可知，夫妻团体与经济团体存在相似性，比如夫妻团体与“准合伙”的经济目的存在交叉，但由于夫妻团体格外注重身份关系，更确切地说，夫妻团体是一种身份及财产的特殊结合，具有其他团体所不具备的伦理性、情感性，并不要求双方对共同财产的增益付出同等的努力程度，即使实行分别财产制，也存在相应的补偿机制，需要对夫妻一方从事家务劳动作出适当的评价。[③] 因此，夫妻团体通常不可采用可计算的、易于识别的经济指标进行量化处理。与此相适应，婚姻关系存续期间“同居共财”是最一般的财产形态，尽管在理论上划分夫妻共同财产与个人财产存在可行性，但由于夫妻共同生活的长期性、私密性，夫妻共同财产与夫妻个人财产极易发生混同，而且夫妻之间一向秉承着礼尚往来、互帮互助的传统，导致

① 夏吟兰:《对中国夫妻共同财产范围的社会性别分析——兼论家务劳动的价值》，载《法学杂志》2005 年第 2 期。

② 冉克平:《夫妻团体债务的认定及清偿》。

③ 林秀雄:《夫妻财产制之财产》，中国政法大学出版社 2001 年版，第 13 页。

更加难以准确区分团体债务与个人债务的责任财产范围。因此，如何划分夫妻共同财产与夫妻个人财产，明确夫妻个人债务的责任财产范围，存在着一定的不可操作性。易言之，在婚后所得共同制下，是不可精确地计算出自己的份额或者回报的，这着实给夫妻个人债务的清偿造成了不小的难度。[①]

（二）婚内析产缺乏法理依据

正如前述，婚后所得共同制产生的直接法律效果是，“同居共财”作为婚姻关系存续期间财产关系的一般形态，因此婚内析产通常不被认可。长期以来，我国婚姻立法并未认可婚内析产，因为夫妻共同财产作为维持夫妻共同生活的物质基础，一旦打开立法的闸口，对婚内析产不加以任何限制，可能会危及婚姻关系的信任基础，从而阻碍家庭社会职能的良性发挥。因此，我国立法上对婚内析产一直持较谨慎的态度，但是不可否认的是，某些情形下存在婚内析产的紧迫现实需求。《最高人民法院关于适用〈中华人民共和国婚姻法〉若干问题的解释（三）》（以下简称《婚姻法司法解释三》）第 4 条规定了婚内分割夫妻共同财产的两种情形，即夫妻一方存在严重损害夫妻共同财产利益以及影响到夫妻另一履行法定扶养义务的行为。[②] 显而易见，前述条文对婚内析产的情形只作了封闭式列举，似乎难以涵盖其他情形。由此笔者不禁思考，如果举债方配偶其个人财产不足以完全清偿其个人债务时，能否提出婚内析产的请求呢？

单从文义解释来看，夫妻一方个人财产不足以清偿其个人债务不属于法律明文规定的两种情形，但是法律解释活动并非一以贯之，需要通盘考虑各个因素，才能取得较为妥当的解释效果。婚后所得共同制实质上是共同共有的表现形式之一，婚姻法作为特殊法，具有优先于一般法适用的法律效力，但是，对于婚姻法未予规定的一些事项，仍可在一般法内寻求法理依据。我国《物权法》第 99 条明确了，共同共有人在共有的基础丧失或者有重大理由需要分割时可以请求分割。[③]

---

① 李洪祥：《夫妻一方以个人名义所负债务清偿规则之解构》，载《政法论丛》2015 年第 2 期。

② 《最高人民法院关于适用〈中华人民共和国婚姻法〉若干问题的解释（三）》（以下简称《婚姻法司法解释三》）第 4 条：“婚姻关系存续期间，夫妻一方请求分割共同财产的，人民法院不予支持，但有下列重大理由且不损害债权人利益的除外：（一）一方有隐藏、转移、变卖、毁损、挥霍夫妻共同财产或者伪造夫妻共同债务等严重损害夫妻共同财产利益行为的；（二）一方负有法定抚养义务的人患重大疾病需要医治，另一方不同意支付相关医疗费用的。”

③ 《物权法》第 99 条：“共有人约定不得分割共有的不动产或者动产，以维持共有关系的，应当按照约定，但共有人有重大理由需要分割的，可以请求分割；没有约定或者约定不明确的，按份共有人可以随时请求分割，共同共有人在共有的基础丧失或者有重大理由需要分割时可以请求分割。因分割对其他共有人造成损害的，应当给予赔偿。”

就此而言，共有的基础指的是婚姻关系，“共有的基础丧失”意味着婚姻关系的终止，“重大理由”则可以按照同类解释规则确定其具体含义。按照《物权法》第 99 条的规范意蕴，夫妻一方个人财产不足以清偿其个人债务，显然不属于共有基础的丧失，那么可否解释为“重大理由”？其实，这就涉及利益平衡的考量，即夫妻关系的基础稳定与债权人的利益保护孰为优先。不过，笔者认为，此种情形属于《物权法》第 99 条中的“重大理由”，其原因在于，基于婚后所得共同制的财产形态，夫妻个人财产的范围十分狭隘，如果不对此种情形下分割夫妻共同财产的必要性加以承认，那么债权人只能待夫妻双方终止其婚姻关系时，才能就债务人分得的财产份额进行清偿，这显然不利于保护债权人的时效利益。

进一步而言，《婚姻法司法解释三》第 4 条规定的两种婚内析产情形，均在一定程度上破坏了夫妻之间的信任基础，即使尚未造成共有基础的丧失，也可能对其产生严重的不利影响。笔者不昧揣测，其立法理由可能谓，将现存纠纷的不利影响降到最低限度，从而保持夫妻共同生活的稳定基础。同理，夫妻一方个人财产不足以完全清偿其个人债务在一定程度上将对举债方配偶的生存境况造成不利影响，反之也会影响到夫妻共同生活的稳定基础。存有疑问的还有，《物权法》第 99 条与《婚姻法司法解释三》第 4 条之间的适用关系亟待立法作出规定，换言之，我国婚姻法现有条文对婚姻析产的其他情形未予规定时，能否直接适用民法的一般规定处理婚内析产问题？进一步追问，直接略过《婚姻法司法解释三》第 4 条的封闭性规定转而适用《物权法》第 99 条，是否属于超越法律之外的法律续造，其解释结论能否具有可接受性？这亟待我国今后立法进行回应。

四、婚内夫妻个人债务清偿之路径评析

（一）通过婚内析产诉讼清偿夫妻个人债务

前文已述及，夫妻个人债务的范围认定略显困难，造成其清偿路径在我国司法实务中尚未统一。考察域外关于夫妻个人债务清偿的立法经验，笔者发现，个别国家立法上规定了在夫妻一方无个人财产时，得以夫妻共同财产进行清偿，如《菲律

宾家庭法》[①] 第122条第3款、《埃塞俄比亚民法典》，不过，多数国家还是坚持夫妻个人债务的清偿责任仅在于夫妻一方的基本立场，而不能无限地扩及于夫妻共同财产中另一方配偶的财产份额。具体而言，可能以共同财产中债务人所占份额为限、一半财产份额为限；还有的立法例明确了，债权人有权就负债一方配偶从共同财产中所获利益获得清偿。[②] 我国现行实践做法是，在执行程序中赋予非举债方配偶提出执行异议的权利，债权人只能就举债方配偶的财产份额申请人民法院强制执行，且主要考察非举债方对执行标的是否享有足以排除强制执行的民事权益。[③]

前述做法认可对夫妻共同财产采取控制性措施，但仅能对举债方配偶的财产份额采取强制性执行措施，在一定程度上有利于保障非举债方配偶对夫妻共同财产的应有份额。但是，在执行程序中对执行标的进行权属确认，明显有违于执行程序的设立目的，且可能涉及夫妻个人财产和共同财产的辨认区分，亦超出了执行机构的职权范围，可能造成执行程序过于拖沓、低效。因此，在执行程序的具体安排上，当被执行人配偶以执行标的为其单独所有提出异议的，执行机构应当进行异议听证审查，对财产的权属作出初步判断，并且在确权诉讼终结前应当暂缓执行程序。[④] 不过，需注意的是，被执行人配偶得就执行标的提出执行异议实际上是基于利益平衡的考量，亦与第三人执行异议之诉的具体安排存在差异，后者在于保护那些未能及时参与到已经发生的诉讼活动中的第三人，而非举债方配偶作为被执行人的配偶，对于已经产生的债务纠纷通常有所知晓。论及至此，笔者以为婚内析产诉讼作为一项可终局解决实体纠纷的程序设计，能够避免被执行人配偶在执行阶段再行提出执行异议，不至于造成执行程序过分拖沓，且婚内析产诉讼兼具确认之诉和形成之诉的特征，可以大致划定夫妻个人财产的基本界限，明确夫妻个人债务的责任财产，可就诉请的权属纠纷进行终局裁判，最大限度地保障司法的既判力与效益性，无需在执行程序与诉讼程序之间多次重复。因此，可以通过婚内析产诉讼对夫妻共同财产进行分割，将非举债方配偶的财产份额从夫妻共同财产中剥离出来，然后债权人只能就举债方配偶的财产份额要求进行清偿。

但令人遗憾的是，婚内析产诉讼在我国仍然没有形成一套完备的运作体系，关于婚内析产的明文规定也仅有《婚姻法司法解释三》第 4 条，仍有待我国司法实务

① 《菲律宾家庭法》第 122 条第 3 款："为履行一方婚前债务、罚款、非婚生子女抚养费，义务方无特有财产或特有财产不足的，在支付本法第 121 条规定的负担（共同债务）后，可以强制执行夫妻共同财产。"

② 杨治、王云霞:《夫妻个人债务执行疑难问题研究》，载《法律适用》2011 年第 1 期。

③ 参见重庆市高级人民法院（2017）渝民终157号 民事判决书。

④ 杨治、王云霞:《夫妻个人债务执行疑难问题研究》。

的进一步探索。我国现阶段执行夫妻个人债务面临的主要疑问是，法院能否主动分割夫妻共同财产。[①] 倘若将婚内析产诉讼运用于夫妻个人债务清偿，则无需考虑这些派生问题，因为婚内析产诉讼作为一种特殊的诉讼程序，其目的在于分割夫妻共同财产，且婚内析产诉讼并不会直接导致婚姻关系的终止，但由于婚内析产诉讼的异质性，仍有必要对其另作规定。[②] 其间最值得探讨的是，婚内析产诉讼确定夫妻各方财产份额的具体规则，虽然理论及实务界对此存在纷争，但笔者认为，由于婚内析产并不消灭既有的夫妻关系，其仅是一种暂行性的财产处理方式，而且不存在应予差别对待的情形，所以应当暂时忽略夫妻一方的过错，实行均等分割的原则，且所涉财产仅限于积极财产，否则可能存在与离婚时夫妻财产分割重复适用的法律问题。[③]

（二）清偿夫妻个人债务可参酌适用非常财产制

由于婚姻关系存续期间亦存在某些情形需要对夫妻共同财产予以分割，且超出了《婚姻法司法解释三》第 4 条的适用范围，因此，我国理论及实务界趋于认可婚内析产的合理性与可行性，借以缓和婚内分割夫妻共同财产的紧迫需求。不同于离婚时夫妻共同财产分割，婚内析产这一法律事实产生于婚姻关系存续期间，因此，二者在具体规则的设置上应当有所不同。具体而言，婚内析产使得夫妻共同生活的基础得以延续，亦可及时对夫妻个人债务的清偿要求作出回应，同时兼顾婚姻关系的既有稳定与债权人的利益保护；但是，婚内析产一般通过诉讼方式进行，既不必要地占用了司法资源，亦使得夫妻双方苦于讼累。

论及至此，笔者认为，得在借鉴域外相关立法例的基础上，适当调整我国夫妻财产制的具体内容，将非常财产制作为通常财产制的补充规定。非常财产制本质上是一项变更规则，即在发生法定情形时，得终止夫妻共同财产制改为夫妻分别财产制。更确切地说，非常财产制在某种意义上直接替代了夫妻之间的合意过程，表现为一种法律拟制的意思表示，也即法律预先规定了在某些情形下夫妻共同财产制和夫妻分别财产制能够实现相互转化。进一步而言，非常财产制有且仅作为一项变更规则，即使后续进入诉讼阶段，法院也只作形式审查，直接宣告强制适用分别财产制。因此，非常财产制并未完全否定我国现有的夫妻财产制，亦无需创设全新

---

① 杨治、王云霞：《夫妻个人债务执行疑难问题研究》。

② 《婚姻法》第 39 条第 1 款：“离婚时，夫妻的共同财产由双方协议处理，协议不成时，由人民法院根据财产的具体情况，照顾子女和女方权益的原则判决。”

③ 王乐：《论婚内析产的内涵与完善》，载《黄山学院学报》2012 年第 6 期。

的其他规则，其俨然不属于立法论的范畴，能够与我国婚姻法的现有体系保持一致性。

纵观域外立法例，德国、法国、瑞士等明确规定了非常财产制，我国台湾地区虽未冠之以非常财产制的称谓，而是在"亲属法"中规定了特别财产制，但二者在适用情形上并无二致。[①]《法国民法典》在"夫妻财产契约与夫妻财产制"一编对非常财产制进行了简略规定，因夫妻一方理财混乱、管理不善或行为不正可能危及夫妻另一方的利益时，得将原夫妻财产制改为分别财产制提前对共同财产进行清算。德国法的婚姻财产共有制下的非常财产制较为类似，且明确规定了夫或妻一方举债过多有可能导致另一方的利益受损，则可以通过法院宣告适用分别财产制。瑞士法对于非常财产制的规定可谓相当完备，当夫妻一方财产不足以清偿个人债务或者共有财产中的应有部分已被执行扣押、继续维持共同财产制将危害到夫妻另一方的合法利益时，非常财产制可以直接适用，且瑞士法明确规定了宣告适用和当然适用两种方式并存于非常财产制下。[②] 由此观之，域外立法例一般以共同财产制为基本财产形态，但亦承认某些情形下可以改为适用分别财产制。其主要理由包括，坚持原有的夫妻共同财产制对于夫妻另一方而言极为不公平，虽然各个立法体例并未穷尽列举非常财产制的适用情形，但清偿夫妻一方的个人债务归类于此，在理论上完全行得通，因此我国可参酌适用非常财产制对夫妻个人债务的清偿予以必要回应。

值得注意的还有，我国夫妻财产制是一种"选择式"的立法模式，夫妻可以结合实际情况选择适用夫妻共同财产制或者夫妻分别财产制。前述表明，财产清算行为并不完全依赖于婚姻关系的终止情形，夫妻财产制的实际变更也可能引起财产清算行为。进而可推知，非常财产制通常涉及共同财产制和分别财产制两者之间的相互转化，不可避免将涉及夫妻共同财产的清算问题；反观之，婚内析产作为一种财产处理的特殊方式，并不直接影响夫妻共同财产制的变更与终止，因而二者在申请主体的设置上应当有所差别。由于婚内析产只是一种临时性的财产处理方式，其并未改变婚内继续沿用夫妻共同财产制，故其申请主体一般仅限于夫妻双方。而非常财产制类似于财产清算，具有终局确定夫妻一方各自财产范围的效力，可能会对外部利害关系第三人造成影响，因此在申请主体上可以将具有利害关系的第三人也纳入其中。[③] 我国台湾地区即对非常财产制进行了突破性规定，债权人亦可直接申请适用非常财产制。

---

① 严桂珍:《夫妻个人债务清偿路径探析——台湾地区"民法"夫妻财产制最新修订的启示》。

② 参见《瑞士民法典》第 188 条、第 189 条。

③ 范李瑛:《夫妻债务负担与债权人利益保护》。

（三）以共同财产清偿夫妻个人债务可产生追偿权

我国《婚姻法》第 17 条规定，夫妻对共同所有的财产享有平等的处理权，《婚姻法司法解释一》第 17 条对此予以了进一步明晰，指出了平等的处理权主要指共同财产的处分情形。由此可知，我国婚姻法着重强调夫妻间财产关系具有一定的平等性，但是鉴于夫妻作为一种身份及财产相结合的特殊共同体，其间财产关系显然不同于纯粹的经济性组织，尤其不能僵化地理解夫妻间财产关系的平等原则，即使是实行夫妻增益财产制的立法体例亦承认存在相应的补偿规则，夫妻双方在婚内单独享有所有权、独自承担责任，但在婚姻关系终止之际，各自的增益应当作为夫妻共同财产原则上予以平均分配。[①]但是，这种平等原则还是存在一定的适用前提，需考虑夫妻一方的行为对于夫妻共同体是否有所增益，况且我国婚姻法中明文规定的平等处理权的适用范围仅限于积极财产、不能扩至消极财产，否则将减损夫妻另一方对共同财产的应有份额。因此，笔者殊以为，夫妻作为一个共同体，多数情形由共同体直接对外担责，但夫妻对共同财产享有平等处理权不意味着对一方的个人债务亦需承担责任，否则有悖于自己责任的基本法理。基于此，以夫妻共同财产清偿一方个人债务将产生追偿权的适用空间，合乎夫妻财产关系的基本特征。

承前所述，基于不同的立法考量，夫妻间亦可因个人债务的清偿产生一定追偿权，但与夫妻共同债务的清偿规则有所区别。细究而言，夫妻共同债务实际上是夫妻双方对外承担连带清偿责任，基于连带责任的一般法理，连带债务通常内含同一经济目的，各债务均为实现这一目的的手段。[②]在外部关系上，债权人有权要求夫妻双方或一方就全部或者部分债务进行清偿；在对内关系上，夫妻一方对其各自的份额承担终局责任，对于超出其份额的部分则有权要求夫妻另一方予以清偿。因此，夫妻共同债务清偿情形下亦存在追偿权的适用余地。但是，由于夫妻个人债务的责任财产应当以个人财产为限，不应当累及非举债方配偶对夫妻共同财产的应有份额，债权人也不得据此提出相应的清偿请求。不过，如果夫妻双方一致同意将共同财产用于清偿夫妻一方的个人债务，在债权人获得相应通知的情形下，因债务清偿将消灭举债方配偶与债权人之间的原有的债权债务关系——由此可见，夫妻间共同债务与个人债务关于追偿权的具体构造存在差异，前者基于夫妻共同债务的法定性质当然产生，后者因夫妻之间的另行合意存在于特定情形。但毋庸置疑的是，以夫妻共同财产清偿夫妻一方个人债务后，非举债方配偶有权向另一方追偿相应的财

---

① 迪特尔·施瓦布:《德国家庭法》，第 116–117 页。

② 孙森:《民法总论债编分论》，法律出版社 2000 年版，第 719 页。

产价值或数额，此即为夫妻间因个人债务而产生的追偿权。[①]

通常而言，追偿权属于债权请求权，需要受到诉讼时效的限制。但是，因夫妻个人债务产生的追偿权发生于婚姻关系存续期间，此时夫妻关系尚且存在，非举债方配偶出于共同生活的考虑。其行使追偿权时可能有所顾虑。因此，于此情形下产生的追偿权不应直接沿用一般规定，有必要对其进行特殊安排。冉克平教授也考虑到了这一点，其认为婚姻关系存续期间，出于维持夫妻共同生活的需要，夫妻之间的内部追偿权可以不受诉讼时效的影响。进一步而言，婚姻关系的存续本身可以构成追偿权诉讼时效中止的法定情形，我国《民法总则》第 194 条规定的诉讼时效中止情形包括不可抗力、欠缺民事行为能力、权利人被控制等。就立法技术来说，我国对诉讼时效中止情形采用兜底式立法，使得权利人不能行使请求权的客观障碍可构成诉讼时效中止的法定理由；反观之，婚姻关系之存续在理论上似乎并不构成追偿权之客观障碍，其更类似于情感、伦理所滋生的一种道德束缚。但不可否认的是，其造成的不利影响与前述条款所示明的客观障碍在法律效果上可能是等同的，因此笔者认为，宜对《民法总则》第 194 条中的“其他障碍”进行扩张解释，亦即，“其他障碍”通常指向的是客观障碍，但特定情形下的主观障碍得援引同类解释规则进行一番解释，从而适用诉讼时效中止的有关规定。综上，出于维续夫妻共同生活之需要，可将追偿权制度用于清偿夫妻个人债务，既可以减少各方磋商的成本，亦可有效实现保护债权人的目标，但其适用仍需以夫妻双方达成合意为前提。[②]

五、结语

综上，在我国夫妻法定财产制实行婚后所得共同制的情形下，夫妻个人债务在司法实践中面临着清偿障碍。笔者为了探究夫妻个人债务的清偿路径，首先对夫妻个人债务的认定规则展开了论述，通过评析我国《婚姻法司法解释二》第 24 条确立的夫妻共同债务推定规则的立法不足，同时结合我国婚姻法的既有框架体系，论证了以共同利益标准认定夫妻共同债务的适当性，巧妙地将家事代理权、表见代理、证明规则融合在一起；而且笔者在本部分就夫妻个人债务的认定规则引申出了

① 冉克平:《论夫妻共同债务的类型与清偿——兼析法释［2018］2 号》。

② 同上。

方法论上的思考，对区分夫妻个人债务与夫妻共同债务的基本思路进行了一般性总结。然后，笔者进一步明晰了我国夫妻个人债务清偿所面临的制度障碍，既囿于婚姻关系存续期间同居共财的一般理念，同时又受限于我国婚姻法对婚内财产持消极态度。最后，笔者对我国理论及实务中存在的夫妻个人债务的清偿路径加以评析，明确了婚内析产诉讼、非常财产制度、夫妻之间的追偿权等具体规则还有待完善。综上，我国并未形成体系化的夫妻个人债务认定规则，而且我国夫妻个人债务的清偿规则存在严重缺位，因此，我国未来婚姻立法仍需在这些方面予以强化规定。

Ratio Juris 2019

Legal Philosophy, Legal Methodology and Artificial Intelligence 2

Vol. 05 2, 2019

Symposium 1: Legal Dogmatics

Legal-dogmatic Study on the Constitutional Guarantee for Judicial Remedy

Xie Libin

Abstract: To what extent and through which means the constitution protects citizens seeking judicial remedy, is of great theoretical and practical significance. Under the constitutional principle of rule of law, the state has the duty to provide judicial remedy to citizens. In case of infringements on material basic rights, these rights constitute the legal basis for citizens to seek judicial remedy. The right to sue based on Art. 41 Sect. 1 of the Chinese Constitution provides special protection for citizens against violations of their rights committed by public power. The constitutional provisions regulating the judicial system provides institutional and procedural guarantee for citizens seeking judicial redress. On the whole, there are some certain similarities in the guarantee for judicial remedy between Chinese Constitution and German Constitution.

Keywords: the constitutional guarantee for judicial remedy; the state of rule of law; basic rights; the right to sue

Symposium 2: Kelsen and the Multiple Dimensions of his Theories

Kelsen's Theory of Democracy

Zhang Shuyou

Abstract: Kelson interprets democracy as "governance by the people" rather than "for the people" , which is the participation of the ruled. He denies that there was a theoretical link between democracy and freedom and the rule of law. Kelson believes that democracy is a type of political relativism, consistent with relativism in philosophical epistemology and value theory, and has a specific psychological and personality basis. Kelson opposes the attachment of democracy to the economic system, arguing that it is not a political system unique to capitalism. Kelson's theory of democracy is mainly a conceptual theory, which can be called a pure democratic theory.

Keywords: Kelsen; the purity of democracy; relativism

From Classical Science to New Science: The Scientific Rethink of the Unity in the Pure Theory of Law

Dong Jingshu

Abstract: The purpose of the pure theory of law is to have a research on the general theory of positive law. It liberates the concept of law from morals and emphasizes ought-is dualism in pursuit of the unity of cognition of law, and it sets up dignity of science of law and provides theoretical foundation for rule of law. However, it emphasizes too much on "intellectual interest" and uses the exclusionary mode of thinking as classical science does, thus its theoretical defects such as political apathy and one-sided cognition is obvious. When the characteristics of science of law and the concept revolution driven by "new science" is taken into consideration, valuable enlightenment can be acquired.

Keywords: classical science; new science; pure theory of law; unity

How is the Pure Legal Norm Possible? On the Transposition of Kelsen's Pure Theory of Law

Huang Shunli

Abstract: Kelsen is always referred to as a positivist, who argues the "positive character" of the pure theory of law, in the way of separating legal norm from absolute value completely and demonstrating the necessary connection between legal norm and natural material fact. However, the theoretical space left for the pure theory of law, and the philosophical basis where this theory is established make "basic norm" with "non-positive character" , including the "weak apriority" and "reduced purity" . The confliction between "positive character" and "non-positive character" attracted much criticism. By taking Kant's transcendental philosophy as coordinate, not only the transposition but also the methodological meaning of the pure theory of law can be well understood.

Keywords: pure theory of law; transcendental philosophy; natural law; positivism

Essays

Reason, Kadi Justice and Substantial Decriminalization: Alienation and Sewing of Criminal Judgment and Common Sense

Cui Zhiwei

Abstract: The mechanistic application of criminal law presented in contemporary criminal justice can be partly attributed to the lack of common sense in criminal judgment. This mode of trial strictly obey the concept of law as described in the text of criminal law as well as formal logical reasoning. However, they doesn't go deep into the normative purpose and substantive connotation of the legal provisions. In Chinese traditional legal culture, the effection of "common sense" go throughout the conviction and punishment at all angles. It is generally appropriate for Weber to characterize it as "essentially irrational" . We should achieve the transformation of the field of "common sense" from "omnibearing" to "one-dimensional" . Formally rational thinking cannot go throughout the whole criminal justice, the "Kadi Justice" is necessary for decriminalization evaluation. It is inappropriate to regard common sense as a synonym for "substantive irrationality" . The judicial activism can reveal the substantial justification of the sanctions through the formal terms of the criminal law. The role of "common sense" itself lies in the formation of proper guidelines for the interpretation and application of constituent elements in the process of trial, thus forming an inner confirmation, which is not directly applicable to individual judgement. The "common sense" in criminal judgment should also be changed from "inner confirmation" to "legal principle" , and we should find the doctrinal rules that can explain the regular pattern of the case from the perspective of jurisprudence.

Keywords: common sense; kadi justice; decriminalization; formal rationality; substantive rationality

The Moral Foundations of Reforms of Shang Yang

Deng Jiayuan

Abstract: The moral foundations of politics are criterions from which we can judge whether the political activities of a government are justified. There were two "comment on statutes" in the process of Shang Yang's reforms. The attitudes of Shang Yang in the second "comment on statutes" are confusing. The author think that readers can find the moral meaning of "comment on statutes" from three points: the people's narrow utilitarian; the establishment of moral foundations to Shang Yang's reforms; the public engagement character of "comment on statutes" . By analyzing the political opinions and activities Shang Yang showed in these three aspects, the author tries to reveal the whole moral looks of Shang Yang's reforms and how the moral signigicance of the people's engagement is in contradiction with it. It is helptul to deeply understand the moral dimension of Shang Yang's reforms and its hiscorical influence.

Keywords: reforms of Shangyang; teleology; moral foundations; practical reason; public engagement

Interpretation, Values and Truth: Reviewing the Part II of "Justice for Hedgehogs"

Zhang Fengming

Abstract: Dworkin's theory of interpretation in general is crucial in defending his "the unity of value" thesis. He rejects the account based on psychological states, regarding the value pursued by the practices of interpretation as the core element of all types of interpretation. He advocates that the objective of interpretation is objective truth, and the objectivity of interpretation depends on the objectivity of value, and the inquiry of objective value belongs to the type of "conceptual interpretation" . Based on this understanding, the rule of psychological states to interpretation is itself subordinate to the value pursued by a particular type of interpretation. In addition, the theory denies the binding force of the pre-interpretative text and the possibility of the conflict of values in the fundamental sense by identifying the debate of values as interpretation. Dworkin's substantive proposition on political morality is not the unity of values as a web, but value monism. The concepts of "democracy" , "freedom" and "equality" only represent the specific requirements of the two principles of dignity for different normative issues, and ultimately unite in the ultimate ethical responsibility of "living well" .

Keywords: interpretation in general; conceptual interpretation; the unity of value

The Normativity of Law and A Critique on Raz's Theory of Authority

Sun Shasha

Abstract: Normativity is one of the most significant nature of law. The issues of normativity can be divided into two aspects, which are the concept of it and the source of it. The normativity of law refers to its quality of being the decisive reason for action, which indicates what ought to be done. Discussions of its source are equivalent to a crucial question, that is, How the law can be a decisive reason for action? Joseph Raz justified authority through reasons and he argued that laws are protected reasons which are a combination of a first-order reason and an exclusionary reason. The normativity of law, as a protected reason, presents the normative power of influencing people's practical reasoning. Authority may, however, make mistakes, which means that background reasons cannot be reflected by protected reasons correctly or protected reasons are not decisive reasons. In this situation, laws do not possess the quality of normativity and people ought to act for the decisive reason. Moreover, if reasons are fundamental units of practical reasoning and morality is of significant importance, we should concern it in the sense of reason-involving and the source of normativity of law must contain the consideration of moral reasons. Joseph Raz's autonomy principle is both explanatory and normative, which means that the authority should be reflected and examined by moral argument and cannot be exclusionary. Furthermore, if personal autonomy is a value relying on societies, the authority theory cannot defend a general autonomy. Therefore, Raz's arguments about the source of normativity of law are also failed.

Keywords: normativity; decisive reason; authority; protected reason; Joseph Raz

Identification Rules and Settlement Approach of Personal Debt of Husband and Wife during Marriage: Starting from Zhang Jing v. Gao Tianyun

Ruan Lili

Abstract: Based on the particularity of the relation between husband and wife, the theory and practice circles have a lot of researches on the husband and wife's common debt. However, the concern about the husband and wife's personal debt is obviously not enough, and there is no effective rule on the nature of the husband and wife's personal debt. Moreover, the presumption rule of the responsibility of the husband and wife's joint debt is controversial. And the phenomenon of increasing the personal debt of husband and wife has caused a certain degree of implementation difficulties. In view of this, the author tries to improve the personal debt of our husband and wife to meet the inherent needs of judicial practice based on the marriage law and the basic structure of the relevant judicial interpretation, the appropriate use of legal interpretation skills. At the same time, this paper considers the extraterritorial theory and legislation, supplemented by the typical cases in Chinese judicial practice, and explores the criteria for determining the personal debt of husband and wife under the order of law. On this basis, the identification criteria of the husband and wife's personal debt are considered methodologically, and further extracts the distinction criteria between the husband and wife's personal property and the husband and wife's common property. Based on this, we should focus on the settlement of personal debt discharge of husband and wife in our country, and make critical thinking on the existing point of view, define the discharge path of the husband and wife's personal debt reasonably, so as to benefit our country's judicial practice.

Keywords: the personal debt of the husband and wife; the criteria for identification; the methodology; the settlement approach; the distribution of property during marriage

稿约

中国政法大学法学方法论研究中心始终以“追踪国际法理学研究前沿”为己任，于2012年创办《法学方法论论丛》，至今已走过了七载岁月。如今我们拓宽视野、砥砺前行，为更加契合学界的知识诉求、对接读者的阅读需要，我中心特联合北京市天同律师事务所，将《法学方法论论丛》改版为一个新的刊物——《法理：法哲学、法学方法论与人工智能》。

本刊定位为公开出版的、聚焦于法理学和法哲学理论研究的专业学术刊物，重点关注法学方法论、人工智能等议题的最新研究进展，设有“专题研讨”“论文”“书评”“案评”四个版块。投稿请以电子邮件方式发送至本刊邮箱：jurisjournal@126.com。本刊目前授予“中国知网”等数据库以电子版权，并可能通过“法理杂志”微信公众号、“法学学术前沿”微信公众号等媒体进行对外传播。凡向本刊投稿的作者，均视为同意上述传播。如有异议，请在来稿时注明。

来稿规范说明

1. 来稿论文应包括题目、内容提要（200字左右）、关键词（3—5个）、作者简介、正文等。

2. 引用文献、对正文的注释性文字说明，一律用脚注。外文文献不译成中文。

3. 参考文献的书写格式分完全格式和简略格式两种。

4. 参考文献第一次出现时，应用完全格式。完全格式的构成：

4.1 **著作**：作者、著作名、出版者、出版年、页码

① 朱光潜：《变态心理学派别》，商务印书馆 2015 年版，第 35 页。

② J. Lacan，*Écrits*，Éditions du Seuil, 1966, p.53.

③ Ronald Dworkin, *Taking Rights Seriously*, Harvard University Press, 1977, pp.6–7.

④ Ronald L. Cohen (ed.), *Justice: Views from the Social Sciences*, Plenum Press, 1986, p.31.

4.2 **译作**：作者、著作名、译者、出版者、出版年、页码

① 古斯塔夫·拉德布鲁赫：《法律智慧警句集》，舒国滢译，中国法制出版社 2001 年版，第 47 页。

② 孟德斯鸠：《论法的精神》上册，张雁深译，商务印书馆 1961 年版，第 91 页。

③ S. Freud, *Two Case Histories ("Littles Hans" and The"Rat Man")*, Trans. by Anna Freud, Assisted Alix Strachey and Alan Tyson, The Hogarth Press, 1955, p.100.

4.3 **文章**

4.3.1 期刊 / 报纸中的文章：作者、文章名、报刊名、年代、期数

① 张千帆：《从管制到自由》，载《北大法律评论》第 6 卷第 2 辑，北京大学出版社 2005 年版。

② 贺卫方：《"契约"与"合同"的辨析》，载《法学研究》1992 年第 2 期。

③ 贾林男：《银商与中国银联商号之争》，载《中华工商时报》2007 年 5 月 23 日。

④ Heath B. Chamberlain, "On the Search for Civil Society in China", *Modern China*, vol. 19, no. 2 (April 1993), pp.199–215.

4.3.2 编辑作品中的文章：作者、文章名、主编人、编辑作品名、出版社出版年、页码

① 陈弘毅：《从福柯的〈规训与惩罚〉看后现代思潮》，载朱景文主编：《当代西方后现代法学》，法律出版社 2002 年版，第 223 页。

② H. L. A. Hart, "Positivism and the Separation of Law and Morals", in H. L. A. Hart (ed.), *Essays in Jurisprudence and Philosophy*, Clarendon Press, 1983, pp.57–58.

4.4 **网络资源**：作者、文献名、访问日期，网址

① 杨德明：《西双版纳的傣家斗鸡》，2015 年 11 月 2 日，http//xschina.org/show.php?id=10672。

② The Council of Australia Governments, *Water Reform Framework*, http:// www.

disr. gov. au/science/pmsec/14meet/inwater/app3form.html, last visited 21/07/2003.

5. 参考文献在文中第 2 次及其后出现时，可采用如下 2 种简略格式：

①只写作者、书（文）名、页码（文章无此项），这几项的写法同完全格式，如：

朱光潜:《变态心理学派别》，第 35 页。

J. Lacan, *Écrits*, p.53.

Robert J. Steinfeld, "Property and Suffrage in the Early American Republic".

② 紧接同一条文献，中文只写"同上。"字样，西文只写"ibid."字样。

6. 翻译作品注释规范保留原文体例。

著作权使用声明

本刊已许可中国知网等网络知识服务平台以数字化方式复制、汇编、发行、信息网络传播本刊全文。本刊支付的稿酬已包含网络知识服务平台的著作权使用费，所有署名作者向本刊提交文章发表之行为视为同意上述声明。如有异议，请在投稿时说明，本刊将按作者说明处理。